omnibus

Mozart et ses masques

Stendhal
Vie de Mozart

Alfred Einstein
Mozart, l'homme

Marcel Moré
Le Dieu Mozart et le monde des oiseaux

Eduard Mörike
Le Voyage de Mozart à Prague

E.T.A. Hoffmann
Don Juan

et aussi

Anthony Burgess
Mozart et Amadeus

Jean Barraqué
Sa carrière posthume

Textes choisis et présentés par
Anne Rey

omnibus

ISBN : 2-258-07088-0 N° Editeur : 424
Dépôt légal : avril 2006

Sommaire

Mozart et ses masques

par Anne Rey

Enfant, Mozart ressemble à un petit homme : perruque poudrée, livrée passementée, épée à la ceinture. Il a six, sept ans. Il peut jouer au pianoforte, seul ou à quatre mains avec sa sœur Nannerl, ses propres compositions ou n'importe quel air à la mode les yeux bandés. Il est un phénomène de foire ; il vit en saltimbanque, sans amis, sans jamais s'amuser, dans la précarité : il ne se plaint jamais. Son père Léopold le fait travailler comme un forçat.

Adulte, il ressemble à un grand enfant, un enfant assez laid : de petite taille (1,63 m), la tête trop grosse pour un corps malgracieux, la peau grêlée, les yeux exorbités, cachant sous ses cheveux la malformation de ses oreilles. On le surnomme « Mozart au gros nez ». Les années 1780 sont sa période de gloire à Vienne. Il se soustrait à la main de fer de son père. Quand il ne donne pas des académies (concerts par souscriptions) au domicile des princes et des comtes, il en donne chez lui ; il a des élèves, compose pour l'opéra, dirige les répétitions, fait de la musique pour et avec ses amis. 15 janvier 1785, par exemple. Il fait entendre à Joseph Haydn les six quatuors qu'il lui a dédiés. Il tient le pupitre d'alto. « Maintenant, dit-il l'exécution terminée, je me rassois devant le concerto que j'ai commencé » (nº 20, K. 466[1]). Ou encore, en 1787 : « Je continue parce que la composition me fatigue moins que le repos. » Il est alors la coqueluche de l'aristocratie. Il compose à la demande sonates et symphonies, airs de danse et divertissements. Il œuvre, presque simultanément, aux *Noces de Figaro* pour Vienne (1786) et au *Don Giovanni* pour Prague (1787). Il travaille comme un forçat.

A la force de l'âge (début des années 1790), il est mis en quarantaine par ses anciens commanditaires viennois. Sa femme Constance est en cure à Baden. Ses amis se sont éloignés, Haydn est à Londres. Lui-même est fâcheusement endetté. Michael Puchberg, frère en maçonnerie, répond avec fidélité mais parcimonie à ses sollicitations. *Cosi fan tutte* a été un échec à Vienne. Un autre frère de loge, Emanuel Schikaneder, lui commande pour son théâtre des faubourgs une pièce de théâtre chanté qu'avec le recul on qualifierait aujourd'hui de comédie musicale avec effets spéciaux. *La Flûte enchantée* remporte un succès phénoménal de la part du public populaire auquel elle s'adresse. Trop tard. Les dettes s'accumulent. Prague lui demande un opéra à l'ancienne. La composition de *La Flûte* laisse place,

1. Les œuvres de Mozart dont l'authenticité semble avérée sont précédées pour leur classement de la lettre K., par référence au catalogue établi par L. von Köchel en 1862. Ce catalogue a été plusieurs fois révisé, au gré des avancées de la musicologie et reste, sur des détails, périodiquement remis en question.

un temps, à *La Clémence de Titus*, dernier opéra de l'histoire chanté par un castrat. S'y ajoute la commande d'un requiem. Le 20 novembre 1791, Mozart s'alite. Il meurt le 5 décembre. Il a, jusqu'au bout de sa trente-cinquième année, travaillé comme un forçat.

L'aimé des dieux

Si, comme certains veulent le croire, quelque divinité a veillé sur Mozart, celle-ci a été bien cruelle. Il est vrai que le deuxième prénom du musicien (Theophilus — en latin, Amadeus — signifie « aimé des dieux ») a emballé les imaginations. Mais Mozart ne l'a jamais fait figurer dans ses signatures. Comment un petit garçon, trimballé de ville en ville pour faire vivre sa famille, se serait-il senti favorisé par le destin ?

En 1765, Mozart et sa sœur réchappent au typhus. En 1767, à la variole. En 1779, Mozart, amoureux, est rejeté par la cantatrice Aloysia Weber ; il épouse sa sœur Constance. Il se rêve impresario d'Aloysia, voix superbe, qu'il veut continuer à former. Le père de Mozart s'y oppose et garde la même réticence envers Constance. Selon l'implacable hiérarchie qui régente la société viennoise à l'époque, la famille Weber, à commencer par le grand-père d'Aloysia, Fridolin (1691-1764), intendant d'un obscur baron, est une famille déclassée. Ce qui n'empêchera pas le rejeton, Carl-Maria von Weber (1786-1826), de composer le *Freischütz*, premier opéra authentiquement allemand dans le sens où l'entendra Wagner.

Entre 1782, année du mariage, et 1791, le couple Mozart a six enfants. Quatre d'entre eux meurent en bas âge. Et puis (épisode connu), lassé de Salzbourg et des exigences de l'archevêque Hieronymus Colloredo qui le traite en domestique, Mozart donne sa démission. Le comte d'Arco, simple chambellan, le congédie à coups de pied aux fesses.

Est-ce vraiment là le destin d'un favori des dieux ?

L'ange et ses fausses notes

Pourtant, et sans qu'on y prenne garde, la légende du « divin » Mozart, ange de passage sur terre en vertu de quelque volonté surnaturelle, s'est construite et n'a cessé de s'amplifier. L'ouvrage de Marcel Moré, *Le Dieu Mozart et le monde des oiseaux*, montre qu'en 1971 encore un auteur sérieux, documenté — influencé par le surréalisme et le hasard objectif, il est vrai — peut soutenir cette thèse sans tergiverser.

Les biographes ou commentateurs qui ont entretenu cette légende ou ses variantes se trouvent néanmoins piégés par cette évidence : l'homme Mozart — en admettant même que son génie musical reste énigmatique — n'avait, dans son comportement quotidien, rien d'angélique. Il écrit des lettres scatologiques à sa cousine. Il compose, au lendemain de la mort de son père,

Une plaisanterie musicale. Au vu des circonstances, le pamphlet (car c'en est un) laisse les commentateurs perplexes.

Mais il faut entretenir le mythe. Les biographes s'efforcent de gommer les fausses notes et de rendre cohérent le parcours d'un Mozart ailé. L'extraordinaire désinvolture avec laquelle il enterre sa mère dans une lettre parisienne ? Stoïcisme. Les accents quasi désinvoltes de la dernière lettre à son père au seuil de la mort ? Stoïcisme encore.

Voici un exemple de la manière dont les commentateurs, et pas des moindres, se sont efforcés de tirer Mozart dans un schéma préétabli. Le 24 juin 1787, Mozart écrit *Abendempfindung an Laura* (*Impressions crépusculaires à Laura*). *Don Giovanni* est proche. Sur un long texte signé d'un poète oublié, Mozart invente — mais oui ! — le lied germanique dont hériteront, entre autres, Schubert et Schumann. Le mode de composition (« *Durchcomposiert* ») est une totale innovation. La musique se déroule au fil du texte, sans reprises ni répétitions. Ce sera, au moins jusqu'à Hugo Wolf (1860-1903), le canon du grand lied germanique. Chacun s'incline devant les prémonitions du grand homme. Et puis, la fausse note : le même jour, oui, ce même 24 juin, Mozart a couché sur le papier une autre mélodie, *An Chloé,* dont l'indulgent Alexandre Oulibicheff regrette en sourdine dans sa bibliographie « que le caractère érotique [ait] été poussé un peu loin dans le texte ». Mais — idéalisation oblige — le même auteur corrige un paragraphe plus loin : « Les œuvres vocales et instrumentales de notre héros attestent, au même degré, la sublimité invariable de ses inspirations... » Près d'un demi-siècle plus tard, Jean et Brigitte Massin proposent ce diagnostique : « C'est ici qu'on pourrait à bon droit parler d'instabilité affective. On est peut-être autorisé à en déduire que Mozart commence à réagir contre les dernières manifestations de l'angoisse précédente [la mort de son père]. » L'analyse psychanalytique est entrée dans la musicologie mozartienne.

L'homme déconcertant

Il joue mal au billard ; fait chaque jour une promenade à cheval et vend l'animal quand il n'a plus le sou. Jamais il ne prend la pose ni n'adopte le comportement d'un homme d'exception... puisqu'il ne se sent nullement exceptionnel. A sa façon, et sans faire de mal à personne, il vit puisque « la musique est sa vie ».

Voici le témoignage du second mari de sa femme, Georg Nissen, qui sera son troisième biographe, peintre à ses heures (son portrait de Mozart est aussi célèbre qu'idéalisé). « Il était toujours de bonne humeur mais, même dans sa meilleure humeur, plongé dans ses méditations, fixant les yeux de son interlocuteur de son regard perçant et, qu'il fût gai ou triste, répondant à tout avec à-propos, bien qu'il parût alors absorbé par tout autre chose. [...] de toute façon, il était toujours en mouvement des mains et des pieds, jouait toujours avec quelque chose, par exemple son chapeau, ses poches, sa chaîne de montre, les tables, les chaises, comme s'il pianotait. »

Joseph Lange, époux d'Aloysia Weber dont Mozart fut si amoureux, livre une description plus mesurée : « Jamais, dans ses conversations et ses agissements, Mozart ne pouvait moins passer pour un grand homme que lorsqu'il était occupé à un ouvrage important. Alors, non seulement il tenait des propos confus et sans suite, mais il faisait parfois certaines plaisanteries auxquelles on n'était pas accoutumé de sa part, allant jusqu'à se négliger intentionnellement dans sa conduite. Il semblait alors ne réfléchir et ne penser à rien. Ou bien, pour des raisons insondables, il dissimulait délibérément son angoisse. »

Une liberté sans révolte

Entre Jean-Philippe Rameau (1683-1764) et Ludwig van Beethoven (1770-1827), entre baroque et romantisme, où placer Mozart ? Dans une période de transition ? D'acmé ? Elle précède la posture héroïque beethovénienne : lutte prométhéenne contre le destin — et Beethoven porte dans sa musique l'immensité de cette souffrance. Mais chez Mozart, le baroque n'est pas si loin, qui cache psychologie et affects sous des canons esthétiques rigoureux : sujets tirés de la mythologie grecque ou latine pour l'opéra ; symétrie des séquences et clarté des cadences pour les pièces instrumentales. Toujours subsistera chez lui cette politesse des rois qui consiste à dissimuler des architectures formelles d'une extrême complexité sous une orchestration fluide, d'une jovialité tranquille, qui donne à tout ce qu'il écrit une apparence de facilité. Les prouesses contrapuntiques du finale de la quarantième symphonie, lorsqu'elles sont jouées au concert par un orchestre bien rodé, passent comme virevoltes. Mais lorsque l'on s'attelle, avec un ami, à leur transcription à quatre mains, l'exercice devient de la haute voltige. Le métier prodigieux dont Mozart a fait preuve, au fil du temps, dans ses symphonies et sa musique de chambre ne se mesure que lorsqu'on s'y attelle personnellement.

Quant aux opéras, mis à part les trois chefs-d'œuvre évoqués plus haut, ils hésitent, jusqu'à la fin, entre les deux styles. Côté baroque, d'*Apollon et Hyacinthus* en latin (1767) à l'ultime *Clémence de Titus* (1791) en passant par *Lucio Silla* (1772) et l'indépassable *Idoménée* (1781). Côté comédies, dramatiques ou bouffonnes, un déroulé d'ouvrages ouvertement destinés au divertissement des riches, dans lequel se glisse *L'Enlèvement au sérail* (1782), musique « à la turque », dialogues en allemand, prémonition exotique de *La Flûte enchantée*. Ceci au côté d'ouvrages de commande sans conséquence comme *Der Schauspieldirektor* (*Le Directeur de théâtre*, 1786).

La patte mozartienne est, dans ce contexte, d'autant plus difficile à discerner que son passé d'enfant prodige lui dictait, avant tout, d'être aimé par ses commanditaires et par les jolies dames de l'aristocratie européenne qui payaient ses prestations de quelques baisers ou de montres en or (plus tard, il songea à toutes les accrocher à ses basques lors de ses concerts : manière de suggérer qu'il leur aurait préféré des ducats). Ce passé auréolé de gloire eut comme effet de le faire passer plutôt pour un virtuose que pour un compositeur. Quoi qu'on ait dit de son affiliation à la franc-maçonnerie et aux idéaux humanistes, Mozart n'avait pas de visée idéologique. *La Flûte enchantée* n'utilise la thématique maçonnique que dans le but de réjouir le grand public (qui n'applaudit d'ailleurs que les airs légers ou insolites). Ce qui fait dire à Hildesheimer, sans doute le plus fin des mozartiens modernes : « Beethoven voulait secourir "l'humanité souffrante" — changer la société, comme beaucoup le prétendent aujourd'hui, et il y a là un germe de vérité et sa grandeur tient en grande partie à son dessein moral. Mozart ne voulait rien de tel. Quand il s'aperçut que sa révolte latente avait somme toute un but, assignable, que lui, le "génie de l'obéissance" souffrait de cette soumission, quand, en définitive, il conçut la "société" au sens actuel de ce terme, il s'en était déjà retranché et elle-même l'avait désavoué. Sa perte fut inéluctable. »

Et Da Ponte vint

Son véritable nom est Emanuele Coligliano. Juif, il se convertit au christianisme à l'âge de quatorze ans et prend le nom de l'évêque qui lui sert de protecteur. Il étudie dans divers séminaires italiens et, en 1774, obtient un poste de professeur de rhétorique à Trévise. Il est licencié en 1776 « pour ses croyances en les lois de la nature ». En 1779, il est banni de Venise pour adultère. Après avoir vécu à Londres et semé sur son passage quelques nouveaux scandales, il s'embarque pour New York en 1805 pour y mourir en 1838. Entre-temps (1782-1792), il est à Vienne, travaille sur commande (pour Salieri, notamment). Le triomphe n'est pas toujours au rendez-vous.

Fort du succès de *L'Enlèvement au sérail* (1782) et de sa rupture avec Salzbourg ; libéré de l'autocratie de l'archevêque Colloredo et de la surveillance de son père ; mûri par son mariage avec Constance, Mozart, quant à lui, se retrouve à Vienne mal préparé à ce qui l'attend : une aristocratie arrogante ; des jugements sans compétence ni pitié ; une pression financière implacable de ses commanditaires qui l'obligent à composer comme ils l'entendent. En décembre de cette même année Mozart écrit à son père : « Pour obtenir le succès, il faut écrire des choses qui soient si compréhensibles qu'un fiacre pourrait les chanter ensuite, ou bien, si incompréhensibles, qu'elles plaisent parce que aucune créature raisonnable ne peut rien y entendre. » Et il ajoute : « Ces concertos tiennent le juste milieu entre le trop difficile et le trop facile [...] çà et là [...] les "connaisseurs seuls" peuvent y trouver aussi satisfaction [...], pourtant, de façon que les non-connaisseurs en puissent être contents, sans savoir pourquoi. » Il cherche désespérément, après plusieurs déconvenues, et sans trop y croire, un librettiste italien capable de relancer sa cote.

Lorsqu'à l'automne 1785, Mozart et Da Ponte s'associent pour *Les Noces de Figaro*, ils se trouvent l'un et l'autre dans une impasse. Le premier n'a pas encore cet emploi stable et quelque peu subalterne de « musicien de chambre » qu'il n'obtiendra à Vienne qu'en 1787, après la mort de Gluck. Le second attendra le 4 janvier 1786 pour que *Le Bourru bienfaisant*, adaptation du compositeur catalan Martin y Soler d'une pièce de Goldoni, soit présenté avec succès devant la cour. Qu'ils arrêtent leur choix sur un sujet comme celui des *Noces* donne d'ailleurs à penser qu'ils jouent leur va-tout. Quand, à Paris, Beaumarchais propose en 1781 son *Mariage de Figaro* à la Comédie-Française, Louis XVI oppose son veto : « Cela est détestable, cela ne sera jamais joué. » A force d'intrigues, la pièce est cependant donnée en privé sur autorisation du roi, puis entre le 27 avril 1784 à la Comédie-Française pour soixante-neuf représentations : record absolu pour l'époque.

A Vienne, nombre d'intrigues sont aussi nécessaires pour que l'empereur Joseph II, touché il est vrai par l'esprit des Lumières après la mort de sa mère Marie-Thérèse, lève la censure sévère qui sévissait sur les théâtres de l'Empire, accepte d'assister à la répétition générale des *Noces de*

Figaro et en ressorte satisfait. La danse avait été interdite par l'impératrice. Le petit ballet des paysans venus offrir des fleurs à leur maîtresse (acte III, scène 12) est pourtant accepté. Jugée trop longue (quatre actes, dirigés par Mozart depuis le piano-forte) et difficile à suivre selon les critères de l'époque (les scènes se succèdent à un train d'enfer), l'œuvre connut néanmoins trente-huit représentations entre 1786 et 1791 : soit le score exact de *L'Enlèvement au sérail*, très bien accueilli entre 1782 et 1788. Il n'avait cependant pas pu échapper à l'aristocratie que les héros — et là, Da Ponte pousse l'audace plus loin que Beaumarchais — sont du début jusqu'à la fin les domestiques : Figaro et Suzanne. Que la comtesse est leur alliée. Et que le comte est ridiculisé. « S'il veut danser / Monsieur le petit Comte, / de la guitare je lui jouerai... » : cette déclaration de guerre du serviteur au maître n'a pas pu laisser indifférente la noblesse autrichienne. Qui, le temps venu, n'oubliera pas de se venger.

A Prague, où Mozart et Constance se trouvent pour le nouvel an de 1787, *Les Noces* reçoivent un accueil encore plus enthousiaste. Début octobre, le couple retourne dans la cité tchèque avec, dans ses bagages, le livret de *Don Giovanni*. C'est qu'entre-temps, Da Ponte a reconquis son rôle : celui du librettiste le plus demandé d'Europe. En cette année 1787, le rusé Italien écrit simultanément trois livrets d'opéra : *L'Arbore di Diana* pour Martin y Soler, *Tarare* pour Salieri et *Don Giovanni* pour Mozart. L'empereur Joseph lui prédit qu'il succombera sous la tâche. « Peut-être, réplique-t-il, mais j'essaierai. J'écrirai pour Mozart la nuit en m'imaginant lire quelques pages de l'*Enfer* de Dante ; le matin pour Partini [surnom italien de Martin y Soler] et je croirai étudier Pétrarque, et le soir pour Salieri et il sera mon Tasse ! [...] A peine de retour chez moi, je me mis à écrire. Je m'assis devant ma table de travail et y restai douze heures de suite, une bouteille d'excellent vin de Tokay était à ma droite, mon écritoire devant moi, une tabatière pleine de tabac de Séville à ma gauche. Une jeune et belle personne de seize ans (j'aurais aimé ne l'aimer que comme une fille, mais...) habitait avec sa mère dans ma maison ; elle entrait dans ma chambre pour les petits services de l'intérieur, chaque fois que je sonnais pour demander quelque chose ; j'abusais un peu de la sonnette [...]. »

La solennité et la grâce

Que dire de la seule tragi-comédie (*dramma giocoso*) de Mozart ? De ce *Don Giovanni* en deux actes qui, depuis sa création (Prague, 29 octobre 1787) a suscité tous les dithyrambes, depuis que Joseph Haydn l'a désigné comme « l'opéra des opéras » ? Il y règne une solennité très rare chez Mozart, une pesanteur morbide que le film de Joseph Losey n'a guère de mal à pousser jusqu'à l'affectation et l'emphase. Les rares scènes champêtres et gaies sont elles-mêmes comme engluées dans l'attente du pire. Plus fondamentalement, les deux actes sont déséquilibrés, le premier époustouflant de tension dramatique, le second interminable, plombé par des distorsions dans le temps et l'espace qui rendent l'action presque incompréhensible. La scène ultime, bien sûr, le « non, non » du libertin refusant de rendre des comptes à Dieu et à la société, résonnera très fort chez les romantiques allemands. Mais cette descente aux enfers du méchant homme libertin, ce dénouement pathétique qui n'en est pas un (les survivants chantent en chœur leur joie de vivre au finale) est au sens propre irreprésentable. Tous les metteurs en scène (sauf Giorgio Strehler à la Scala de Milan) s'y sont cassé les dents, Luca Ronconi vouant le héros-vampire au pieu de Dracula, Patrice Chéreau fracassant sur l'immense scène du Festspielhaus du festival de Salzbourg une statue du Commandeur en carton-pâte. Un opéra énigmatique est-il plus attrayant qu'un opéra parfait ? On trouvera dans ce volume deux textes (les nouvelles d'Hoffmann et de Mörike) prouvant l'écho très fort provoqué par *Don Giovanni* dans la sensibilité germanique.

L'émerveillement que constitue par contraste *Cosi fan tutte* (Vienne, 1790), dernière collaboration de Mozart et de Da Ponte, tient probablement à l'état de perfection où en était arrivée leur complicité. Le verbiage des *Noces* laisse place à des dialogues alanguis par l'été et la sensualité. Le jeu à qui perd gagne entre les jeunes filles et leurs amoureux est d'une cruauté presque insupportable, mais d'une telle tendresse, au fond !

Pour en revenir, enfin, à la musique, le quintette des adieux du premier acte est ce que Mozart a composé de plus beau. A l'écoute duquel on s'incline et qu'il faut une bonne fois, sans hésiter, qualifier de génial.

Le 20 juin 1781, après s'être fait congédier par l'archevêque Colloredo, Mozart écrit : « Le cœur anoblit l'homme ; et si je ne suis certes pas comte, j'ai peut-être plus d'honneur en moi que bien des comtes ; et valet ou comte, celui qui m'insulte est une canaille. »

La gloire en marche

A sa mort, Mozart laisse une situation financière précaire. Contrainte par la nécessité, mais aussi par dévotion pour l'art de son mari, Constance prend alors la situation en main, avec l'aide de Joseph Haydn, l'indéfectible ami ; celui-ci demande dès décembre 1792 à Michael Puchberg (frère en maçonnerie, qui n'a jamais cessé de prêter de l'argent à Mozart, sans jamais être remboursé) de lui expédier à Londres une liste d'œuvres encore inconnues, afin de les distribuer au bénéfice de la veuve. Une maigre pension est accordée à Constance et à ses deux fils par l'administration « pour services rendus dans son art ». François II succède à Léopold II à la tête du Saint Empire. La pension de Constance est, dès lors, régulièrement augmentée ; une collecte est organisée par une loge maçonnique et une cérémonie funèbre, à Prague, au bénéfice de la famille. Un début de culte s'organise avec l'érection du premier monument à la mémoire de Mozart, à Graz.

Entre 1793 et 1797, Constance remue ciel et terre, aidée par les anciens mécènes de son mari, pour organiser une série de concerts à son propre bénéfice, y compris des représentations d'opéras ou d'extraits d'opéras. Elle fait, en novembre 1797, la connaissance de Georg Nikolaus Nissen, qu'elle épousera en 1809 et qui la secondera pour la reconnaissance posthume de Mozart.

A Pâques 1799 se produit le déclic éditorial, avec les marchandages que cela suppose. L'éditeur de chez Brunswick, Johannes Peter Spehr, annonce son intention de publier une « édition complète des œuvres de Mozart ». En mai, les éditions Breitkopf & Härtel proposent à Constance de négocier une « collection correcte et complète des œuvres originales de Mozart » (15 mai).

L'hagiographie, à son tour, se met en marche avec, fin 1798, une *Biographie de Mozart* de Franz Xaver Niemetschek, dédicacée à Haydn, et avec, quatre mois plus tard, les « Anecdotes sur la vie de Mozart communiquées par sa veuve », publiées par l'*Allgemeine musikalische Zeitung*. Suivent, dans le même journal, les « Souvenirs de la sœur de Mozart » (1800). Dès l'année précédente, Nannerl avait adressé à Breitkopf & Härtel ses souvenirs, qu'elle avait rassemblés en vue d'une édition.

Et puis, les éditeurs de musique commencent

sérieusement à veiller au grain. En novembre 1799, Constance signe un contrat avec Johann Anton André sur la vente des œuvres posthumes de son mari. Avec pour effet, entre 1800 et 1830, la publication d'environ cinquante-cinq partitions, dont vingt-cinq sans numéro d'opus. La musicologie mozartienne n'est pas encore née. Elle ne tardera pas à prendre le relais.

Endeuillées par la mort de Joseph Haydn (31 mai 1809), ces années du tout début du dix-neuvième siècle sont celles du triomphe de Mozart en France. Entre 1801 et 1827, *La Flûte enchantée* chantée en français et rebaptisée *Les Mystères d'Isis* (titre plus explicite en ce qui concerne la franc-maçonnerie) connaît deux cent vingt-quatre représentations à l'Opéra de Paris. En novembre, *L'Enlèvement au sérail* y est le premier opéra chanté en allemand. En 1804, une première biographie de Mozart paraît en français. Composée d'anecdotes puisées dans les sources germaniques, elle est signée Jean-Baptiste-Antoine Suard.

Avant que le nom de Mozart tienne pour la première fois le haut de l'affiche à Londres, avec une *Clémence de Titus* en version de concert (mars 1807), l'impératrice Joséphine de Beauharnais est à l'Opéra de Paris le soir de la première représentation en français de *Don Giovanni* (septembre 1805). Suivent *Les Noces de Figaro,* données au Théâtre italien en version originale (décembre 1807). *Cosi fan tutte,* chanté en italien, ne passera les portes du théâtre de l'Odéon qu'en version tronquée (janvier 1809). Ce soudain engouement pour Mozart ne laisse pas Napoléon indifférent : il assiste, le 9 octobre 1809, au théâtre de Schönbrunn près de Vienne, à un *Don Giovanni* en allemand. Cet engouement impérial culmine le 12 avril 1810 avec la création de *Don Giovanni* en version originale à l'Opéra de Paris.

Mythes et réalité

Mozart est devenu, dès la décennie de sa mort, et bien plus encore avec la naissance du romantisme, une image composite où se mêlent réalités historiques, ragots, fantasmes, légendes.

L'enfant prodige

« Un nouveau Mozart » : combien de parents ont conçu cet espoir et imposé à leurs enfants des leçons de piano ou de violon avant même de les inscrire à l'école ! Ceci parce que le bambin était à l'évidence « doué ». Deux ans plus tard, le petit phénomène était dégoûté de la musique à tout jamais, le piano était vendu, le violon remisé au grenier.

Il est indéniable que Mozart était « doué » — terme à manier avec soin car la notion de « don divin » n'est pas loin. Le double menuet qui passe pour sa première œuvre date des années 1762-1763 : il avait entre six et sept ans. Mais il est plus indéniable encore qu'il lui a fallu une énergie presque inimaginable, une somme de travail immense — cela aux dépens des plaisirs « normaux » de la jeunesse — pour parvenir à dépasser les conventions de son époque et se construire un style vraiment personnel. Les musicologues s'accordent à reconnaître que la première composition traversée par une inspiration propre est la « petite » symphonie en *sol* mineur (K. 183). Mozart avait dix-sept ans.

L'empoisonnement

« A mesure que la santé de Mozart déclinait vers la fin de 1791, il fut en proie à des fantasmes paranoïdes — qu'il avait été empoisonné à l'*acqua toffana* (poison lent d'invention italienne), et que le même ennemi qui l'avait empoisonné était également l'auteur de la mystérieuse commande du Requiem[1] auquel il continuait de travailler... », écrit John Stone dans le *Dictionnaire Mozart*.

Fondateur ou membre d'associations viennoises de première importance, pédagogue recherché (Beethoven, Hummel, Schubert, Czerny et Liszt comptent parmi ses élèves), décoré de la Légion d'honneur, Antonio Salieri (1750-1825) fut-il l'empoisonneur ? Autre légende, la plus indéracinable, car si romanesque !

Mozart, d'une part, ne fut pas empoisonné

1. La commande provenait d'un certain comte Walsegg, qui venait de perdre sa femme et qui voulait se faire passer pour l'auteur du Requiem : on comprend que les pourparlers avec Mozart aient été entourés d'un certain mystère.

mais mourut d'une infection rhumatismale et rénale aiguë. Deux mois avant de mourir, il adresse un ultime courrier, daté du 14 octobre 1791, à sa femme, alors en cure à Baden. On n'y décèle aucune trace de jalousie ou d'animosité entre lui et Salieri. Beaucoup d'enthousiasme, au contraire, chez ce dernier, pour *La Flûte enchantée* qu'il vient de découvrir lors d'une représentation donnée dans une loge maçonnique : « il n'est pas un morceau, écrira Mozart, qui ne lui ait tiré un *bravo* ou un *bello*. » Que Salieri, néanmoins, ait eu une réputation d'intrigant reste indéniable : il la devait à son pouvoir et à son cumul des fonctions. Mais le mythe de l'empoisonneur aigri et jaloux a la vie dure. Il est à l'origine du drame de Pouchkine, *Mozart et Salieri*, mis en musique par Rimski-Korsakov. La pièce de Peter Schaffer, *Amadeus*, s'en est emparé. Le film de Milos Forman l'a consacré.

JUGEMENTS POSTHUMES

Les romantiques français, sceptiques

Victor Hugo, après l'exécution du *Requiem* lors du transfert des cendres de Napoléon aux Invalides, déclare : « Le *Requiem* de Mozart, a fait peu d'effet. Belle musique, déjà ridée. Hélas ! la musique se ride[1] ! »

1. Victor Hugo, cité par Jean-Victor Hocquard dans *Mozart*, Le Seuil, coll. « Solfèges », 1994.

Berlioz, dans ses *Mémoires*, renvoie dos à dos deux compositeurs qui lui semblent relever du style rococo : « Mozart, dont les opéras se ressemblent tous, et dont le beau sang-froid fatigue et impatiente... Quant à Cimarosa[1], j'enverrais au diable son éternel et unique *Mariage secret*, presque aussi ennuyeux que le *Mariage de Figaro*, sans être à beaucoup près aussi musical[2]. »

Brahms, impartial

Une nouvelle étoile est apparue, à la fin du XIXe siècle, dans le panthéon des musiciens allemands : Beethoven (1770-1827). Brahms (1833-1897) ne minimise pas Mozart pour autant : « Je comprends très bien que la nouvelle personnalité de Beethoven, la nouvelle conception que l'on prêtait à son œuvre la leur faisaient paraître plus grande, plus importante. Mais, cinquante ans après, l'on doit certainement être capable de rectifier ce jugement. [...] La première symphonie de Beethoven a fait une impression colossale sur les auditeurs. C'est précisément la nouvelle perspective ! Mais les trois dernières symphonies de

1. L'Italien Domenico Cimarosa (1749-1801) composa soixante-dix opéras dont la plupart sont tombés dans l'oubli, à l'exception du *Mariage secret* (1792).

2. Hector Berlioz, cité par John Stone (traduit par Dennis Collins) dans *Dictionnaire Mozart* (ouvrage dirigé par H. C. Robbins Landon), Jean-Claude Lattès, coll. « Musiques et musiciens », 1990.

Mozart sont encore bien plus importantes ! Ici et là, les gens d'aujourd'hui le sentent déjà [1] ! »

Wagner, allemand avant tout

Au moment où il achève *Le Vaisseau fantôme*, Wagner, avec le nationalisme qu'on lui connaît, réintègre l'Autrichien Mozart dans le giron culturel allemand. Ce texte date de 1840.

« Nous voyons donc que finalement c'est tout de même un Allemand qui a élevé l'école italienne de l'opéra jusqu'à l'idéal le plus parfait et qui la proposa à ses contemporains après l'avoir élargie universellement et ennoblie. Cet Allemand, ce génie le plus grand et le plus divin, c'est Mozart. En suivant l'histoire de l'éducation, de la formation et de la vie de cet unique Allemand, on peut lire l'histoire de tout l'art allemand, de tous les artistes allemands. Son père était musicien ; il l'éleva en vue de la musique, probablement avec cette seule intention d'en faire un honnête musicien qui devait gagner son pain avec ce qu'il avait appris. Dès la plus tendre enfance il dut apprendre lui-même ce qu'il y avait de plus difficile dans la connaissance de son art ; naturellement déjà comme enfant il s'en rendit parfaitement maître ; une âme tendre, enfantine et des organes des sens extrêmement subtils lui permirent en même temps de s'approprier son art de la façon la plus

1. Johannes Brahms, cité par John Stone (traduit par Dennis Collins) dans *Dictionnaire Mozart*, *op. cit.*

intime ; mais le génie le plus prodigieux (*ungeheuerste*) l'a élevé au-dessus de tous les maîtres de tous les arts et de tous les siècles. Pendant sa vie, pauvre jusqu'à l'indigence, dédaigneux par timidité du faste et des propositions avantageuses, il porte déjà dans ces traits extérieurs le type parfait de sa nation. Modeste jusqu'à la confusion, privé d'égoïsme au point de s'oublier lui-même, il accomplit les choses les plus étonnantes, et il laissa à ses successeurs des trésors incalculables sans savoir qu'il fit justement tout autre chose que de céder à sa poussée créatrice. Une apparition plus émouvante et plus élevée, l'histoire de l'art ne peut en présenter aucune autre[1]. »

Proust, sensuel et enchanté

Le futur auteur d'*A la recherche du temps perdu* hume dans les opéras de Mozart des essences exotiques et rares (sont successivement évoqués *Les Noces de Figaro*, *Don Giovanni* et *La Flûte enchantée*, avec le personnage de la reine de la Nuit).

« Italienne aux bras d'un Prince de Bavière
Dont l'œil triste et glacé s'enchante à sa langueur !
Dans ses jardins frileux il tient contre son cœur
Ses seins mûris à l'ombre, où téter la lumière.

1. Richard Wagner, cité par Jean-Victor Hocquard dans *Ecrits et propos sur Mozart*, Séguier, 1988.

Sa tendre âme allemande, — un si profond soupir ! —
Goûte enfin la paresse ardente d'être aimée,
Il livre aux mains trop faibles pour le retenir
Le rayonnant espoir de sa tête charmée.

Chérubin, Don Juan ! loin de l'oubli qui fane
Debout dans les parfums tant il foula de fleurs
Que le vent dispersa sans en sécher les pleurs
Des jardins andalous aux tombes de Toscane !

Dans le parc allemand où brument les ennuis,
L'Italienne encore est reine de la nuit.
Son haleine y fait l'air doux et spirituel
Et sa Flûte enchantée égoutte avec amour
Dans l'ombre chaude encor des adieux d'un beau jour
La fraîcheur des sorbets, des baisers et du ciel[1]. »

Mauriac, à la recherche de Dieu

S'étant, une fois pour toutes, désigné comme un illettré en musique, François Mauriac, qui ne

1. Poème publié en juin 1896 et appartenant au recueil *Les Plaisirs et les jours*.

dédaignait pas les mondanités, a fréquenté le festival d'Aix-en-Provence pour faire état de ses impressions dans son *Bloc-notes* ou diverses chroniques. Ainsi écrit-il de Mozart pour *Le Temps* en 1937 :

« [Il] n'existe pas de joie plus triste, si j'ose dire, que celle que nous lui devons, presque insoutenable parfois. Car il s'agit toujours d'une confrontation en nous avec ce qui est perdu, et qui ne pourra être sauvé que grâce à l'amour divin — confrontation de l'homme chargé d'une longue vie coupable, criminelle peut-être, avec l'enfant qu'il fut ; de la créature fourvoyée dans de basses souffrances avec la joie qui était sa vocation, cette joie pour laquelle elle avait été créée et était venue en ce monde.

La musique de Mozart est une remontée délicieuse mais exténuante vers les sources. Quand nous étions enfants, entre toutes nos promenades il en était une dont on ne pouvait parler sans que je fusse inondé de bonheur et d'inquiétude : "Nous allons aller aux sources de la Hure...", c'était le ruisseau qui coulait au bas de notre jardin. Nous partions fous d'espérance, bien que ne les eussions jamais atteintes, ces sources. Mais il nous semblait impossible de ne pas les découvrir enfin... et puis, une fois encore, nous nous perdions dans les fourrés inextricables, nous nous enlisions dans le marécage des prairies, et jamais nous ne pûmes, à genoux, la toucher des lèvres et des mains, en écartant les fougères, lorsqu'elle jaillit de la boue glacée de notre enfance.

Mon angoisse au retour de cette promenade, que de fois l'ai-je reconnue lorsque j'écoutais Mozart — musique facile en apparence —, plein de rires et d'appels perdus vers une source qui existe, qui est là tout près, au secret de nous-mêmes, et déjà nous sentons sa fraîcheur sur nos visages en feu, nous respirons son odeur de menthe et de mousse mouillée ; mais non ! La route en est perdue, à jamais perdue... Un seul raccourci nous y mènerait si nous étions dignes de le suivre : la sainteté ; car le chemin de l'enfance où Mozart nous entraîne passe par Dieu. Le soupir de Rimbaud : "Par la pureté on va à Dieu, déchirante infortune !" exprime bien cette sorte de douleur que donne l'échec spirituel, lié pour nous à la musique de Mozart[1]. »

Camus, pour l'espoir et la liberté

Le dernier article qu'Albert Camus écrit pour *L'Express* date du 2 février 1956. Son titre : *Remerciement à Mozart*.

« Il y a deux cents ans, Mozart... Eh quoi ! Mozart au milieu de l'histoire la plus folle et la plus pressante, Mozart devant l'Algérie de la haine, la France de la démission ? Justement ! Quand le monde fléchit autour de soi, quand les

1. François Mauriac, *Mozart et autres écrits sur la musique*, Encre marine, 1996.

structures d'une civilisation vacillent, il est bon de revenir à ce qui, dans l'histoire, ne fléchit pas, mais au contraire redresse le courage, rassemble les séparés, pacifie sans meurtrir. Il est bon de rappeler que le génie de la création est, lui aussi, à l'œuvre dans une histoire vouée à la destruction. L'Europe, contestée aujourd'hui dans sa puissance mécanique, imitée pourtant dans ce qu'elle a de pire par ceux-là mêmes qui l'assiègent, n'a jamais été contestée ni égalée dans ce qu'elle a de plus grand, et qui rayonne dans l'œuvre de Mozart. [...]

Voila pourquoi, aujourd'hui plus que jamais, Mozart reste pour nous exemplaire. L'homme d'Europe n'est pas seulement ce menteur malheureux qui sévit dans nos assemblées intellectuelles et politiques, ni ce fou ivre d'humiliations et de cruautés. Il est aussi Mozart. Il est encore cette foule d'artistes plus humbles, non moins patients, qui préparent ce que sera un nouveau Mozart et qui, un jour, salueront avec reconnaissance dans son œuvre un peu de ce qu'ils furent. [...] »

Patrick Szernovicz, à l'écoute du style

En ce début du XXIe siècle, parler de Mozart se fait sur un ton dépassionné. Il s'agit désormais de lui rendre justice sans le déifier. Voici comment, en 2005, l'un des meilleurs musicologues français en parle.

« Dans la musique de Mozart, y a-t-il quelque chose que l'on puisse considérer comme un "style" ? Haydn, Mozart, Beethoven, les trois compositeurs du classicisme viennois, sont couramment appréciés d'après leurs créations les plus personnelles : Haydn pour le quatuor, Mozart pour l'opéra, le concerto pour piano et le quintette à cordes, Beethoven pour la symphonie et la sonate. Le style général de l'époque est certainement à l'arrière-plan du travail de Mozart, mais la notion de style d'époque est aussi une fiction : celui de Haydn, Mozart et Beethoven diffère considérablement du style "anonyme" de la fin du XVIIIe siècle, de la musique de Johann Stamitz, par exemple. Le lien entre Haydn, Mozart et Beethoven ne tient ni à leurs contacts personnels ni à leurs interactions mutuelles — pourtant nombreuses —, mais à leur commune maîtrise du langage qu'eux-mêmes contribuent à former autant qu'à transformer. [...]

Le miracle d'une forme parfaite exempte de contraintes distingue la musique de Mozart de celle de ses contemporains. La maîtrise des transitions, l'aspect lustré et lisse, l'équilibre que l'on considère comme typiques du XVIIIe siècle finissant sont en réalité des traits propres à Mozart : quelques compositeurs de l'époque sont outrés de certaines de ses innovations. Dittersdorf[1], lui, l'admire mais remarque : "Il est incontestable-

1. Karl Ditter von Dittersdorf (1739-1799), compositeur et violoniste autrichien.

ment l'un des plus grands génies créateurs, et je n'ai jamais rencontré jusqu'ici de compositeur possédant une richesse de thèmes aussi étonnante. J'aurais voulu qu'il ne les traitât pas avec tant d'extravagance : il ne laisse pas l'auditeur reprendre haleine ; à peine commence-t-on de réfléchir à un beau thème qu'un tout aussi splendide se présente déjà et chasse le précédent, et ainsi la musique continue-t-elle de sorte qu'on ne puisse garder aucun souvenir de ces beautés." [1] »

*

Entre mythes et réalité, critiques et éloges, Mozart n'a cessé d'éveiller la curiosité de ses auditeurs, fussent-ils musiciens, historiens, musicologues ou encore romanciers. Les textes réunis dans ce volume présentent un échantillon de ses réactions, parfois dissonantes, mais unies par un même motif : percer le mystère Mozart.

A. R.

1. Article publié dans *Le Monde de la musique*, décembre 2005 (numéro spécial « année Mozart »).

Composition du volume

Comment parler de Mozart ? L'homme, dans son abondante correspondance, ne s'est guère livré à l'introspection ni aux confidences. Il faut le suivre œuvre par œuvre pour avoir quelque chance d'entrer dans son « mystère ». La musicologie s'y est employée, et s'y emploie toujours : la tâche est immense.

Comment a-t-on parlé de Mozart ? C'est, de façon autrement plus modeste, à cette question que le présent volume tente, partiellement, de répondre. Ce qui explique le caractère disparate des textes qui y figurent.

D'abord, cette *Vie de Mozart* que l'on a pris l'habitude d'attribuer à Stendhal mais qui ne serait que la traduction par l'auteur de la nécrologie officielle parue en Allemagne deux ans après la mort du musicien, sous la signature d'un certain Friedrich Schlichtegroll. C'est du moins ce que prétend Stendhal dans une brève lettre d'envoi à son éditeur. Il se pourrait aussi que la source réelle soit une notice, inspirée de Schlichtegroll, mais signée Théophile Frédéric Winkler et parue à Paris en 1801.

Toujours dans le registre de la biographie, celle

d'Alfred Einstein (première partie d'un ouvrage intitulé *Mozart, l'homme et l'œuvre,* Zurich, 1953 pour l'édition définitive) met en lumière de façon concise des aspects de Mozart à l'époque peu étudiés — ses liens avec la franc-maçonnerie, notamment. Mort en 1952, Einstein a établi le troisième catalogue des œuvres mozartiennes, publié en 1937, et couramment désigné sous le double nom de Köchel-Einstein.

A quel genre littéraire rattacher *Le Dieu Mozart et le monde des oiseaux* de Marcel Moré ? L'autobiographie, certes, mais rythmée par des révélations sur Mozart puisées chez Olivier Messiaen, Paul Klee ou Jules Verne. Né en 1887, mort en 1969, mélomane passionné, fondateur de la revue *Dieu vivant* après la guerre, Marcel Moré fut un polytechnicien atypique.

Et voici Mozart rattrapé par la fiction et *Don Giovanni* par le conte fantastique ou la nouvelle élégiaque. *Don Juan* d'E.T.A. Hoffmann (1814) marque la première apparition du thème mozartien dans la littérature. Dédoublement des personnages, identification de l'auteur à Mozart (Hoffmann changea son troisième prénom, Wilhelm, en Amadeus), le texte devrait intéresser les psychanalystes. Celui d'Eduard Mörike (1804-1875), écrit en prévision du premier centenaire du musicien, reprend l'image que l'on se faisait de Mozart au milieu du XIXe siècle : en écrivant *Don Giovanni,* le musicien eut l'intuition de sa mort et scella son destin.

De la pièce *Mozart et Amadeus* écrite en 1991

pour le bicentenaire de la mort de Mozart par Anthony Burgess (né à Manchester en 1917), on ne lira que la préface. Elle fait écho à l'article de Jean Barraqué, auteur d'avant-garde français (1928-1973) porteur d'une vision radicale, propre aux années 1970. Faut-il réduire l'œuvre de Mozart à un idéal de beauté qui n'aurait d'autre utilité que de nous consoler de la laideur du monde moderne ? Et surtout : faut-il être consolé ?

A. R.

Stendhal

VIE DE MOZART

Extrait de
Vies de Haydn, Mozart et Métastase
1817

1

De son enfance

Le père de Mozart a eu la plus grande influence sur la singulière destinée de son fils, dont il a développé et peut-être modifié les dispositions ; il est donc nécessaire que nous en disions d'abord quelques mots. Léopold Mozart père était fils d'un relieur d'Augsbourg ; il étudia à Salzbourg, et, en 1743, il fut admis parmi les musiciens du prince archevêque de Salzbourg. Il devint, en 1762, sous-directeur de la chapelle du prince. Les devoirs de son emploi n'absorbant pas tout son temps, il donnait en ville des leçons de composition musicale et de violon. Il publia même un ouvrage intitulé *Versuch einer gründlichen Violinschule,* ou *Essai sur l'Enseignement raisonné du violon,* qui eut beaucoup de succès. Il avait épousé Anne-Marie Pertl, et l'on a remarqué, comme une circonstance digne de l'attention d'un observateur exact, que ces deux époux, qui ont donné le jour à un artiste si heureusement organisé pour l'harmonie musicale, étaient cités dans Salzbourg à cause de leur rare beauté.

De sept enfants, nés de ce mariage, deux seuls

ont vécu, une fille, Marie-Anne, et un fils, celui dont nous allons parler. Jean-Chrysostome Wolfgang Gottlieb Mozart naquit à Salzbourg le 27 janvier 1756. Peu d'années après, Mozart père cessa de donner des leçons en ville, et se proposa de consacrer tout le temps que ses devoirs chez le prince lui laisseraient à soigner lui-même l'éducation musicale de ces deux enfants. La fille, un peu plus âgée que Wolfgang, profita très bien de ses leçons, et, dans les voyages qu'elle fit dans la suite avec sa famille, elle partageait l'admiration qu'inspirait le talent de son frère. Elle finit par se marier à un conseiller du prince archevêque de Salzbourg, préférant le bonheur domestique à la renommée d'un grand talent.

Le jeune Mozart avait à peu près trois ans lorsque son père commença à donner des leçons de clavecin à sa sœur, qui alors en avait sept. Mozart manifesta aussitôt ses étonnantes dispositions pour la musique. Son bonheur était de chercher des tierces sur le piano, et rien n'égalait sa joie lorsqu'il avait trouvé cet accord harmonieux. Je vais entrer dans des détails minutieux qui, je suppose, pourront intéresser le lecteur.

Lorsqu'il eut quatre ans, son père commença à lui apprendre, presque en jouant, quelques menuets, et d'autres morceaux de musique ; cette occupation était aussi agréable au maître qu'à l'élève. Pour apprendre un menuet il fallait une demi-heure à Mozart, et à peine le double pour un morceau de plus grande étendue. Aussitôt après il les jouait avec la plus grande netteté, et parfaitement en mesure. En moins d'une année il fit des progrès si rapides, qu'à cinq ans il inventait déjà de petits morceaux de musique qu'il jouait à son père, et que ce dernier, pour encourager le talent naissant de son fils, avait la complaisance d'écrire. Avant l'époque où le petit Mozart prit du goût pour la musique, il aimait tellement tous les jeux de son âge qui pouvaient un peu intéresser son esprit, qu'il leur sacrifiait jusqu'à ses repas. Dans toutes les occasions, il montrait un cœur sensible et une âme aimante. Il lui arrivait souvent de dire, jusqu'à dix fois dans la journée, aux personnes qui s'occupaient de lui : *M'aimez-vous bien ?* et lorsqu'en badinant elles lui disaient que non, on voyait aussitôt des larmes rouler dans ses yeux. Du moment où il connut la musique, son goût pour les jeux et les amusements de son âge s'évanouit, ou, pour que ces amusements lui plussent, il fallait y mêler de la musique. Un ami de ses parents s'amusait souvent à jouer avec lui ; quelquefois ils portaient des joujoux en procession d'une chambre dans une autre ; alors celui qui n'avait rien à porter chantait une marche, ou la jouait sur le violon.

Durant quelques mois, le goût des études ordinaires de l'enfance prit un tel ascendant sur Wolfgang, qu'il lui sacrifia tout, et jusqu'à la musique. Pendant qu'il apprit à calculer, on voyait toujours les tables, les chaises, les murs, et même le plancher couverts de chiffres qu'il y traçait avec de la craie. La vivacité de son esprit le portait à s'attacher facilement à tous les objets nouveaux qu'on lui présentait. La musique cependant redevint l'objet favori de ses études ; il y fit des progrès si rapides, que son père, quoiqu'il fût toujours avec lui et à portée d'en observer la marche, les regarda plus d'une fois comme un prodige.

L'anecdote suivante, racontée par un témoin oculaire, prouvera ce qui vient d'être dit. Mozart le père revenait un jour de l'église avec un de ses amis ; il trouva son fils occupé à écrire. « Que fais-tu donc là, mon ami ? lui demanda-t-il. — Je compose un concerto pour le clavecin. Je suis presque au bout de la première partie. — Voyons ce beau griffonnage. — Non, s'il vous plaît, je n'ai pas encore fini. » Le père prit cependant le papier et montra à son ami un griffonnage de notes qu'on pouvait à peine déchiffrer à cause des taches d'encre. Les deux amis rirent d'abord de bon cœur de ce barbouillage ; mais bientôt, lorsque Mozart le père l'eut regardé avec attention, ses yeux restèrent longtemps fixés sur le papier, et enfin se remplirent de larmes d'admiration et de joie. « Voyez donc, mon ami, dit-il avec émotion et en souriant, comme tout est composé d'après les règles ; c'est dommage qu'on ne puisse pas faire usage de ce morceau, parce qu'il est trop difficile, et que personne ne pourrait le jouer. — Aussi c'est un concerto, reprit le jeune Mozart ; il faut l'étudier jusqu'à ce qu'on parvienne à le jouer comme il faut. Tenez, voilà comme on doit s'y prendre. » Aussitôt il commença à jouer, mais il ne réussit qu'autant qu'il fallait pour faire voir quelles avaient été ses idées. A cette époque, le jeune Mozart croyait fermement que jouer un concerto et faire un miracle était la même chose ; aussi la composition dont on vient de parler était-elle un amas de notes posées avec justesse, mais qui présentaient tant de difficultés, que le plus habile musicien eût trouvé impossible de les jouer.

Le jeune Mozart étonnait tellement son père, qu'il conçut l'idée de voyager et de faire partager son admiration pour son fils aux cours étrangères et à celles de l'Allemagne. Une telle idée n'a rien d'extraordinaire en ce pays. Ainsi, dès que Wolfgang eut atteint sa sixième année, la famille Mozart, composée du père, de la mère, de la fille et de Wolfgang, fit un voyage à Munich. L'électeur entendit les deux enfants, qui reçurent des éloges infinis. Cette première course réussit de tous points. Les jeunes virtuoses, de retour à Salzbourg, et charmés de l'accueil qu'ils avaient reçu, redoublèrent d'application, et parvinrent à un degré de force sur le piano, qui n'avait plus besoin de leur jeunesse pour être extrêmement remarquable. Pendant l'automne de l'année 1762, toute la famille se rendit à Vienne, et les enfants firent de la musique à la cour.

L'empereur François Ier dit alors par plaisanterie au petit Wolfgang : « Il n'est pas très difficile de jouer avec tous les doigts, mais ne jouer qu'avec un seul doigt, et sur un clavecin caché, voilà ce qui mériterait l'admiration. » Sans montrer la moindre surprise à cette étrange proposition, l'enfant se mit sur-le-champ à jouer d'un seul doigt, et avec toute la netteté et la précision possibles. Il demanda qu'on mît un voile sur les touches du clavecin, et continua de même et comme si depuis longtemps il se fût exercé à cette manière.

Dès l'âge le plus tendre, Mozart, animé du véritable amour-propre de son art, ne s'enorgueillissait nullement des éloges qu'il recevait des grands personnages. Il n'exécutait que des bagatelles insignifiantes lorsqu'il avait affaire à des gens qui ne se connaissaient pas en musique. Il jouait, au contraire, avec tout le feu et toute l'attention dont il était susceptible, dès qu'il était en présence de connaisseurs, et souvent son père fut obligé d'user de subterfuges et de faire passer pour connaisseurs en musique les grands seigneurs devant lesquels il devait paraître. Lorsque, âgé de six ans, le jeune Mozart se mit au clavecin pour jouer en présence de l'empereur François, il s'adressa au prince, et lui dit : « M. Wagenseil n'est-il pas ici ? C'est lui qu'il faut faire venir ; il s'y connaît. » L'empereur fit appeler Wagenseil, et lui céda sa place auprès du clavecin. « Monsieur, dit alors Mozart au compositeur, je joue un de vos concertos, il faut que vous me tourniez les feuilles. »

Jusqu'alors Wolfgang n'avait joué que du clavecin, et l'habileté extraordinaire qu'il montrait sur cet instrument semblait éloigner jusqu'à l'idée de vouloir qu'il s'appliquât aussi à quelque autre. Mais le génie qui l'animait devança de beaucoup tout ce qu'on aurait osé désirer : il n'eut pas même besoin de leçons.

En revenant de Vienne à Salzbourg avec ses parents, il rapporta un petit violon dont on lui avait fait présent pendant son séjour dans la capitale ; il s'amusait avec cet instrument. Peu de temps après ce retour, Wenzl, habile violon, et qui commençait alors à composer, vint trouver Mozart le père, pour lui demander ses observations sur six trios qu'il avait faits pendant le voyage de celui-ci à Vienne. Schachtner, trompette de la musique de l'archevêque, l'une des personnes auxquelles le jeune Mozart était le plus attaché, se trouvait en ce moment chez son père, et c'est lui-même que nous laisserons parler. « Le père, dit Schachtner, jouait de la basse, Wenzl le premier violon, et moi je devais jouer le second violon. Le jeune Mozart demanda la permission de faire cette dernière partie ; mais le père le gronda de cette demande enfantine, lui disant que, puisqu'il n'avait pas reçu de leçons régulières de violon, il ne devait pas être en état de bien jouer. Le fils répliqua que, pour jouer le second violon, il ne lui semblait pas indispensable d'avoir reçu des leçons. Le père, à moitié fâché de cette réponse, lui dit de s'en aller et de ne plus nous interrompre. Wolfgang en fut tellement affecté, qu'il commença à pleurer à chaudes larmes : comme il s'en allait avec son petit violon, je priai qu'on lui accordât la permission de jouer avec moi. Le père y consentit après bien des difficultés. — Eh bien, dit-il à Wolfgang, tu pourras jouer avec M. Schachtner, mais sous la condition que ce sera tout doucement, et qu'on ne t'entendra pas ; sans cela, je te ferai sortir sur-le-champ. — Nous commençons le trio, et le petit Mozart joue avec moi : je ne fus pas longtemps à m'apercevoir, avec le plus grand étonnement, que j'étais tout à fait inutile. Sans dire un mot, je mis mon violon de côté, en regardant le père, à qui cette scène faisait verser des larmes de tendresse. L'enfant joua de même les six trios. Les éloges que nous lui prodiguâmes alors le rendirent assez hardi pour prétendre qu'il jouerait bien aussi le premier violon. Par plaisanterie, nous en fîmes l'essai, et nous ne pouvions pas nous empêcher de rire en l'entendant faire cette partie, d'une manière tout à fait irrégulière, il est vrai, mais du moins de façon à ne jamais rester court. »

Chaque jour amenait de nouvelles preuves de l'excellente organisation de Mozart pour la musique. Il savait distinguer et indiquer les plus légères différences entre les sons ; et tout son faux, ou seulement rude et non adouci par quelque accord, était pour lui une torture. C'est ainsi que, durant sa première enfance, et même jusqu'à l'âge de dix ans, il eut une horreur invincible de la trompette, lorsqu'elle ne servait pas uniquement pour accompagner un morceau de musique ; quand on lui montrait cet instrument, il faisait sur lui à peu près l'impression que produit sur d'autres enfants un pistolet chargé qu'on tourne contre eux par plaisanterie. Son père crut pouvoir le guérir de cette frayeur en faisant sonner de la trompette en sa présence, malgré les prières du jeune Mozart pour qu'on lui épargnât ce tourment ; mais, au premier son, il pâlit, tomba sur le plancher ; et vraisemblablement il aurait eu des convulsions si on n'avait cessé de jouer sur-le-champ.

Depuis qu'il avait fait ses preuves sur le violon, il se servait quelquefois de celui de Schachtner, cet ami de la famille Mozart, dont il vient d'être question ; il en faisait un grand éloge, parce qu'il en tirait des sons extrêmement doux. Schachtner arriva un jour chez le jeune Mozart pendant qu'il s'amusait à jouer de son propre violon. *Que fait votre violon ?* fut la première demande de l'enfant, et puis il continua de jouer des fantaisies. Enfin, après avoir réfléchi quelques instants, il dit à Schachtner : « Ne pourriez-vous pas laisser votre violon accordé comme il l'était la dernière fois que je m'en suis servi ? Il est à un demi-quart de ton au-dessous de celui que je tiens. » On rit d'abord de cette exactitude scrupuleuse ; mais Mozart père, qui déjà plusieurs fois avait eu occasion d'observer la singulière mémoire que son fils avait pour retenir les tons, fit apporter le violon ; et, au grand étonnement de tous les assistants, il était à un demi-quart de ton au-dessous de celui que Wolfgang tenait.

Quoique l'enfant vît tous les jours de nouvelles preuves de l'étonnement et de l'admiration que ses talents inspiraient, il ne devint ni opiniâtre ni orgueilleux ; homme pour le talent, il a toujours été, dans tout le reste, l'enfant le plus complaisant et le plus docile. Jamais il ne s'est montré mécontent de ce que lui ordonnait son père. Lors même qu'il s'était fait entendre une journée entière, il continuait de jouer, sans la moindre humeur, dès que son père le désirait. Il comprenait et exécutait les moindres signes que lui faisaient ses parents. Il poussait même l'obéissance jusqu'au point de refuser des bonbons lorsqu'il n'avait pas la permission de les accepter.

Au mois de juillet 1763, par conséquent lorsqu'il avait sept ans, sa famille entreprit son premier voyage hors de l'Allemagne, et c'est de cette époque que date, en Europe, la célébrité du nom de Mozart. La tournée commença par Munich, où le jeune virtuose joua un concerto de violon en présence de l'électeur, après avoir préludé de fantaisie. A Augsbourg, à Manheim, à Francfort, à Coblentz, à Bruxelles, les deux enfants donnèrent des concerts publics ou jouèrent devant les princes du pays, et partout ils reçurent les plus grands éloges.

Au mois de novembre, ils arrivèrent à Paris, où ils restèrent cinq mois. Ils se firent entendre à Versailles, et Wolfgang toucha l'orgue, en présence de la cour, dans la chapelle du roi. A Paris, ils donnèrent deux grands concerts publics, et reçurent de tout le monde l'accueil le plus distingué. Ils y eurent même l'honneur du portrait : on grava le père au milieu de ses deux enfants, d'après un dessin de Carmontelle. Ce fut à Paris que le jeune Mozart composa et publia ses deux premières œuvres. Il dédia la première à Madame

Victoire, seconde fille de Louis XV, et l'autre à Madame la comtesse de Tessé.

En avril 1764, les Mozart passèrent en Angleterre, où ils demeurèrent jusque vers le milieu de l'année suivante. Les enfants jouèrent devant le roi, et, comme à Versailles, le fils toucha l'orgue de la chapelle royale. On fit plus de cas, à Londres, de son jeu sur l'orgue que sur le clavecin. Il y donna, avec sa sœur, un grand concert dont toutes les symphonies étaient de sa composition.

On pense bien que les deux enfants, et surtout Wolfgang, ne s'arrêtèrent pas au degré de perfection qui leur procurait tous les jours des applaudissements si flatteurs. Malgré leurs déplacements continuels, ils travaillaient avec une régularité extrême. Ce fut à Londres qu'ils commencèrent à jouer des concertos sur deux clavecins. Wolfgang commença aussi à chanter de grands airs, ce dont il s'acquittait avec beaucoup de sentiment. A Paris et à Londres, les incrédules lui avaient présenté différents morceaux difficiles de Bach, de Haendel, et d'autres maîtres ; il les jouait sur-le-champ à la première vue et avec toute la justesse possible. Un jour, chez le roi d'Angleterre, d'après une basse seulement, il exécuta un morceau plein de mélodie. Une autre fois, Christian Bach, le maître de musique de la reine, prit le petit Mozart entre ses genoux, et joua quelques mesures. Mozart continua ensuite, et ils jouèrent ainsi alternativement une sonate entière avec tant de précision, que tous ceux qui ne pouvaient les voir crurent que la sonate avait été jouée par la même personne. Pendant son séjour en Angleterre, et par conséquent à l'âge de huit ans, Wolfgang composa six sonates, qu'il fit graver à Londres, et qu'il dédia à la reine.

Au mois de juillet 1765, la famille Mozart repassa à Calais ; de là elle continua son voyage par la Flandre, où le jeune virtuose toucha souvent l'orgue dans les églises des monastères et dans les cathédrales. A La Haye, les deux enfants firent, l'un après l'autre, une maladie qui donna à craindre pour leurs jours. Ils furent quatre mois à se rétablir. Wolfgang, pendant sa convalescence, fit six sonates pour le piano, qu'il dédia à la princesse de Nassau-Weilbourg. Au commencement de l'année 1766, ils passèrent un mois à Amsterdam, d'où ils se rendirent à La Haye, pour assister à la fête de l'installation du prince d'Orange. Le fils composa, pour cette solennité, un *quolibet* [1] pour tous les instruments, ainsi que différentes variations et quelques airs pour la princesse.

Après avoir joué plusieurs fois en présence du stathouder [2], ils revinrent à Paris, où ils passèrent deux mois. Enfin, ils rentrèrent en Allemagne par Lyon et la Suisse. A Munich, l'électeur proposa au jeune Mozart un *thème musical*, et lui demanda de le développer et de l'écrire sur-le-champ. C'est ce qu'il fit en présence du prince, et sans se servir de clavecin ni de violon. Après avoir

1. Morceau comique. (*Note de l'éditeur.*)
2. Gouverneur de provinces. (*N.d.E.*)

fini de l'écrire, il le joua, ce qui excita au plus haut degré l'étonnement de l'électeur et de toute sa cour. Après une absence de plus de trois ans, ils revinrent à Salzbourg vers la fin de novembre 1766 ; ils y restèrent jusqu'à l'automne de l'année suivante ; et Wolfgang, plus tranquille, sembla doubler son talent. En 1768, les enfants jouèrent à Vienne, en présence de l'empereur Joseph II, qui chargea le jeune Mozart de composer la musique d'un opéra *buffa*. C'était *La Finta simplice* : elle fut approuvée par le maître de chapelle Hasse et par Métastase ; mais elle ne fut pas exécutée sur le théâtre. Plusieurs fois, chez les maîtres de chapelle Bono et Hasse, chez Métastase, chez le duc de Bragance, chez le prince de Kaunitz, le père fit donner à son fils le premier air italien qu'on trouvait sous la main, et celui-ci composait les parties de tous les instruments en présence de l'assemblée. Lors de l'inauguration de l'église des Orphelins, il fit la musique de la messe, celle du motet, et un duo de trompettes ; et, quoiqu'il n'eût alors que douze ans, il dirigea cette musique solennelle en présence de la cour impériale.

Il revint passer l'année 1769 à Salzbourg. Au mois de décembre, son père le mena en Italie. Wolfgang venait d'être nommé maître de concert de l'archevêque de Salzbourg. On s'imagine facilement l'accueil que reçut en Italie cet enfant célèbre, qui avait excité tant d'admiration dans les autres parties de l'Europe.

Le théâtre de sa gloire, à Milan, fut la maison

du comte Firmian, gouverneur général. Après avoir reçu le poème de l'opéra qu'on devait représenter pendant le carnaval de l'année 1771, et dont il se chargea de faire la musique, Wolfgang quitta Milan au mois de mars 1770. A Bologne il trouva un admirateur animé du plus vif enthousiasme dans la personne du fameux père Martini, le même auquel Jomelli était venu demander des leçons [1]. Le père Martini et les amateurs de Bologne furent transportés de voir un enfant de treize ans, très petit pour son âge, et qui ne paraissait pas en avoir dix, développer tous les thèmes de fugue proposés par Martini, et les exécuter sur le piano sans hésiter et avec toute la précision possible. A Florence, il excita le même étonnement par la précision avec laquelle il joua, à la première vue, les fugues et les thèmes les plus difficiles que lui proposa le marquis de Ligneville, célèbre amateur. Nous avons sur son séjour à Florence une anecdote étrangère à la musique. Il fit dans cette ville la connaissance d'un jeune Anglais nommé Thomas Linley, qui avait environ quatorze ans, c'est-à-dire à peu près son âge. Linley était élève de Martini, célèbre violon, et jouait de cet instrument avec une grâce et une habileté admirables. L'amitié de ces deux enfants devint une passion. Le jour de leur séparation, Linley donna à son

1. Nicollo Jomelli ou Jommelli (1714-1774), compositeur napolitain auteur d'une cinquantaine d'opéras aujourd'hui oubliés ainsi que d'un grand nombre d'œuvres religieuses. (*N.d.E.*)

ami Mozart des vers qu'il avait demandés sur ce sujet à la célèbre Corilla[1] ; il accompagna la voiture de Wolfgang jusqu'à la ville, et les deux enfants prirent congé l'un de l'autre en versant des torrents de larmes.

Mozart et son fils se rendirent à Rome pour la semaine sainte. On pense bien qu'ils ne manquèrent pas d'aller, le soir du mercredi saint, à la chapelle Sixtine, entendre le célèbre *Miserere*. Comme on disait alors qu'il était défendu aux musiciens du pape, sous peine d'excommunication, d'en donner des copies, Wolfgang se proposa de le retenir par cœur. Il l'écrivit, en effet, en rentrant à l'auberge. Ce *Miserere* étant répété le vendredi saint, il y assista encore, en tenant le manuscrit dans son chapeau, et y put faire ainsi quelques corrections. Cette anecdote fit sensation dans la ville. Les Romains, doutant un peu de la chose, engagèrent l'enfant à chanter ce *Miserere* dans un concert. Il s'en acquitta à ravir. Le castrat Cristofori, qui l'avait chanté à la chapelle Sixtine, et qui était présent, rendit, par son étonnement, le triomphe de Mozart complet.

La difficulté de ce que faisait Mozart est bien plus grande encore qu'on ne se l'imaginerait d'abord. Mais je supplie qu'on me permette quelques détails sur la chapelle Sixtine et sur le *Miserere*.

---

1. Maddalena Morelli (1728-1800), dite Corilla, poétesse qui servira de modèle à l'héroïne du roman de Mme de Staël, *Corinne*. (*N.d.E.*)

Il y a ordinairement dans cette chapelle au moins trente-deux voix, et ni orgue, ni aucun instrument pour les accompagner ou les soutenir. Cet établissement atteignit le plus haut point de perfection auquel il soit parvenu vers le commencement du dix-huitième siècle. Depuis, les salaires des chantres étant restés nominativement les mêmes à la chapelle du pape, et par conséquent ayant beaucoup diminué, tandis que l'opéra prenait faveur, et qu'on offrait aux habiles chanteurs des prix inconnus jusqu'alors, peu à peu la chapelle Sixtine n'a plus eu les premiers talents.

Le *Miserere* qu'on y chante deux fois pendant la semaine sainte, et qui fait un tel effet sur les étrangers, a été composé, il y a deux cents ans environ, par Gregorio Allegri, un des descendants d'Antonio Allegri, si connu sous le nom du Corrège. Au moment où il commence, le pape et les cardinaux se prosternent : la lumière des cierges éclaire *Le Jugement dernier*, que Michel-Ange peignit contre le mur auquel l'autel est adossé. A mesure que le *Miserere* avance, on éteint successivement les cierges ; les figures de tant de malheureux, peintes avec une énergie si terrible par Michel-Ange, n'en deviennent que plus imposantes, à demi éclairées par la pâle lueur des derniers cierges qui restent allumés. Lorsque le *Miserere* est sur le point de finir, le maître de chapelle, qui bat la mesure, la ralentit insensiblement, les chanteurs diminuent le volume de leurs voix, l'harmonie s'éteint peu à peu, et le pécheur, confondu devant la majesté de son Dieu, et prosterné devant son trône, semble attendre en silence la voix qui va le juger.

L'effet sublime de ce morceau tient, ce me semble, et à la manière dont il est chanté, et au lieu où on l'exécute. La tradition a appris aux chanteurs du pape certaines manières de porter la voix qui sont du plus grand effet, et qu'il est impossible d'exprimer par des notes. Leur chant remplit au plus haut point la condition qui rend la musique touchante. On répète la même mélodie sur tous les versets du psaume : mais cette musique, semblable par les masses, n'est point exactement la même dans les détails. Ainsi elle est facilement comprise, et cependant évite ce qui pourrait ennuyer. L'usage de la chapelle Sixtine est d'accélérer ou de ralentir la mesure sur certains mots, de renfler ou de diminuer les sons suivant le sens des paroles, et de chanter quelques versets entiers plus vivement que d'autres.

Voici maintenant ce qui montre la difficulté du tour de force exécuté par Mozart en chantant le *Miserere*. On raconte que l'empereur Léopold Ier, qui non seulement aimait la musique, mais encore était bon compositeur lui-même, fit demander au pape, par son ambassadeur, une copie du *Miserere* d'Allegri pour l'usage de la chapelle impériale de Vienne, ce qui fut accordé. Le maître de la chapelle Sixtine fit faire cette copie, et l'on se hâta de l'envoyer à l'empereur, qui avait alors à son service les premiers chanteurs de ce temps-là.

Malgré leurs talents, le *Miserere* d'Allegri

n'ayant fait à la cour de Vienne d'autre effet que celui d'un faux-bourdon [1] assez plat, l'empereur et toute sa cour pensèrent que le maître de chapelle du pape, jaloux de garder le *Miserere*, avait éludé l'ordre de son maître et envoyé une composition vulgaire. L'empereur expédia sur-le-champ un courrier au pape, pour se plaindre de ce manque de respect ; et le maître de chapelle fut renvoyé, sans que le pape, indigné, voulût même écouter sa justification. Ce pauvre homme obtint pourtant d'un des cardinaux qu'il plaiderait sa cause et ferait entendre au pape que la manière d'exécuter ce *Miserere* ne pouvait s'exprimer par des notes, ni s'apprendre qu'avec beaucoup de temps et par des leçons répétées des chantres de la chapelle qui possédaient la tradition. Sa Sainteté, qui ne se connaissait pas en musique, put à peine comprendre comment les mêmes notes n'avaient pas, à Vienne, la même valeur qu'à Rome. Cependant Elle ordonna au pauvre maître de chapelle d'écrire sa défense pour être envoyée à l'empereur, et, avec le temps, il rentra en grâce.

C'est cette anecdote très connue qui frappa les Romains quand ils virent un enfant chanter parfaitement leur *Miserere* après deux leçons ; et rien n'est plus difficile, en fait de beaux-arts, que d'exciter l'étonnement dans Rome. Toutes les réputations se font petites en entrant dans cette ville célèbre, où l'on a l'habitude des plus belles choses en tout genre.

1. Polyphonie à trois voix parallèles. (*N.d.E.*)

Je ne sais si c'est à cause du succès qu'il lui procura, mais il paraît que le chant solennel et mélancolique du *Miserere* fit une impression profonde sur l'âme de Mozart, qui depuis eut une prédilection marquée pour Haendel et le tendre Boccherini.

2

Suite de l'enfance de Mozart

De Rome, les Mozart allèrent à Naples, où Wolfgang joua du piano au *Conservatorio alla pietà*. Comme il était au milieu de sa sonate, les auditeurs s'avisèrent de croire qu'il avait un charme dans son anneau ; il fallut comprendre ce que signifiaient leurs cris, et enfin ôter cet anneau prétendu magique. On conçoit l'effet sur de telles gens lorsqu'ils virent que, la bague ôtée, la musique n'en était pas moins belle. Wolfgang donna un second grand concert chez le comte de Kaunitz, ambassadeur de l'empereur, et retourna ensuite à Rome. Le pape désira le voir, et lui conféra à cette occasion la croix et le brevet de chevalier de la Milice dorée *(auratae Militiae eques)*. A Bologne, il fut nommé, à l'unanimité, membre et maître de l'*Académie philharmonique*. On l'avait enfermé seul, suivant l'usage, et en moins d'une demi-heure il avait composé une antiphone[1] à quatre voix.

Mozart père se hâta de revenir à Milan, pour

1. Chœurs alternés sur les antiennes de la messe. (*N.d.E.*)

que son fils pût travailler à l'opéra dont il s'était chargé. Il se faisait tard. Ils n'arrivèrent que vers la fin du mois d'octobre 1770. Sans la promesse qu'il avait faite, Mozart eût pu obtenir ce qui est regardé en Italie comme le premier honneur pour un musicien, l'engagement de composer un opéra *seria* pour le théâtre de Rome.

Ce fut le 26 décembre qu'on donna pour la première fois, à Milan, le *Mithridate*, composé par Wolfgang, âgé alors de quatorze ans. Cet opéra eut plus de vingt représentations de suite. On peut juger du succès par cette circonstance : l'entrepreneur fit aussitôt avec lui un accord par écrit pour le charger de la composition du premier opéra pour l'année 1773. Mozart quitta Milan, qui retentissait de sa gloire, pour aller passer, avec son père, les derniers jours du carnaval à Venise. A Vérone, qu'il ne fit que traverser, on lui présenta un diplôme de membre de la *Société philharmonique* de cette ville. Partout où il allait en Italie, on le recevait de la manière la plus distinguée ; on ne l'appelait plus que *il cavaliere filarmonico*.

Lorsque, au mois de mars 1771, Mozart revint avec son père à Salzbourg, il y trouva une lettre du comte Firmian, de Milan, qui le chargeait, au nom de l'impératrice Marie-Thérèse, de composer une cantate théâtrale pour le mariage de l'archiduc Ferdinand. L'impératrice avait choisi le célèbre Hasse, comme le plus ancien des maîtres de chapelle, pour composer l'opéra, et elle voulut que le plus jeune compositeur fût chargé de la cantate, dont le sujet était *Ascanio in Alba*. Il promit d'entreprendre ce travail, et partit au mois d'août pour Milan, où, pendant les solennités du mariage, on exécuta alternativement l'opéra et la sérénade.

En 1772 il composa, pour l'élection du nouvel archevêque de Salzbourg, la cantate intitulée le *Songe de Scipion* ; il passa l'hiver de l'année suivante à Milan, où il composa *Lucio Silla*, opéra *seria*, qui eut vingt-six représentations de suite. Au printemps de l'année 1773, Mozart était de retour à Salzbourg. Quelques voyages qu'il fit avec son père cette année et la suivante, à Vienne et à Munich, lui donnèrent occasion de faire différentes compositions excellentes, telles qu'un opéra *buffa*, intitulé *La Finta Giardinieria*, deux grands-messes pour la chapelle de l'électeur de Bavière, etc. En 1775, l'archiduc Maximilien s'arrêta quelque temps à Salzbourg, et ce fut à cette occasion que Mozart composa la cantate intitulée *Il Re Pastore*.

La partie la plus extraordinaire de la vie de Mozart, c'est son enfance ; le détail peut en être agréable au philosophe et à l'artiste. Nous serons plus succinct sur le reste de sa trop courte carrière.

3

A dix-neuf ans, Mozart pouvait croire avoir atteint le plus haut degré de son art, puisque tout le monde le lui répétait de Londres jusqu'à Naples. Sous le rapport de la fortune et d'un établissement, il était le maître de choisir entre toutes les capitales de l'Europe. Partout l'expérience lui apprenait qu'il pouvait compter sur l'admiration générale. Son père jugea que Paris était la ville qui lui convenait le plus, et, au mois de septembre 1777, il partit pour cette capitale, où sa mère seule l'accompagna.

Il eût été, sans contredit, très avantageux pour lui de s'y fixer ; mais d'abord la musique française d'alors n'était pas de son goût ; l'état de la musique vocale ne lui eût guère permis de travailler dans le genre instrumental ; et ensuite, l'année suivante, il eut le malheur de perdre sa mère. Dès lors le séjour de Paris lui devint insupportable. Après avoir composé une symphonie pour le *Concert spirituel*, et quelques autres morceaux, il s'empressa de retourner auprès de son père au commencement de 1779.

Au mois de novembre de l'année suivante, il se rendit à Vienne, où son souverain, l'archevêque de Salzbourg, l'avait appelé. Il était alors âgé de vingt-quatre ans. Le séjour de Vienne lui convint, et encore plus, à ce qu'il paraît, la beauté des Viennoises. Ce qu'il y a de sûr, c'est qu'il s'y fixa, et que rien n'a jamais pu l'en détacher. Les passions étant entrées dans cette âme sensible, et qui possédait à un si haut degré le mécanisme de son art, il devint bientôt le compositeur favori de son siècle, et donna le premier exemple d'un enfant célèbre devenu un grand homme[1].

Il serait trop long et surtout trop difficile de faire une analyse particulière de chacun des ouvrages de Mozart ; les amateurs doivent les

---

1. Mozart composa la musique de l'opéra d'*Idoménée* sous les auspices les plus favorables. L'électeur de Bavière, qui l'avait toujours comblé de grâces et de prévenances, lui avait demandé cet opéra pour son théâtre de Munich, dont l'orchestre était un des mieux composés de l'Allemagne. Mozart se trouvait alors dans toute la fleur de son génie : il avait vingt-cinq ans, était éperdument amoureux de Mlle Constance Weber, virtuose célèbre, qu'il épousa depuis. La famille de sa maîtresse, considérant qu'il n'avait point d'emploi fixe, qu'il voyageait toujours, que ses mœurs n'avaient été jusque-là rien moins qu'exemplaires, s'opposait à ce mariage. Il prit à tâche de montrer à cette famille que, quoiqu'il n'eût pas de rang assuré dans la société, il possédait cependant quelques moyens de considération, et il trouva dans ses sentiments pour Constance les motifs des airs passionnés dont il avait besoin pour son ouvrage. L'amour et l'amour-propre du jeune compositeur, exaltés au plus haut degré, lui firent produire un opéra qu'il a toujours regardé comme ce qu'il avait fait de mieux, et dont il a même souvent emprunté des idées pour ses compositions suivantes. (*Note de l'auteur.*)

connaître tous. La plupart de ses opéras furent composés à Vienne, et y eurent le plus grand succès ; mais aucun ne fit plus de plaisir que *La Flûte enchantée*, qui, en moins d'un an, eut cent représentations.

Comme Raphaël, Mozart embrassa son art dans toute son étendue. Raphaël ne paraît avoir ignoré qu'une chose, la manière de peindre dans un plafond des figures en raccourci. Il feint toujours que la toile du tableau est attachée à la voûte ou supportée par des figures allégoriques.

Pour Mozart, je ne vois pas de genre dans lequel il n'ait triomphé : opéras, symphonies, chansons, airs de danse, il a été grand partout. Le baron de Van Swieten, l'ami de Haydn, allait jusqu'à dire que, si Mozart eût vécu, il aurait enlevé à Haydn le sceptre de la musique instrumentale. Dans l'opéra *buffa,* la gaieté lui a manqué, et en cela il est inférieur aux Galuppi, aux Guglielmi, aux Sarti.

Les qualités physiques qui frappent dans sa musique, indépendamment du génie, c'est une manière neuve d'employer l'orchestre, et surtout les instruments à vent. Il tire un parti étonnant de la flûte, instrument dont Cimarosa s'est rarement servi. Il transporte dans l'accompagnement toutes les beautés des plus riches symphonies.

On a reproché à Mozart de ne prendre d'intérêt qu'à sa musique et de ne connaître que ses propres ouvrages. C'est bien là le reproche de la petite vanité blessée. Mozart, occupé toute sa vie à écrire ses idées, n'a pas eu, il est vrai, le temps de lire toutes celles des autres. Du reste, il approuvait avec franchise tout ce qu'il rencontrait de bon, la plus simple chanson, pourvu qu'il y eût de l'originalité ; mais, moins politique que les grands artistes d'Italie, il était inexorable pour la médiocrité.

Il estimait principalement Porpora, Durante, Leo, Alex, Scarlatti ; mais il mettait Haendel au-dessus d'eux tous. Il savait par cœur les ouvrages principaux de ce grand maître. « De nous tous, disait-il, Haendel connaît le mieux ce qui est d'un grand effet. Lorsqu'il le veut, il va et frappe comme la foudre. »

Il disait de Jomelli : « Cet artiste a certaines parties où il brille et où il brillera toujours ; seulement il n'aurait pas dû en sortir et vouloir faire de la musique d'église dans l'ancien style. » Il n'estimait pas Vincenzo Martini, dont la *Cosa rara* avait alors beaucoup de succès. « Il y a là de fort jolies choses, disait-il, mais dans vingt ans d'ici personne n'y fera attention. » Il nous reste de lui neuf opéras écrits sur des paroles italiennes : *La Finta Simplice*, opéra *buffa*, son début dans le genre dramatique ; *Mithridate*, opéra seria ; *Lucio Silla*, idem ; la *Giardiniera*, opéra *buffa* ; *Idomeneo*, opéra *seria* ; *Le Nozze di Figaro* et *Don Giovanni*, composés en 1787 ; *Cosí fan tutte*, opéra *buffa* ; *La Clemenza di Tito*, opéra de Métastase, représenté en 1792.

Il n'a fait que trois opéras allemands : *L'Enlèvement du sérail*, *Le Directeur de spectacles*, et *La Flûte enchantée*, en 1792.

Il a laissé dix-sept symphonies et des pièces instrumentales de tout genre.

Comme exécutant, Mozart a été un des premiers pianistes de l'Europe. Il jouait avec une vitesse extraordinaire ; on admirait surtout celle de sa main gauche.

Dès 1785, le célèbre Joseph Haydn avait dit au père de Mozart, qui se trouvait alors à Vienne : « Je vous déclare, devant Dieu et en honnête homme, que je regarde votre fils comme le plus grand compositeur dont j'aie jamais entendu parler. »

Voilà ce que fut Mozart comme *musicien*. Celui qui connaît la nature humaine ne sera pas étonné qu'un homme qui, sous le rapport du talent, était l'objet de l'admiration générale, n'ait pas été aussi grand dans les autres situations de la vie. Mozart ne se distinguait ni par une figure prévenante ni par un corps bien fait, quoique son père et sa mère eussent été cités à cause de leur beauté.

Cabanis nous dit :

« Il paraît que la sensibilité se comporte à la manière d'un fluide dont la quantité totale est déterminée, et qui, toutes les fois qu'il se jette en plus grande abondance dans un de ses canaux, diminue proportionnellement dans les autres. »

Mozart ne prit point avec l'âge l'accroissement ordinaire : il eut toute sa vie une santé faible ; il était maigre, pâle ; et quoique la forme de son visage fût extraordinaire, sa physionomie n'avait rien de frappant que son extrême mobilité. L'air de son visage changeait à chaque instant, mais n'indiquait autre chose que la peine ou le plaisir qu'il éprouvait dans le moment. On remarquait chez lui une manie qui ordinairement est un signe de stupidité : son corps était dans un mouvement perpétuel ; il jouait sans cesse avec les mains, ou du pied frappait la terre. Du reste, rien d'extraordinaire dans ses habitudes, sinon son amour passionné pour le billard. Il en avait un chez lui, sur lequel il lui arrivait presque tous les jours de jouer seul quand il n'avait plus de partner. Les mains de Mozart avaient une direction tellement décidée pour le clavecin, qu'il était peu adroit pour toute autre chose. A table il ne coupait jamais ses aliments, ou s'il entreprenait cette opération, il ne s'en tirait qu'avec beaucoup de peine et de maladresse. Il priait ordinairement sa femme de lui rendre ce service.

Ce même homme qui, comme artiste, avait atteint le plus haut degré de développement dès l'âge le plus tendre, est toujours demeuré enfant sous tous les autres rapports de la vie. Jamais il n'a su se gouverner lui-même. L'ordre dans les affaires domestiques, l'usage convenable de l'argent, la tempérance et le choix raisonnable des jouissances, ne furent jamais des vertus à son usage. Le plaisir du moment l'emportait toujours. Son esprit, constamment absorbé dans une foule d'idées qui le rendaient incapable de toute réflexion sur ce que nous appelons les choses sérieuses, fit que pendant toute sa vie il eut besoin d'un tuteur qui prît soin de ses affaires temporelles. Son père connaissait bien ce faible : ce fut ce qui l'engagea, en 1777, à le faire suivre à Paris par sa femme, son emploi à Salzbourg ne lui permettant point alors de s'éloigner.

Mais ce même homme, toujours distrait, toujours jouant et s'amusant, paraissait devenir un être d'un rang supérieur dès qu'il se plaçait devant un piano. Son âme s'élevait alors, et toute son attention pouvait se diriger vers le seul objet pour lequel il fût né, l'*harmonie des sons*. L'orchestre le plus nombreux ne l'empêchait point d'observer, pendant l'exécution, le moindre son faux, et il indiquait sur-le-champ, avec la précision la plus surprenante, sur quel instrument on avait fait la faute, et quel son il eût fallu en tirer.

Lors du voyage de Mozart à Berlin, il n'y arriva que le soir très tard. A peine fut-il descendu de sa voiture, qu'il demanda au garçon de l'auberge s'il y avait opéra. « Oui, *L'Enlèvement du sérail*. — Cela est charmant ! » Et déjà il était en route pour le spectacle ; il se mit à l'entrée du parterre pour écouter sans être reconnu. Mais tantôt il était si satisfait de la bonne exécution de certains morceaux, tantôt si mécontent de la manière dont on jouait quelques autres, ou du mouvement dans lequel on les exécutait, ou des broderies que faisaient les acteurs, que, tout en témoignant sa satisfaction et son déplaisir, il se trouva contre la barre de l'orchestre. Le directeur s'était permis de faire des changements à un des airs : lorsqu'on y fut arrivé, Mozart, ne pouvant plus se contenir, cria presque tout haut à l'orchestre la manière dont il fallait jouer. On se retourna pour voir l'homme en redingote de voyage qui faisait ce bruit. Quelques personnes reconnurent Mozart, et dans un instant les musiciens et les acteurs surent qu'il était parmi les spectateurs. Quelques-uns de ceux-ci, entre autres une très bonne cantatrice, furent tellement frappés de cette nouvelle, qu'ils refusèrent de reparaître sur le théâtre. Le directeur fit part à Mozart de l'embarras où ce refus le mettait. Celui-ci fut à l'instant dans les coulisses, et réussit, par les éloges qu'il donna aux acteurs, à leur faire continuer l'opéra.

La musique fut l'occupation de sa vie, et en même temps sa plus douce récréation. Jamais, même dans sa plus tendre enfance, on n'eut besoin de l'engager à se mettre au piano. Il fallait, au contraire, le surveiller pour qu'il ne s'y oubliât point, et qu'il ne nuisît pas à sa santé. Dès sa jeunesse, il eut une prédilection marquée pour faire de la musique pendant la nuit. Quand, le soir à neuf heures, il se mettait au clavecin, il ne le quittait pas avant minuit, et même alors il fallait lui faire violence, car il aurait continué toute la nuit à préluder et à jouer des fantaisies. Dans la vie habituelle, c'était l'homme le plus doux ; mais le moindre bruit pendant la musique lui causait l'indignation la plus vive. Il était bien au-dessus de cette modestie affectée ou mal placée qui porte la plupart des virtuoses à ne se faire entendre qu'après en avoir été priés à différentes reprises.

Souvent des grands seigneurs de Vienne lui reprochèrent de jouer avec le même intérêt devant tous ceux qui prenaient plaisir à l'entendre.

4

Un amateur d'une ville où Mozart passait dans un de ses voyages réunit chez lui une nombreuse société pour procurer à ses amis le plaisir d'entendre ce musicien célèbre, qui lui avait promis de s'y trouver. Mozart arrive, ne dit pas grand-chose, et se met au piano. Croyant n'être entouré que de connaisseurs, il commença, dans un mouvement très lent, à exécuter de la musique d'une harmonie suave, mais extrêmement simple, voulant ainsi préparer ses auditeurs aux sentiments qu'il avait dessein d'exprimer. La société trouva cela fort commun. Bientôt son jeu devint plus vif ; on le trouva assez joli. Il devint sévère et solennel, d'une harmonie frappante, élevée, et en même temps plus difficile ; quelques dames commencèrent à le trouver décidément ennuyeux et à se communiquer quelques mots de critique ; bientôt la moitié du salon se mit à causer. Le maître de la maison était sur les épines ; et enfin Mozart s'aperçut de l'impression que sa musique faisait sur l'auditoire. Il n'abandonna point l'idée principale qu'il avait commencé à exprimer, mais il la développa avec toute l'impétuosité dont il était capable. On n'y fit pas encore attention. Il se mit alors à apostropher son auditoire d'une manière assez brusque, mais toujours en continuant de jouer ; et comme heureusement ce fut en italien, presque personne ne le comprit. Cependant on commençait à être plus tranquille. Quand sa colère fut un peu apaisée, il ne put s'empêcher de rire lui-même de son impétuosité. Il donna à ses idées une tournure plus vulgaire, et finit par jouer un air très connu, dont il fit dix à douze variations charmantes. Tout le salon était ravi, et très peu de ceux qui s'y trouvaient s'étaient aperçus de la scène qui venait de se passer. Mozart cependant sortit bientôt, en invitant le maître de la maison, qui l'accompagnait, et quelques connaisseurs à venir le voir le même soir dans son auberge. Il les y retint à souper ; et à peine lui eurent-ils témoigné quelque désir de l'entendre, qu'il se mit à jouer des fantaisies sur le clavecin, où, au grand étonnement de ses auditeurs, il s'oublia jusqu'après minuit.

Un vieil accordeur de clavecin était venu mettre quelques cordes à son piano-forte de voyage. « Bon vieillard, lui dit Mozart, combien vous faut-il ? je pars demain. » Ce pauvre homme, le regardant pour ainsi dire comme un Dieu, lui répondit, déconcerté, anéanti et balbutiant : « Majesté Impériale !... Monsieur le maître de chapelle de Sa Majesté Impériale ! Je ne puis... Il est vrai que j'ai été plusieurs fois chez vous... Eh bien, vous me donnerez un écu. — Un écu ! répondit Mozart ; allons donc ! un brave homme comme vous ne doit pas se déranger pour un écu », et il lui donna quelques ducats. Le bonhomme, en se retirant, répétait encore, avec de grandes révérences : « Ah ! Majesté Impériale ! »

Idoménée et *Don Juan* étaient ceux de ses opéras qu'il estimait le plus. Il n'aimait pas à parler de ses ouvrages, ou, s'il en parlait, ce n'était jamais qu'en quelques mots. Au sujet de *Don Juan*, il dit un jour : « Cet opéra n'a pas été composé pour le public de Vienne ; il convenait mieux à celui de Prague ; mais, au fond, je ne l'ai fait que pour moi et mes amis. »

Le temps qu'il donnait le plus volontiers au travail était le matin, depuis six ou sept heures jusqu'à dix. Alors il sortait du lit. Le reste de la journée il ne composait plus, à moins qu'il n'eût à terminer quelque morceau pressé. Il fut toujours très inégal dans sa manière de travailler. Quand il était saisi d'une idée, on ne pouvait l'arracher à son ouvrage. Si on l'ôtait du piano, il composait au milieu de ses amis, et passait ensuite des nuits entières la plume à la main. Dans d'autres temps, son âme était tellement rebelle à l'application, qu'il ne pouvait achever une pièce qu'au moment même où l'on devait l'exécuter. Il lui arriva même un jour de renvoyer tellement au dernier moment un morceau qui lui avait été demandé pour un concert de la cour, qu'il n'eut pas le temps d'écrire la partie qu'il devait exécuter. L'empereur Joseph, qui furetait partout, jetant par hasard les yeux sur le papier de musique que Mozart avait l'air de suivre, fut étonné de n'y voir que des lignes sans notes, et lui dit : « Où est donc votre partie ? — Là, répondit Mozart, en portant la main au front. »

Le même accident fut sur le point de lui arriver au sujet de l'ouverture de *Don Juan*. On convient assez généralement que c'est la meilleure de ses ouvertures ; cependant il n'y travailla que dans la nuit qui précéda la première représentation et lorsque la répétition générale avait déjà eu lieu. Le soir, vers les onze heures, en se retirant, il pria sa femme de lui faire du punch, et de rester avec lui pour le tenir éveillé. Elle y consentit, et se mit à lui raconter des contes de fées, des aventures bizarres, qui le firent pleurer à force de rire. Cependant le punch l'excita au sommeil, de sorte qu'il ne travaillait que pendant que sa femme racontait, et il fermait les yeux dès qu'elle s'arrêtait. Ses efforts pour se tenir éveillé, cette alternative continuelle de veille et de sommeil, le fatiguèrent tellement, que sa femme l'engagea à prendre quelque repos, lui donnant sa parole de le réveiller une heure après. Il s'endormit si profondément qu'elle le laissa reposer deux heures. Elle l'éveilla vers les cinq heures du matin. Il avait donné rendez-vous aux copistes à sept heures, et, à leur arrivée, l'ouverture était finie. Ils eurent à peine assez de temps pour faire les copies nécessaires à l'orchestre, et les musiciens furent obligés de jouer sans avoir fait de répétition. Quelques personnes prétendent reconnaître dans cette ouverture les passages où Mozart doit avoir été surpris par le sommeil, et ceux où il s'est réveillé en sursaut.

Don Juan ne fut pas très bien accueilli à Vienne dans la nouveauté. Peu de temps après la première représentation, on en parlait dans une assemblée nombreuse où se trouvaient la plupart des connaisseurs de la capitale, et entre autres Haydn. Mozart n'y était point. Tout le monde s'accordait à dire que c'était un ouvrage très estimable, d'une imagination brillante et d'un génie riche ; mais tout le monde aussi y trouvait à reprendre. Tous avaient parlé, à l'exception du modeste Haydn. On le pria de dire son opinion. « Je ne suis pas en état de juger de cette dispute, dit-il avec sa retenue accoutumée : tout ce que je sais, c'est que Mozart est le plus grand compositeur qui existe dans ce moment. » On parla d'autres choses.

Mozart, de son côté, avait beaucoup d'estime pour Haydn. Il lui a dédié un recueil de quatuors qu'on peut mettre parmi ce qu'il y a de plus beau en ce genre. Un compositeur viennois, qui n'était pas sans quelque mérite, mais qui était bien loin de valoir Haydn, se faisait un malin plaisir de rechercher dans les compositions de ce dernier toutes les petites incorrections qui avaient pu s'y glisser. Il venait souvent trouver Mozart pour lui montrer avec joie des symphonies ou des quatuors de Haydn qu'il avait mis en partition, et où il avait découvert, par ce moyen, quelques négligences de style. Mozart tâchait toujours de changer le sujet de la conversation ; enfin, n'y pouvant plus tenir : « Monsieur, lui dit-il une fois d'un ton un peu brusque, si l'on nous fondait tous les deux ensemble, on ne trouverait pas encore de quoi faire un Haydn. »

Un peintre, voulant flatter Cimarosa, lui dit un jour qu'il le regardait comme supérieur à Mozart. « Moi, monsieur ! répliqua-t-il vivement ; que diriez-vous à un homme qui viendrait vous assurer que vous êtes supérieur à Raphaël ? »

5

Mozart jugeait ses propres ouvrages avec impartialité, et souvent avec une sévérité qu'il n'aurait pas soufferte aisément dans un autre. L'empereur Joseph II aimait Mozart, et l'avait fait son maître de chapelle ; mais ce prince avait la prétention d'être un *dilettante*. Son voyage en Italie lui avait donné l'engouement de la musique italienne, et quelques Italiens qu'il avait à sa cour ne manquaient pas d'entretenir cette prévention, qui, au reste, me semble assez fondée.

Ils parlaient avec plus de jalousie que de justice des premiers essais de Mozart, et l'empereur, ne jugeant guère par lui-même, fut facilement entraîné par les décisions de ces amateurs. Un jour qu'il venait d'entendre la répétition d'un opéra comique (*L'Enlèvement du sérail*), qu'il avait demandé lui-même à Mozart, il dit au compositeur : « Mon cher Mozart, cela est trop beau pour nos oreilles ; il y a beaucoup trop de notes là-dedans. — J'en demande pardon à Votre Majesté, lui répondit Mozart très sèchement ; il y a précisément autant de notes qu'il en faut. » Joseph ne dit rien, et parut un peu embarrassé de la réponse ; mais lorsque l'opéra fut joué, il en fit les plus grands éloges.

Mozart fut ensuite moins content lui-même de son ouvrage ; il y fit beaucoup de corrections et de retranchements ; et depuis, en exécutant sur le piano un des airs qui avaient été le plus applaudis : « Cela est bon dans la chambre, dit-il, mais pour le théâtre il y a trop de verbiage. Dans le temps où je composais cet opéra, je me complaisais dans ce que je faisais, et n'y trouvais rien de trop long. »

Mozart n'était nullement intéressé ; la bienfaisance, au contraire, faisait son caractère : il donnait souvent sans choix, et dépensait son argent plus souvent encore sans raison.

Dans un voyage qu'il fit à Berlin, le roi Frédéric-Guillaume II lui proposa trois mille écus d'appointements (onze mille francs) s'il voulait rester à sa cour et se charger de la direction de son orchestre. Mozart répondit seulement : « Dois-je quitter mon bon empereur ? » Cependant, à cette époque, Mozart n'avait point encore d'appointements fixes à Vienne. Un de ses amis lui reprochant, dans la suite, de n'avoir pas accepté les propositions du roi de Prusse : « J'aime à vivre à Vienne, répliqua Mozart ; l'empereur me chérit, je me soucie peu de l'argent. »

Des tracasseries qu'on lui avait suscitées à la cour le portèrent cependant à demander sa démission à Joseph ; mais un mot de ce prince, qui aimait ce compositeur, et surtout sa musique, le fit sur-le-champ changer de résolution. Il n'eut pas l'habileté de profiter de ce moment favorable pour demander un traitement fixe ; mais l'empereur eut enfin de lui-même l'idée de régler son sort ; malheureusement il consulta sur ce qu'il était convenable de faire un homme qui n'était pas des amis de Mozart, et qui proposa huit cents florins (un peu moins de deux mille deux cents francs). Jamais Mozart n'eut un traitement plus considérable. Il le touchait comme *compositeur* de la chambre, mais il ne fit jamais rien en cette qualité. On lui demanda une fois, en vertu d'un de ces ordres généraux du gouvernement, fréquents à Vienne, l'état des traitements qu'il recevait de la cour. Il écrivit, dans un billet cacheté : « Trop pour ce que j'ai fait, trop peu pour ce que j'aurais pu faire. »

Les marchands de musique, les directeurs de théâtre et autres gens à argent abusaient tous les jours de son désintéressement connu. C'est ainsi que la plupart de ses compositions pour le piano ne lui ont rien rapporté. Il les écrivait par complaisance pour des gens de sa société, qui lui témoignaient le désir de posséder quelque chose de sa propre main pour leur usage particulier : dans ce cas, il était obligé de se conformer au degré de force auquel ces personnes étaient parvenues ; et c'est ce qui explique comment, dans le nombre de ses compositions pour le clavecin, il s'en trouve beaucoup qui paraissent peu dignes de lui. Artaria, marchand de musique à Vienne, et d'autres de ses confrères, savaient se procurer des copies de ces pièces, et les publiaient sans demander l'agrément de l'auteur, et surtout sans lui proposer d'honoraires.

6

Un jour un directeur de spectacle, qui était fort mal dans ses affaires et presque au désespoir, vint trouver Mozart, et lui exposa sa situation, en ajoutant : « Vous êtes le seul homme au monde qui puissiez me tirer d'embarras ! — Moi, réplique Mozart ; comment cela ? — En me composant un opéra tout à fait dans le goût du public qui fréquente mon théâtre ; vous pourrez également travailler, jusqu'à un certain point, pour les connaisseurs et pour votre gloire ; mais ayez surtout égard aux classes du peuple qui ne se connaissent pas à la belle musique. J'aurai soin que vous ayez bientôt le poème, que les décorations soient belles ; en un mot, que tout soit comme on le veut aujourd'hui. » Mozart, touché de la prière de ce pauvre diable, lui promit de se charger de son affaire. « Combien demandez-vous pour vos honoraires ? répliqua le directeur du théâtre. — Mais vous n'avez rien, dit Mozart : écoutez cependant, voici comment nous arrangerons la chose pour que vous puissiez sortir d'embarras, et pour qu'en même temps je ne perde pas tout à fait le fruit de mon travail : je ne donnerai ma partition qu'à vous seul, vous m'en payerez ce que vous voudrez ; mais c'est sous la condition expresse que vous n'en laisserez pas prendre de copie : si l'opéra fait du bruit, je le vendrai à d'autres directions. » Le directeur, ravi de la générosité de Mozart, s'épuise en promesses. Celui-ci se hâte de composer sa musique, et la fait exactement dans le genre qui lui était indiqué. On donne l'opéra ; la salle est toujours pleine : on en parle dans toute l'Allemagne, et quelques semaines après, on le joue sur cinq ou six théâtres différents, sans qu'aucun d'eux eût reçu de copie du directeur dans l'embarras.

D'autres fois encore, il ne trouva que des ingrats dans ceux auxquels il avait rendu des services ; mais rien ne put le guérir de son obligeance pour les malheureux. Toutes les fois que des virtuoses peu fortunés passaient par Vienne, et que, n'y connaissant personne, ils s'adressaient à lui, il leur offrait d'abord sa table et son logement, leur faisait faire la connaissance de ceux qui pouvaient leur devenir utiles, et rarement les laissait partir sans composer pour eux des *concertos*, dont il ne gardait pas même de copie, afin qu'étant les seuls à les jouer ils pussent se produire avec plus d'avantages.

Mozart avait souvent le dimanche des concerts chez lui. Un comte polonais qu'on y mena un jour fut enchanté, ainsi que tous les assistants, d'un morceau de musique pour cinq instruments, qu'on exécutait pour la première fois. Il témoigna à Mozart combien ce morceau lui avait fait de plaisir, et le pria de composer pour lui un trio de flûte quand il se trouverait de loisir. Mozart le lui promit, sous cette condition, qu'il ne serait nullement pressé. Le comte, en rentrant chez lui, envoya au compositeur cent demi-souverains d'or (un peu plus de deux mille francs), avec un billet très poli, dans lequel il le remerciait du plaisir dont il venait de jouir. Mozart envoya au comte la partition originale du morceau de musique à cinq instruments qui avait paru lui plaire. Ce comte partit. Une année après, il revint voir Mozart, et lui demanda des nouvelles de son trio : « Monsieur, répondit le compositeur, je ne me suis pas encore senti disposé à composer quelque chose qui fût digne de vous. — Par conséquent, répliqua le comte, vous ne vous sentirez pas non plus disposé à me rembourser les cent demi-souverains d'or que je vous ai payés d'avance pour ce morceau de musique. » Mozart, indigné, lui rendit sur-le-champ ses souverains ; mais le comte ne parla pas de la partition originale du morceau à cinq instruments, et bientôt après elle parut chez Artaria, comme quatuor de clavecin, avec accompagnement de violon, d'alto et de violoncelle.

On a remarqué que Mozart était très prompt à prendre des habitudes nouvelles. La santé de sa femme, qu'il aima toujours avec passion, était fort chancelante : dans une longue maladie qu'elle fit, il courait au-devant de ceux qui venaient la voir, en mettant un doigt sur la bouche, et leur faisant signe de ne pas faire de bruit. Sa femme guérit, mais pendant longtemps il aborda les gens qui entraient chez lui en mettant le doigt sur la bouche, et en ne leur parlant lui-même qu'à voix basse.

Pendant cette maladie, il allait quelquefois, de grand matin, se promener seul à cheval ; mais il avait toujours soin, avant de partir, de laisser auprès de sa femme un papier en forme d'ordonnance du médecin. Voici une de ces ordonnances : « Bonjour, ma bonne amie, je souhaite que tu aies bien dormi, que rien ne t'ait dérangée ; prends garde de ne point prendre froid, et de ne pas te faire mal en te baissant ; ne te fâche pas contre tes domestiques ; évite toute espèce de chagrin jusqu'à mon retour ; aie bien soin de toi : je reviendrai à neuf heures. »

Constance Weber fut une excellente compagne pour Mozart, et elle lui donna plusieurs fois des conseils utiles. Il eut d'elle deux enfants qu'il aima tendrement. Mozart jouissait d'un revenu considérable : mais son amour effréné pour le plaisir, et le désordre de ses affaires domestiques, firent qu'il ne laissa à sa famille que la gloire de son nom et l'attention du public de Vienne. Après la mort de ce grand compositeur, les Viennois cherchèrent à témoigner leur reconnaissance à ses enfants pour les plaisirs qu'il leur avait si souvent procurés.

Dans les dernières années de la vie de Mozart, sa santé, qui avait toujours été délicate, s'affaiblissait rapidement. Il était timide à l'égard des malheurs futurs, comme tous les gens à imagination, et l'idée qu'il n'avait plus longtemps à vivre le tourmentait souvent : alors il travaillait tant, avec une telle rapidité et une si grande force d'attention, qu'il oubliait quelquefois tout ce qui n'était pas son art. Souvent, au milieu de son enthousiasme, ses forces l'abandonnaient, il tombait en faiblesse, et l'on était obligé de le porter sur son lit. Tout le monde voyait que cette rage de travail ruinait sa santé. Sa femme et ses amis faisaient tout ce qu'ils pouvaient pour le distraire : par complaisance pour eux, il les accompagnait dans les promenades et aux visites où on le menait, mais son esprit n'y était pas. Il ne sortait de temps en temps de cette mélancolie habituelle et silencieuse que par le pressentiment de sa fin prochaine, idée qui lui causait toujours une terreur nouvelle. On reconnaît le genre de folie du Tasse, et celle qui rendit Rousseau si heureux dans le vallon des Charmettes, en le portant, par la crainte d'une mort prochaine, à la seule bonne philosophie, celle de jouir du moment présent et d'oublier les chagrins. Peut-être, sans cette exaltation de la sensibilité nerveuse qui va jusqu'à la folie, n'y a-t-il pas de génie supérieur dans les arts qui exigent de la tendresse. La femme de Mozart, inquiète de cette manière d'être singulière, avait l'attention de faire venir chez son mari les personnes qu'il aimait à voir, et qui faisaient semblant de le surprendre au moment où, après plusieurs heures de travail, il aurait dû naturellement songer au repos. Ces visites lui faisaient plaisir, mais il ne quittait point la plume : on causait, on cherchait à l'engager dans la conversation, il n'y prenait aucune part ; on lui adressait la parole, il répondait quelques mots sans suite, et continuait d'écrire.

Cette extrême application, au reste, accompagne quelquefois le génie, mais n'en est pas du tout la preuve. Voyez Thomas[1] : qui est-ce qui peut lire son emphatique collection de superlatifs ? et cependant il était tellement absorbé par ses méditations sur les moyens d'être éloquent, qu'il lui est arrivé à Montmorency, lorsque son laquais lui amenait le cheval sur lequel il avait coutume de faire de l'exercice, d'offrir à ce cheval une prise de tabac. Raphaël Mengs[2] aussi a été dans ce siècle un modèle de préoccupation, et ce n'est cependant qu'un peintre de troisième ordre ; tandis que le Guide[3], le plus joueur des hommes, et qui faisait, vers la fin de sa vie, jusqu'à trois tableaux par jour pour payer les dettes de la nuit, a laissé des ouvrages dont le plus faible donne plus de plaisir que les meilleurs des Mengs ou des Carle Maratte[4], gens très appliqués. Une femme me disait un jour : « Monsieur un tel me jure que je régnerai à jamais sur son âme ; il proteste sans cesse que je serai la maîtresse unique de cette âme : mon Dieu ! je le crois ; mais à quoi bon, si

1. Antoine-Léonard Thomas (1733-1785), littérateur au style ampoulé. (*N.d.E.*)

2. Peintre allemand (1728-1779). (*N.d.E.*)

3. Guido Reni, dit « le Guide », peintre italien maître du classicisme européen. (*N.d.E.*)

4. Carlo Maratta (1625-1713), peintre et graveur italien, au style jugé froid. (*N.d.E.*)

cette âme ne me plaît pas ? » A quoi bon l'application d'un homme sans génie ? Mozart a été peut-être, dans le dix-huitième siècle, l'exemple le plus frappant de la réunion des deux choses. Benda[1], l'auteur d'*Ariane dans l'île de Naxos*, a aussi de bons traits de préoccupation.

1. Georg Anton Benda (1722-1795), compositeur tchèque influencé par le style italien. (*N.d.E.*)

7

Ce fut dans cet état qu'il composa *La Flûte enchantée*, *La Clémence de Titus*, son *Requiem*, et d'autres morceaux moins connus. C'est pendant qu'il faisait la musique du premier de ces opéras qu'il commença à avoir, au milieu de son travail, ces moments d'évanouissement dont nous avons parlé. Il aimait beaucoup *La Flûte enchantée*, quoiqu'il ne fût pas très content de quelques morceaux que le public avait pris en affection et qu'il ne cessait d'applaudir. Cet opéra eut un grand nombre de représentations ; mais l'état de faiblesse dans lequel Mozart se trouvait ne lui permit de diriger l'orchestre que pendant les neuf ou dix premières. Quand il était hors d'état d'aller au théâtre, il plaçait sa montre à côté de lui, et semblait suivre l'orchestre dans sa pensée : « Voilà le premier acte terminé, disait-il ; maintenant on chante tel ou tel air, etc. » ; puis il était de nouveau saisi de l'idée que bientôt il serait obligé de quitter tout cela.

Un événement assez singulier vint accélérer l'effet de cette funeste disposition. Je prie qu'on me permette de rapporter cet événement avec détails, parce qu'on lui doit le fameux *Requiem*, qui passe, avec raison, pour un des chefs-d'œuvre de Mozart.

Un jour qu'il était plongé dans une profonde rêverie, il entendit un carrosse s'arrêter à sa porte. On lui annonce un inconnu qui demande à lui parler : on le fait entrer ; il voit un homme d'un certain âge, fort bien mis, les manières les plus nobles, et même quelque chose d'imposant : « Je suis chargé, monsieur, pour un homme très considérable, de venir vous trouver. — Quel est cet homme ? interrompit Mozart. — Il ne veut pas être connu. — A la bonne heure ! et que désire-t-il ? — Il vient de perdre une personne qui lui était bien chère, et dont la mémoire lui sera éternellement précieuse ; il veut célébrer tous les ans sa mort par un service solennel, et il vous demande de composer un *Requiem* pour ce service. » Mozart se sentit vivement frappé de ce discours, du ton grave dont il était prononcé, de l'air mystérieux qui semblait répandu sur toute cette aventure. Il promit de faire le *Requiem*. L'inconnu continue : « Mettez à cet ouvrage tout votre génie ; vous travaillez pour un connaisseur en musique. — Tant mieux. — Combien de temps demandez-vous ? — Quatre semaines. — Eh bien, je reviendrai dans quatre semaines. Quel prix mettez-vous à votre travail ? — Cent ducats. » L'inconnu les compte sur la table et disparaît.

Mozart reste plongé quelques moments dans de profondes réflexions ; puis tout à coup demande une plume, de l'encre, du papier, et, malgré les remontrances de sa femme, il se met à écrire. Cette fougue de travail continua plusieurs jours : il composait jour et nuit, et avec une ardeur qui semblait augmenter en avançant ; mais son corps, déjà faible, ne put résister à cet enthousiasme : un matin il tomba enfin sans connaissance, et fut obligé de suspendre son travail. Deux ou trois jours après, sa femme cherchant à le distraire des sombres pensées qui l'occupaient, il lui répondit brusquement : « Cela est certain, c'est pour moi que je fais ce *Requiem* ; il servira à mon service mortuaire. » Rien ne peut le détourner de cette idée.

A mesure qu'il travaillait, il sentait ses forces diminuer de jour en jour, et sa partition avançait lentement. Les quatre semaines qu'il avait demandées s'étant écoulées, il vit un jour entrer chez lui le même inconnu. « Il m'a été impossible, dit Mozart, de tenir ma parole. — Ne vous gênez pas, dit l'étranger : quel temps vous faut-il encore ? — Quatre semaines. L'ouvrage m'a inspiré plus d'intérêt que je ne pensais, et je l'ai étendu beaucoup plus que je n'en avais le dessein. — En ce cas, il est juste d'augmenter les honoraires ; voici cinquante ducats de plus. — Monsieur, dit Mozart, toujours plus étonné, qui êtes-vous donc ? — Cela ne fait rien à la chose ; je reviendrai dans quatre semaines. »

Mozart appelle sur-le-champ un de ses domestiques pour faire suivre cet homme extraordinaire, et savoir qui il était : mais le domestique maladroit vint rapporter qu'il n'avait pu retrouver sa trace.

Le pauvre Mozart se mit dans la tête que cet inconnu n'était pas un être ordinaire ; qu'il avait sûrement des relations avec l'autre monde, et qu'il lui était envoyé pour lui annoncer sa fin prochaine. Il ne s'en appliqua qu'avec plus d'ardeur à son *Requiem,* qu'il regardait comme le monument le plus durable de son génie. Pendant ce travail, il tomba plusieurs fois dans des évanouissements alarmants. Enfin, l'ouvrage fut achevé avant les quatre semaines. L'inconnu revint au terme convenu : Mozart n'était plus.

Sa carrière a été aussi courte que brillante. Il est mort à peine âgé de trente-six ans ; mais dans ce peu d'années il s'est fait un nom qui ne périra point tant qu'il se trouvera des âmes sensibles.

Alfred Einstein

MOZART, L'HOMME

Extrait de
Mozart, l'homme et l'œuvre
(*Mozart, sein Charakter, sein Werk*)
Traduit de l'allemand par Jacques Delalande

Le voyageur

Comme tous les grands génies, un créateur de la taille de Mozart est un exemple remarquable de cette étrange sorte d'êtres, pétris de chair et d'esprit, qui semblent appartenir à la fois à la terre et au ciel. Plus le génie est grand, plus apparaît fascinante cette dualité, cette lutte de deux forces antagonistes s'équilibrant en un rayonnement harmonieux où toutes les dissonances se résolvent en accord.

L'élément divin en Mozart est d'une telle pureté, que toute une époque a pu ne le considérer que sous le jour d'un faux idéalisme. Si nous ne savions rien de sa vie, il nous apparaîtrait peut-être comme une personnalité à demi mythique, tel Shakespeare, et les concertos pour piano, les quatre grandes symphonies, *Don Juan* et *la Flûte Enchantée* sembleraient les productions d'une force créatrice à demi anonyme ainsi que les drames du poète de Stratford-sur-Avon. On pourrait sans doute les expliquer, comme ces derniers, « historiquement » d'une façon assez satisfaisante, et cependant ils dépasseraient tout cadre historique pour atteindre à l'éternité inexplicable de l'Art.

Comme artiste, comme musicien, Mozart ne semble pas un « homme de ce monde ». Redisons-le : son œuvre est apparue à une certaine époque du XIXe siècle, le Romantisme, d'une perfection « divine » si pure, d'une forme si achevée, que le porte-parole le plus violent de cette époque a pu (dans son étude sur Beethoven) l'appeler le « génie de lumière et d'amour » de la musique et cela sans se voir contredire, car, en portant ce jugement, Richard Wagner se trouvait parfaitement d'accord même avec des adversaires de son art, avec Robert Schumann, qui voyait dans la symphonie en *sol* mineur de Mozart une œuvre « d'une grâce ondoyante toute grecque », ou encore avec le premier biographe sérieux de Mozart, Otto Jahn, qui, à demi inconsciemment, à demi intentionnellement fermait les yeux sur toutes les dissonances profondes de la vie de Mozart. Intentionnellement, car à la différence de Wagner et de Schumann, Jahn connaissait la plus grande partie des lettres de Mozart. Mais ces lettres révèlent tellement Mozart sous l'aspect d'un « homme de ce monde », elles montrent sa personnalité pétulante, enfantine, puérile, humaine, trop humaine sous un jour tel, que pendant longtemps, on n'a jamais osé, au moins en Allemagne, les imprimer intégralement, et que sa veuve ou d'autres personnes bien intentionnées nous ont privés à jamais de quelques passages de lettres écrites en ses dernières années.

Grâce à ces lettres, les plus vivantes, les moins fardées, les plus franches qu'un musicien ait jamais écrites, nous connaissons l'« homme » qu'était Mozart. Quantité de jours, bien des mois et même quelques années de sa courte vie, par exemple les années 1775-1776, qu'il passe à Salzbourg, ou les mois séparant son retour de Paris et *Idoménée* et toute l'année 1789, où il est à Vienne, sont entourés d'une épaisse obscurité ; mais en revanche il est d'autres jours, d'autres mois, d'autres années de sa vie sur lesquels nous sommes renseignés plus exactement et plus intimement que pour n'importe quel autre grand musicien du XVIIIe et même du XIXe ou du XXe siècles. Si exactement, que l'image de l'homme ne semble plus coïncider avec celle du créateur. En fait, il y a chez Mozart une magnifique unité. Le jeune homme qui a écrit ces lettres exubérantes à sa sœur ou les lettres grivoises à sa cousine a trouvé aussi son plus grand amusement à composer ses canons aux textes parfaitement incongrus ; le compositeur de la *Plaisanterie musicale* possédait une science théorique de son art à laquelle il a voulu aussi donner forme littéraire ; grand dramaturge, Mozart est aussi un observateur d'hommes, cruel, incorruptible, d'une perspicacité inquiétante ; sa musique parle de secrets du cœur, dont l'homme, lui aussi, avait conscience.

Mais il est vrai, en une certaine mesure, que Mozart ne fut sur cette terre qu'un hôte de passage. Ceci peut s'entendre au sens le plus élevé, le plus spirituel du terme — et c'est celui dont il sera toujours question dans ce livre — et aussi au sens ordinaire et humain. Nulle part Mozart ne fut tout à fait « chez lui ». Ni à Salzbourg, où il est né, ni à Vienne, où il est mort. Et entre Salzbourg et Vienne se placent des voyages dans presque toutes les directions, des voyages qui emplissent une bonne part de sa vie. Pour Mozart, entreprendre un voyage ne fut jamais le résultat d'une résolution et chacun de ses retours à la vie sédentaire fut lié au regret ou à la contrainte.

« Mon cœur est tout ravi de contentement, parce que je m'amuse tant à ce voyage, parce qu'il fait si chaud dans la voiture et parce que notre cocher est un brave garçon qui conduit bien vite dès que le chemin le permet tant soit peu » écrit-il chez lui, d'un des premiers relais de poste (Wörgl, 13 déc., 1769), pendant son premier voyage en Italie. Combien il envie le jeune Gyrowetz, qui part pour l'Italie en 1786 ! « Heureux homme que vous êtes ! Ah, si je pouvais partir avec vous, comme je me réjouirais ! » C'est l'année à la fin de laquelle il éprouve tant le désir de retourner en Angleterre ; l'année où il propose à son vieux père de « prendre en pension » ses deux enfants — ce que le père refuse, à vrai dire, « très catégoriquement ». L'aîné des enfants de Mozart était déjà mort, pendant le séjour qu'il faisait à Salzbourg au cours de l'été 1783, sans que les parents le sussent et sans doute les deux autres enfants en question seraient-ils restés également sous la garde du grand-père plus longtemps qu'il ne l'eût aimé. Car qu'importent à Mozart les enfants, lorsqu'il est question de voyages ! Ils peuvent bien mourir dix fois. Ce qui compte, c'est l'*Œuvre*. La création de Mozart, les voyages ne l'interrompent pas, ils la stimulent. Et s'il ne peut pas toujours voyager à son gré, comme dans les dix dernières années, passées à Vienne, il transfère au moins son domicile — qui, au fond, n'en est jamais un — d'un appartement à l'autre, quittant la ville pour le faubourg et le faubourg pour la ville. Beethoven lui-même n'a pas changé d'appartement si souvent ; et encore, lorsqu'il l'a fait, était-ce qu'il avait à cela des raisons très réelles. Chez Mozart, il faut faire la part du désir intime de pénétrer dans un cadre nouveau et de puiser dans ce cadre nouveau un nouveau stimulant. Il s'accommode des incommodités du déménagement : elles lui tiennent lieu des incommodités de la diligence.

Mozart a commencé tôt à voyager. Le 12 janvier 1762, alors qu'il n'a pas encore tout à fait six ans, son père l'emmène à la cour du prince électeur de Munich et jusqu'en 1773, tous ses voyages s'effectuent sous la direction paternelle. Aussi nous faut-il nous occuper de ce père, rattachant ainsi à cet aperçu généalogique notre essai pour comprendre le voyageur que fut Mozart.

Léopold Mozart ne vit au souvenir de la postérité que pour avoir été le père de son fils. Sans le rapport qui l'unit à celui de Wolfgang-Amédée, son nom n'aurait pas plus d'importance que celui de centaines d'autres braves musiciens du

XVIIIe siècle qui, à l'une des nombreuses petites cours — laïques ou ecclésiastiques — de l'Allemagne du Sud, parvenaient à leurs modestes fins ; — et encore Léopold, à l'intérieur du cercle étroit où il vivait, ne parvint-il pas à réaliser tout à fait les siennes puisqu'il ne fut jamais premier maître de chapelle.

Mais il n'importe : Léopold Mozart est le père de son fils ; père d'un tel génie, il a compris la tâche qui lui incombait et sans lui, sans l'obéissance à laquelle il dut se plier comme sans la résistance qu'il lui opposa, son fils n'aurait jamais atteint au caractère et à la grandeur auxquels il est parvenu. Léopold se trouve placé dans l'auréole qui émane de son fils. Sans elle, il serait dans l'ombre. Mais à cette place il prend un certain relief : relief pas toujours entièrement sympathique, au demeurant, souvent fort douteux, fait de lumière et d'ombre, de rondeur et de plasticité. Et s'il dépasse d'une bonne hauteur nombre de ses contemporains ce n'est certes pas par son talent, mais par son ambition, sa volonté, son énergie. Ce n'était pas un simple « joueur de musique ». Le témoignage littéraire qu'il nous a laissé, sa méthode de violon de 1756, lui assure, de toute façon, une petite place dans toute histoire de la musique instrumentale. Même sans le fils immortel qu'il a engendré, Léopold Mozart serait toujours l'estimable auteur de cet *Essai d'une école approfondie du violon*, écrit à l'époque même où il donnait la vie à Wolfgang-Amédée.

Pendant la première année de son fils, Léopold

a écrit une petite autobiographie pour les *Contributions historico-critiques à l'étude de la musique*, de F.-W. Marpurg. Cette publication contient un « Rapport sur l'état présent de la musique de Sa Grandeur le Prince-Archevêque de Salzbourg en l'an 1757 », qui nous donne un abrégé de la vie et de l'œuvre de son auteur, alors âgé de trente-huit ans :

« M. Léopold Mozart, de la ville impériale d'Augsbourg, est (à Salzbourg) violoniste et directeur de l'orchestre. Il compose pour l'église et pour la chambre. Né le 14 novembre 1719, il est entré au service des Princes-Archevêques en 1743, peu après avoir terminé ses études de philosophie et de droit.

« Il s'est fait connaître dans tous les genres de compositions, mais n'a encore rien fait imprimer ; il a cependant, en l'année 1740, gravé lui-même sur cuivre 6 sonates à 3, et encore surtout pour s'exercer dans l'art de la gravure. En juillet 1756, il a publié son *Ecole de violon*.

« Parmi les œuvres manuscrites les plus connues de M. Mozart on remarque principalement : beaucoup d'œuvres d'église, en contrepoint et autres ; de plus un grand nombre de symphonies, les unes à quatre parties seulement, les autres avec tous les instruments ordinaires ; en outre, plus de trente grandes sérénades avec des soli pour divers instruments. Il a, de plus, composé nombre de concertos, en particulier pour la flûte traversière, le hautbois, le basson, le cor de chasse, la trompette, etc., d'innombrables trios et divertissements pour divers instruments ; en outre douze oratorios et une foule de morceaux de musique de scène, ainsi que des pantomimes et, notamment, certaines pièces de circonstance telles que : une musique militaire avec trompettes, timbales, tambours et fifres, joints aux instruments ordinaires ; une musique turque, une musique pour un clavier d'acier ; enfin une "Course de traîneaux", avec cinq carillons ; pour ne point parler de marches, de morceaux appelés "musiques de nuit", ni de plusieurs centaines de menuets, danses d'opéra et autres petites pièces analogues. »

Nous pouvons, dans une certaine mesure, compléter ces indications. Léopold était l'aîné des six fils du maître-relieur Johann-Georg Mozart, d'Augsbourg, dont on peut suivre l'ascendance paternelle jusqu'au XVIIe et peut-être au XVIe siècle ; le nom de la famille, aujourd'hui symbole de grâce, prend parfois une forme plus rude, Motzert, par exemple ; et rudes durent être aussi ceux qui le portaient — ouvriers et paysans, sans doute. La mère de Léopold, elle aussi, Anna-Maria Sulzer, seconde femme du relieur, était native d'Augsbourg ; son mari mort, le 19 février 1736, à l'âge de 57 ans, elle lui survécut plus de trente ans, et dans des conditions aisées, semble-t-il, puisque, précisément au moment où il composait sa méthode de violon, nous voyons Léopold veiller activement à ne pas être frustré de sa part d'héritage par ses nombreux frères et sœurs — chacun d'eux, à l'époque, avait déjà reçu à l'avance un acompte de 300 florins sur la succession.

Parmi les frères et sœurs en question, il semble s'être distingué par son intelligence, car il ne prit pas un métier manuel comme ses frères Joseph-Ignaz et Franz-Aloïs, honnêtes relieurs tous les deux. Son parrain, le chanoine Johann-Georg Grabher le fait entrer comme sopraniste dans la maîtrise de l'église Sainte-Croix et Saint-Ulrich. Et, de la maîtrise, il est fort facile de passer à la prêtrise. Il n'apprend pas seulement à chanter, mais à toucher l'orgue ; en 1777, à Munich, son fils fera la connaissance d'un ancien condisciple de Léopold, qui se souvient encore nettement avec quelle fougue le jeune musicien jouait de l'orgue au couvent de Wessobrunn. Le père mort, on envoie Léopold à Salzbourg, on l'aide financièrement, pensant que cet argent serait employé à étudier la théologie. Mais, dès cette époque, Léopold est un petit diplomate, il nourrit en secret des projets tout différents et « mystifie bien les curés qui pensent le voir entrer dans les ordres ». Au bout de deux ans passés à l'Université de Salzbourg, il ne fait plus du tout de théologie, mais de la « Logique » et, il le prétend du moins, de la jurisprudence. A la suite de quoi il est probable que les subsides pécuniaires d'Augsbourg cessèrent. Léopold se voit dans l'obligation d'interrompre ses études et il entre comme valet de chambre au service du président du chapitre de la cathédrale de Salzbourg, le comte Jean-Baptiste Thurn, Valsassina et Taxis (noble famille, de renommée mondiale pour avoir eu, par certains de ses membres, la haute main sur le service des postes du Saint Empire romain).

Voilà à peu près tout ce que nous savons de ses vingt premières années. Qui furent ses maîtres d'orgue et de composition ? Ce point reste obscur ; il est plus facile de retrouver ce qu'il a chanté dans les chœurs de la cathédrale d'Augsbourg. C'étaient les œuvres religieuses concertantes de maîtres italiens et de musiciens de l'Allemagne du Sud — leur représentant le plus brillant et le plus influent étant le Maître de chapelle impérial J.-J. Fux. Ce qu'il doit personnellement à la ville-libre impériale d'Augsbourg, qui rassemblait en ses murs catholiques et protestants, c'était peut-être une certaine tolérance ou, pour mieux dire, une attitude critique à l'égard de tout ce qui appartenait au clergé et qui l'empêcha de se faire prêtre ; c'était, de plus, un goût sage, un peu provincial dans le domaine de la musique d'église, et un goût d'une verdeur bien propre à l'Allemagne du Sud dans celui de la musique profane. Le témoignage le plus significatif que nous possédions de ce goût caractéristique de l'Allemagne méridionale se trouve dans le *Dessert Augsbourgeois* du père Valentin Rathgeber. C'est un volumineux recueil — quatre cahiers — de chansons, chœurs, quodlibets, pièces instrumentales de caractère populaire, paysan ou bourgeois. Tous ces morceaux, parus entre 1733 et 1746 chez l'éditeur de Léopold, Lotter, à Augsbourg, sont pleins de cet humour propre à la

Bavière et à la Souabe, un humour ample, qui sent le bien-être, grossier aussi parfois. Dans la famille Mozart, ces morceaux ont joué un grand rôle et, sans eux, on ne concevrait guère ni la *Promenade en traîneaux* et la *Noce paysanne* de Léopold, ni le *Galimathias Musicum* composé par le jeune Wolfgang. Léopold faisait peu de cas de ses compatriotes d'Augsbourg, et Wolfgang beaucoup moins encore ; mais ils portaient dans leur sang cet héritage de l'Allemagne méridionale.

On ne sait au juste ce qui a conduit Léopold à Salzbourg, alors que, d'Augsbourg, pour s'y rendre, le chemin passait par un centre culturel tel que Munich. Pour les Augsbourgeois, Ingolstadt, l'université de la Bavière électorale, était bien plus proche, et elle aurait offert, pour perfectionner le jeune théologien dans une stricte orthodoxie, la même garantie que Salzbourg. Peut-être sont-ce les chanoines de Saint-Ulrich qui ont indiqué Salzbourg à Léopold. Saint-Ulrich était en effet un des couvents bénédictins qui avaient jadis contribué à fonder l'Université de Salzbourg, et quelques-uns des chanoines d'Augsbourg (Dietrichstein, Waldstein) demeuraient également chanoines de Salzbourg. Quoi qu'il en soit, le destin conduit Léopold aux bords de la Salzach, ce qui a eu quelques conséquences pour Léopold comme aussi pour Salzbourg. Ses études de « Logique » n'ont pas laissé d'exercer sur sa pensée une influence profonde, bonne et fâcheuse tout ensemble. Elles font de lui un musicien « instruit », qui ne se soucie pas seulement du monde et des hommes mais réfléchit aux règles de son art ; qui s'intéresse aux tableaux de Rubens, à la littérature, à la petite comme à la grande politique des petits et des grands potentats de son temps ; qui entend passablement le latin et sait manier sa langue maternelle, et la manier avec une habileté et une vie extraordinaire, la truffant de tournures populaires et pleines de verdeur qui confèrent à son style un charme particulier. Quiconque a lu un des récits de voyage que contiennent ses lettres de Paris ou de Londres, ou encore une de celles adressées à son fils pendant le séjour de celui-ci à Mannheim réalise avec quelle vivacité et quelle vigueur plastique Léopold Mozart savait tenir une plume. Lorsqu'il dépeint ses sentiments, le matin où sa femme et son fils partent pour Paris — moment combien fatal, puisqu'il ne devait pas revoir sa femme ! — la vérité et le réalisme de la description s'élèvent inconsciemment jusqu'au lyrisme (25 septembre 1777) :

« Après que vous fûtes partis, c'est avec un grand sentiment de lassitude que je suis remonté pour me jeter dans un fauteuil. Je me suis efforcé de mon mieux de me raccrocher au souvenir de l'instant où nous nous sommes quittés pour ne pas ressentir plus douloureusement notre séparation ; et j'étais tellement troublé que j'en ai oublié de donner à mon fils ma bénédiction paternelle. Je me suis précipité à la fenêtre pour vous l'envoyer à tous deux mais je ne vous ai pas vus passer le porche et il nous a bien fallu penser que vous étiez déjà passés, pendant tout ce temps où je suis resté assis sans penser à rien. Nannerl pleurait toutes les larmes de son corps et j'eus toutes les peines du monde à la consoler. Elle se plaignait de migraine et de nausée, enfin elle fut prise d'un violent vomissement, je lui enveloppai la tête, elle se mit au lit et fit fermer les volets ; Pimps, tout attristé, était étendu à son chevet. J'allai dans ma chambre, fis ma prière du matin, m'allongeai sur mon lit à huit heures et demie, lus un livre, l'apaisement me vint et je m'assoupis. Le chien arriva chez moi, j'étais éveillé, il me fit signe de le suivre et, à son manège, je compris qu'il ne devait pas être loin de midi et qu'il voulait descendre. Je me levai, pris ma pelisse, trouvai Nannerl profondément endormie et vis à la pendule qu'il était midi et demi. En revenant avec le chien j'éveillai Nannerl et fis apporter le déjeuner. Nannerl n'avait pas le moindre appétit ; sans avoir rien pris elle se recoucha en se levant de table et, après le départ de M. Bullinger, je passai mon temps à prier et à lire, étendu sur mon lit. Le soir, Nannerl était remise et elle avait faim, nous jouâmes au piquet, dinâmes dans ma chambre et fîmes encore quelques parties après dîner, puis allâmes nous coucher en nous recommandant à la grâce de Dieu. Ainsi s'est déroulé ce triste jour, comme je ne pensais pas en vivre jamais un ».

Il est manifeste que le diplomate Léopold espérait, par cette simple narration, faire aussi quelque impression sur un fils qui, de son côté, était de plus belle humeur (23 septembre 1777) : « ... tout s'arrangera bien. J'espère que Papa est en bonne santé et aussi joyeux que moi... »

Au vrai, cette supériorité intellectuelle de Léopold, que l'usage du monde et l'expérience augmenteront encore au cours des grands voyages qu'il effectua avec sa famille ou avec son fils, fut aussi pour lui comme le présent fait à Danaé. Car elle l'a empli d'un sentiment de supériorité sur ses collègues et d'une attitude critique envers ses supérieurs ; c'est à elle qu'il a dû l'isolement où on le tenait dans le monde de sa profession et elle a fort contribué à son impopularité. Son « sens diplomatique » l'entraîne souvent à supposer, derrière les propos et les actions des autres hommes, encore plus de méchanceté et d'hypocrisie qu'il n'y en a et lui fait non seulement faire de perspicaces observations, mais commettre également des fautes décisives. Mais qui oserait lui donner tort en le voyant, dans une lettre à Wolfgang (18 octobre 1777), exprimer l'avis et l'avertissement suivant : « Je t'en prie, aie fermement foi en Dieu, il ne peut faire autrement, car les hommes sont tous des coquins ! Plus tu vieilliras, plus tu auras de commerce avec les hommes, plus tu feras l'expérience de cette triste vérité. » Léopold a-t-il lu le *Prince* de Machiavel ? « Perchè degli nomini si puo dir questo generalmente, che sieno ingrati, volubili, simulatori, fuggitori de' pericoli, cupidi di guadagno e mentre fai lor bene, sono tutti tuoi, ti offeriscono il sangue, la roba, la vita, ed i figli... quando il bisogno è discosto ; ma quando ti si appressa, si rivoltano. » — « Car on peut dire en général des hommes qu'ils sont ingrats, versatiles, hypocrites, lâches en face des dangers, cupides ; tant que tu leur fais du bien, ils sont tout à toi et t'offriront leur sang, leurs biens, leur vie, leurs enfants... pourvu que le besoin soit bien éloigné de toi ; mais s'il approche, ils te tournent le dos. »

Cette hypochondrie est compensée par la tendre affection qu'il porte à sa famille, par la sollicitude dont il témoigne dans toutes les circonstances de la vie quotidienne et qui se montra de la façon la plus éclatante en voyage — et Dieu sait si c'était, en 1760, une entreprise aventureuse que de voyager à travers toute l'Europe avec une femme et deux enfants en bas âge tout en cumulant les fonctions de maréchal des logis et d'impresario ! Il convient d'ajouter à ces traits de caractère sa probité dans toutes les affaires de la vie civile et professionnelle. Certes, ses « collègues » sont des manœuvres et des ivrognes ; l'archevêque, son patron, n'est pas seulement un patron, c'est aussi un tyran hostile auquel on peut bien donner un peu le change... mais qui, malheureusement, n'est pas décidé à se laisser berner. Léopold a sans doute bien des imperfections ; mais l'amertume et le tragique de son destin qu'il a profondément ressentis, les lui font pardonner. Son fils, c'est le soleil et la lumière de sa vie ; il croit que, si Wolfgang consentait à rester sous sa direction, il atteindrait au faîte du succès simplement humain. Or il lui faut faire cette expérience de voir son fils lui échapper ; et il meurt dans une solitude où tout ce qui lui reste c'est la correspondance qu'il entretient avec sa fille et la joie que lui donne un petit-fils, dont il suit avec ravissement les premiers semblants de vie musicale, mais chez qui, par la suite, l'éclat qui illuminait la famille n'a pas laissé le moindre reflet.

Mais nous avons anticipé. Continuons donc à dépeindre le caractère de Léopold. Le service de valet de chambre chez le comte de Thurn et Taxis, chanoine capitulaire, n'était manifestement qu'un chemin, direct ou détourné, qui devait mener définitivement Léopold Mozart à la musique. En 1740, il dédie à son patron sa première œuvre, six sonates d'église et de chambre pour deux violons et basse, dont il a gravé lui-même la partie musicale ; dans la dédicace, il nomme en style baroque le prélat son « paternel soleil, dont les effets bienfaisants l'ont, d'un coup, tiré de la pénible et obscure nécessité où il vivait et mis sur la voie de son bonheur présent ». Une de ces sonates a été réimprimée (*Monuments de la musique en Bavière*, IX, 2, éd. M. Seiffert) ; elle montre un curieux mélange de cette raideur propre au style ancien et de quelques traits assez libres de « galanterie ». Le développement musical de Léopold correspond aux décades difficiles où le caractère élégiaque et la noblesse du vieux style classique — tels qu'on les trouve représentés par Corelli, Bach, Haendel, Vivaldi, par exemple, — se sclérosent, pour ainsi dire, et où le nouveau style « galant » influencé par l'esprit de l'opéra *buffa* commence à s'imposer. Léopold n'a jamais réussi à trouver le juste équilibre entre les deux tendances.

Cela ne l'empêche pas de se lancer aussitôt en plein courant de la vie musicale salzbourgeoise. La ville entière était une véritable ruche musicale : frémissement sonore à la cathédrale et dans les nombreuses autres églises de la résidence archi-épiscopale ; musique instrumentale pour la « chambre » des prélats et nobles de la cour ; musique de scène pour les représentations dramatiques des écoles et de l'Université ; musique pour l'oratorio et même à l'occasion pour l'opéra. Combien tout cela est provincial, Léopold ne s'en avisera qu'au retour de ses voyages, en 1762. Il écrit donc immédiatement, pour le Carême de 1741, une « cantate » en style d'oratorio, *Le Christ enseveli*, pour trois voix, avec récitatifs, airs, un duo et chœur final, dont le texte nous est parvenu ; en 1742, pour la petite salle des fêtes de l'Université, il compose la musique d'un drame d'école *Antiquitas personata*, dans le style antique, mais avec une morale édifiante ; en 1743, il récidive avec une nouvelle cantate-passion *Le Christ condamné*, cette fois pour quatre voix et chœurs.

Ce sont des travaux comme ceux-ci qui lui donnent accès à l'orchestre de la cour archi-épiscopale. Dès 1743, il est violoniste à l'orchestre ; en 1744, on le charge d'enseigner le violon aux jeunes garçons candidats à l'orchestre — ce qui prouve la précocité de son talent pédagogique —

puis on le nomme Compositeur de la cour. Il peut songer à fonder un foyer. Sans doute ne tarda-t-il pas à faire, à Salzbourg, connaissance d'Anne-Marie Pertl, fille de l'intendant du couvent de Saint-Gilgen, près du Wolfgangsee, car plus tard (21 novembre 1772) il lui écrira, de Milan : « Cela va faire, je crois, vingt-cinq ans, que nous avons eu l'heureuse pensée de nous marier. Cette pensée, à vrai dire, nous l'avions depuis déjà bien des années. Mais les bonnes choses demandent du temps. » Dans sa sécheresse, cette réflexion, gentille cependant, caractérise l'homme et la femme dont nul nuage, assurément, n'assombrit jamais l'union. Anne-Marie Mozart, d'un an plus jeune que son époux (elle était née le 25 décembre 1720 au château de Hüttenstein, près de Saint-Gilgen), orpheline de bonne heure, a toujours reconnu la supériorité de Léopold. C'était une femme bonne, à l'horizon limité, certainement une excellente mère de famille, s'intéressant à tous les potins de Salzbourg, à tous les événements et à toutes les personnes de la petite résidence, sur lesquels elle portait un jugement aussi amène que celui de son époux était critique et sarcastique. Wolfgang l'aimait tendrement, et elle ne lui a jamais inspiré la moindre crainte. C'est d'elle qu'il a hérité tous les traits naïfs, joyeux, « puérils » de son caractère, bref tout ce qu'il y a en lui de typiquement « salzbourgeois ». Car, dans tout l'Empire, les Salzbourgeois d'alors ne jouissaient pas d'une réputation particulière en fait de sérieux, d'intelligence et de raison ; ils passaient bien plutôt pour extrêmement enclins aux jouissances matérielles et fort peu aux spirituelles ; ils incarnaient tous les traits de caractère que l'on attribue dans l'Allemagne du Sud au protagoniste comique de la comédie d'Arlequin. « Casperl Larifari » est Salzbourgeois. Mais il est aussi un peu Munichois, un peu Viennois, et également un peu Lombard ou Vénitien. Aussi bien Salzbourg occupait-il le centre du triangle que forment ces villes. Wolfgang était parfaitement au courant de ces particularités salzbourgeoises ; il les haïssait, mais il les partageait aussi un peu, histoire de rire.

Léopold et Marie-Anne eurent de leur union sept enfants ; cinq moururent en bas âge, deux seulement survécurent, comme plus tard au propre foyer de Wolfgang : le quatrième, Maria-Anna-Walpurga-Ignatia, « Nannerl », comme on l'appelait, née le 30 juillet 1751, et le septième et dernier, Wolfgang-Amédée, né le 27 janvier 1756.

Les premières manifestations des aptitudes musicales de son fils modifièrent de fond en comble la vie et les intentions de Léopold. Désormais il ne vit et ne pense plus qu'en fonction de Wolfgang-Amédée. Jusqu'en 1762, son ambition de parvenir à la tête de l'orchestre de la cour avait été étouffée par son supérieur, le maître de chapelle Johann-Ernst Eberlin, dont les dons créateurs dépassaient de loin les siens et en qui il reconnaissait lui-même « un maître complet et consommé » et voyait l'exemple d'une fertilité et d'une facilité créatrices merveilleuses. Mais, à la mort d'Eberlin, en 1762, Léopold accompagnait déjà ses enfants dans une de ces tournées où il voyait une obligation morale et une spéculation pécuniaire — il est malaisé de faire le départ entre l'« obligation » et la « spéculation » — et qu'à ce titre il préférait de loin à l'accomplissement des devoirs de sa charge, à Salzbourg. Avec quelque peine et non sans menacer, à mots couverts, de tourner complètement le dos à Salzbourg, il obtient (28 février 1763) le poste de vice-maître de chapelle, tandis que Giuseppe Francesco Lolli, musicien fort insignifiant et jusqu'alors vice-maître de chapelle sous Eberlin, succède à celui-ci.

Léopold n'a jamais réussi à s'élever au-dessus de ce titre. 1772 voit mourir l'archevêque Sigismond de Schrattenbach. Un esprit patriarcal avait, dix-huit années durant, inspiré son règne et il voulait du bien à la famille Mozart. Son successeur, Hieronymus Colloredo, fils du vice-chancelier de l'Empire, à Vienne, sous François Ier, n'avait que quarante ans ; c'était un admirateur de Rousseau et de Voltaire, partisan convaincu des idées réformatrices de l'empereur Joseph II, et les Salzbourgeois le détestaient. Il était beaucoup moins disposé que Schrattenbach à admettre sans rien dire les écarts de son vice-maître de chapelle Léopold Mozart et de son maître de concert et organiste à la cour Wolfgang-Amédée, tellement moins, même, que le conflit entre l'autorité et le génie devint inévitable. Ce conflit, universellement célèbre, a acquis une portée historique, mais, en ce cas comme en bien d'autres, la balance de la justice n'est pas d'équilibre. Les torts ne sont certainement pas tous du côté de l'autorité et de l'archevêque. Quoi qu'il en soit, Léopold ne cesse d'être tenu à l'écart. A partir de 1773, il a même *deux* supérieurs : Lolli et Domenico Fischietti ; à partir de 1775 Fischietti et Jakob Rust. Lorsque Rust quitta Salzbourg, Léopold aurait dû devenir maître de chapelle et, en août 1778, nous le voyons, surmontant son orgueil, « se prosterner très humblement » devant son patron et lui rappeler : « voici déjà 38 ans que je suis au service du Grand Archevêché et, depuis l'année 1763, cela fait quinze ans que j'ai assuré et assure encore d'une façon irréprochable, en qualité de vice-maître de chapelle, la plupart et même presque tous les offices ». C'est s'humilier en vain. L'archevêque accorde bien à Léopold une rémunération mais non pas la nomination qu'il ambitionne ; et, en 1783, c'est un autre Italien, Lodovico Gatti, qui succède à Fischietti : Léopold mourra vice-maître de chapelle.

Il est permis d'émettre quelques doutes quant à la « façon irréprochable » dont Léopold a « assuré presque tous les offices ». Car si l'on fait le compte du temps qu'ont duré tous les voyages que Léopold Mozart a faits avec sa famille ou seulement avec son fils du 12 janvier 1762 au 13 mars 1773, on trouve que ses absences de Salzbourg font un total d'environ sept années ; on ne peut donc donner tort à l'archevêque de n'avoir autorisé ces tournées qu'en suspendant le traitement de Léopold — il y avait assez de générosité de sa part à lui laisser toujours accès à l'orchestre. — Et puis, on ne tarda pas, à Salzbourg, à sentir que les tournées en question élargissaient singulièrement l'horizon de Léopold et que c'était un autre homme qui rentrait au bercail « provincial ». Son esprit se fait encore plus critique qu'avant envers la vie à Salzbourg et envers les collègues ; il apporte encore moins d'enthousiasme à ses fonctions. L'essentiel est et reste à ses yeux le développement de son fils. Wolfgang a fort bien caractérisé l'attitude de son père en écrivant au père Martini, à Bologne (4 septembre 1776) : « per altro essendo il mio padre già 36 anni in servizio di questa Corte, e sapendo, che questo Arcivescovo non puo e non vuol vedere gente avanzata in Età, non lo se ne prende à Core, si è messo alla Letteratura per altro già suo studio favorito[1]... »

Au vrai, Léopold ne s'occupe pas de littérature, mais uniquement de son fils. Même au cours des années où ils sont devenus presque complètement étrangers l'un à l'autre, à partir de 1782, Wolfgang est encore au centre de ses pensées et de ses sentiments ; même lorsqu'il ne parle plus de lui, dans ses lettres à sa fille, qu'en l'appelant

1. « D'autre part, il a déjà trente-six ans de service à cette cour, et, sachant que notre archevêque ne peut ni ne veut voir des gens avancés en âge, il ne prend pas son affaire à cœur, et s'est remis à la littérature, qui était déjà, d'ailleurs, son étude favorite... »

« ton frère » ; même lorsque leurs lettres s'espacent de plus en plus et prennent parfois, de la part du père, des formes brutales et dénuées d'aménité. La dernière grande joie de Léopold est le séjour qu'il fait à Vienne en février, mars et avril 1785, et au cours duquel il constate à quelle maturité a atteint le génie de Wolfgang et est témoin des succès extérieurs qu'il remporte. Et le plus bel instant de sa vie fut peut-être ce samedi soir de février où l'on joua pour la première fois les trois quatuors à cordes K. 428, 464 et 465 et où Haydn, à qui ils étaient dédiés, lui dit : « Je vous le dis devant Dieu, en honnête homme, votre fils est le plus grand compositeur que je connaisse personnellement et de nom ; il a du goût et avec cela la plus grande science de la composition. » Quel mot, venant du seul grand musicien qui fût alors en mesure de rendre justice à la grandeur de Mozart ! Génie et savoir tout ensemble, art « galant » et art « savant » — ces deux extrêmes qui menaçaient alors de dissocier la musique — se retrouvant confondus chez le même artiste ! Nous verrons dans un chapitre ultérieur que c'était là le mot le plus profond que l'on pût prononcer sur Mozart. Léopold n'en a peut-être pas compris tout à fait le sens historique, mais ce jugement couronnait tout son enseignement et donnait à son existence une justification éclatante.

On sait quelles dispositions critiques Léopold nourrissait à l'égard de Salzbourg ; Wolfgang s'est de bonne heure moqué de sa ville natale et plus tard, à partir de 1772, plus précisément, il l'a haïe du plus profond de son âme. Or il est difficile de haïr Salzbourg quand on pense aux monuments de cette ville et au site qui les entoure : la cathédrale où la majesté s'allie à l'allégresse, la Résidence pleine de dignité, l'architecture où prédomine un style baroque serein, sentant tellement le décor qu'on est invinciblement tenté de l'utiliser comme fond de scène ; ses jardins où passe un souffle du Midi, le fleuve scintillant, dévalant de la montagne, rapide et clair, pour s'échapper vers le plateau bavarois, entre le mont des Capucins et la forteresse de Hohensalzbourg qui, sans être trop menaçante, domine glorieusement la ville et la campagne ; le cirque vaste et éternel des monts, des prairies, des rochers, de la neige ; et par-dessus tout cela un ciel qui tout ensemble fait naître la nostalgie de l'Italie et en éveille le souvenir. On n'a pas manqué de comparer bien des fois la musique de Mozart à ce paysage, ou inversement, et il n'est rien de plus facile que d'établir un rapport entre le côté mélodique de la musique de Mozart, son sens de la forme, l'harmonie profonde et grave de ses œuvres et ce décor riant, dont un sombre arrière-plan redouble encore la grâce. Mais on ne peut s'empêcher de penser que, si Mozart était né à Augsbourg, Munich, Bozen ou Würzbourg, on pourrait établir un rapport semblable avec la même facilité. Ce qui est vraisemblable, c'est que, ces beautés, Mozart ne les a pas vues du tout, qu'elles n'ont pas exercé d'effet, même inconscient, sur lui. Ni la ville, ni la campagne ne lui font l'impression d'être son pays. Pour lui, à compter de sa seizième année, Salzbourg ne fut pas autre chose que l'endroit où, au palais archi-épiscopal, résidait un patron malveillant et où il fallait vivre avec une dizaine de milliers de provinciaux aux idées étroites. Derrière tout ce souriant décor, il voit la rusticité et la crasse qui ont toujours existé et sont encore sensibles de nos jours. Il n'était pas chasseur ou pêcheur, comme Haydn, et n'aimait pas se promener ou battre la campagne, comme Beethoven, et ce n'est certainement pas lui qui aurait pu écrire la symphonie *Les heures du jour* ou les *Saisons*, ni certaine symphonie pastorale. Il voyage dans une voiture bien close et ce qu'on voit par les minuscules fenêtres ne l'intéresse guère. Friedrich Rochlitz rapporte, soi-disant selon les dires de Constance : « Quand Mozart, voyageant avec sa femme, passait par de belles contrées, il regardait attentivement et sans mot dire le monde qui l'entourait, son visage, à l'ordinaire plutôt renfermé et sombre que gai et dégagé, s'éclairait peu à peu, puis il se mettait à chanter ou plutôt à fredonner... » Mais ce sont là mensonges tout aussi bien intentionnés et aussi impudents que les autres anecdotes que ce Leipzigois bavard et bel-esprit a mises en circulation après la mort de Mozart. Quand, en effet, Mozart est-il donc « passé par de belles contrées » avec Constance ? Je ne vois guère que le voyage de Vienne à Salzbourg pendant l'été de 1783 et les deux voyages à Prague de 1789 et 1791. Et encore

Mozart, au cours de ces deux voyages, travaillait-il d'arrache-pied. Mozart compose et « médite », en voiture. Sa musique n'a point besoin d'être stimulée de l'extérieur, inspirée par des images ; elle se suffit à elle-même ; elle suit ses propres lois, ses lois célestes, astrales et, serein ou couvert, le ciel véritable est sans effet sur elle.

Son premier voyage, nous l'avons dit, Mozart l'a entrepris à six ans à peine, pour se rendre à Munich, à la cour du prince-électeur Maximilien III, et il n'en a gardé probablement aucun souvenir. Mais le petit virtuose était déjà devenu un petit compositeur lorsqu'il vint à Vienne, un peu plus de six mois plus tard, à l'automne 1762, en compagnie de sa sœur, de son père et de sa mère et donna des preuves de sa précocité musicale dans les salons de la noblesse et à la cour impériale. On arriva le 6 octobre ; la veille au soir avait eu lieu la première représentation d'*Orphée et Eurydice* de Gluck, et il n'est pas invraisemblable que Mozart en ait vu et entendu une des reprises, bien que, tout enfant prodige qu'il fût, la maturité nécessaire à la compréhension de cette œuvre antiquisante lui fît défaut. Mais un autre événement qui hâtera, et très activement, sa maturité, marque ce séjour à Vienne : la grave maladie qui l'y surprend, cette funeste scarlatine qui fut peut-être l'origine de sa fin prématurée. Après sa guérison, on fait un séjour de sept semaines à Presbourg. Mozart a donc, ou semble avoir connu une petite partie de la Hongrie, sans que ce contact l'ait tenté de pousser plus avant en direction du sud-est. Seuls l'intéressent les régions ou les centres où il y a de la musique, de la musique civilisée et non ce folklore qui précisément nous intéresse tant aujourd'hui. Il ne puise pas son inspiration aux sources originelles, populaires, mais la recherche dans un art qui a déjà pris forme. Son attitude à l'égard de la musique populaire est encore un peu celle de la Renaissance qui, dans toutes les manifestations du peuple, y compris ses manifestations musicales, voyait quelque chose de comique, susceptible seulement de parodie — parodie sérieuse ou comique — encore qu'il y ait sur ce point quelques exceptions.

Le 9 juin 1763, la famille Mozart se met en route pour ce grand voyage en France et en Angleterre, dont elle ne devait rentrer que le 30 novembre 1766 et au cours duquel elle traversa non seulement une série de villes du sud et de l'est de l'Allemagne, comme Munich et Ludwigsburg, Schwetzingen et Francfort, mais également la Belgique catholique, la Hollande réformée, le sud-est de la France, la Suisse et la ville impériale d'Augsbourg, où était né Léopold. Nous possédons le reflet littéraire de cette longue randonnée dans les lettres déjà mentionnées que Léopold adressait à son ami salzbourgeois Lorenz Hagenauer, qui était également son propriétaire et le confident de ses soucis financiers. Jusqu'à présent, ces lettres n'ont été publiées que partiellement, dans la mesure où elles concernent Wolfgang et les événements personnels et musicaux de la famille ; mais quiconque les connaît dans leur intégralité ne cesse de s'étonner de la quantité de sujets auxquels s'intéresse Léopold, de son don d'observation, de sa perspicacité à juger hommes et choses ; son coup d'œil si aigu ne s'émousse que lorsqu'il s'agit de mesurer le succès de ses deux enfants. A l'occasion, Léopold sait également voir le caractère particulier à chaque ville et à chaque paysage, même lorsqu'il ne porte sur eux qu'un simple jugement, et encore celui-ci ne s'élève-t-il jamais au-dessus de l'étroitesse de vue de son temps. Dès leur première visite à Vienne, il mène le petit Wolfgang dans la Josefstadt et à l'église Saint-Charles, qui lui en a imposé sans aucun doute, car on y retrouve la quintessence de l'architecture salzbourgeoise. Mais voyez la description qu'il fait de Ulm (11 juillet 1763) : « Ulm est un endroit affreux, antique et... construit sans goût. Figurez-vous des maisons où vous voyez de l'extérieur la séparation de chaque étage et toutes les poutres du colombage, où même les dites poutres sont recouvertes de peinture et les vides qu'elles forment bien blanchis, ou encore dont chaque brique est peinte, afin que la maçonnerie et la charpente ressortent mieux. Et Westerstetten, Geislingen... Göppingen, Plochingen et une bonne partie de Stuttgart se présentent de même... » Il aime, par contre, — et son goût est partagé par Madame Mozart — l'aimable région qui borde le Neckar : « Pourtant je ne peux m'empêcher de vous dire que le Wurtemberg est le plus beau pays : à partir de Geislingen, et jusqu'à Ludwigsburg, à droite et à gauche, et simultanément, on ne voit que cours d'eau, forêts, champs, prairies, jardins et vignobles mêlés de la plus heureuse façon. » Il compare Heidelberg à Salzbourg, mais cette comparaison, à vrai dire, ne se justifie tant soit peu que pour la position relative de la ville et du château, ou de la forteresse, de la ville et du fleuve, et non pour le reste du site. Léopold s'intéresse aux châteaux, aux curiosités, aux tableaux — ainsi il est transporté d'un enthousiasme inaccoutumé en voyant, à la cathédrale d'Anvers, la *Descente de Croix* de Rubens. Par contre, tout ce qu'il dit de Gand (19 septembre 1765), c'est : « Gand est une grande ville, mais elle n'est pas très peuplée. »

Il nous faut attendre les voyages en Italie, pendant lesquels la mère et la sœur demeurent à Salzbourg, pour trouver les premiers jugements de Wolfgang sur le monde et les hommes. Tout de suite il montre un don d'observation inquiétant pour voir les hommes ; surtout lorsqu'ils touchent à la musique ou au théâtre. Il a quinze ans lorsqu'il décrit à sa sœur les acteurs de l'opéra de Vérone ; il a vu jouer un *Ruggiero*, celui, supposons-nous, du compositeur Pietro Alessandro Guglielmi (7 janvier 1770) : « Oronte, père de Bradamante, est un prince : c'est *il signor* Afferi, habile chanteur, baryton, mais "forcé" quand il piaule dans l'aigu, en voix de fausset ; pas tant, cependant, que Tibaldi à Vienne. Bradamante, fille d'Oronte, amoureuse de Ruggiero (elle doit épouser Leone mais n'en veut pas), est une pauvre baronne qui a éprouvé un grand malheur, mais je ne sais lequel. Elle joue sous un nom étranger... (que j'ignore) avec une voix passable et sa tournure ne serait pas mal ; mais elle détonne en diable. Ruggiero, prince riche et amoureux de Bradamante, est un *musico*, qui chante un peu à la Manzuoli : il a une voix forte et très belle. Il est déjà âgé ; il a cinquante-cinq ans et un gosier flexible... » On croit réellement voir le vieux castrat, chantant le jeune premier fougueux de l'Arioste. Ou bien Mozart décrit « à la Rabelais » (21 août 1770) un Dominicain de Bologne « qui est regardé comme un saint. Pour moi, à vrai dire, je ne le crois guère, car il prend souvent, pour son déjeuner, une tasse de chocolat et là-dessus un bon verre de fort vin d'Espagne. J'ai eu moi-même l'honneur de dîner avec le saint homme : il a bu une carafe de vin et, pour finir, un plein verre de vin fort ; il a mangé deux bonnes tranches de melon, des pêches, des poires ; il a avalé cinq tasses de café, toute une assiettée de clous de girofle et deux pleines de lait au citron. Il est vrai qu'il pourrait agir ainsi par régime ; mais je ne le crois pas : ce serait vraiment trop. Il prend encore beaucoup de choses à son goûter, l'après-midi. » Tel est, à quinze ans, celui qui devait plus tard créer les personnages d'Osmin et de Monostatos. Tout en gardant extérieurement les formes de la dévotion, on n'a pas, chez les Mozart, le moindre respect des hommes d'église, des puissants ou des célébrités ; on a trop vu l'envers de leur décor. De quelle circonspection Goethe n'use-t-il pas, quand il vient à Naples, envers leurs majestés royales : Caroline, si différente de sa mère Marie-Thérèse, et le roi, ce polichinelle ! « Le roi est à la chasse, la reine dans une situation intéressante, tout est donc pour le mieux. » Léopold, le 26 mai 1770, écrit à sa femme : « Que le peuple est impie, et que certaines gens sont bêtes ; ils n'ont même pas idée de leur bêtise !... » et Wolfgang, le 5 juin, sans le moindre respect : « Le roi est grossièrement élevé, à la napolitaine ; tout le temps de la représentation, il reste debout sur un tabouret, afin de paraître un tantinet plus grand que la reine... » A Vienne, il retrouve le jeune frère de l'empereur, l'archiduc Maximilien. C'était jadis un gentil garçon, il est maintenant archevêque de Cologne. Voici ce qu'écrit Mozart à son sujet, le 17 novembre 1781 : « Quand Dieu donne une charge à quelqu'un, il lui en donne aussi l'intelligence... c'est vraiment le cas de l'archiduc !... Quand il n'était pas encore prêtre il montrait bien plus d'esprit et de pensée, parlant moins, mais avec plus de jugement... Si vous le voyiez maintenant... La sottise lui sort par les yeux... Il discourt et parle à l'infini et tout en *fausset*... Il se rengorge... en un mot il semble que le personnage soit complètement retourné... » Voici encore comment il dépeint une célébrité européenne, le poète Wieland, venu à Mannheim pour assister à la représentation de son *Alceste,* dont on avait tiré un opéra (27 décembre 1777). « Je ne me l'étais pas figuré tel que je l'ai trouvé ; il me paraît un peu affecté en paroles, avec une voix assez enfantine, une continuelle façon de lorgner, une certaine impolitesse étudiée et pourtant, parfois, une sotte condescendance. Je ne suis, du reste, pas surpris qu'il se comporte ainsi dans cette ville (en est-il de même à Weimar ?), car les gens d'ici le contemplent comme s'il était tombé du ciel. On se gêne régulièrement devant lui, on ne dit rien, on garde le silence ; on prête attention à chaque mot qui sort de sa bouche... ; il est seulement dommage que les gens doivent rester si longtemps dans l'attente, car il a un défaut de la langue qui l'oblige à parler tout doucement, et il ne peut dire six mots sans s'arrêter. Autrement, c'est, comme nous le connaissons tous, un esprit remarquable. Sa figure est cordialement laide, toute grêlée de petite vérole, et avec un assez long nez. Sa stature doit être, approximativement, un peu plus élevée que celle de papa. » On peut parcourir tous les mémoires de la période weimarienne classique et tous les ouvrages consacrés à cette époque, sans trouver un portrait de Wieland aussi vivant et d'un trait aussi net.

La parcimonie avec laquelle les lettres de Mozart reflètent ses impressions devant la nature n'en est que plus frappante ; quant à l'art, il n'en parle pas du tout. On a conservé un journal de voyage tenu par Marianne au cours de la grande tournée de 1763 à 1766 : il nous montre que le père attirait principalement l'attention des enfants sur les curiosités. A Heidelberg, on voit

« le château, les manufactures de tapisseries et de soieries, la grande tonne et la fontaine où l'on envoie les domestiques chercher l'eau » ; à Londres « j'ai vu le jardin public et un jeune éléphant, un âne couvert de rayures blanches et brun café, et si égales qu'on ne pourrait pas mieux les peindre » ; mais elle mentionne tout de même Greenwich et le British Museum. Léopold dépeint les environs de Naples en style de cocher de fiacre et leur compte est vite réglé, dans le même style. Il a pour *Baedeker* un ouvrage aride de Johann Georg Keyssler (1693-1743), les *Récents voyages à travers l'Allemagne (et) l'Italie*, publiés en 1740 ; c'est peut-être l'édition de 1752 qu'il possède, en tout cas il renvoie sa femme à cet ouvrage à différentes reprises. C'est là un livre selon le cœur de Léopold : plein de considérations critiques, où l'auteur manifeste un grand intérêt pour les curiosités et ne laisse pas de prendre plaisir aux racontars de cour ; tout à fait un livre du XVIIIe siècle, n'accordant pas un regard aux vraies valeurs. Bozen, que l'auteur a visité au plus beau moment de l'année, quoiqu'un jour de pluie, est appelé le « triste Bozen », et sur ce point Wolfgang s'accorde avec son père : « Botzen, cette porcherie !... Voici des vers de quelqu'un qui était enragé contre Botzen, enragé comme un renard du diable :

S'il faut que j'aille à Botzen
J'aime mieux un coup de pied quelque part.

Les Mozart arrivent de la riante ville de Salzbourg, où il n'y a pas d'arcades sombres et dont la cathédrale n'est pas gothique ; le site de Bozen, les Dolomites, les dents de scie du Schlern au soleil couchant, de tout cela, ni l'un ni l'autre ne voient rien. Goethe, par contre, tout en ne s'intéressant guère aux montagnes que du point de vue de la minéralogie, de la géologie ou de la météorologie, peut écrire trois lustres plus tard : « Il faisait grand soleil quand je suis arrivé à Bozen. J'ai eu grand plaisir à voir toute cette réunion de marchands dont les visages reflètent vivement une intention bien marquée de vivre confortablement. Sur la place étaient assises des marchandes de fruits, à côté de paniers ronds et plats, de plus de quatre pieds de diamètre, où les pêches étaient côte à côte pour ne pas se meurtrir. De même les poires... » Goethe a le coup d'œil « lumineux, limpide et clair », Mozart l'a pénétrant et intègre, mais il ne voit que les hommes : et aussi les événements frappants (Milan, 30 novembre 1771) : « J'ai vu pendre quatre coquins sur la place du Dôme. On pend ici comme à Lyon. »

Léopold trouve un joli mot pour décrire le site de Florence (3 avril 1770) : « Je voudrais que tu voies Florence lui-même ainsi que le site de la ville et tous ses environs ; tu trouverais que c'est un endroit pour y vivre et y mourir. » Et lorsque — pour toujours — il dit adieu à l'Italie (27 février 1773) : « Il m'en coûte de quitter l'Italie » — et il y a, dans cette mélancolie, autre chose que la pensée du retour sous le joug détesté du patron de Salzbourg. Wolfgang voit le Capitole et les six autres collines de Rome, mais sa courte description ne se termine pas sans quelques plaisanteries (14 avril 1770) : « Je souhaiterais bien que ma sœur soit à Rome, car cette ville lui plairait certainement, pour la symétrie régulière de l'église Saint-Pierre et de beaucoup d'autres choses de Rome. Il passe en ce moment dans la rue les plus belles fleurs du monde, papa vient de me le dire à l'instant... » Les plus belles fleurs du monde ne l'intéressent pas, car il reste enfermé à noircir du papier à musique. « Naples est une belle ville » (19 mai 1770), « Venise me plaît beaucoup » (13 février 1771) : c'est tout. Léopold semble avoir visité seul les curiosités de Venise, car, dans sa lettre du 1er mars 1771, il écrit qu'il racontera en détail, une fois rentré, « comment j'ai trouvé l'arsenal, les églises, les hôtels et d'autres choses encore, etc. ; je te dirai tout au long quelle impression m'a faite la ville entière... » Mais lorsque plus tard, en février 1783, Mozart écrit une pantomime et l'interprète avec sa belle-sœur, son beau-frère et quelques amis, on se rend compte avec quelle exactitude il a observé, douze ans auparavant, et combien présents sont encore à sa mémoire les personnages du carnaval de Venise ; ce chef-d'œuvre de la « Commedia dell'arte », on n'en possède plus que des esquisses et des fragments, et c'est pour l'art une perte irréparable.

Les voyages qu'il fit plus tard, celui de Mannheim et Paris en 1777-78, entrepris en compagnie de sa mère, mais terminé seul, celui de Munich, destiné à achever et à faire exécuter *Idoménée* mènent l'homme à complète maturité mais ne font qu'aiguiser son coup d'œil et aviver son sentiment du caractère profondément provincial de Salzbourg. N'importe quel « trou » d'Italie lui semble bien supérieur, pour ce qui est du goût et de la culture, à sa ville natale ; et à plus forte raison Mannheim, qui était alors un centre de civilisation et de progrès. A Paris, il n'est sensible qu'à la mauvaise tournure que prennent les esprits et au sentiment de malaise que manifeste une nation qui lui est antipathique... en premier lieu parce que la musique française lui est antipathique.

Au début de 1782, Mozart vient également à Vienne, en invité et en voyageur : il ne sait pas encore que sa rupture avec l'archevêque, son patron, destine cette ville à être un jour sa résidence permanente. Et une fois qu'elle l'est, c'est ardemment qu'il se réjouit chaque fois qu'une diversion se présente, chaque fois qu'il peut s'en échapper. S'il ne peut voyager, il change au moins d'appartement, soit volontairement, soit plutôt involontairement. Pendant l'été de 1788, il émigre, plutôt contre son gré, à Währing, dans un pavillon d'où il écrit à Puchberg (17 juin) : « Nous couchons aujourd'hui, pour la première fois, dans notre nouveau logis, où nous resterons hiver et été... Je trouve au fond ce parti identique, sinon meilleur : je n'ai, en somme, pas grand-chose à faire en ville, et pourrai, n'étant plus dérangé par tant de visites, travailler plus à loisir... » On sent nettement qu'il préférerait être en ville et ne cherche qu'à se leurrer et à leurrer son ami sur le goût qu'il trouve à son exil rustique. Dans une lettre adressée à son père, le 13 juillet 1781, de Reisenberg, près de Vienne, il semble réellement heureux d'être à la campagne : « L'endroit où j'écris est à une heure de Vienne et s'appelle Reisenberg... j'y ai déjà passé, une fois, la nuit, mais maintenant j'y reste quelques jours... La petite maison n'est rien ; mais le pays !... la forêt... où il (le comte Cobenzl) a construit une grotte qui semble naturelle. C'est superbe et très agréable. » En réalité la lettre exprime moins son sens de la nature que son sentiment du confort, son besoin d'un cadre riant. Dans une seule et même lettre à sa femme (28 septembre 1790), il compare, et de façon combien caractéristique, deux villes de l'Allemagne du Sud : « A Nuremberg nous avons déjeuné... affreuse ville !... A Wurzbourg nous avons réconforté de café notre précieux estomac... belle, superbe ville !... » L'aspect étriqué du style Renaissance et la rudesse de l'art gothique de la vieille ville d'Empire lui déplaisent, tandis qu'il éprouve un sentiment familier devant le style baroque clair et riant de la ville épiscopale et du château dont, — il n'y avait pas quarante ans — Tiepolo avait terminé les fresques.

Pendant les neuf ou dix années vécues à Vienne, le ménage Mozart a changé onze fois de domicile, parfois au bout de trois mois seulement. On dirait un continuel voyage de chambre d'hôtel en chambre d'hôtel — vite oubliées. Dans l'un des plus beaux de ces appartements, au n° 8 de la Schulergasse, qui portait alors le n° 846 de la Grosse Schulergasse, le cabinet de travail de Mozart s'orne, au plafond, d'une jolie décoration de stuc, faite de muses et d'amours ; je suis persuadé que Mozart ne lui a seulement jamais accordé un coup d'œil.

A tout moment il était prêt à quitter Vienne pour une autre ville, l'Autriche pour un autre pays. Léopold avait bien raison de nourrir quelques doutes quant à la durée possible du voyage que Wolfgang projetait, en 1787, de faire en Angleterre — où il eût bien pu se fixer définitivement. En 1789 ou 1790, Mozart se procura un livre dont le titre ne trahit que trop ses intentions : « Guide géographique et topographique à travers tous les Etats de la monarchie autrichienne et itinéraire de Saint-Pétersbourg en passant par la Pologne » (Vienne, 1789) — il pensait à un voyage en Russie, idée qui lui était venue probablement au cours de ses entretiens avec l'ambassadeur de Russie à Dresde, le prince Bjeloselski, chez lequel il fit beaucoup de musique en avril 1789. Mais il lui faut se contenter de voyages moins lointains ou même de « voyager » à l'intérieur de Vienne. A la Saint-Michel de 1790, il emménage dans un appartement de la Rauhensteingasse, sans se douter que ce sera sa dernière demeure. Ou bien en a-t-il eu le pressentiment et n'y est-il resté si longtemps que parce qu'il lui semblait qu'un déménagement n'en valût plus la peine ? Car, en décembre 1791, il l'a quittée pour un domicile fixe, celui-là, « le dernier et le plus exigu de tous, celui du cimetière Saint-Marx », pour parler comme Constantin von Wurzbach, qui a, le premier, essayé de dresser la liste des domiciles de Mozart.

L'homme et son génie

Wolfgang-Amédée Mozart a commencé par être un enfant prodige. Dès que Léopold eut reconnu les dispositions musicales exceptionnelles du bambin, il chercha à les développer — « comme en jouant » — ainsi qu'il est dit dans le nécrologe de Schlichtegroll (1792). Celui-ci, source la plus sûre que nous possédions sur la jeunesse de Mozart, repose sur les indications de sa sœur Marianne et d'Andreas Schachtner, trompette à la cour et ami intime de la famille Mozart. « Le fils Mozart avait à peu près trois ans à l'époque où le père commençait à enseigner le piano à sa fille, âgée de sept. Dès ce moment le petit garçon faisait preuve d'un talent extraordinaire. Il s'amusait souvent pendant des heures à rechercher au piano les tierces qui s'accordaient et qu'il ne cessait alors de jouer en exprimant sa joie d'avoir découvert cette harmonie. »

Sans doute c'est là un jeu que l'on peut observer aussi chez d'autres enfants qui, par la suite, ne deviendront rien moins que des Mozart. Aussi nous semble-t-il plus satisfaisant d'entendre Marianne et Schachtner déclarer plus loin : « Il était dans sa quatrième année... lorsque son père commença à lui enseigner au piano quelques menuets et autres morceaux ; tâche aussi aisée et agréable au maître qu'à l'élève. Pour apprendre un menuet il lui fallait une demi-heure, pour un morceau plus long une heure et il les jouait ensuite avec la plus parfaite correction et la mesure la plus sûre. Dès lors, il fit de tels progrès que dans sa cinquième année il composait déjà de petits morceaux qu'il jouait à son père et faisait noter sur le papier par celui-ci. »

Derrière ce rapport simple et fidèle — à ceci près que l'âge de Nannerl, vers 1759, était en fait de huit ans et que les premières compositions de Mozart datent de sa sixième année — se cachent bien des signes du destin. On a reproché à Léopold d'avoir « forcé » le talent de son fils comme une plante de serre et de l'avoir aussitôt exploité à des fins mercantiles. Mais il serait injuste de ne voir, de la part de Léopold, qu'hypocrisie totale et une sorte d'auto-justification secrète, quand il souligne à plusieurs reprises qu'il considère comme son devoir devant Dieu et devant les hommes de « favoriser » le talent inimaginable dont le ciel a doué Wolfgang. Il est certain que Mozart, sans les voyages prématurés qu'il dut faire et sans les incommodités, les fatigues, les dangers de contagion dont s'accompagnaient ceux-ci — et à aucun desquels il n'échappa (scarlatine, petite vérole, etc...) — eût vécu beaucoup plus longtemps. Mais alors son développement eût également suivi un autre tempo. Et Léopold trouvait une justification dans l'empressement avec lequel ses leçons étaient accueillies par l'enfant d'abord, puis par le petit garçon, enfin par le jeune homme. Mozart parvient à l'âge de vingt-deux ans avant d'échapper à son père. « Durant ces années-là — c'est-à-dire entre sa sixième et sa dixième année — il témoignait d'une extrême docilité à l'étude et tout ce que son père lui ordonnait, il s'y adonnait pendant un certain temps avec la plus grande application au point qu'il semblait en oublier pour un temps tout le reste, même la musique. Lorsque, par exemple, il apprit à calculer, la table, les sièges, les murs et même le plancher étaient couverts de chiffres à la craie. Il montrait en tout une passion extrême et s'attachait aisément à quelque objet que ce fût : aussi aurait-il risqué de s'égarer fâcheusement si son excellente éducation ne l'en avait préservé. » Mozart a gardé toute sa vie ce goût des récréations mathématiques ; c'est ainsi qu'il s'est occupé à un moment donné d'un problème fort en vogue à l'époque : il s'agissait de composer selon un certain « automatisme » des menuets, c'est-à-dire de réunir à sa guise des fragments mélodiques d'une durée de deux mesures ; c'est ainsi encore que nous possédons de sa main une feuille de papier réglé sur laquelle il a commencé à calculer au brouillon le montant de la récompense que, selon certaine anecdote, l'inventeur du jeu d'échecs aurait reçu du roi de Perse. Quant au danger moral qu'il aurait couru, on en peut dire autant de n'importe quel homme doué d'une forte imagination et tout particulièrement d'un grand génie dramatique. Goethe lui-même a exprimé cette idée qu'il existait en lui des dispositions à commettre tous les crimes et Shakespeare, de son côté, passe pour s'être livré au braconnage ; même si elle n'est pas vraie, et quelque insignifiance qu'elle revête en soi, l'histoire, en tout cas, est bien trouvée ; car des êtres doués d'une imagination créatrice et d'une puissance de vision si extraordinaires transposent leurs penchants dangereux sur le plan de l'art et créent des figures telles que Lady Macbeth, Méphisto et Don Giovanni.

« Mais, entre tous les objets, c'était pourtant la musique dont son âme était pleine et dont il s'occupait sans cesse. Il y progressait à pas de géant au point que son père lui-même, qui pourtant était tous les jours à ses côtés et pouvait observer chaque étape de son évolution, en était souvent surpris et transporté d'étonnement, ainsi que devant un prodige... Il en était arrivé dès ce moment, en son art, à un degré tel qu'il y aurait eu injustice de la part de son père à ne pas vouloir rendre également d'autres villes et d'autres pays témoins de ce talent extraordinaire... » L'autorité du père s'en trouve accrue : il n'est plus seulement père de famille, il ne se contente plus d'enseigner la musique et les « humanités » — Wolfgang n'a jamais eu d'autre professeur et il n'a jamais connu l'obligation d'aller à l'école — le voici à présent passé impresario et fourrier et il s'abaisse au rôle de serviteur de son fils. Le génie supérieur de Mozart le rendait déjà incapable de s'adapter à la vie ; Léopold a encore accru cette incapacité. « Il (Wolfgang) avait beau recevoir tous les jours de nouveaux exemples de l'étonnement et de l'admiration où ses dons et son talent plongeaient les hommes, il n'en tirait pas le moins du monde vanité, orgueil, ou entêtement ; c'était au contraire un enfant extrêmement docile et aimable. Jamais ordre de son père ne lui fit témoigner de mécontentement et même lorsqu'il lui avait déjà fallu se faire entendre toute la journée, il jouait encore, pour n'importe qui, sans se faire prier, dès que son père le lui demandait. Il comprenait et obéissait au moindre signe de ses parents, poussant l'attachement qu'il avait pour eux jusqu'à ne pas oser manger ou accepter, sans leur permission, la moindre chose que l'on pouvait lui offrir. »

On comprend qu'un homme qui s'est vu si longtemps refuser toute indépendance, toute initiative, toute « action » personnelle, qui vit tout entier dans l'univers musical de son imagination, commettra toutes les bêtises possibles, le jour où la bride paternelle se trouvera rompue. Et l'on comprend que le père s'en étonne, s'en effraie et s'en indigne, sans se douter que c'est lui-même qui est à l'origine de cette incapacité de son fils à se comporter en ce monde raisonnablement et avec le sens des réalités. On a souvent contesté cette incapacité ; — il existe du reste une théorie de la « génialité », des dons exceptionnels accordés à certains êtres ; selon cette théorie, la direction dans laquelle s'exercent les dons en question est assez fortuite et elle dépend plus qu'on ne le croit des influences biographiques. Ainsi, un grand poète aurait pu également devenir un grand homme d'Etat, un grand peintre tout aussi bien un grand philosophe. Mais, même si Goethe, en sa qualité de ministre, avait eu à décider d'affaires plus importantes que celles de la cour de Weimar, il ne lui aurait guère été possible d'avoir sur l'histoire de l'Europe une influence plus profonde, et quand bien même Eugène Delacroix eût peint moins de toiles et écrit plus de traités théoriques sur l'art, il ne serait pas devenu philosophe. Ce que Goethe dit de l'Etat, il le dit en poète ; quand Delacroix exprime ses vues sur l'art, c'est le peintre qui parle. La supériorité de Mozart provient de la compréhension qu'il possède de la musique ; il savait en effet parfaitement toute la distance qui le séparait des autres compositeurs de son temps, à l'exception du seul Joseph Haydn. Et nous avons tout à la fois la preuve de sa grandeur, de la naïve conscience qu'il avait de sa valeur et de son manque de diplomatie quand nous le voyons montrer dans la pratique ou exprimer ouvertement sa supériorité. Il nous a lui-même rapporté un exemple de ce manque de diplomatie. Il attribue un de ses échecs parisiens au compositeur italien Giovanni Giuseppe Cambini, qui s'est probablement employé à lui nuire auprès de Le Gros, directeur des « Concerts spirituels » : « Je crois que la cause en est à Cambini, un maestro italien d'ici ; car, bien innocemment, je l'ai mis sous l'éteignoir, à notre première rencontre chez Le Gros. Il a écrit des quartetti dont j'ai entendu un à Mannheim et qui sont très jolis. Je l'en ai loué et je lui en ai joué le début, mais il y avait là Ritter, Ramm et Punto, qui ne me laissèrent pas de repos que je ne continuasse, quitte à inventer moi-même ce dont je ne me souvenais pas. Je fis ainsi qu'on me le demandait et Cambini fut tout hors de lui, ne pouvant s'empêcher de dire : *"Questa è una gran testa !"* » (1er mai 1778).

« *Questa è una gran testa !* » De fait, des dispositions supérieures exposent fatalement celui qui en est pourvu à l'aversion des médiocres... et Mozart n'est pas assez prudent ni assez diplomate pour ne pas provoquer cette aversion. Il n'a pas la moindre expérience du monde et, en bien des cas, des gens, qui ne le valent pourtant pas, montrent beaucoup plus de décision et de discernement. Il est, comme tous les êtres supérieurs, « un homme plein de contradictions » et non un « puits de raison ». Jusqu'en ses dernières années le côté « enfant » — non seulement enfantin, mais même puéril — reparaît toujours dans son caractère. Dans l'une de ses lettres les plus empreintes de gravité et de désespoir, Léopold marque ce dualisme que présente le caractère de son fils (16 février 1778) : « Mon fils ! en toutes tes affaires tu te montres emporté et impétueux ! Depuis ton enfance et ta jeunesse ton caractère s'est complètement modifié. Quand tu n'étais encore qu'un bambin ou un petit garçon, tu étais plus grave que puéril et lorsque tu étais au piano ou t'occupais de musique de quelque autre façon, il n'aurait pas fallu que quelqu'un se permît de te faire la moindre farce. Même, ton visage était empreint de tant de gravité que bien des personnes avisées, en divers pays, témoins de l'épanouissement prématuré de ton talent et de l'expression grave et pensive de tes traits, en venaient à concevoir de l'inquiétude pour la durée de tes jours. Mais maintenant, à ce qu'il me semble, tu te montres trop prompt à répondre à n'importe qui sur le ton de la plaisanterie à la première provocation — c'est déjà le premier pas vers la familiarité, etc... or il ne faut pas trop la rechercher en ce monde si l'on veut continuer à être respecté. Lorsqu'on a bon cœur, on a sans doute accoutumé de laisser libre cours à sa spontanéité et à son naturel : mais c'est une erreur. Et c'est précisément ton bon cœur qui fait que tu ne voies plus de défauts à ceux qui t'encensent, te prodiguent leur haute estime et te portent aux nues, et que tu leur donnes toute ta confiance et toute ton affection : tandis que, étant enfant, tu exagérais la modestie jusqu'à pleurer quand on te donnait trop de louanges. » Pourtant, dans une lettre écrite au cours d'un de leurs voyages (Francfort, 20 août 1763 — l'enfant avait alors une huitaine d'années), Léopold ne peut s'empêcher de noter : « Wolfgang est d'une gaîté tout à fait inaccoutumée, mais quelque peu diable aussi. » Ce contraste apparaît d'une façon frappante dans deux des portraits de Mozart enfant que nous possédions : l'un, que nous pouvons dater avec précision (6 et 7 janvier 1770) fut exécuté sur l'ordre de Pietro Luggiati, percepteur général des contributions de Venise, par le peintre Cignaroli ; l'autre, de la main de Thaddäus Helbling, peint quelques années plus tôt, alors que l'enfant avait huit ans, est d'une authenticité moins certaine. Mais cet enfant, dont la personnalité géniale se reflète avec un tel éclat dans les yeux (bruns, il est vrai, et non bleus) — qui serait-il donc, sinon Mozart ? Là, un petit garçon bien éveillé, à l'allure hardie, prêt à toutes les diableries ; ici, le génie qui semble sortir du rêve où l'enveloppait la musique et, les doigts encore posés sur les touches du clavecin, cherche à reprendre pied ici-bas.

Ce dualisme explique aussi les « fameuses » lettres que Mozart, au cours de son voyage à Mannheim, puis à Paris, a écrites à sa « cousinette », la fille de son oncle d'Augsbourg ; les originaux n'en sont toujours pas publiés in extenso et l'on ne peut les trouver que dans l'édition anglaise, dans la courageuse traduction d'Emily Anderson. La raison n'en est pas cette prudence qui fait reléguer dans les « armoires aux poisons » des cabinets d'estampes les eaux-fortes érotiques de Rembrandt et dans des « éditions savantes » quelques-unes des *Elégies romaines* de Goethe. Il s'agit bien un peu aussi, naturellement, de cette pruderie du XIXe siècle à qui nous devons ces biographies châtrées des grands maîtres et leurs effigies idéalisées en plâtre. Mais il y a là également un certain embarras dont il n'est pas impossible de saisir la raison. Il nous paraît en effet malaisément concevable qu'un être de vingt-deux ou vingt-trois ans, et qui plus est un Mozart, écrive à une jeune fille des ordures d'une telle puérilité, un florilège de propos aussi « scatologiques ». Mais nous sommes bien obligés de nous rendre à l'évidence : cela amusait bel et bien Mozart, en son for intérieur, de les écrire. Il ne faut pas non plus l'oublier : au XVIIIe siècle, toutes les fonctions animales et humaines se déroulaient davantage au grand jour qu'en notre siècle plus policé sous le rapport de l'hygiène, et les allusions fort libres aux détails de la vie intime n'étaient pas le privilège des classes inférieures ou moyennes. Il n'est que de lire les lettres de « Madame », c'est-à-dire d'Elisabeth-Charlotte, belle-sœur de Louis XIV, pour trouver d'amusantes preuves des « jeux de princes » auxquels on savait, à l'occasion, se divertir entre mari, femme et fils. On appelait les choses par leur nom et lorsque Wolfgang rend compte à son père de la santé satisfaisante de son premier-né, il le fait en termes aussi peu fleuris que, plus tard, Léopold lui-même lorsqu'il écrira à sa fille comment se comporte son premier-né à elle, que le grand-père avait pris chez lui. « *Naturalia non sunt turpia !* » Jusqu'à la fin de sa vie, Mozart a gardé ce goût des renversements de mots, des surnoms puérils, des inepties comiques, des joyeusetés ordurières : c'est là un trait de cette gaîté propre à l'Allemagne du Sud que l'on n'a jamais compris et ne comprendra jamais au Nord du Main. Certaines tournures, impossibles à citer, que Mozart emploie dans ses lettres à sa « cousinette » reviennent mot pour mot dans les textes de quelques-uns des « canons » composés à Vienne. Pas plus en écrivant ses lettres qu'en composant ses canons, Mozart n'a pensé qu'ils passeraient à la postérité ni qu'un jour de dignes professeurs de Leipzig ou de Berlin pourraient s'occuper de lui. C'était un grand enfant et il l'est resté, cette puérilité étant parfois nécessaire à un créateur pour se détendre et dissimuler son moi profond. Chez d'autres, cette nécessité se satisfait par la rudesse, comme chez Brahms ; et d'autres grands hommes — nous nous limitons aux musiciens — à qui semblables moyens d'auto-défense font défaut, font naufrage, comme Chopin ou Schumann, natures lyriques l'un et l'autre. Mais un dramaturge comme Mozart doit se mêler aux hommes et, pour bien s'accorder avec les hommes, il faut de l'humour, de l'esprit pour se défendre et, parfois, des moyens plus rudes encore. Il faut bien se rendre à l'évidence : Mozart, lui aussi, était un homme « fait de contradictions » et toute sa perspicacité à observer les hommes et les circonstances, tout son discernement à saisir l'âme des gens et l'essence des choses n'empêchèrent pas que jamais il ne put se trouver parfaitement à l'aise en ce monde. C'est ce que le nécrologe de Schlichtegroll exprime sous une forme quelque peu apodictique : « Car, si cet être extraordinaire fut de bonne heure, dans son art, un "homme fait", en revanche l'impartialité nous oblige à dire qu'il resta constamment "enfant" dans presque tous les autres domaines. Jamais il n'apprit à se gouverner ; l'organisation du ménage, l'emploi judicieux qu'il convient de faire de l'argent, la modération dans les plaisirs et la raison qui doit présider à leur choix étaient des sujets auxquels il n'entendait absolument rien. Il avait toujours besoin d'un guide, d'un tuteur qui s'occupât à sa place des questions domestiques, car une foule d'objets tout différents accaparait constamment son esprit, qui se trouvait ainsi totalement incapable de réfléchir sérieusement à d'autres problèmes. Son père connaissait fort bien cette impossibilité où il était de se gouverner tout seul ; aussi, retenu lui-même à Salzbourg par son service, le fit-il accompagner à Paris par sa mère » (à quoi il faudrait seulement ajouter que Léopold lui-même avait trop gâté Wolfgang et l'avait trop longtemps tenu en lisière pour que l'enfant prodige ait pu devenir, le moment venu, un homme — au sens civique du mot). Ce passage — parmi bien d'autres encore — de Schlichtegroll a tellement déplu à la veuve de Mozart qu'elle a racheté en bloc une contrefaçon du nécrologe publiée à Graz en 1794 pour y effacer les détails qui la choquaient. Mais, dans la première grande biographie de Mozart également, celle du vaillant Franz Niemtschek, professeur au lycée de Prague, écrite sous l'influence de Constance, on lit : « Quiconque s'attache à étudier la nature humaine ne s'étonnera pas de voir que cet homme, si extraordinaire comme artiste, ne montrait pas la même envergure dans les autres circonstances de la vie. » Et encore : « La façon dont il fut élevé, l'instabilité d'une vie errante pendant laquelle il ne vivait que pour son art ne lui ont pas permis de connaître vraiment le cœur humain. »... « C'est à l'absence de cette connaissance qu'il faut attribuer nombre des maladresses dont son existence fut remplie... » Une connaissance exacte du cœur humain ? Mais personne ne l'a connu mieux et plus profondément que Mozart. Seulement être un génie, pénétrer la nature véritable d'un être, et savoir conduire soi-même sa barque avec adresse, cela fait deux ! Et c'est précisément pour avoir très tôt lu au fond du cœur humain que Mozart s'y est mal pris avec les hommes auxquels il avait affaire et qu'il a donné dans leurs pièges. Bien mieux que Léopold, qui gardait toujours le souvenir du protecteur connu en 1764, Wolfgang s'est rendu compte du véritable caractère du journaliste et encyclopédiste Melchior Grimm qui, après avoir jadis protégé très efficacement l'enfant, ne daigna accorder au jeune homme, en 1778, que la plus humiliante des protections. Mais Grimm a décrit d'une façon frappante un aspect du caractère de Wolfgang le jour où il écrit au père du jeune homme (lettre de Léopold du 13 août 1778) : « Il est trop confiant, peu actif, trop aisé à attraper, trop peu occupé des moyens qui peuvent conduire à la fortune. Ici, pour percer, il faut être retors, entreprenant, audacieux. Je lui voudrais pour sa fortune la moitié moins de talent et le double plus d'entregent et je n'en serais pas embarrassé. » Ce sont là paroles fort justes, bien dignes d'un contemporain de Voltaire et de Diderot. Mozart était tout le contraire d'un garçon « retors, entreprenant et audacieux ». Quand les autres l'étaient, il était entièrement à leur merci. Dire que, partant pour Mannheim et Paris, il est obligé — à vingt-deux ans ! — d'emmener sa mère, autant dire comme gouvernante, car on ne peut tout de même pas le laisser voyager seul ! Ce voyage, au cours duquel il doit littéralement « montrer ses qualités d'homme » est une tâche pour laquelle, tout simplement, il n'est pas « de taille ». C'est un fiasco sur toute la ligne. Entrepris sous le signe de la devise « *Aut Caesar aut nihil* », il se termine par le retour humiliant à Salzbourg et à son esclavage. Et, en outre, *sans* sa mère, enterrée à Paris. Plus tard, en 1782, en cette année où, de toute sa vie, la fatalité pèse le plus lourdement sur Mozart, Léopold a confirmé l'appréciation de Grimm d'une façon encore plus nette (lettre à la baronne de Waldstaedten du 23 août 1782) : « Oui, je serais parfaitement tranquillisé si seulement je ne découvrais pas chez mon fils un défaut majeur : celui d'être par trop *patient* ou *endormi*, trop *nonchalant*, parfois aussi trop *fier* peut-être, ou comme il vous plaira encore d'appeler ce caractère qui rend un homme *inactif* : ou bien il est trop *impatient*, trop *bouillant* et incapable d'attendre. Ces deux traits opposés dominent en lui — *trop* ou *trop peu*, et pas de milieu. Quand rien ne lui manque, il est tout de suite satisfait et devient *nonchalant* et *inactif*. Mais s'il lui faut se remuer, il ne se sent plus et *il veut faire son bonheur sur-le-champ*. Il n'admet pas d'obstacle ; et malheureusement ce sont précisément les gens les plus habiles, les génies exceptionnels dont les chemins offrent le plus d'obstacles. » Léopold n'est pas mauvais psychologue, lui non plus ; il est impossible de récuser le témoignage de deux hommes qui connaissaient si bien Mozart.

La part que bonheur et malheur tiennent dans la vie d'un être est déterminée plus qu'à demi par son caractère. La vie apporte à chacun des expériences et des épreuves qui n'appartiennent qu'à lui et — à moins de devenir sage à ses dépens — il lui faut les renouveler sans cesse. Ces épreuves, chez Mozart, ce sont ses insuccès pour obtenir une situation et ses insuccès dans ses relations avec les femmes... Cela semble étrange, mais nous allons tenter d'en donner la preuve.

La formule qui revient toujours lorsque Mozart s'efforce d'obtenir un poste, c'est : « Il n'y a pas de vacance ! Si seulement il y avait une vacance ! » Non pas que les places eussent fait défaut à Mozart, mais il n'a jamais obtenu celles qui eussent été dignes de lui. Les insuccès de Léopold se justifient. Il était pour ainsi dire vice-maître de chapelle né ; le poste de maître de chapelle, même à Salzbourg, il ne l'aurait obtenu qu'à l'ancienneté... comme tant d'autres médiocres ; et ce n'est qu'en pensant, comme lui-même, à ces médiocres, que son dépit peut nous sembler compréhensible et justifié. Tandis que si W. A. Mozart, lui, n'est jamais parvenu à la première place, c'est parce qu'il était bien trop grand pour cela. Car, il faut bien l'ajouter, les raisons de ses insuccès ne sont quand même pas toutes dues à son caractère : elles tiennent en partie aussi à sa position historique.

On ne peut s'empêcher de sourire intérieurement quand on pense à l'intention manifestée à un moment par Beethoven de se rendre à Cassel pour y remplir les fonctions de maître de chapelle à la cour de Jérôme-Bonaparte. Beethoven maître de chapelle, en butte à des frictions quotidiennes avec les chanteurs et les musiciens de l'orchestre, occupé à régler des questions administratives ! Que Richard Wagner, chef d'orchestre de la Cour royale de Saxe, devienne révolutionnaire, cela nous semble absolument normal du fait même que, pendant si longtemps (six ou sept ans, cela compte pour Richard Wagner !) il avait été réduit au rôle de fonctionnaire, et l'on conçoit aussi qu'il ne soit plus guère possible à l'auteur de *Tristan* d'accepter un poste de musicien officiel ou même un titre de Directeur général de la musique. Ce fut donc, pour Mozart également, une chance de se voir cantonné, à Salzbourg, dans les fonctions subalternes de maître de concert et d'organiste.

La seule situation qui eût réellement convenu à Mozart aurait été celle qui lui eût permis de créer : celle de « Compositeur de la Chambre », pour parler la langue de l'époque ; de musicien que l'on charge de composer des morceaux déterminés, opéras, symphonies, quatuors, etc... et auquel on en donne le loisir.

Cependant le père et le fils se sont constamment efforcés d'obtenir un emploi, y mettant d'autant plus d'ardeur que leurs sentiments à l'égard de Hieronymus Colloredo, successeur du bon patriarche qu'avait été le prince-archevêque Schrattenbach, leur rendaient leur activité à Salzbourg de plus en plus pénible et la leur faisaient considérer comme une corvée. Mais, dès *avant* l'avènement de Colloredo, Léopold, à l'intention de son fils, tourne les yeux vers Milan. Wolfgang avait composé le second opéra pour les fêtes données à l'occasion du mariage de l'archiduc Ferdinand, troisième fils de l'impératrice et gouverneur de Lombardie : c'était la sérénade *Ascanio in Alba*, représentée le 17 octobre 1771. Léopold a sans doute trouvé l'occasion de présenter très humblement au jeune archiduc — il n'avait qu'un an et demi de plus que Wolfgang — une demande d'engagement pour son fils. Et l'archiduc, habitué à obéir à sa mère, lui demande conseil. Elle répond (12 décembre 1771, cf. A. Ritter von Arneth, *Lettres de l'impératrice Marie-Thérèse à ses enfants et à ses amis*, Vienne, 1881, t. I, p. 93) : « Vous me demandez de prendre à votre service le jeune *Salzburger*. Je ne sais comme quoi, ne croyant pas que vous ayez besoin d'un compositeur ou des gens inutiles. Si cela pourtant vous ferait plaisir, je ne veux vous l'empêcher. Ce que je dis, est pour ne pas vous charger des gens inutiles, et jamais des titres à ces sortes de gens comme à votre service. Cela avilit le service, quand ces gens courent le monde comme des gueux ; il a outre cela une grande famille.[1] »

Et, en fils docile aux avis maternels, l'archiduc ne pense naturellement plus à engager Mozart ni à lui donner un titre. Si Léopold s'était douté des sentiments réels qu'éprouvait pour lui et son fils Marie-Thérèse, cette bienveillante souveraine qui jadis avait fait don à ses enfants des vêtements défraîchis des jeunes princes ! Des gens inutiles ! Des musiciens ambulants ! Des importuns ! Son loyalisme en eût passablement souffert !

Ne se doutant de rien, il fait une autre tentative auprès du second fils de Marie-Thérèse, le grand-duc Léopold de Toscane, le futur empereur Léopold II sous le règne duquel Mozart mourra. De Milan, il mène l'affaire activement et en grand secret, car il sait fort bien que le nouvel archevêque ne prendrait pas de gants si les pourparlers entrepris auprès de la cour de Toscane par son vice-maître de chapelle lui venaient aux oreilles. Léopold a beau, pour les poursuivre, différer toujours davantage son retour à Salzbourg, d'abord en décembre 1772, puis dans les premiers mois de 1773, ces pourparlers restent sans résultats. « De Florence j'apprends que le grand duc a reçu ma lettre, qu'il y réfléchit et nous avisera. Nous avons encore bon espoir » écrit-il chez lui dans le puéril langage chiffré dont se servaient les Mozart pour leur correspondance (9 janvier 1773). « Quant à ce que vous savez, il y a peu

1. En français dans le texte. (*Note du traducteur.*)

d'espoir ; Dieu nous viendra en aide. Soyez *économes* et portez vous bien : car il nous faut de l'argent si nous voulons entreprendre un voyage. Je regrette chaque kreuzer que nous dépensons à Salzbourg. Jusqu'ici il n'est encore pas arrivé de réponse du Grand-Duc, mais nous savons par la lettre du comte, adressée à M. Troger, qu'il y a peu d'espoir de parvenir à Florence. Cependant je garde encore du moins l'espoir qu'il nous donnera sa recommandation » (16 janvier). Enfin, après avoir attendu désespérément (27 février) : « Pour la chose que vous savez, il n'y a absolument rien à faire. » Quels obstacles l'ont fait échouer ? On l'ignore. C'est en vain que j'ai cherché à retrouver dans les archives de Florence les lettres de Léopold et les minutes des réponses que le chancelier de la cour lui a adressées.

Au cours de l'été de 1773, le père et le fils retournent à Vienne ; au nouvel an 1775, ils se rendent à Munich pour la représentation de la *Finta Giardiniera*, et l'on ne se trompera guère en supposant que Léopold s'est empressé de saisir ces deux occasions pour tâter le terrain, ici comme là, afin de se rendre compte s'il se pourrait trouver quelque bon emploi pour son fils. Mais il ne s'en trouve point. Pour Vienne, Wolfgang n'était plus assez jeune ou bien il l'était trop encore ; quant à Munich, la *Finta Giardiniera* y resta un événement local sans conséquences. Mais les rapports toujours plus tendus avec l'archevêque, leur patron, rendaient urgent un changement décisif de la situation. Il est très difficile de faire équitablement la part de responsabilité qui incombe, dans cette tension croissante, à Hieronymus Colloredo et aux Mozart, père et fils. Aux yeux de la postérité, une lourde accusation pèse sur Colloredo : celle d'avoir non seulement indignement traité l'un des plus grands génies de tous les temps, mais de l'avoir positivement maltraité et nul ne pourra l'absoudre complètement de cette accusation. Mais les seuls témoignages que nous possédions sur son attitude sont ceux, partiaux, des deux plaignants, le père et le fils, et pour le dernier acte du drame nous n'avons même que ceux du fils, auquel il importait évidemment au plus haut point, dans les lettres qu'il adressait à son père, de dépeindre le personnage de Colloredo sous les couleurs les plus noires et les plus laides. Ce que des témoins impartiaux nous rapportent du caractère de Colloredo rend un tout autre son. Succédant à l'archevêque Sigismond de Schrattenbach, qui avait régné près de vingt ans (1753-1771) sans trop chercher midi à quatorze heures, Colloredo se trouva dès l'abord dans une position difficile vis-à-vis des Salzbourgeois. Ceux-ci, en 1732, avaient vu, de leurs propres yeux, dépouiller de tous leurs biens les paysans convaincus de loyalisme, et cela ne les choquait nullement qu'il y eût encore dans le sud de l'archevêché, et même sous le règne du bon Schrattenbach, certaine forteresse de Werfen, où l'on pouvait enfermer à vie incroyants et sceptiques. Au contraire :

c'étaient là des gens que l'on n'aurait su assez torturer. Quant à Colloredo, quoiqu'encore relativement jeune — il avait la quarantaine — le peuple l'accueillit avec méfiance, le chapitre de la cathédrale avec crainte ; et tandis que la méfiance du peuple prenait peu à peu le caractère d'une haine tenace, la crainte du chapitre, elle, finit par dégénérer en procès. Colloredo était partisan des réformes de Joseph II, son cabinet s'ornait des portraits de Rousseau et de Voltaire ; et peut-être ce fait explique-t-il que nous voyions Wolfgang, de Paris, annoncer la mort de Voltaire en des termes empreints d'un sentiment haineux qui fait tache dans ses lettres (3 juillet 1778) : « Cet athée, ce fieffé coquin de Voltaire est crevé autant dire comme un chien, comme une brute... Voilà sa récompense ! » En réalité, Voltaire — dernière malignité de sa part — était mort dans le sein de cette Eglise hors de laquelle il n'est point de salut, entouré de la considération de tout un peuple... Le 15 juillet 1782, Colloredo publia une lettre pastorale visant à « supprimer des cérémonies religieuses une pompe inutile, à recommander la lecture de la Bible, à introduire l'usage d'un nouveau psautier et à inaugurer une série d'améliorations relatives à la confession » (Ed. Vehse, *Histoire des cours allemandes*, VI, 12, 2, page 157). Voilà qui ne pouvait guère être du goût des Mozart : la musique somptueuse destinée à l'Eglise fait partie, en effet, de cette « pompe inutile » ; aussi bien, entre les messes en latin qui les précèdent et qui les suivent, les deux simples cantiques sur des textes allemands (K. 343) que Mozart a probablement composés pour le psautier projeté, rendent-ils, par leur léger accent de protestantisme, un son assez étrange.

Ce dont l'Histoire fait grief à ce prince de l'Eglise, c'est de ne pas s'être rendu compte ou de ne pas avoir voulu convenir qu'il avait un génie à son service. Mais on ne saurait lui en faire un crime ; c'est bien plutôt un manque de discernement ou de bonne volonté qu'on peut regretter fort, mais pour lequel on ne saurait prendre un homme. Salzbourg était une ville trop exiguë pour un génie qui voulait écrire, entre autres, de grands opéras. Il ne pouvait les écrire que pour l'extérieur, pour Munich ou Vienne, Milan ou Venise. Mais Colloredo n'avait que faire de génies qui ne pensaient qu'à prendre des congés ; ce qu'il lui fallait, c'étaient des musiciens qui fussent de consciencieux fonctionnaires. Aussi, d'un côté comme de l'autre, un sentiment finit-il par l'emporter : de sa part, une froide antipathie, de celle des Mozart un dépit croissant parce que refoulé et une haine sans cesse plus grande.

Après l'échec de Munich, on se décide à écrire au Père Martini, dont on connaît l'influence, une lettre entre les lignes de laquelle on peut lire le désir de recommandations, et qui reflète très bien la situation (4 septembre 1776) : « La vénération, l'estime et le respect que je porte à votre révérendissime personne me pressent de venir vous importuner par la présente lettre et de vous envoyer un faible échantillon de ma musique, le soumettant à votre souverain jugement. J'ai écrit, l'an passé, au Carnaval, un *opera buffa* (*La Finta Giardiniera*), à Munich en Bavière. Or, peu de jours avant mon départ de cette ville, Son Altesse le Prince Electeur a désiré entendre quelque chose de ma musique de contrepoint. J'ai donc été obligé d'écrire ce motet à la hâte, afin qu'on eût le temps de copier la partition pour Son Altesse et de transcrire les parties, pour pouvoir exécuter le morceau le dimanche suivant à l'offertoire de la grand-messe.

Très cher et très estimé Père et Maître, je vous prie bien instamment de m'en dire votre opinion, franchement et sans réserve. Nous sommes en ce monde pour nous efforcer d'apprendre toujours, pour nous éclairer les uns les autres au moyen des conversations, et pour nous appliquer à faire de plus en plus progresser les sciences et les arts. Que de fois, oh ! que de fois je sens le désir d'être plus près de vous, afin de pouvoir m'entretenir avec votre Révérendissime paternité ! Je vis dans un pays où la musique fait très peu fortune, bien que, en dehors de ceux qui nous ont quittés, nous ayons encore d'excellents professeurs, et, particulièrement, des compositeurs de beaucoup de fonds, de savoir et de goût.

Pour le théâtre, nous sommes en peine par manque de chanteurs. Nous n'avons pas de castrats et nous n'en pourrions avoir facilement, car ils veulent être bien payés et la générosité n'est pas notre défaut.

Je m'amuse, en ce moment, à écrire de la musique de chambre et d'église. Nous avons ici deux autres excellents contrepointistes : MM. Haydn et Adlgasser. Mon père est maître de chapelle à la cathédrale, et cela me donne occasion d'écrire de la musique d'église autant que je le veux. D'autre part, il a déjà trente-six ans de service à cette cour, et, sachant que notre archevêque ne peut ni ne veut voir des gens avancés en âge, il ne prend pas son affaire à cœur, et s'est remis à la littérature, qui était déjà, d'ailleurs, son étude favorite.

Notre musique d'église est très différente de celle d'Italie et le devient de plus en plus ; ainsi, une messe avec *Kyrie, Gloria, Credo,* sonate à l'Epître, Offertoire ou Motet, *Sanctus* et *Agnus*, même la messe la plus solennelle, celle que le Prince dit lui-même... ne doit pas durer plus de trois quarts d'heure. Il faut une étude particulière pour réussir cette sorte de composition : d'autant qu'on exige que ce soit une messe à grand orchestre, avec trompettes de guerre, timbales, etc...

Ah ! pourquoi sommes-nous si éloignés l'un de l'autre, bien cher Père et Maître ! J'aurais tant de choses à vous dire !

Je salue respectueusement tous ces Messieurs de la Philharmonique. Je me recommande toujours à vos bonnes grâces et ne cesse de m'affliger de me voir si loin de la personne que j'aime, vénère et estime le plus au monde, votre paternité révérendissime, dont je proteste être toujours le très humble et très dévoué serviteur.

Wolfgang Amadé Mozart. »

Cette lettre reste, elle aussi, sans succès, cependant que la tension entre maître et sujet devient insupportable. En mars 1777 Léopold, faisant allusion aux « tristes conditions » dans lesquelles il vit, ainsi que sa famille, fait une demande de congé pour effectuer une tournée de concerts — requête à laquelle Colloredo ne semble pas avoir répondu, même par un refus. Léopold ayant réitéré sa sollicitation, il la repoussa aussitôt en exigeant que son orchestre fût présent au complet pour une visite que lui rendait l'empereur Joseph II, de passage à Salzbourg. Mais lorsque, après cette visite, Léopold revint à la charge, c'est tout net qu'on l'éconduisit cette fois en lui faisant remarquer que Wolfgang, n'étant en somme qu'à demi en fonctions pouvait voyager tout seul. Cependant, lorsque Wolfgang voulut le faire pour de bon, l'archevêque éleva de nouvelles objections. Quelle solution restait-il, sinon agir de vive force ? Le 1er août 1777 Wolfgang demanda sa mise en congé, usant, pour formuler ses motifs, d'expressions peu heureuses, où l'on sent, à chaque mot, le style de Léopold : « Très gracieux souverain, mon Seigneur ! Les parents s'efforcent de mettre les enfants en état de pouvoir gagner eux-mêmes leur pain ; ils le doivent dans leur propre intérêt et dans celui de l'Etat. Plus les enfants ont reçu de talents de Dieu, plus ils sont tenus d'en faire usage, afin d'améliorer la situation de leurs parents ou la leur, d'aider leurs parents et de pourvoir à leur propre avancement et à leur avenir. L'Evangile nous enseigne qu'il faut faire valoir ses talents reçus. Et c'est ainsi que je suis, en conscience, devant Dieu, obligé de témoigner, selon mes forces, ma reconnaissance à mon père qui consacre sans relâche toutes ses heures à mon éducation. Je dois alléger son fardeau et désormais travailler pour moi et pour ma sœur, que je serais fâché d'avoir vue consacrer tant d'heures au piano si elle n'en devait faire aucun emploi utile. » Requête au bas de laquelle l'archevêque, qui ne faisait pas tellement de cas de Dieu ni de l'Evangile, écrivit huit jours plus tard la note suivante, où la sécheresse le dispute à la causticité : « Transmis à la Chancellerie de la Cour avec l'avis que le père et le fils aient permission, selon l'Evangile, d'aller chercher fortune ailleurs. » Il montre, en tout cas, un trait de caractère qui ne plaide certainement pas en sa défaveur : par un décret ultérieur, nous le voyons rapporter le licenciement de Léopold ; de son propre mouvement, semble-t-il, et sans infliger à Léopold une humiliation de plus.

Le 23 septembre 1777, en compagnie de sa mère, qui, à défaut du père, doit veiller un peu sur lui, Mozart part, toutes voiles dehors, pour le grand voyage de Mannheim et Paris qui devait lui apporter gloire et situation (24 septembre) : « ... tout s'arrangera bien. J'espère que papa est en bonne santé et aussi joyeux que moi. Je me suis mis tout à mon affaire : je suis un autre papa et je fais bien attention à tout... » En janvier 1779 il rentrait à Salzbourg, sans sa mère, en proie à un effondrement total, ayant accumulé échec sur échec dans ses tentatives pour trouver une situation digne de lui, accablé par la plus profonde déception amoureuse de sa vie, et c'était pour se remettre sous le joug de l'archevêque Hieronymus Colloredo. On peut imaginer ses sentiments lorsque, dans les jours qui suivent immédiatement son retour, il rédige la requête suivante : « Votre Grandeur Sérénissime ! Très noble et digne Prince du Saint Empire Romain ! Très gracieux Prince et Souverain de ce pays ! Mon Seigneur ! Votre Grandeur Sérénissime m'a fait la suprême faveur de daigner me prendre à son service après la mort de Cajetan Adlgasser. Je la prie donc très humblement de vouloir bien me nommer par décret son organiste de la Cour. » Le 17 janvier, Colloredo daigna établir l'arrêté de nomination.

Mais ce n'était pas là ce que Mozart avait voulu en prenant le large un an et demi auparavant. Ses premiers espoirs se portaient sur Munich. Non sans raison. Il régnait en cette ville un souverain bienveillant et ami de la musique, ce prince électeur Max-Joseph III qui, pour se faire peindre au milieu de sa famille ou de sa cour, tenait en main, de préférence à tout autre symbole, sa viole de gambe ; il en jouait habilement et s'essayait même à la composition. C'est sous son règne, en

1753, que fut inauguré l'opéra, joyau entre tous les opéras du monde, où fut représenté pour la première fois l'*Idoménée* de Mozart et où, par la suite également, les opéras de Mozart devaient être de nouveau l'objet de soins si particulièrement affectueux. Mais ce prince, sous le rapport de la musique, n'était pas spécialement gâté : si habiles faiseurs d'opéras que fussent les Ferrandini, Bernasconi, Tozzi, Michel, ils ne pouvaient se mesurer, à beaucoup près, avec Graun de Berlin, Hasse de Dresde, ou Jommelli de Stuttgart. Mozart, grâce à la connaissance très exacte que la *Finta Giardiniera* lui avait donnée de l'état de la musique et de l'opéra à Munich, eût été sans nul doute l'homme tout indiqué, sans compter les intercesseurs puissants qu'il comptait au nombre de ses amis. Or, ce premier échec est typique et symbolique. A preuve le dialogue décisif que Mozart eut dans la capitale munichoise avec le prince électeur ; nous le citons dans les termes de Mozart lui-même, donnant ainsi un nouveau témoignage de son sens dramatique (29-30 septembre 1777) : « Le comte Seeau » (intendant de l'opéra de la cour à Munich) « vint à passer et me salua très amicalement : "Mes compliments, mon très cher Mozart !" Quand le Prince-Electeur vint à moi, je lui dis : "Que Votre Altesse Electorale me permette de me mettre humblement à ses pieds et de lui offrir mes services. — Ainsi vous avez tout à fait quitté Salzbourg ? — Oui, tout à fait, Votre Altesse. — Et pourquoi donc ? Vous ne vous accordiez pas ensemble ? — Ma foi ! Votre

Altesse, j'ai seulement demandé de faire un voyage. Il me l'a refusé ; et c'est là ce qui m'a contraint de faire ce pas décisif. Mais depuis longtemps j'avais dessein de m'en aller. Salzbourg n'est pas un endroit pour moi, non, certainement ! — Mon Dieu ! Quel jeune homme !... Mais votre père est encore à Salzbourg ? — Oui, Votre Altesse ; il se met humblement à vos pieds..., etc. Je suis déjà allé trois fois en Italie, j'ai écrit trois opéras, je suis membre de l'Académie de Bologne et j'ai dû subir une épreuve pour laquelle bien des *maestri* ont peiné et sué pendant quatre ou cinq heures et que j'ai terminée en une heure. Cela pour bien prouver que je suis en état de servir n'importe quelle cour. Mon seul désir est de servir Votre Altesse, qui est elle-même un grand... — Oui, mon cher enfant ; mais il n'y a pas de vacance, en ce moment. J'en suis désolé... Si seulement il y avait une vacance !... — J'assure Votre Altesse que je ferais certainement honneur à Munich. — Oui, mais tout cela ne sert à rien... Il n'y a pas de vacance." Il dit ces mots en s'en allant et je me recommandai à ses bonnes grâces... »

Il en va exactement de même à Mannheim et la déception de Mozart est d'autant plus grande que ses efforts pour réussir avaient duré plus longtemps et qu'il avait pris la chose plus au sérieux. Il l'avait prise plus au sérieux parce que Mannheim, grâce à son célèbre orchestre, était alors la capitale musicale de tout l'empire d'Allemagne. Mozart lui-même (4 novembre 1777) vante en effet l'excellence et la puissance de cette phalange : « L'orchestre est très bon et puissant : 10 à 11 violons de chaque côté, 4 altos, 2 hautbois, 2 flûtes et 2 clarinettes, 2 cors, 4 violoncelles, 4 bassons et 4 contrebasses, des trompettes et des timbales. » Mais il y a cependant des ombres à ce tableau, car Mozart poursuit : « On peut faire de la belle musique avec cela, mais je n'ose me risquer à faire exécuter ici aucune messe de moi. Pourquoi ? — A cause de leur brièveté ? Non, car, ici aussi, il faut que tout soit court. — A cause du style d'église exigé ? — Encore moins... Mais c'est que, dans l'état actuel des choses, il faut composer surtout pour les instruments. On ne peut se figurer rien de plus pitoyable que le groupe des voix... Voici d'où cela vient : les Italiens sont ici, pour l'instant, tout à fait misérables : il n'y a que deux castrats, déjà vieux et que l'on laisse s'éteindre. Même le sopraniste préférerait chanter la partie de l'altiste, car il ne peut plus monter. Les quelques jeunes garçons qu'ils ont sont pitoyables. Les ténors et les basses, comme nos chanteurs des offices mortuaires... » A l'opéra de Mannheim non plus, les choses n'allaient pas toutes comme l'eût souhaité Mozart. On suivait alors, dans la capitale de l'Electeur palatin, le courant « national » en cherchant à remplacer l'opera *seria* italien par l'« opéra germanique ». Ce sont juste les années où l'on cherche, avec le *Günther de Schwarzburg* du vieux maître de chapelle Ignaz Holzbauer, la *Rosamonde* et l'*Alceste* de Wieland, musique de Schweitzer, à concurrencer l'opera *seria* de Métastase et les innovations de Gluck. Et Mozart eût bien préféré, à ce moment tout au moins, écrire des opéras italiens plutôt qu'allemands — opéras *seria* ou opéras bouffes — cela lui eût bien été égal.

Cependant il s'accommode même de ce qui ne lui convient pas. Le prince électeur, Karl Theodor, était un homme d'un certain âge déjà, qui ne lésinait guère lorsqu'il s'agissait de satisfaire son goût du luxe en général et du luxe musical en particulier ; quant à l'irreligiosité et l'immoralité où Mannheim cherchait, non sans succès, à rivaliser avec Paris, Mozart s'en souciait peu ; — il savait fermer les yeux quand il y allait de son intérêt. Aussi va-t-il tous les jours chez Christian Cannabich, « directeur en titre » de l'orchestre, qui, lors de la première visite des Mozart en 1763, à Schwetzingen, ne semble pas s'être montré particulièrement prévenant, puisque Mozart écrit (4 novembre 1777) : « C'est un homme tout à fait différent de ce qu'il était autrefois : tout l'orchestre le dit aussi. Il est très favorablement disposé pour moi. » Il donne des leçons à Rose, la fille de Cannabich, et écrit même une sonate à son intention (K. 309) ; il joue à la cour, ce qui donne lieu à un second dialogue avec un prince-électeur — la seule différence avec le premier, celui de Munich, étant que le prince, ici, retient Mozart en le berçant d'espoirs, mais le résultat est exactement le même (8 novembre 1777) : « Après le concert, Cannabich fit en sorte que je puisse parler au Prince et à la Princesse. Je baisai la main du Prince ; il dit : “Il y a maintenant quinze ans, je crois, que vous n'êtes venu ici. — Oui, Votre Altesse, il y a quinze ans que je n'ai eu cet honneur. — Vous jouez d'une manière incomparable.” — La Princesse, lorsque je lui baisai la main, me dit à son tour : “*Monsieur, je vous assure, on ne peut pas jouer mieux.*” Hier, j'ai été avec Cannabich dans l'endroit que maman vous a déjà dit. Là, j'ai causé avec le Prince Electeur comme avec un de mes bons amis : c'est un seigneur très affable et très bon. Il m'a dit : “J'ai entendu dire que vous avez écrit un opéra, à Munich ? — Oui, Votre Altesse. Je me recommande aux bonnes grâces de Votre Altesse. Mon plus grand désir serait d'écrire ici un opéra. Je supplie Votre Altesse de ne pas m'oublier tout à fait. Je puis aussi, grâce à Dieu, l'écrire en allemand,” et je souris. — “Cela peut facilement s'arranger.” Il a un fils et trois filles. L'aînée et le jeune comte jouent du piano. Le Prince m'a consulté en toute confiance à leur sujet. J'ai dit mon avis très sincèrement, mais sans jeter le mépris sur leur maître. »

(Les quatre bâtards auxquels Mozart fait allusion sont ceux que le prince-électeur avait eus de la comédienne Joséphine Seyffert, à laquelle Karl-Theodor donna plus tard le titre de comtesse Heydeck ; le fils, né en 1769, donc âgé de neuf ans seulement lors du séjour de Mozart à Mannheim, devait être ce prince Karl von Bretzenheim, qui, plus tard, lors des troubles causés en Bavière par les armées de Napoléon, semble ne plus s'être guère souvenu de son ancien maître de piano.) Ce n'est que lentement que Mozart découvre la vérité ou plutôt qu'il consent, par la force des choses, à s'avouer qu'on ne fait que le retenir par de belles paroles (29 novembre 1777) : « Il y a eu mardi huit jours, le 18, veille de la sainte Elisabeth, j'allai dans la matinée chez le comte Savioli et lui demandai s'il ne serait pas possible que le Prince-Electeur me gardât, cet hiver ; que je serais disposé à instruire les jeunes princes. Il me répondit : "Oui, je le proposerai au Prince, et, si cela dépend de moi, cela se fera certainement." L'après-midi, je me rendis chez Cannabich, et, comme c'est sur son conseil que j'ai été chez le comte, il me demanda aussitôt si j'y étais allé. Je lui racontai tout et il me dit : "Je serai très content si vous restez avec nous cet hiver ; mais je le serais bien plus encore si vous obteniez des fonctions stables et définitives." — Je répondis : "Je ne désirerais rien de plus que de pouvoir rester toujours près de vous ; mais, d'une manière stable, je ne vois vraiment pas comment ce serait possible. Il y a déjà deux maîtres de chapelle, que pourrais-je donc être ? Car je n'admettrais pas d'être placé au-dessous de Vogler ! — Et vous ne le seriez pas non plus, reprit-il : ici, personne de la musique n'est placé au-dessous du maître de chapelle, ni même de l'intendant. Le Prince pourrait bien vous nommer compositeur de la chambre. Attendez : j'en causerai avec le comte." » La suite tient de la comédie : aux questions pressantes dont l'assaille Mozart, Savioli ne répond qu'en s'excusant avec courtoisie ; car le Prince est au fond tout à fait d'accord pour que Mozart reste passer l'hiver à Mannheim, donne des leçons de piano à son bâtard de fils et compose quelques morceaux pour sa fille illégitime ; mais il ne tient nullement à le prendre à son service et Cannabich se soucie moins encore de se faire un concurrent dangereux dont la supériorité incomparable, en regard de sa propre indigence, n'est que trop évidente à ses yeux. Pour avoir joué à la cour, Mozart reçoit un présent (13 novembre 1777) : « ... C'est bien ce que je m'étais figuré : rien comme argent, mais une belle montre d'or. J'aurais préféré, pour le moment, 10 carolins à cette montre, qu'on estime pourtant 20 carolins avec la chaîne et les pendeloques. En voyage, on a besoin d'argent, et, avec votre permission, j'ai maintenant cinq montres. Aussi ai-je fortement envie de me faire faire un second gousset à chacune de mes culottes, afin, lorsque je me présenterai chez un grand seigneur, de porter deux montres à la fois (c'est, du reste, la mode actuellement), pour que l'idée ne vienne à personne de m'honorer d'une nouvelle... »

Au plus profond de lui-même Mozart s'est clairement rendu compte de l'inutilité de rester à Mannheim. Mais il y reste et il ne prête que trop volontiers l'oreille aux conseils de ses amis de l'orchestre (26 novembre 1777) : « ... Où voulez-vous donc aller pendant l'hiver ?... à cette époque de l'année, il fait très mauvais voyager : restez ici ! » Car, dans l'intervalle, il s'est amouraché, avec une violence qui l'aveugle positivement sur sa situation. Il fait la connaissance de la famille Weber ; bailli du baron de Schönau, le père, Fridolin Weber, devait à cet instinct de cabotinage propre à toute la famille, la déchéance où il était tombé : il occupait alors dans l'orchestre de Mannheim le misérable emploi de musicien, de chanteur et de copiste. Je ne saurais caractériser plus nettement la funeste importance que devait prendre dans l'existence de Mozart la rencontre de cette famille, que ne l'a fait Emil Karl Blümml, l'un des hommes qui connaissent le mieux tous les faits et tous les gens de l'entourage de Mozart, à Vienne (cf. « Marie-Cécile Weber » dans *Aus Mozarts Freundes und Familienkreis* », p. 10) : « Une vieille croyance populaire allemande veut qu'une fée dépose auprès de chaque nouveau-né, dès le berceau, un présent fait de la douceur et de l'amertume que la vie lui réserve et, selon que l'une ou l'autre l'emporte, la carrière de chacun prend ensuite une tournure favorable ou fâcheuse. Auprès du berceau de Mozart il y avait une bonne fée. Si elle fit don au nouveau venu d'une gloire immortelle, d'une immuable sérénité et d'une âme d'enfant, si elle plaça à son côté, en la personne de son père Léopold, un bon ange pour lui ouvrir le chemin escarpé de la gloire et des honneurs, en revanche elle lui fit rencontrer en la famille Weber l'élément fâcheux, démoniaque, auquel il ne put échapper, qui ne le lâcha pas, et dont l'effet maléfique le poursuivit par-delà la mort même en vouant sa tombe à l'oubli.

Le mauvais génie qui présidait à ces forces funestes, c'était Marie-Cécile Weber, née Stamm, de Mannheim, à qui le destin avait réservé de couper la ligne de vie de Mozart en étant sa belle-mère et le "principe mauvais" de son existence. » A quoi mes seules objections seraient que l'influence exercée par la bonne fée qui se tenait près du berceau de Mozart est montrée sous un jour vraiment trop rose ; car sa « gloire immortelle », Mozart l'a chèrement payée, son « immuable sérénité » reposait sur un fatalisme profond, son âme « d'enfant » s'alliait à un don aigu d'observation et à une sagacité fort consciente ; quant à ce « bon ange » de Léopold, qu'en voulant toujours le bien il ait précisément fait le mal, à l'inverse de Méphisto, c'est ce que nous avons vu.

La famille Weber se composait du père, pauvre bougre qui n'avait guère voix au chapitre, de la mère, sinistre personne, et de six enfants ; du moins Mozart parle-t-il (17 janvier 1778) de « cinq filles et un fils » ; pour notre part, nous n'avons connaissance que de quatre filles ; Josepha, Aloysia, Constance et Sophie. L'appât jeté par Madame Weber pour attirer notre Wolfgang, ce fut sa seconde fille, alors âgée de quinze ans : Aloysia. Il est du reste très puissant, cet appât. Il est dans l'ancienne langue allemande, pour désigner la situation d'un homme que l'amour égare, une locution dont on use encore chez les Mozart, on dit de lui qu'il « se laisse mener par le bout du nez ». Or Mozart se laisse mener avec un abandon total ; Aloysia ne le séduit pas seulement par sa jeunesse et sa féminité, mais également par ses dons de cantatrice, qu'il est seul à juger comme il convient. « ... elle chante superbement mes airs pour la De Amicis... elle chante admirablement, avec une pure et belle voix... » Mais nous verrons au chapitre suivant ce qu'il advient de cette passion et de cette amourette absurdes. Contentons-nous de dire pour l'instant qu'elles font complètement perdre de vue à Mozart le problème immédiat qui se pose à lui — trouver un emploi honorable et lucratif — et lui font forger les projets les plus aventureux. A Munich, déjà, il avait sérieusement songé à une idée hasardeuse qu'il met sur le compte de son logeur, un certain Albert (29-30 septembre 1777) : « ... Monsieur Albert a, depuis mon arrivée, un projet en tête, dont l'exécution ne me paraît pas impossible. Il voudrait réunir 10 bons amis, qui n'auraient à verser chacun, qu'un seul ducat par mois, ce qui ferait 10 ducats ou 50 florins par mois, soit 600 florins par an. Si, de plus, je recevais du comte Seeau seulement 200 florins, cela ferait 800 florins... Comment papa juge-t-il cette idée ?... » Or papa, avec raison, ne pensa pas le moindre bien de cette « idée » qui aurait placé Mozart sous la dépendance de protecteurs incertains et qui fait penser à la fable de Perrette, la laitière de La Fontaine, et de son pot au lait (*Fables*, VII, 10). Même à Beethoven, dont l'acharnement était d'une tout autre envergure que celui de Mozart et qui avait à faire à des protecteurs autrement puissants, un tel dessein n'a jamais complètement réussi.

A Mannheim, ce sont bien d'autres utopies encore que Wolfgang échafaude. Une rumeur semble lui ouvrir la perspective d'un engagement à Vienne, mais il en parle avec une telle légèreté et sur un ton si dégagé, qu'il est visible qu'il ne prend pas la chose bien au sérieux (10-11 janvier 1778) : « Je sais (d'une manière certaine) que l'empereur a dessein de faire représenter à Vienne un opéra allemand, et qu'il cherche très sérieusement un jeune maître de chapelle qui comprenne la langue allemande, qui ait du génie, et qui soit de force à produire devant le monde quelque chose de neuf. Benda, de Gotha, est candidat, mais Schweitzer l'emportera sans doute. Je crois que ce serait une très bonne situation pour moi, pourvu, bien entendu, qu'elle fût bien payée. Si l'empereur me donnait 1 000 florins, j'écrirais pour lui un opéra allemand ; après quoi, s'il ne voulait pas me garder, tant pis !... » Mais, à peine quatre semaines plus tard (4 février), il dévoile ses véritables intentions ; ceci au retour d'un voyage entrepris pour se faire entendre chez une princesse d'Orange, à Kirchheimbolanden — voyage au cours duquel la famille Weber vivait à ses crochets, à charge, pour les dames Weber, de repriser ses bas et d'entretenir ses vêtements : « ... J'aime tellement cette famille si écrasée, que je ne désire rien tant que de pouvoir la rendre heureuse. Et peut-être le puis-je. — Mon conseil serait qu'ils allassent en Italie. Je voudrais vous demander, en conséquence, si vous pourriez, et le plus tôt serait le mieux, écrire à notre bon ami Lugiati, pour qu'il s'informe du maximum de ce qu'on donne, à Vérone, à une Prima donna. Plutôt plus que moins, car on peut toujours baisser... » Il compte, naturellement, être du voyage et composer pour Aloysia des airs et, si possible, des opéras : « A Vérone j'écrirais volontiers l'opéra pour 50 sequins : rien qu'afin qu'elle s'y fasse honneur, car si ce n'est pas moi qui le compose, je crains qu'elle ne soit sacrifiée. D'ici là, je me ferai assez d'argent, dans d'autres voyages que nous voulons entreprendre ensemble, pour que cette perte ne me soit pas trop sensible. Je crois que nous irons en Suisse ; peut-être aussi en Hollande. Ecrivez-moi bientôt à ce sujet. Si nous nous fixons pour longtemps quelque part, l'autre fille, c'est-à-dire l'aînée, nous sera très utile : nous pourrons avoir notre propre ménage, car elle sait faire aussi la cuisine... »

On conçoit que Léopold faillit perdre la raison à la pensée de voir son fils parcourir le monde comme une sorte de musicien ambulant, jouant le rôle de compositeur à tout faire auprès d'une prima donna en herbe. Le 5 et le 12 février 1778, il écrivit deux de ses lettres les plus empreintes de gravité et de désespoir, deux lettres qui font également honneur à son intelligence, à son caractère et à son style et qui, en ouvrant les yeux de son fils sur la situation financière de la famille, cherchent à le convaincre de l'absurdité de ses projets relatifs à l'Italie. L'injonction suivante en marque l'apogée : « Allons, en route pour Paris ! Et vivement ! Deviens l'égal des plus grands... *Aut Caesar aut nihil !* La seule pensée de voir Paris aurait dû te garder de toutes ces chimères... C'est de Paris que la gloire et la renommée d'un homme de grand talent s'étendent au monde entier ; la noblesse y traite les hommes de génie avec la plus grande affabilité, la plus haute estime et la politesse la plus extrême — on y voit de belles manières qui contrastent de façon fort surprenante avec la grossièreté des grands seigneurs et des belles dames de chez nous, et ta connaissance de la langue française s'y fortifiera. »

C'est la faute de Wolfgang, si le jugement porté par Léopold sur Paris et sa noblesse se trouva démenti. Car Wolfgang n'était pas un conquérant, il n'eût pas pu conquérir Paris, quand bien même il l'aurait sérieusement voulu. Qu'il nous suffise de rappeler, sans y insister, avec quelle énergie Gluck a su mettre Paris sous sa coupe. La raison n'en est pas que Gluck était l'aîné de Mozart de plus de quarante ans ; mais qu'il était précisément Gluck, et Mozart Mozart. La spontanéité, l'essence divine de ses dons, son génie authentique étaient infiniment supérieurs à ceux du maître plus âgé, mais il était incapable de s'imposer à la société qui l'entourait et au monde. L'histoire de la décoration qui étoilait leur poitrine à tous les deux est un exemple frappant du contraste qui opposait leurs personnalités. Tous deux étaient chevaliers de l'ordre de l'« Eperon d'or », ce « *Speron d'oro* », que le pape conférait avec la même facilité que d'autres souverains mettaient à offrir des tabatières d'or ou des boucles de chaussures ornées de diamants. Gluck avait reçu cette décoration en 1756 ; Mozart, lui, n'était qu'un garçon de quinze ans lorsqu'il en fut l'objet, le 8 juillet 1770. Or, l'ordre lui-même était méprisé et tourné en dérision ; mais Gluck, le « chevalier Gluck », lui conférait une certaine dignité, tel ce célèbre homme d'Etat, qui, se trouvant un jour, à la cour, mal placé à table, dit simplement : « Là où est ma place, c'est toujours le haut bout. » Mozart, lui, porte sa décoration dans la ville natale de son père et les mufles de la haute bourgeoisie augsbourgeoise l'en raillent avec une telle suffisance et une telle grossièreté qu'il ne la remet jamais plus ; un seul portrait nous montre l'insigne en question : celui exécuté en 1777 pour le père Martini. Avec quel soin, d'autre part, Gluck avait-il préparé sa conquête de Paris ! Ce n'étaient pas seulement des ambassadeurs et des reines qui s'employaient à ces préparatifs, mais le public tout entier ; la propagande était pour Gluck un instrument dont il jouait déjà avec la même maîtrise que déployèrent plus tard Meyerbeer ou tel de nos modernes virtuoses de la baguette. La querelle qui opposait piccinistes et gluckistes battait son plein au moment où Mozart arrive ; on avait donné quelques mois auparavant (23 septembre 1777) la première représentation d'*Armide*, quelques semaines plus tôt, le jour même du vingt-deuxième anniversaire de Mozart, celle du *Roland* de Piccini. Tant que Gluck est à Paris, il ne se passe pas de jour qu'on ne fasse quelque bruit autour de son nom ; rentrant à Vienne il rend visite, à Ferney, au vieux Voltaire et l'on dirait la rencontre de deux princes régnants. L'entrée que Mozart fait à Paris, elle, s'effectue sans bruit, et passe inaperçue ; c'est un jeune homme de peu d'apparence, comme tant d'autres, que sa vieille mère est obligée de chaperonner.

Le séjour à Paris, du 23 mars 1778 jusqu'au retour, en janvier 1779, est l'une des périodes les plus sombres de la vie de Mozart. Il se met en route à contrecœur, car ce départ l'éloigne d'Aloysia ; il n'a de pensées que pour elle, au lieu de songer à sa réussite ; il compose peu, déteste Paris, sa noblesse, sa bourgeoisie ; ce protecteur en qui Léopold met les plus grands espoirs, car il détient les clefs de la gloire, Frédéric-Melchior Grimm, lui est odieux, alors que c'est lui-même, Mozart, que sa mauvaise humeur rend insupportable ; à quoi s'ajoutent encore la maladie et la mort de sa mère, qu'il est obligé d'ensevelir en terre étrangère. Quelle heure sombre que celle où il lui faut, le 4 juillet 1778, prier l'abbé Bullinger, ami intime de la famille, à Salzbourg, de préparer son père à la nouvelle de la mort de sa femme : « Pleurez avec moi, mon ami !... Voici le plus triste jour de ma vie... Je vous écris ces lignes à 2 heures de nuit... et il faut que je vous le dise : ma mère, ma chère mère n'est plus !... Dieu l'a rappelée à Lui... » Et elles durent être plus sombres encore, les heures passées au chevet de la malade, avec la certitude qu'il n'était plus possible de la sauver. Cependant, l'inhumation passée, il revient à ses affaires avec une rapidité surprenante ; il est, d'ailleurs, malaisé de fixer dans quelle mesure le catholicisme dans lequel il avait été élevé l'a aidé, dans ces circonstances, à se « soumettre à la volonté de Dieu ». Le début d'une lettre qu'il adresse à son père une quinzaine de jours plus tard (18 juillet) a, même à cet égard, quelque chose d'assez choquant : « J'espère que vous aurez reçu exactement mes deux dernières lettres. — Nous ne parlerons plus, maintenant, de leur objet principal... C'est du passé... et nous n'y pourrions rien changer, quand nous écririons des pages entières ! » Que voilà donc un homme étrange et plein de contradictions ! Mozart a certainement apporté beaucoup d'empressement à écrire à son Aloysia, et l'une de ces lettres, en italien, du 30 juillet, nous a été conservée... mais a-t-elle mis autant d'empressement à lui répondre ? On l'ignore. Nous possédons encore, également, une longue lettre du 29 juillet adressée au chef de la famille Weber, Fridolin Weber ; c'est l'une des lettres — il y en a plusieurs autres — où Mozart parle, avec un intérêt manifeste, de la mort du prince électeur de Bavière, Max-Joseph III, et de l'émigration à Munich de la cour palatine au grand complet ; Charles-Théodore était en effet, du côté paternel, le plus proche parent de Max-Joseph et, quelque regret qu'il eût de quitter Mannheim, il s'empressa de prendre possession du riche héritage qui lui échéait et que la maison de Habsbourg menaçait. Ce départ a fait à jamais de Mannheim une ville de province, du moins sous le rapport de l'opéra et des concerts. C'est seulement dans le domaine du théâtre allemand que Mannheim voit s'ouvrir encore une période brillante, grâce au baron Wolfgang Heribert von Dalberg, qui fit représenter les premiers drames de Schiller. Or, dans la lettre qui nous occupe, Wolfgang se donne des allures de protecteur et de conseiller de la famille Weber ; il tient le rôle de Léopold ; il parle de faire venir le père et la fille à Paris, où il se fait fort de pourvoir à leur entretien. Avec la diplomatie d'un homme rompu à la politique, il décide des circonstances dans lesquelles Aloysia doit ou ne doit pas se produire en public ; il lui déconseille d'entrer dans la troupe de Seyler ; il lui suggère de se tourner du côté de Mayence, où il pourrait se faire qu'il soit engagé, lui aussi...

Combien, dans la famille Weber, on dut rire de cet ami de vingt-deux ans qui se donnait des allures de protecteur, alors qu'il n'était pas capable lui-même de se tirer d'affaire ! Quant à soi, on s'y entendait fort bien sans le secours d'autrui. Quelques semaines plus tard, Aloysia était engagée comme cantatrice à Munich ; comme on ne pouvait faire autrement, on se chargea également du père, et ainsi personne n'eut plus le moindre besoin de la protection de Mozart. Pour sa part, il dépeint très ouvertement sa situation à Paris dans une lettre au père Weber (29 juillet 1778) :

« Maintenant, un mot de mes affaires... Je me tourmente, ici, à un point que je ne puis assez vous dire... Ici, tout va lentement. Tant qu'on n'est pas tout à fait connu, il n'y a rien à faire avec la composition... Dans mes lettres précédentes, je vous ai déjà écrit combien il est difficile d'obtenir un bon poème. — D'après mes éclaircissements sur la musique d'ici vous pouvez facilement vous représenter que je n'ai aucune grande joie ici... et que j'aspire, aussitôt que possible (entre nous), à m'en retourner... » Mozart est complètement perdu au milieu du réseau d'intrigues et de favoritisme de la capitale, et il se trouve dès l'abord en butte à l'exploitation de personnages puissants et de gens qui se disent ses « amis ». Il compose des chœurs, des ensembles et des airs, huit morceaux importants pour un *Miserere* de Holzbauer qui doit être exécuté au Concert spirituel — et ceci gratis, car c'est Le Gros, directeur de ces concerts, qui l'en a prié. Nous donnerions volontiers toutes les œuvres de Holzbauer en échange de ces huit morceaux, hélas perdus. Pour les quatre musiciens de Mannheim qui étaient à Paris à la même époque que lui, il écrit une Sinfonia concertante pour flûte, hautbois, cor et basson — mais, cette fois encore, il travaille pour rien, aux deux sens du mot ; car Le Gros ne fait même pas exécuter en public cette œuvre magnifique. Elle est du reste perdue, elle aussi, tout au moins en ce sens que l'instrumentation originale ne nous en est pas parvenue. Il s'abandonne également à l'espoir de se voir confier la composition d'un opéra par l'entremise du célèbre Noverre, théoricien du ballet, qui prétendait avoir grande influence sur De Vismes, directeur du Grand Opéra ; et sa reconnaissance prématurée lui fait écrire à l'intention de Noverre la musique d'un ballet, *Les Petits Riens* — treize morceaux pour orchestre, dont certains importants : travail gratuit, une fois de plus. Le ballet est donné six fois, mais ni le programme, ni les journaux ne mentionnent le nom de Mozart. A Saint-Germain, où il salue ses vieux amis de Londres, Jean-Chrétien Bach et le castrat Tenducci, il écrit pour ce dernier une scène avec accompagnement de piano, hautbois, cor et basson, comptant être ainsi introduit auprès du Maréchal de Noailles, protecteur de Tenducci. Mais il a, quant à lui, peu d'espoir (27 août) : « ... Je ne gagnerai rien ici... ; peut-être un petit présent... ; mais je n'y perdrai rien, car cela ne me coûte rien... et même si je ne reçois rien... j'aurai fait encore une très utile connaissance... » La scène est également perdue et — on est tenté d'ajouter : bien entendu, — il n'est plus autrement question du maréchal de Noailles. Pour le duc de Guines, qui joue de la flûte, et pour sa fille, qui pince la harpe d'une façon « magnifique », il compose un concerto pour ces deux instruments ; quatre mois plus tard, le duc ne le lui a pas encore payé ; et, au cours des leçons de composition qu'il donne à la jeune fille, et dont les honoraires tardèrent aussi à être réglés, probablement, la patience de Mozart est mise à rude épreuve (14 mai) : « ... elle doute... si elle a aussi du génie pour la composition... surtout au point de vue de l'invention..., des idées... Nous verrons bien. Si elle n'arrive pas à avoir d'idées, d'invention, (il est certain qu'actuellement elle n'en a... aucune), on n'y pourra rien ; car... ce n'est pas moi, Dieu sait, qui pourrai lui en donner... » Il compose pour Le Gros une ou deux symphonies et trouve déjà beau que Le Gros et le public parisien (qu'il méprise) leur fassent bon accueil ; il va même jusqu'à composer pour la première de ces symphonies (K. 297) un second Andantino, le premier « n'ayant pas eu l'heur de le satisfaire... il dit qu'il y a dedans trop de modulation... et que c'est trop long. » Il s'y connaissait en musique, le directeur des Concerts spirituels !

Un jour, pourtant, il s'offre à lui une chance véritable (14 mai) : « Rodolphe » (Jean-Joseph Rodolphe, corniste de la chapelle royale depuis 1770, homme influent et — autant que nous sachions — auquel on pouvait se fier) « est ici, au service du Roi. C'est mon très bon ami. Il comprend à fond la composition et écrit bien. Il m'a proposé la place d'organiste à Versailles, si je veux la prendre. Elle rapporte 2 000 livres par an : il me faudrait seulement passer six mois à Versailles ; pour les six autres, à Paris ou bien où je voudrais... » Mozart refuse, ou plutôt il répugne, dès le début, à l'idée d'accepter. Il ne réfléchit pas au fait que le voisinage de la famille royale est un avantage inestimable, que le service est une sinécure qui lui aurait laissé tout son temps pour composer, il ne songe pas aux six mois de congé ;

il refuse parce qu'il pense à Aloysia et n'aime pas la musique française : « ... 2 000 livres, ce n'est déjà pas une si grosse somme. En monnaie allemande, sans doute, mais pas ici. Cela correspond à 83 louis d'or et 8 livres, c'est-à-dire, de notre monnaie, 915 florins et 45 kreutzers (ce qui serait assurément beaucoup), mais pour ici, 333 thalers et 2 livres... ce n'est guère. C'est effrayant comme un thaler file vite ! Je ne m'étonne pas du tout qu'on ne puisse pas faire grand-chose avec le louis d'or : car c'est très peu. Oui, 4 thalers ou un louis, qui revient au même, sont tout de suite dépensés !... » Mais il serait oiseux d'imaginer quel cours eussent suivi la vie de Mozart et l'histoire de la musique française, si Mozart avait accepté.

Au début de septembre 1778, il se résout à rentrer à Salzbourg, mais bien à contrecœur. Il pose ses conditions : il entend ne plus être obligé de tenir le violon à l'orchestre ; — ce qu'il veut, c'est tenir le *piano* pour diriger et accompagner les airs ; il veut pouvoir compter avec certitude sur le poste de maître de chapelle. Il sait parfaitement ce qui l'attend (15 octobre) : « ... pourtant je dois vous avouer, en toute liberté, que j'arriverais à Salzbourg le cœur plus léger, si je ne savais que j'y dois être en fonctions... Rien que cette pensée m'est insupportable ! — Considérez cela vous-même... Mettez-vous à ma place !... A Salzbourg, je ne sais pas qui je suis... Je suis tout... et puis, parfois, rien du tout... Je n'en demande pas *tant* ! Mais je n'en demande pas *si peu* non plus... Je ne demande qu'à être quelque chose..., mais que je sois vraiment quelque chose... Dans tout autre endroit je sais qu'il en est ainsi... celui qui a place au violon y reste... ; celui qui est au piano de même, etc... » Et il ajoute : « Enfin, tout s'arrangera... » Mais, au fond de son cœur, il sait que cela ne « s'arrangera » pas, qu'il ne pourra jamais se faire à la vie à Salzbourg. Dans une lettre adressée à l'abbé Bullinger — et sur laquelle nous reviendrons — il s'est montré beaucoup plus sceptique.

Fait caractéristique : maintenant qu'il doit rentrer, au moment où son séjour tire à sa fin, il apprécie mieux les chances que lui offre Paris et compte sur une réussite totale, à seule condition de rester quelques années de plus ; l'occasion de composer un opéra français semble s'offrir à lui... et voici que cette tâche, tout à coup, ne lui répugne plus du tout. A présent, il serait bien resté à Paris, en dépit de sa brouille avec Grimm, qui le presse de partir. Il n'a même plus le temps de surveiller la gravure de ses *Six Sonates pour piano et violon*, Op. 1 ; il est obligé de les remettre à l'épouse de Charles-Théodore, à Munich, telles qu'elles viennent de sortir des presses de l'éditeur Sieber. Elles lui avaient rapporté 15 louis d'or — beaucoup moins qu'il n'en avait exigé tout d'abord. Le 26 septembre, il quitte Paris dans une voiture de louage et il met aussi peu d'empressement que possible à revoir le dôme de la cathédrale de Salzbourg. Il s'arrête quelques semaines à Strasbourg, où il donne plusieurs concerts, montrant son savoir-faire pour quelques louis d'or ; et il s'arrête encore plus longtemps à... Mannheim, par où il ne craint pas de faire un détour, bien qu'il n'y rencontre plus ni la famille Weber ni la cour du Prince-Electeur. Il irait même jusqu'à prolonger de deux mois encore son séjour à Mannheim, s'il réussissait à se mettre d'accord avec le baron Heribert von Dalberg. Celui-ci avait écrit le livret d'un monodrame dans le style de l'*Ariane* et de la *Médée* de Georg Benda et un *drame musical* intitulé *Cora*, dans le style de l'*Alceste* de Wieland et Schweitzer ; or Mozart s'offrit à mettre ces deux œuvres en musique pour 25 et 50 louis d'or respectivement à cette seule condition, toutefois, de recevoir l'assurance qu'il toucherait au bout des deux mois ses honoraires relatifs au monodrame. Et ceci, bien que son père, à Salzbourg, attendît anxieusement son retour : Léopold avait en effet en mains depuis quatre mois le décret provisoire portant nomination de Wolfgang et il redoutait que l'archevêque ne finît par se rendre compte que l'organiste qu'il s'apprêtait à reprendre à son service se moquait tout simplement de lui, et qu'il n'en vînt à rapporter son arrêté. Mais le baron, manifestement, ne put pas ou ne voulut pas lui donner cette assurance et les expériences faites à Paris avaient tout de même servi quelque peu de leçons à Mozart. Aussi prend-il le chemin de Munich, où l'attend la dernière déception, et la plus amère aussi, de ce voyage qui lui en avait déjà réservé tant. Il en sera question au chapitre suivant. Son âme est tellement meurtrie qu'il lui est impossible d'ouvrir son cœur à son père — il se réserve de lui faire sa confession de vive voix (29 décembre 1778) : « Car (aujourd'hui) je ne puis pas... mon cœur est bien trop disposé à pleurer... » Une allusion que le père avait faite (28 décembre) aux « rêves plaisants » de Wolfgang, c'est-à-dire aux chimères relatives à Aloysia et à la famille Weber, donne lieu à cette réponse agacée (31 décembre) : « ...à propos : que veut dire ceci : des rêves plaisants ?... Je ne me moque pas des rêves, car il n'est pas de mortel sur toute la surface de la terre qui parfois ne rêve... ; mais des rêves plaisants !... des rêves tranquilles, rafraîchissants, de doux rêves !... ce sont des rêves qui, s'ils se réalisaient effectivement, me rendraient supportable ma vie plus triste que gaie... » Le passage, digne d'un poète, révèle bien son état d'âme — fait de souffrance et de résignation tout ensemble.

Le voici donc de nouveau à Salzbourg, fonctionnaire « en titre » à l'orchestre du prince-archevêque ; voilà à quoi aboutissent les rêves ambitieux qui hantaient l'esprit de son père lorsqu'il l'avait expédié au loin, un an et demi auparavant et dont il se berçait lui-même en prenant le large. C'est ce dont il a profondément conscience, car nul mieux que lui ne sait combien il est supérieurement doué. Et ces dons, il doit les gaspiller pour un patron volontairement incompréhensif et pour Salzbourg ! Son génie aspire aux moyens d'exécution les plus éminents, à l'interprétation la plus soignée et, au lieu de tout cela, Dieu sait ce qui l'attend à Salzbourg ! La lettre qu'il adresse le 7 août 1778 à l'abbé Bullinger, et dont nous avons déjà fait mention, en trace par anticipation un tableau ironique, et cette lettre est si instructive et si peu connue qu'elle mérite d'être citée *in extenso* :

« ... Maintenant, à notre histoire de Salzbourg ! Vous savez, excellent ami, combien Salzbourg m'est odieux !... Non pas seulement à cause des injustices que mon père et moi y avons subies, ce qui serait déjà assez pour oublier complètement un pareil lieu, pour l'arracher complètement de ses pensées !... Mais admettons que tout aille bien..., que tout s'arrange de telle sorte que nous puissions bien vivre ; ... bien vivre, et vivre content, cela fait deux... Et la seconde chose, je ne le pourrais pas (à moins de sorcellerie) : non, vraiment, elle ne pourrait pas se produire d'une façon naturelle... Et, dès lors, elle n'est pas possible, car, à l'époque où nous sommes, il n'y a plus de sorciers. — Pourtant, une idée me vient : il se trouve à Salzbourg certaines gens, ... certains naturels du pays, et la ville en fourmille... si on leur changeait seulement la première lettre de leur vrai nom, ils pourraient m'être utiles[1] ! — Allons ! Arrive que pourra... Ce me sera toujours la plus grande satisfaction d'embrasser mon très cher père et ma sœur chérie, et certes le plus tôt

1. Mozart joue sur les mots *Fexen* (crétins) — épithète qu'il applique à ses concitoyens — et *Hexen* (sorciers, sorcières). (*N.d.A.*)

serait le mieux. Mais je ne puis pourtant pas disconvenir, que ma satisfaction et ma joie seraient doublées... si cette rencontre avait lieu dans quelque autre endroit... ; car partout ailleurs j'ai plus d'espoir de pouvoir vivre satisfait et heureux...

Vous allez peut-être me comprendre mal, et croire que Salzbourg est trop petit à mes yeux ? — Vous vous tromperiez fort !... J'ai déjà exposé à mon père quelques-unes de mes raisons là-dessus ; en attendant, contentez-vous de celle-ci : que Salzbourg n'est pas un endroit favorable à mon talent !... D'abord, les gens qui sont de la musique ne jouissent d'aucune considération ; et en second lieu, on n'y entend rien : pas de théâtre, là, pas d'opéra ! — S'il arrivait qu'on en voulût vraiment jouer un, qui donc le chanterait ?... Depuis quelque cinq ou six ans, l'orchestre de Salzbourg a toujours été riche en éléments inutiles, ... superflus..., et très pauvre, au contraire, en éléments nécessaires, complètement dépourvu des plus indispensables : et c'est réellement le cas, en ce moment !... Les cruels Français viennent d'être cause que la musique est sans chef[1] : ... C'est pour le coup, j'en suis bien assuré, que l'ordre et la tranquillité vont régner dans l'orchestre !... Il faut toujours avoir tout prêts une demi-douzaine de Kapellmeister, afin que, si l'un manque, on en puisse installer aussitôt un autre... où

1. Ferdinando Gioseffo Bertoni (1725-1813), pressenti comme organiste et compositeur par Salzbourg, était parti en France. (*N.d.E.*)

en prendre, à présent ?... Le danger est pressant, pourtant !... On ne peut pas laisser l'ordre, la tranquillité, et la bonne entente gagner du terrain dans la musique !... sans cela, le mal croîtra de plus en plus... et, finalement, il n'y aura plus de remède ! N'existe-t-il donc plus de perruque à oreilles d'ânes..., plus de tête à poux, qui puisse remettre complètement les choses dans leur train boiteux de jadis ?... Je ne vais pas manquer de faire, moi aussi, mon possible pour en trouver... Dès demain, je prends une remise pour la journée et parcours tous les hôpitaux, tous les asiles d'incurables, afin de voir si je n'en pourrai pas dénicher un. Pourquoi donc a-t-on été assez imprévoyant pour laisser ainsi échapper Milsiweczek ?... Et il était si près [1] ! C'est ça qui eût été un numéro ! On n'en retrouvera pas si facilement un autre..., et tout fraîchement sorti du Conservatorio ducal de Saint-Clément !... C'eût été au moins un homme qui aurait, par sa présence, plongé dans l'effroi toute la musique de la Cour.

Allons ! Je n'ai pas lieu d'être si inquiet. Où il y a de l'argent, on trouve assez de gens !... Mon avis, seulement, est qu'on ne devrait pas laisser trop longtemps les choses en suspens ; non que j'aie la folle crainte qu'on ne trouve personne, — je sais trop bien que tous ces messieurs attendent déjà avec autant d'ardeur et d'espoir que les Juifs

1. Misliweczek, atteint d'une maladie « galante », avait fait l'année précédente un séjour à l'hôpital ducal de Munich. (*N.d.A.*)

le Messie ; — mais parce que, dans ces circonstances, il faut en finir... et qu'il serait donc plus nécessaire et plus utile de s'enquérir d'un Kapellmeister, puisque, réellement il n'y en pas là, que d'écrire de tous les côtés (comme j'en ai été averti), pour trouver une bonne chanteuse. — Non ! ça, je ne peux pas le croire !... Une chanteuse ! Quand nous en avons tant !... et toutes si remarquables ! Un ténor, bien que nous n'en ayons d'ailleurs pas besoin, je le comprendrais plutôt encore ; mais une chanteuse, une prima donna !... quand nous avons maintenant un castrat !... il est vrai que la Haydn[1] est maladive... elle a poussé trop loin l'austérité de sa façon de vivre. Ah ! il y en a peu comme elle ! — Je m'étonne qu'avec ses continuelles disciplines, ses flagellations, ses cilices, ses jeûnes qui passent la nature, ses prières la nuit... elle n'ait pas, depuis longtemps, perdu sa voix ! — Aussi la gardera-t-elle longtemps encore..., et au lieu de devenir plus mauvaise, elle deviendra toujours meilleure. — Mais enfin, quand Dieu finirait par la mettre au nombre de ses bienheureux..., nous avons encore toujours cinq chanteuses dont chacune peut disputer le pas à l'autre !... vous voyez bien comme il est inutile de chercher !...

Cependant, mettons les choses au pis !... Admettons le cas, qu'après cette Madeleine éplorée, nous n'en ayons aucune autre. — Cela n'est

1. La femme de Michael Haydn, frère cadet de Joseph. (*N.d.E.*)

pas ; mais enfin, admettons que l'une, à l'improviste, soit en mal d'enfant ; qu'une autre soit envoyée dans une maison de correction ; que la troisième, peut-être, reçoive le fouet ; que la quatrième, au pis-aller, soit décapitée ; et que la cinquième... soit emportée par le diable... eh ! bien quoi ? Qu'en serait-il ?... Rien du tout !... Nous avons un castrat. Vous savez bien quel genre d'animal c'est là ?... Il peut parfaitement donner les notes hautes, et par conséquent remplir tout à fait bien un rôle de femme... Il est vrai que le chapitre s'interposerait ; mais interposer est tout de même mieux qu'imposer... et l'on ne fera rien de particulier à ce monsieur-là. En attendant, laissons toujours M. Ceccarelli remplir tantôt les rôles de femme et tantôt ceux d'homme.

Enfin, comme je sais que, chez nous, l'on aime les changements, les variations et les innovations, je vois s'ouvrir un vaste champ pour moi, dont l'exploitation peut faire époque. Ma sœur et moi tout enfants, nous y avons déjà un peu travaillé : que n'accompliront pas de grandes personnes ? — Oh ! quand on est généreux, on peut tout avoir ! — Eh bien ! je n'ai pas le moindre doute (je le prendrai même sur moi), que l'on pourrait faire venir de Vienne Métastase, ou du moins lui proposer de bâtir une bonne douzaine d'opéras, où le primo uomo et la prima donna ne paraîtraient jamais ensemble. De cette manière le castrat pourrait incarner en même temps l'amoureux et l'amoureuse, et la pièce en deviendrait plus intéressante ; car on y admirerait la vertu des deux amants, qui irait si loin, qu'ils éviteraient avec tout le soin possible l'occasion de se parler *in publico*.

Et voilà ! Vous avez maintenant l'opinion d'un vrai patriote ! — Faites tout votre possible pour que la musique trouve bientôt un derrière : car c'est le plus nécessaire. Elle a bien, à présent, une tête... Mais c'est justement le malheur !... Tant qu'il n'arrivera aucun changement à cet état de choses, je n'irai pas à Salzbourg. Après... je viendrai et m'en irai, aussi souvent qu'il y aura V. S. (*Volti subito*)... »

Nous y voilà : « Pas de théâtre, là, pas d'opéra ! » Au cours des deux années 1779 et 1780, qu'il passe à Salzbourg, Mozart écrit deux messes et deux vêpres, des sonates d'églises, des symphonies, des sérénades, des concertos, des sonates ; et il commence aussi une opérette (que le XIXe siècle a baptisée *Zaïde*), mais elle reste inachevée — peut-être la coupe lui en a-t-elle semblée hors de proportion avec les moyens d'exécution par trop modestes que lui offrait Salzbourg. Il faut à Mozart du grand opéra ; la musique symphonique ou de chambre, les compositions destinées à l'église lui semblent des bagatelles et des œuvres secondaires, comparées à tout ce qui ressortit au théâtre. Dès le 28 mai 1764 (Wolfgang a 9 ans), le père écrit, de Londres : « Il a toujours en tête un opéra qu'il veut représenter à Salzbourg avec une troupe composée uniquement de jeunes gens. » — Un opéra à grand orchestre ! C'est que l'Italie lui a appris que l'opéra est précisément la forme d'art la plus grisante, celle où toutes les formes, toutes les ressources de la musique atteignent leur apogée dans l'instrument le plus magnifique, la voix humaine ; où la passion dramatique est transfigurée en un moyen d'expression magique ! Pour pouvoir composer un opéra, Mozart fera tous les sacrifices. Il composera dans n'importe quel genre ; *opera seria* ou *opera buffa*, opérette ou opéra à « machinerie » ; dans n'importe quelle langue, en allemand ou en italien et il irait même jusqu'à surmonter son aversion pour la langue française, les chanteurs français, le public français. Mais sa préférence va à l'italien : cette lettre du 21 mars 1785 qu'il adresse au professeur Anton Klein, de Mannheim, et où il plaide avec des accents si patriotiques et si pathétiques en faveur de la création d'un opéra national allemand, on pourrait lui opposer des passages extraits d'une douzaine d'autres lettres, où il aspire avec tout autant d'emphase à composer des opéras italiens, et uniquement des opéras italiens.

Fin 1780, ce souhait se réalise. On lui commande pour Munich un grand *opera seria* et il compose *Idomeneo,* œuvre unique dans sa production. Enfin il retrouve réunis tous les atouts rêvés : l'orchestre groupant les éléments de Mannheim et de Munich, des chanteurs hors-ligne (à une exception près) et, pour auditoire, une cour difficile. Or, l'enthousiasme qui le grise lui fait mettre dans cet opéra tant de musique qu'il en aurait détruit l'effet dramatique, même si cet effet avait été plus intense, si l'œuvre n'avait pas appartenu à un genre en voie de disparition. Pourtant il avait, quant à lui, parfaitement connaissance de ce qui faisait l'originalité de cet opéra ; il l'a aimé sa vie durant et a tenté de le redonner à Vienne, mais sans succès. Les espoirs que, cette fois encore, il met en Charles-Théodore, ne se réalisent pas.

On comprend qu'après cet événement la rupture entre Mozart et Salzbourg était inévitable, à brève échéance. Le caractère provincial de sa ville natale le paralyse. Il en fait l'aveu après coup (26 mai 1781) : « Croyez-m'en en toute certitude : ce n'est pas l'oisiveté que j'aime, mais le travail... A Salzbourg, oui, c'est vrai, il m'a coûté un effort, je pouvais à peine m'y résoudre. Pourquoi ?... Parce que mon âme n'était pas satisfaite : vous m'avouerez bien, vous-même, qu'à Salzbourg, — au moins pour moi — il n'y a pas pour un kreutzer de divertissement ! Il y a beaucoup de gens que je ne veux pas fréquenter... et pour la plupart des autres... je suis trop peu de chose. Mon talent n'y trouve aucun encouragement... Si je joue, ou si l'on exécute quelque chose de ma composition, c'est comme si la table et les sièges étaient les seuls auditeurs. Au moins, s'il y avait là un théâtre qui valût quelque chose !... Car c'est en quoi consiste tout mon divertissement ici... »

Aussi, quand ordre lui est intimé de se rendre, après la représentation d'*Idoménée*, de Munich à Vienne pour y rejoindre la suite de l'archevêque, voit-il dans cet ordre un avertissement du ciel (*ibidem*) : « ...il semble qu'ici la Fortune veuille m'accueillir... ; je me sens comme contraint de rester ici... J'avais déjà cette impression quand j'ai quitté Munich. Je me réjouissais à fond d'aller à Vienne, et sans savoir pourquoi. » Tout de suite, il cherche des occasions susceptibles de motiver sa rupture avec l'archevêque. Lorsque celui-ci lui fait l'honneur de le loger près de lui, au Palais, tandis que le castrat Ceccarelli et le violoniste Brunetti sont logés ailleurs, il s'en gausse : « Che distinzione ! » — « Quelle distinction ! » L'archevêque est fier de son orchestre et le fait entendre chez différents grands seigneurs, entre autres chez son vieux père, le vice-chancelier impérial ; — Mozart voit là une atteinte à ses droits d'augmenter de façon privée ses ressources. L'archevêque commence par lui refuser l'autorisation de se produire à la « Société des musiciens », ce qui met Mozart en fureur ; mais le post-scriptum de cette même lettre où son mécontentement éclate signale que l'archevêque a « quand même » donné, à contrecœur, la permission. A table, Mozart est placé entre les valets de chambre et les cuisiniers, ce dont il éprouve, à bon droit, une indignation que nous partageons ; mais le rang que sa fonction d'organiste à la cour donnait à Mozart était précisément celui de valet de chambre et l'étiquette du XVIIIe siècle ignorait que les génies eussent droit à un traitement privilégié ; l'ordre des convives à table était donc parfaitement conforme à cette étiquette. Dans les lettres qu'il adresse à son père, Mozart parle ouvertement de « mystifier » l'archevêque, qu'il traite de fieffée canaille (4 avril 1781) : « Oh ! je veux faire faire un nez à l'archevêque, que ce soit une joie !... » Il est à peu près hors de doute que Colloredo a lu ces lettres, écrites pour ainsi dire à son nez et à sa barbe. Il voit nettement que Mozart fait de l'obstruction. Des remontrances s'ensuivent, dont l'amour-propre d'artiste de Mozart se trouve blessé au plus vif, et enfin, au début de mai, comme Mozart, feignant ou — disons-le sans ambages — inventant de toutes pièces un prétexte puéril, refuse de partir pour Salzbourg à une date fixée, porteur d'une commission soi-disant importante, l'archevêque éclate. Colloredo insulte grossièrement son organiste, et, furieux, l'envoie au diable. Mozart prend ces paroles comme une invitation formelle à demander son congé ; cependant, le comte Karl Arco, fils du camérier-colonel de Salzbourg, n'accepte pas sa requête. Wolfgang s'obstine, en dépit des objurgations angoissées de son père, qui, s'il aime assez à ourdir la trame secrète de l'intrigue, redoute néanmoins les conséquences d'une révolte ouverte ; et c'est ainsi, alors qu'il tente, une fois de plus, de faire recevoir quand même son mémoire — le troisième qu'il ait écrit — qu'il se fait mettre à la porte, à coup de pied, par le comte Arco. En fait, Mozart n'a jamais été congédié formellement de ses fonctions auprès de l'archevêque ; aussi, lorsqu'au printemps de 1783, il songe à aller voir son père et sa sœur à Salzbourg avec sa jeune femme, exprime-t-il l'appréhension que

Colloredo ne se venge de lui. Bien loin de l'archevêque une semblable pensée, — et voilà encore un trait tout à son honneur ; de même n'a-t-il jamais fait payer à Léopold la conduite de son fils. Il a vécu assez longtemps pour être témoin de la gloire universelle de son ancien organiste : en 1803, après la sécularisation de son archevêché, il quitta Salzbourg pour Vienne, où il ne mourut qu'en 1812, à quatre-vingts ans, sans que le souvenir de ses relations avec son sujet de jadis, Wolfgang-Amédée Mozart, semble l'avoir jamais beaucoup tourmenté. En somme, il est singulièrement fâcheux pour son nom et sa réputation qu'à une certaine époque il ait eu affaire aux Mozart.

Le comte Karl Arco, qui partage avec Colloredo la notoriété relative à laquelle il est parvenu au regard de la postérité pour avoir gratifié Wolfgang-Amédée Mozart d'un coup de pied, a eu néanmoins, au cours d'un des entretiens qui précédèrent cette conclusion définitive de leurs relations, un mot prophétique. Il lui a recommandé chaudement de rentrer à Salzbourg en faisant allusion à la versatilité du public viennois (2 juin 1781) : « Croyez-moi : vous vous laissez trop éblouir, ici... Ici, la renommée d'un homme dure bien peu... Au début, on récolte tous les éloges, on gagne aussi beaucoup, c'est vrai... ; mais combien de temps ?... Au bout de quelques mois, les Viennois veulent encore du nouveau... » Observation dont Mozart est bien obligé de reconnaître lui-même la justesse, bien qu'avec quelque restriction (*ibidem*) : « ... Les Viennois sont bien gens à vous lâcher volontiers... *mais seulement au théâtre...* ; et ma partie spéciale est trop en faveur ici pour que je ne puisse me soutenir. C'est ici, vraiment, le pays du piano ! — Et puis, admettons le cas : il ne se produirait que dans quelques années ; pas avant bien sûr... En attendant, on s'est fait honneur et argent... Il y a bien d'autres endroits... Et qui sait quelle occasion peut se présenter d'ici là ? »

Pour commencer, c'est-à-dire pendant les quatre ou cinq premières années, la prévision de Mozart semble lui donner complètement raison. Mais non pour finir. Pour l'immédiat, il est sans grande importance qu'il voie échouer ses espoirs et ses efforts pour être nommé professeur de piano de la princesse Elisabeth de Wurtemberg, fiancée du Grand-Prince de Russie. « ... je sais que, dans le registre où sont inscrits les noms de tous ceux qui sont destinés à son service, le mien a pris place... » (31 août 1782). « Et puis voici nommé l'illustre maître de piano de la Princesse... Je n'ai besoin de vous indiquer que son traitement, pour que vous en puissiez aisément conclure la force de ce maître : ... 400 florins nets... Il s'appelle Summerer. » (5 octobre 1782). Pour 400 florins Mozart, lui, ne se serait pas vendu ; aussi avale-t-il sa déception. Il réussit en effet à se faire une situation d'« artiste indépendant », comme on dira plus tard. Il donne des académies, c'est-à-dire des concerts à son propre compte, où l'on vient en foule et auxquels souscrivent toutes les familles musiciennes de Vienne ; il publie quelques œuvres, dont certaines sont bien payées — tels, par exemple, les six quatuors dédiés à Joseph Haydn, que l'éditeur Artaria lui achète cent ducats ; il donne des leçons, bien rétribuées, de piano et de composition. Léopold a vécu assez longtemps pour voir son fils au comble du succès, lorsqu'il vint à Vienne, au printemps de 1785. Il en fait part à sa fille, et son coup d'œil témoigne d'une singulière perspicacité (19 mars 1785) : « ... Je crois que mon fils, *s'il n'a pas de dettes à payer*, est à présent en mesure de mettre 2 000 florins à la banque ; l'argent est certainement là et le train de maison, pour ce qui touche la nourriture et la boisson, est des plus économiques... » Ces 2 000 florins ne représentaient jamais que quatre fois, environ, ce que rapportait généralement à Mozart, à cette époque, un seul de ses concerts par abonnement à la « Mehlgrube ». Mais hélas, Léopold se faisait singulièrement illusion en croyant que Wolfgang pensait à placer son argent en banque. Mozart, vers cette époque, était-il déjà couvert de dettes ? Nous l'ignorons. Mais que, très peu de temps après seulement, il ne sût souvent pas comment s'en tirer, la chose est certaine. Au bout de quelques années vécues en « artiste indépendant », le naufrage était complet. *L'Enlèvement au sérail* (1782) avait été un succès énorme, dont Mozart, conformément aux habitudes du temps en matière de droits d'auteur, ne retira, en tout et pour tout, que les honoraires convenus pour la composition, un éditeur d'Augsbourg l'ayant même spolié des revenus qu'il attendait de la réduction pour piano, en le devançant dans la publication de celle-ci. A Vienne, *Le Nozze di Figaro* (1786) et *Don Giovanni* (1787) ne connurent qu'un demi-succès ou même un insuccès total. Jusqu'en 1790 (*Cosi fan tutte*), Mozart ne se voit pas commander un seul opéra. L'organisation de concerts par souscription devient une entreprise sans cesse plus difficile ; les trois grandes symphonies de 1788, manifestement composées « à toutes fins utiles » n'ont probablement jamais été exécutées du vivant de Mozart. Les élèves, eux aussi, se font de plus en plus rares, au point qu'un an avant sa mort, Mozart doit prier Puchberg, son ami et frère en maçonnerie, de faire connaître aux gens qu'il accepte encore d'autres élèves — il ne lui en restait que deux ! Ses compositions lui sont achetées par les éditeurs à un prix dérisoire, car il est obligé de s'en défaire rapidement pour qu'il lui rentre quelque argent. Tenter sa chance ailleurs, c'est impossible. Le voyage qu'il voudrait faire en Angleterre, son père y met obstacle en refusant de se charger de ses petits-fils. Munich, Dresde, Stuttgart, Berlin, seuls endroits possibles, lui sont fermés. La proposition qu'on lui aurait faite, lors de son séjour à Berlin au printemps de 1789, d'échanger ses fonctions auprès de l'empereur pour un poste auprès du roi de Prusse, est du domaine de l'invention, tout autant que la raison sentimentale par laquelle il aurait motivé son refus : lui,

Mozart, ne pouvant pas quitter son bon empereur ! Une telle sentimentalité était bien étrangère à Mozart et il n'avait du reste guère lieu non plus de témoigner tant d'attachement à ce Joseph II qui n'avait jamais montré pour son art qu'une compréhension fort limitée.

Quoi qu'il en soit, Joseph II lui redonne un emploi. Le 15 novembre 1787, Gluck était mort et, le 7 décembre, l'empereur nomme Mozart Compositeur de la Chambre impériale, aux appointements annuels de 800 florins. Le 19 décembre, Mozart en fait part à sa sœur en espérant « qu'elle saluera certainement cette nouvelle avec joie ». Mais, sachant probablement que Gluck recevait 2 000 florins, elle dut exprimer son étonnement de la modicité du traitement, car Mozart lui répond (2 août 1788) : « ... L'Empereur m'a attaché à sa Chambre, et, en conséquence, par *décret* en forme, mais *provisoirement*, pour 800 florins seulement... Il est vrai que personne de la Chambre n'en a *autant*. » C'était là une sorte de traitement de charité en contrepartie duquel Mozart n'était tenu à nul service ; du moins n'avons-nous connaissance d'aucune œuvre qu'il ait dû composer par ordre du souverain, à moins d'admettre que ce fût le cas pour la *Clemenza di Tito*. Aussi est-il parfaitement vraisemblable que Mozart, citant un jour cette somme sur une déclaration d'impôts, ait ajouté cette remarque : « Trop pour ce que je fais, trop peu pour ce que je pourrais faire ! »

Joseph II mort, en 1790, l'archiduc de Florence,

Léopold, au service duquel Léopold Mozart s'était jadis tant efforcé de faire entrer son fils, lui succéda. Mozart ne peut lui avoir été totalement inconnu ; il connaissait pour le moins les *Nozze di Figaro,* jouées à Florence au printemps de 1788. Et Mozart se reprend à espérer. Il adresse à l'empereur une requête en vue d'obtenir le poste de second maître de chapelle, comme il l'écrit à son ami Michaël Puchberg (17 mai 1790) : « ... J'ai, à présent, un très grand espoir du côté de la Cour car je sais positivement que l'Empereur n'a pas renvoyé ma pétition, comme les autres, avec les mots "agréée" ou "rejetée", mais qu'il l'a gardée... c'est un bon signe... » Combien il s'illusionne ! Le seul effet de ces paroles est de se tromper soi-même et d'en faire accroire à l'ami, au frère en maçonnerie et au créancier. L'empereur Léopold II est l'époux de Marie-Louise, cette grande dame qui passe pour avoir traité la dernière œuvre de Mozart — commandée et écrite pour les fêtes du couronnement à Prague —, la *Clémence de Titus,* de « *porcheria tedesca* », de « porcherie tudesque ». C'est par pure indifférence sinon par un sentiment pire encore que l'empereur ne « classe » pas immédiatement la demande de Mozart. Ce dernier, par une lettre à l'archiduc Franz, le futur empereur, cherche à faire avancer son affaire ; mais seul le brouillon de cette lettre est conservé et il n'est pas certain que la lettre soit réellement partie : « J'ose supplier, avec tout mon respect, Votre Altesse Royale, de vouloir bien employer sa Gracieuse intercession auprès de S. M. le Roi en faveur de mon humble pétition... L'ambition de la gloire, l'amour du travail et la conviction où je suis de mes connaissances me pressent de tenter une demande pour une seconde place de maître de chapelle. D'autant que le très habile maître de chapelle Salieri ne s'est jamais consacré au style religieux, tandis que moi, dès ma jeunesse, je me suis entièrement rendu maître de ce style. Le peu de renommée que le monde m'a accordée pour mon jeu sur le *piano forte* m'a encouragé aussi à demander la grâce que l'instruction musicale de la famille royale me soit confiée... » Quelle lettre humble et humiliante ! Et la révérence devant Salieri en qui Mozart ne pouvait voir qu'un ennemi mortel — quoique Salieri fût lui-même en disgrâce à l'époque ! — Mais on n'allait tout de même pas confier l'instruction musicale de la famille royale à un croque-notes sur qui circulaient les bruits les plus fâcheux, concernant son désarroi financier et le désordre de son ménage ! Le brave Niemtschek, premier biographe de Mozart, nous l'a bien indiqué :

« Les ennemis et les calomniateurs de Mozart devinrent, surtout vers la fin de sa vie et après sa mort, si méchants, et firent tant de bruit, que maints racontars diffamants sur Mozart parvinrent jusqu'aux oreilles du monarque. Ces ragots et ces mensonges étaient si éhontés, si révoltants, que l'empereur, n'ayant personne pour le détromper, en était tout indigné. Non contents d'inventer et de grossir honteusement certains excès auxquels Mozart, à les en croire, se serait livré, ses calomniateurs prétendirent qu'il n'avait laissé rien moins que 30 000 florins de dettes, somme dont l'empereur s'épouvanta.

La veuve de Mozart se disposait justement à demander à l'empereur de lui accorder une pension. Une amie généreuse, excellente élève de Mozart [Mme de Trattner, Caroline Pichler ?] l'instruisit des calomnies dont son mari était l'objet à la cour et lui conseilla de détromper l'empereur.

La veuve eut bientôt l'occasion de mettre ce conseil à exécution : "Majesté", dit-elle avec une noble ferveur à l'audience, "chacun a ses ennemis ; mais nul encore ne s'est vu poursuivre et calomnier par les siens avec plus de violence et d'acharnement que mon mari, et ce, uniquement pour avoir été un homme de si grand talent ! On a osé dire à Votre Majesté bien des mensonges à son sujet : on a grossi *dix fois* les dettes qu'il a laissées. Je réponds sur ma vie que je pourrais payer tout ce qu'il doit avec une somme de 3 000 florins environ. Et il ne s'agit pas là d'une dette frauduleuse. Nous n'avions pas de revenus assurés ; des couches fréquentes, une maladie grave et coûteuse dont il m'a fallu souffrir pendant un an et demi me serviront d'excuses auprès de la bienveillance qui emplit le cœur de Votre Majesté. — S'il en est ainsi, dit l'empereur, la chose peut sans doute s'arranger. Donnez un concert des œuvres qu'il a laissées, et ce concert aura mon appui."

Il daigna accepter la requête qu'elle lui présentait et, peu après, lui fit allouer une pension de 260 florins ; somme, en soi, assez maigre, mais, comme Mozart n'avait été en fonctions que trois ans et que, par conséquent, sa veuve n'avait pas droit à une pension, c'était néanmoins lui faire une grâce... »

Tout ce que Constance dit devant l'empereur est vrai, encore que ce ne soit pas toute la vérité. Tout ce qui est certain, c'est que, lorsque, aux premières heures du 5 décembre 1791, W. A. Mozart, compositeur de la Chambre impériale et royale, mourut, toute sa fortune se réduisait à 200 florins environ d'argent liquide, un mobilier misérable et quelques livres, dont on estima la valeur à 23 florins 41 kreutzers. Tel est le bilan matériel par lequel se solde, sur le plan civil, la vie de Mozart. Seuls ses manuscrits, dont l'ensemble était encore réuni d'une façon assez complète, demeuraient pour lui garantir l'immortalité.

Mozart et l'« éternel féminin »

Nulle biographie de Mozart ne saurait se dispenser de traiter du chapitre « Mozart et les femmes », de même que nulle biographie de Goethe, de Byron ou de Wagner ne peut éviter ce problème capital. La chose est peut-être possible pour Kant, qui était philosophe, ou pour tel autre grand homme voué aux sciences abstraites, mais non lorsqu'il s'agit d'un grand dramaturge. Or Mozart, qui a créé des figures telles que Constance et Blondine, Suzanne et la Comtesse, Donna Anna, Donna Elvira et Zerlina, Fiordiligi et Dorabella, Pamina et Papagena, connaissait les femmes tout autant que Shakespeare, et en vérité ce qu'il a accompli dans le domaine de l'opéra ne peut se comparer qu'à l'exploit de Shakespeare qui, partant de types, a créé des êtres *humains* : personnages éternels, mais aussi personnages pleins de réalité. Olivia, Rosalinde, Catherine ont encore, il est vrai, certains traits qui nous rappellent tels personnages conventionnels de la comédie ou de la nouvelle, la grande dame hautaine, la bergère déguisée, la mégère, mais ces personnages doivent précisément à Shakespeare d'être devenus Olivia, Rosalinde et Catherine. De même, Suzanne, par exemple : tout en ayant encore un peu de Colombine, elle est pourtant bien Suzanne, douée d'une telle vie et d'une personnalité si unique que nous connaissons la moindre fibre de son cœur.

Cependant, ce n'est pas parce que l'on connaît la femme que l'on a du succès auprès des femmes. Casanova eut un succès considérable auprès des femmes mais, si profonde qu'elle soit parfois, sa connaissance de la femme est pourtant limitée. Byron passe pour avoir eu beaucoup de succès auprès des femmes, malgré son pied-bot ; mais il était lord, poète romantique, héros romantique... et immensément riche, surtout pour des pays comme l'Italie, où le titre de lord en imposait encore, à cette époque. Mozart n'était pas pied-bot, mais il était petit, chétif, de peu d'apparence et pauvre. Aussi la suite de ses expériences féminines nous le montre-t-elle toujours dépassé par la situation et chacune est une nouvelle preuve de son incapacité, en ce domaine également, à maîtriser la vie.

A Vienne, Paris et Londres, l'enfant prodige a naturellement été choyé par les femmes ; un peu plus tard également, devenu un petit garçon à la sensualité déjà éveillée, il se voit volontiers récompensé d'avoir joué pour une belle dame ou d'avoir composé un morceau à son intention par un baiser de sa part. Qu'il soit en Italie ou à Vienne, il garde toujours à Salzbourg une petite amie à laquelle il fait parvenir messages et compliments par l'entremise de sa sœur, qui est la confidente et la « messagère de ses amours ». Salzbourg où, comme dans tout le sud de la Bavière, on a toujours traité les choses de l'amour plus à la légère et avec plus de naturel que dans la partie nord, protestante, était la ville tout indiquée pour se livrer à cent intrigues galantes, et Mozart lui-même a dit un jour qu'il serait déjà cent fois marié, s'il lui avait fallu épouser toutes les jeunes filles avec qui il lui était arrivé de flirter. La plus belle occasion de se livrer à de semblables badinages, il la trouve en 1777 à Augsbourg en la personne de sa cousine Maria-Anna, la fille de Franz-Alois, frère cadet de Léopold. Un jour, la « cousinette » s'habille pour lui à la mode française et elle lui semble mille fois plus jolie encore que dans son costume augsbourgeois. Les taquineries se poursuivent par écrit dans les fameuses « Lettres à la cousinette » et les propos grivois et équivoques qu'elles contiennent visent naturellement à faire rougir la correspondante ; elles pouvaient fort bien passer pour des lettres d'amour déguisées, d'ailleurs, car « les petites taquineries entretiennent l'amour », comme dit le proverbe. Et, de fait, la « cousinette » semble bien avoir conçu des espérances à l'endroit de son cousin. Mais, quittant Munich pour rentrer au bercail après le naufrage de ses propres espoirs au sujet d'Aloysia, Wolfgang a beau l'emmener avec lui à Salzbourg, le ton qu'il mettra désormais dans des lettres toujours plus espacées sera de plus en plus posé. Par la suite, Maria-Anna-Thekla s'est résolument consolée, à la mode de l'Allemagne du Sud. Léopold Mozart qui, depuis longtemps savait visiblement mieux que Wolfgang à quoi s'en tenir sur sa nièce y fait allusion dans une lettre à sa fille (21 février 1785, de Vienne) : « Tu peux facilement t'imaginer ce qu'il est advenu de la cousine d'Augsbourg ; un chanoine a fait sa fortune. Dès que j'en aurai le temps, j'écrirai d'ici une lettre de tous les diables à Augsbourg, comme si j'avais appris la chose à Vienne. Le plus drôle, c'est que tous les présents qu'elle a reçus et qui ont fait l'admiration des gens, c'est Monsieur son Oncle de Salzbourg qui les lui a tous envoyés. Quel honneur pour moi ! » Mais pourquoi une lettre « de tous les diables » ? Un observateur contemporain, August-Ludwig Schlözer, professeur à Göttingue, qui se rendait en Italie en 1781-82 en passant par Salzbourg, a dit nettement ce que Léopold savait mieux que quiconque : « La plupart des citoyens d'Augsbourg font de leur liberté aussi bon marché que leurs filles de leur virginité, que les chanoines d'ici achètent par douzaines tous les ans. » Et en effet, en 1793, la « cousinette » donna le jour à une fille naturelle, baptisée Maria-Viktoria, qui épousa en 1822 Franz-Fidelio Pümpel, relieur et veilleur de nuit à Feldkirch (Vorarlberg) et mourut en 1857.

Si jamais la « cousinette » eut des chances auprès de Mozart, elle les perdit du moment où il fit, à Mannheim, la connaissance d'Aloysia Weber. Cette dernière possédait toutes les qualités susceptibles de le captiver : la jeunesse — elle avait alors à peine seize ans —, la beauté — elle appartenait à ce type de femmes dont le port élancé et fier possède une majesté royale —, et elle était musicienne ; sa voix et sa science du chant étaient de premier ordre, bien qu'elle n'ait jamais atteint au résultat que Mozart, dans sa folie d'amoureux, attendait d'elle. En vraie coquette, elle ne fit bonne figure à Mozart qu'autant que le lui permettait sa mère, et seulement tant que celle-ci put voir en Mozart un gendre plein d'espérances. Aussi bien, il est significatif qu'elle n'ait pas jugé utile de conserver les lettres que Mozart lui a adressées de Paris ; il n'en est qu'une qui nous soit parvenue, comme par hasard ; elle est en italien et lui prodigue les conseils les plus affectueux de Wolfgang pour se perfectionner dans l'étude du chant. Lorsque le prince électeur Charles-Théodore transféra sa résidence à Munich, ce fut Aloysia qui décida du sort de la famille. Le comte Seeau, intendant à Munich, l'engagea à l'opéra de la cour et, à l'automne 1778, la famille Weber, à l'exception du fils, émigra à Munich, le père avec un traitement de 600 florins, la fille en recevant 1 000. Mozart était devenu superflu et Aloysia le lui a donné à entendre sans la moindre équivoque lorsque, fin décembre, rentrant de Paris au bercail, il passa par Munich. Extérieurement, sans doute, il garda contenance — on rapporte qu'il se mit au piano en soulageant son cœur au moyen d'une expression de l'Allemagne du Sud dont la verdeur répugnerait à d'autres langues. Mais, intérieurement, il était brisé. Plus tard, il a clairement lu en Aloysia et il s'est même montré injuste à son égard ; et pourtant, il eut assez l'occasion de l'observer de très près. Car, en septembre 1779, soit quinze mois avant lui et pour son malheur, la famille Weber était également arrivée à Vienne ; Aloysia comme chanteuse à l'Opéra allemand, Fridolin, le père, comme caissier au Théâtre national. Il mourut, du reste, quelques semaines après son arrivée dans la capitale, ne laissant en tout et pour tout qu'une petite commode contenant un peu de linge — du moins c'est ce que la mère Weber sut faire accroire au tribunal chargé de régler la succession. C'était donc à Aloysia de soutenir la famille. Elle ne tarda pas à le faire davantage encore, lorsque, le dernier jour d'octobre 1780, on la maria, à l'église Saint-Etienne, à Joseph Lange (1751-1831), comédien à la Cour et peintre. A son père (qui, manifestement, lui avait reproché d'abandonner sa famille, comme Aloysia la sienne, après en avoir reçu toute son instruction) Mozart a grand tort de répondre comme il le fait (9 juin 1781) : « ... Je suis bien surpris que vous me mettiez en comparaison avec Madame Lange, et, toute la journée, j'en ai été contristé... Cette jeune fille a été sur le dos de ses parents tant qu'elle n'a pu se suffire en rien par elle-même... A peine le moment est-il venu où elle aurait pu se montrer reconnaissante envers eux, — N. B., le père est mort avant qu'elle ait touché un kreutzer ici —, elle a abandonné sa pauvre mère, s'est accrochée à un comédien, l'a épousé...

et sa mère n'a rien... mais rien... d'elle. » C'est la mère Weber qui s'exprime ici par sa bouche, et la mère Weber mentait et ne pouvait s'empêcher de mentir, en hystérique démoniaque qu'elle était. En réalité, si Aloysia fut enlevée à la maison Weber, ce ne fut pas sans rançon. Lange s'était engagé à subvenir à l'entretien du ménage Weber pour une somme annuelle de 600 florins, tant qu'Aloysia et lui-même recevraient des appointements. Ce qui n'empêcha pas la mère Weber d'intriguer pour que le mariage n'ait pas lieu et de tenter de brouiller les fiancés. Lange fut obligé d'en appeler à la juridiction de l'intendant-colonel de la cour pour obtenir le consentement au mariage. Au cours des discussions qui se déroulèrent en présence de cette autorité, Lange eut la générosité de porter sa subvention de 600 à 700 florins et il s'engagea à la verser à sa belle-mère sa vie durant. Il n'a, du reste, pas été heureux du tout avec Aloysia. Il était « affolé de jalousie » — du moins, c'est ce que Mozart dit de lui (16 mai 1781), et il avait sans doute assez lieu de l'être, car elle semble s'être remise à faire les doux yeux à Mozart : « Je l'aimais pourtant réellement, et je sens qu'elle ne m'est pas encore indifférente..., et que c'est un bonheur pour moi que son mari soit affolé de jalousie et ne la laisse aller nulle part, et qu'ainsi j'aie rarement l'occasion de la voir... » Cependant, dans les premières années de son séjour à Vienne, l'occasion se présente... et en 1782 et 1783 il écrit pour elle quatre grands airs. Puis vient une période de silence et ce n'est qu'en avril 1788 qu'il compose de nouveau à son intention un air brillant, le dernier. Les airs qu'il lui a dédiés entre 1778 et 1788 nous permettent de nous faire une idée exacte de ce qu'étaient sa voix et ses possibilités, — ou plutôt de ce que Mozart en avait fait. Les airs de Mannheim sont pleins de chaleur ; dans celui composé à Vienne, Mozart se préoccupe en outre des moyens les plus propres à mettre en valeur la voix et la technique particulière de sa belle-sœur Aloysia Lange ; mais à quelle froideur d'âme s'allie cette voix, cela, il le sait bien.

Nous disons bien : sa *belle-sœur* Aloysia Lange, née Weber. Car, le 4 août 1782, Mozart, comme chacun sait, a épousé Constance, la sœur cadette d'Aloysia, et les événements qui précèdent cette date fatale le caractérisent trop bien pour que nous n'en fassions pas le récit. Nous avons signalé plus haut que Marie-Cécile Weber fut, pour Mozart, le personnage funeste, à l'influence maléfique mais inéluctable, qui semble hanter la vie de bien des êtres, telle l'araignée porte-croix guettant la pauvre mouche domestique. Ces liens de parenté qui unissaient la famille Weber à Mozart, et dont Carl-Maria von Weber était si fier, combien Mozart lui-même n'a-t-il pas dû les payer !

Après la mort de son mari, Mme Weber avait pris en mains la barre de l'esquif familial. Elle savait fort bien où elle voulait en venir. Il y avait quatre filles à caser, et les deux cadettes atteignaient précisément à l'âge d'être mariées. Marie-

Cécile se met donc à louer des chambres. Elle quitte le petit appartement du Kohlmarkt d'où l'on avait emporté le corps de son mari, et emménage dans un appartement plus grand, au deuxième étage de l'« *Œil de Dieu* » sur la place Saint-Pierre, où elle sous-loue des chambres à des jeunes gens. Aloysia ne tarde pas à quitter le domicile maternel ; restent donc encore Josepha, l'aînée, Constance et Sophie. Le premier locataire qui tombe dans les rets de l'araignée porte-croix, c'est, le 2 mai 1781, Wolfgang-Amédée Mozart, en pleins démêlés avec l'archevêque. Une semaine plus tard, il annonce à son père, de l'air le plus naturel du monde : « ... la vieille Madame Weber a été assez bonne pour m'offrir son logis... J'ai là une jolie chambre et je suis chez des gens serviables, tout à ma disposition pour toutes ces choses qu'on a souvent besoin d'avoir très vite et qui manquent quand on est seul. » Le père flaire tout de suite de quoi il retourne et il lance avertissement sur avertissement, dans des lettres détruites plus tard, cela va de soi, par la veuve de Mozart. C'est en vain : « ... croyez-moi absolument : la vieille Madame Weber est une femme très obligeante, et je ne puis assez lui témoigner, faute de temps, tout ce que je lui dois à proportion de son obligeance... » Mais il a bien le temps de badiner un brin — de « folâtrer » — avec la seconde des trois filles qui restent. C'est Constance, car Josepha est déjà un peu trop âgée pour lui et Sophie encore un peu trop jeune. Vienne, à l'époque, et bien après encore, était, pour ce qui touche les commérages et la calomnie, une véritable ville de province. Aussi la mère Weber s'emploie-t-elle bien à faire clabauder par toute la ville que Wolfgang est amoureux de Constance et va prochainement l'épouser. Elle lui donne — trop tard — le conseil hypocrite de déménager pour ôter tout fondement à des cancans. Mozart suit le conseil et quitte la maison Weber en septembre 1781, mais ce n'est que pour y revenir chaque jour en visite. Quelques mois sont à peine écoulés qu'il doit écrire à son père, auquel il avait si longtemps présenté ses relations avec « la Weber » sous un jour inoffensif, pour lui demander son consentement à son mariage avec Constance Weber.

Car, entre-temps, la mère Weber, croyant s'être suffisamment employée à faire compromettre sa fille par Mozart, avait changé de ton. Pour ce faire, elle eut recours à un compère on ne peut plus digne d'elle : Johann Thorwart, que les services de l'intendant-colonel de la cour avait institué tuteur des quatre demoiselles Weber. Ce Thorwart, à l'origine valet de chambre et coiffeur au service du prince Lamberg, avait réussi à se hisser jusqu'aux fonctions d'inspecteur des comptes du Théâtre national ; parvenu sans scrupules, factotum du prince Franz von Orsini-Rosenberg, intendant de la cavalerie, qu'il avait pour ainsi dire dans sa poche, c'était un homme avec qui Mozart, lui aussi, devait compter, s'il voulait parvenir à quelque résultat en matière de théâtre. Il s'était enrichi grâce, manifestement, à d'adroites fraudes dont on ne put ou ne voulut jamais le convaincre. Combien Marie-Cécile lui a-t-elle donné ou promis pour son concours ? On ne sait exactement. En tout cas, il joue bien son rôle et se comporte comme si la mère Weber était étrangère à toute cette affaire. Mozart soupçonne, bien à tort, d'autres gens, comme le compositeur Peter Winter (22 décembre 1781) : « ... à Monsieur Thorwart (qui ne me connaît pas du tout) il faut que des messieurs aussi officieux et présomptueux que M. Winter et autres aient corné aux oreilles toutes sortes de choses sur moi... : qu'il faut être sur ses gardes avec moi..., que je n'ai rien d'assuré..., que j'ai une forte liaison avec elle..., que je la planterai peut-être là... et qu'elle sera ensuite malheureuse... etc. Cela chatouille le nez de Monsieur le tuteur... ; car la mère qui me connaît, moi et ma loyauté, laissait les choses aller leur train et ne lui en disait rien ; ... en effet toute ma liaison consistait en ce que... j'habitais là... et, plus tard, j'y allais chaque jour. — Hors la maison, nul ne m'a vu avec elle... ce tuteur, donc, assourdit si longtemps la mère de ses représentations, que celle-ci me le dit enfin et me pria d'en causer avec lui-même, sur rendez-vous. — Il vint..., je causai avec lui... et le résultat fut... (je ne m'étais pas aussi clairement expliqué qu'il l'eût voulu)... qu'il dit à la mère de m'interdire toute fréquentation avec sa fille tant que je n'eusse pas fait une convention écrite avec lui. — La mère repartit : “Toute sa fréquentation se réduit à ce qu'il vient chez moi... et... je ne puis lui interdire ma maison... : c'est un trop bon ami... et un ami auquel j'ai beaucoup d'obligation... Pour moi, je suis contente, j'ai confiance en lui... Arrangez-vous avec lui." — Là-dessus, c'est lui qui m'interdit tout commerce avec elle, si je ne prenais avec lui un engagement écrit... Que me restait-il, dès lors, comme solution ?... Donner une légitimation écrite, ou... abandonner la jeune fille... Qui aime d'une façon sincère et solide peut-il abandonner sa bien-aimée ?... La mère, et la bien-aimée elle-même, n'en pourraient-elles pas faire la plus abominable interprétation ? — Et voilà quel était mon cas. Je rédigeai donc l'écrit en ces termes : "*que je m'engageais, dans les trois ans, à épouser Mademoiselle Constance Weber ; sous telles conditions que, si cette impossibilité devait se présenter que je dusse modifier mes intentions, elle aurait chaque année 300 florins à tirer de moi.*" — Je ne pouvais rien écrire de plus simple au monde... Car je savais bien qu'on n'en viendrait jamais au versement de ces 300 florins... puisque je ne l'abandonnerai jamais... ; et que, si je devais être assez malheureux pour pouvoir changer de pensée..., je serais encore bien heureux de pouvoir en être quitte avec 300 florins... D'ailleurs, la Constance, telle que je la connais, serait trop fière pour se laisser mettre à prix... Mais que fit cette céleste fille, lorsque le tuteur fut loin ? Elle demanda l'écrit à sa mère... et me dit... : "*Cher Mozart ! Je n'ai que faire d'un engagement écrit de vous ; j'ai assez de foi dans vos paroles.*" Et elle le déchira... » Feinte générosité au moyen de laquelle Constance ne fit qu'enferrer plus solidement notre nigaud dans les rets qu'on lui tendait. Thorwart avait donné sa parole d'honneur de ne pas souffler mot de l'affaire le moins du monde ; mais le fait que « (en dépit de sa parole d'honneur) il a mis toute la ville de Vienne au courant, m'a beaucoup départi de la bonne opinion que j'avais eue de lui... » (16 janvier 1782). Faiblement, Mozart prend encore la défense de celle qui l'a fait chanter et de son complice : Monsieur de Thorwart « ... a eu tort ; ... mais pas au point que lui et Madame Weber doivent être condamnés » — comme l'indignation l'avait fait suggérer à Léopold Mozart — « à balayer les rues, enchaînés et portant au cou un écriteau avec ces mots "*Séducteurs de la jeunesse*" ». Mais il ne tarde pas à voir clairement le manège de sa belle-mère et de ses belles-sœurs en puissance. La mère Weber commença par essayer de déterminer sa fille et son futur gendre à loger chez elle ; — sans doute Mozart dut-il lui apparaître toujours davantage comme une proie fort avantageuse à exploiter. Mozart et Constance s'y étant opposés de concert, elle se mit à tracasser sa fille pour se débarrasser d'elle au plus tôt, secondée fidèlement en cela par ses autres filles. Seule Constance est un ange (15 décembre 1781) : « Je n'ai dans aucune famille, rencontré une telle dissemblance de caractère que dans celle-ci. — L'aînée est une personne paresseuse, grossière, fausse, qui a plus de malice qu'on ne peut penser... La Lange est une fausse et méchante personne, et une coquette...

La plus jeune... est encore trop jeune pour pouvoir être quelque chose... Ce n'est qu'une bonne mais trop étourdie créature. Que Dieu la préserve de toute séduction ! Mais celle du milieu est ma bonne, ma chère Constance... la martyre de cette maison, et peut-être justement à cause de cela, la plus douce, la plus entendue, en un mot la meilleure... » Les choses en viennent à un point tel que Constance quitte la demeure maternelle pour émigrer chez une protectrice de Mozart, la baronne de Waldstaedten — ce qui n'arrangeait guère la bonne réputation de Constance, car Mme de Waldstaedten était une dame qui s'encombrait fort peu de préjugés et elle avait elle-même fâcheuse réputation. Aussi la mère Weber veut-elle faire ramener sa fille au bercail par la police. Il ne reste donc qu'une solution : se marier au plus tôt. Le 4 août 1782, date fatidique, voit l'événement s'accomplir ; le consentement du père n'arrive, détail symbolique, que le lendemain.

Si nous jetons un regard rétrospectif sur toute cette lamentable histoire qu'est le mariage de Mozart, sur son impuissance à déchirer la trame ourdie autour de lui, il nous semble encore plus impossible de comprendre le caractère fatal de l'événement. Car Mozart sait, à l'ordinaire, répondre fort énergiquement aux visées dont il est parfois l'objet de la part de la gent féminine. Témoin la jeune Salzbourgeoise aux grands et beaux yeux, fille du boulanger de la cour « ... qui a dansé avec lui à l'auberge de l'"*Etoile*" et lui a souvent fait d'aimables compliments » et qui « a fini par entrer au couvent de N. D. de Lorette » (Léopold, 23 octobre 1777). Lorsque la jeune fille entend parler du départ de Wolfgang, elle quitte le couvent pour le retenir — c'est l'histoire d'un amour sans espoir, que l'on ne s'imagine pas sans une certaine émotion. Mozart (25 octobre) répond sur un ton où un grand embarras se mêle à la badinerie ; l'affaire, on le voit, l'affecte beaucoup, mais il cherche à l'éloigner de son esprit. Au cours des premières années passées à Vienne, il est l'objet d'un nouvel amour malheureux : celui de la pianiste Joséphine Aurnhammer. Il est impossible de dépasser la cruauté qu'il met à la dépeindre (22 août 1781) : « ... Si un peintre voulait rendre le diable au naturel, il devrait s'inspirer de sa figure... Elle est grosse comme une paysanne, et dès lors sue à vous faire vomir, et elle va si nue... qu'on peut lire clairement sur elle : "Je vous en prie, regardez donc ici, et là !" Il est vrai que la voir est assez pour souhaiter de devenir aveugle ; mais on est bien puni pour toute la journée si, par malheur, les yeux se tournent de ce côté... On aurait besoin de forts sels ! Ah ! qu'elle est vilaine, sale, dégoûtante !... Fi, au diable ! — ... » Constance, dès cette époque avait partie gagnée.

Qui était Constance Weber, femme Mozart ? Sa célébrité lui vient d'avoir été aimée par Wolfgang-Amédée Mozart, qui l'a ainsi fait entrer avec lui dans l'éternité, telle la mouche que l'ambre emprisonne ; mais il ne s'ensuit pas qu'elle ait mérité cet amour et cette gloire. Dans le nécrologe de Schlichtegroll, on lit à son sujet : « A

Vienne, il se maria avec Constance Weber, en qui il trouva une bonne mère pour deux enfants nés de leur union et une digne épouse, qui chercha en outre à l'empêcher de se livrer à maintes sottises et à maints excès... » Est-ce un sentiment de honte devant une telle altération des faits qui incita Constance à supprimer ce passage dans l'édition du nécrologe parue à Graz ? Mozart... se livrer à des sottises et à des excès ! Mozart est mort à trente-sept ans, sans que cela l'empêchât de parcourir toutes les étapes de la vie ; seulement, sa course a été plus rapide que celle du commun des mortels. A trente ans, il est enfant et sage tout ensemble ; il unit la puissance créatrice la plus haute à une science suprême de son art ; il voit les choses de la vie, mais il en voit aussi l'envers ; il connaît, avant sa fin, ce sentiment certain que tout va bientôt s'accomplir, sentiment qui, aux yeux de qui l'éprouve, fait apparaître la vie dénuée de tout attrait (de Francfort, 30 septembre 1790) : « ... Si les gens pouvaient voir dans mon cœur, je rougirais presque... Tout est froid à mes yeux... froid comme glace... Ah... si tu étais avec moi, je trouverais peut-être plus de plaisir aux aimables manières des gens à mon égard !... Mais comme cela, elles me paraissent si vides !... » Et il s'exprime plus nettement encore cinq mois avant sa mort (7 juillet 1791) : « ... Je ne puis t'expliquer mon impression : c'est une espèce de vide... qui me fait très mal..., une certaine aspiration, qui n'est jamais satisfaite et ne cesse donc jamais... qui dure toujours et même croît de jour en jour. » Ce n'est certainement pas le désir de revoir sa femme — ainsi qu'il cherche à le lui faire accroire et qu'il le croit peut-être lui-même — que dissimulent ces mots : « une espèce de vide », « une certaine aspiration ». C'était le pressentiment de la mort. Constance l'a-t-elle compris ? Elle n'était pas capable de suivre Mozart en de si hautes régions. Elle n'était même pas bonne ménagère — jamais elle n'a montré la moindre prévoyance, et au lieu de faciliter la vie et le travail de son mari en veillant à son confort matériel, elle a partagé étourdiment la bohème de cette vie. Mozart, au contraire, a cherché à lui rendre la vie, à elle, aussi commode que possible par sa tendre sollicitude — une sollicitude dont elle avait bien besoin, il est vrai, en raison de ses nombreuses grossesses ; car ce ne furent pas moins de six enfants qui vinrent au monde entre juin 1783 et juillet 1791, quatre garçons et deux filles, le second et le dernier-né des fils devant seuls survivre. Mozart était lié à sa femme par un charme sensuel dont quelques passages des dernières lettres donnent un témoignage expressif ; d'autres témoignages du même ordre ont été effacés ou détruits. De son père, elle avait hérité quelque sens musical ; quant à la mère Weber, elle n'était pas musicienne le moins du monde, et Mozart, l'ayant emmenée un jour à une représentation de la *Flûte enchantée*, fait à son propos la remarque suivante (octobre 1791) : « ... pour ce qui est de la maman, on peut bien dire qu'elle *regarde* l'opéra, mais ne *l'entend* pas... » Mais les capacités — vocales ou intellectuelles — de Constance ne vont pas loin, et le fait significatif que Mozart n'ait achevé aucune des compositions qui lui étaient destinées nous donne bien la mesure véritable de son sens musical. Elle était totalement inculte et ne savait absolument pas quel ton prendre dans les grandes circonstances. Ainsi, il eût été important de gagner le cœur du futur beau-père et de la future belle-sœur ; Constance s'installe donc, le 20 avril 1782, pour faire suivre une lettre de son fiancé du post-scriptum suivant, que nous donnons littéralement afin que le lecteur se rende bien compte du niveau intellectuel et du degré d'instruction de la rédactrice :

« Très-honorée et très-estimable amie !

Jamais je n'aurais été assez hardie pour m'abandonner en toute franchise au désir qui me poussait à vous écrire, très-honorée amie, si M. votre frère ne m'avait assurée que vous ne prendriez pas en mauvaise part cette démarche due au trop grand désir que j'éprouve de m'entretenir au moins par écrit avec une personne, inconnue sans doute, mais que le nom de Mozart rend très estimable à mes yeux. Pourquoi vous fâcheriez vous si je me permets de vous dire que — sans avoir l'honneur de vous connaître personnellement — en votre seule qualité de sœur d'un frère... aussi digne de vous, je vous estime plus que tout et vous aime... et si j'ose vous prier de m'accorder votre amitié. Sans être orgueilleuse, je puis dire que je la mérite à demi ; quant à la mériter tout à fait... je m'y efforcerai !... puis-je vous offrir en retour la mienne (que je vous ai déjà donnée depuis longtemps dans le secret de mon cœur) ? oh oui ! Je l'espère... et dans cet espoir je demeure,

très-honorée et très-estimable amie,
votre
très-obéissante servante
et amie
Constance Weber.

P.-S. Voulez-vous, je vous prie, baiser de ma part les mains de M. votre papa... »

On s'imagine si Léopold, à la lecture de cette lettre diplomatique, a dû hausser les épaules. L'étourderie que Mozart croyait remarquer chez la sœur cadette de Constance, celle-ci en était elle-même suffisamment pourvue : on connaît la lettre que Mozart écrivit à Constance le 29 avril 1782 — trois mois avant leur mariage — en lui faisant les plus doux et aussi les plus sérieux reproches pour s'être comportée de façon inconsidérée au cours d'un jeu à gages : « ... Un petit aveu, que votre conduite de ce jour-là a été un peu irréfléchie, aurait tout arrangé, et... si vous ne le trouvez pas mauvais, très chère amie..., arrangerait encore tout... Voyez par là combien je vous aime !... *je ne pars pas en ébullition comme vous...*, je pense..., je réfléchis... et je ressens... *Ressentez, vous-même... ayez de la sensibilité...* et je suis assuré de pouvoir dire aujourd'hui encore, tranquillement : Constance est la vertueuse, jalouse de son honneur... raisonnable et fidèle bien-aimée de son loyal et dévoué Mozart. » Un passage d'une lettre écrite à Dresde (16 avril 1789) suffit, à lui seul, à prouver toute la sollicitude et... toute l'inquiétude de Mozart :

« Chère petite femme, j'ai une foule de demandes à te faire :

1° Je te demande de n'être pas triste ;

2° de *faire attention à ta santé* et de *ne pas te fier* à l'air du printemps ;

3° de ne pas sortir seule, à pied... et mieux encore... de ne pas *sortir du tout à pied ;*

4° d'être tout à fait assurée de mon amour ; ... je ne t'ai pas encore écrit une seule lettre sans avoir placé devant moi ton cher portrait ;

5° je te demande de prendre garde, dans ta conduite, non seulement à *ton* et à *mon honneur,* mais même aux apparences... Ne te fâche pas de cette demande... tu dois m'aimer d'autant plus, pour la façon dont je tiens à l'honneur ;

6° et *ultimo,* je te demande, dans tes lettres, de t'étendre davantage... Je voudrais bien savoir si le beau-frère Hofer est venu le lendemain de mon départ ? s'il vient plus souvent, comme il me l'a promis ?... si les Lange viennent quelquefois ?... si l'on continue à travailler au portrait ?... Comment se passe ta journée ?... toutes choses qui, naturellement, m'intéressent fort... » A nul égard, Mozart ne pouvait se fier à Constance. Elle, dont le bonheur lui importe plus que toute autre chose, il est obligé, jusqu'en ses derniers instants, de la mettre en garde contre de mauvaises fréquentations (été 1791) : « ... je te prie sérieusement de ne pas aller au Casino : 1° c'est cette compagnie... *tu me comprends bien*... et, 2° tu ne pourrais d'ailleurs pas danser. Et regarder ?... Ce sera plus amusant quand le petit homme sera là... » Les plus pressants et en même temps les plus tendres de ces avis, nous les trouvons dans une lettre de la mi-août 1789, dont il nous est parvenu une copie, et encore celle-ci comporte-t-elle quelques omissions. Même de sa fidélité conjugale, il n'est pas absolument certain ; et, à cet égard, l'histoire nous rapporte une anecdote bien plus digne de foi que susceptible d'être interprétée innocemment (cf. H. Rollett, *Mozart et Baden*, Mozarteums-Mitteilungen, II, 4 ; août 1920) :

« Au cours de l'été 1791, le jeune sous-lieutenant de Malfatti suivait un traitement à Baden, pour se remettre complètement des blessures reçues dans la dernière guerre contre les Turcs ; sa claudication l'obligeait à passer la plus grande partie de la journée dans sa chambre, située vis-à-vis, au rez-de-chaussée. Il lisait donc, assis à sa fenêtre, s'interrompant assez fréquemment pour jeter par-dessus son livre un coup d'œil vers la silhouette élancée de la jeune femme aux boucles noires qui occupait également une chambre au rez-de-chaussée, dans la maison d'en face. Or, un jour, vers le soir, il voit un petit homme se glisser furtivement le long de cette maison, regarder prudemment de tous les côtés et s'apprêter à grimper par la fenêtre de la dame. De son pas boiteux, notre sous-lieutenant se hâte de porter secours à sa jolie voisine et saisit le petit homme à l'épaule : « Monsieur désire ? Ce n'est point ici la porte ! — Mais, il m'est bien permis, je pense, de pénétrer chez ma femme ! » lui répondit-on. C'était... *Mozart*, venu de Vienne probablement à l'improviste pour rendre visite à sa « Stanzerl » et la surprendre doublement à sa façon en étant déjà dans sa chambre, à l'insu de tous, au moment où elle rentrerait de sa promenade de santé. » Que ne devons-nous pas lire entre ces lignes qu'il adresse à Constance, alors aux eaux (25 juin 1791) : « ... ne te fie pas trop au bain !... dors aussi davantage... pas si irrégulièrement !... Autrement je serai inquiet... Je le suis déjà un petit peu... » « ... je le *suis* déjà un petit peu ». La digne épouse a su tourner les choses comme si c'était *elle* qui avait dû montrer une souriante indulgence pour les escapades ou les « amours ancillaires » de son mari. Alors que nous n'avons pas la moindre preuve à ce sujet. Même ce qu'on a appelé l'« affaire Hofdemel » n'apporte nulle preuve contre Mozart. Franz Hofdemel, greffier au tribunal, ancien secrétaire privé d'un certain comte Seilern, était affilié à la même loge maçonnique que Mozart ; il était marié à la fille du maître de chapelle Gotthard Pokorny, Magdalene, à laquelle Mozart donnait des leçons. Hofdemel, d'autre part, comptait au nombre des créanciers de Mozart ; ce dernier lui avait plusieurs fois demandé de lui prêter de l'argent, comme l'indique une lettre d'avril 1789 où Mozart fait allusion à la prochaine admission de Hofdemel à la Loge. Cinq jours après la mort de Mozart, il se livra à une tentative de meurtre sur la personne de sa femme, qui était enceinte, lui faisant, à coups de rasoir, des entailles au visage et au cou ; puis il se suicida. On attribua son geste à un accès de jalousie — mais il est aussi des cas de jalousie non fondée. La veuve obtint de l'empereur Léopold II un secours de 560 florins ; le scandale provoqué par l'affaire l'incita à se retirer chez son père, à Brünn, où elle mit au monde un garçon, Johann-Alexander-Franz. L'enfant était-il le fils de Mozart ou de Hofdemel ? On ne sait... en tout cas, un esprit avisé lui fit donner à la fois les prénoms de Johann-Wolfgang-Amedeus et de Franz.

La seule femme envers qui Constance eût pu éprouver une jalousie motivée, et dont l'emprise sur Mozart dépassait le domaine des sens, était Anna (Nancy) Selina Storace, sa première Suzanne. Elle était née en 1766 à Londres ; son père, le contrebassiste Stefano Storace, était Italien, sa mère Anglaise ; son frère Stephen étudiait la composition avec Mozart et l'élève n'était nullement indigne de son maître, ainsi qu'en témoignent ses ravissants opéras bouffes. Nancy étudia d'abord le chant sous la direction de Rauzzini, puis elle se rendit en Italie, où elle se perfectionna encore dans son art à l'*Ospedaletto* de Venise. A partir de 1780 elle se produisit en public à Florence, Parme, Milan et arriva à Vienne en 1783. Son expérience du mariage n'est pas sans quelque ressemblance avec celle de Mozart : en 1784, elle commit la sottise d'épouser un homme de vingt-deux ans son aîné, son compatriote John-Abraham Fisher, violoniste, compositeur et *Bachelor and Doctor of Music of Oxford*, qui passait alors (1784) à Vienne, au cours d'une tournée de concert. Il la maltraita au point que l'empereur, pris de fureur, lui interdit de séjourner sur ses territoires ; Anna-Selina reprit son nom de jeune fille et, sa vie durant, elle garda dans son pays le secret le plus absolu sur son mariage. Mozart et elle doivent s'être trouvés en profond accord. Elle était belle, aimable, artiste et chanteuse accomplie. Ses appointements à l'Opéra italien de Vienne atteignaient un chiffre inouï pour l'époque. C'est à elle qu'est dédiée la scène avec air *Ch'io mi scordi di te* (K. 505), pour soprano, piano obligé et orchestre : « Pour Mlle Storace et moi » lisons-nous dans l'Index thématique de Mozart ; et l'autographe, lui, porte la mention : « *Composto per la Sig.ra Storace del suo Servo ed amico W. A. Mozart Vienna li 26 di decembre 1786* ». C'est, sur un accompagnement d'orchestre, un duo entre la voix et le piano, une déclaration d'amour en musique, sublimation de sentiments qui ne pouvaient se réaliser sous une forme concrète. Fort heureusement, Constance n'avait pas accès à ces sphères idéales. C'est en compagnie de la Storace, de son frère et du ténor Michael Kelly que Mozart, en 1787, songeait à ce voyage à Londres dont nous avons parlé et dont Léopold fit échouer le projet. Mais il resta en relations épistolaires avec Anna-Selina. Que sont devenues ces lettres ? C'est un mystère. Anna-Selina les a certainement conservées comme un trésor, mais peut-être, avant sa mort, survenue à Dulwich en 1817, les a-t-elle détruites comme n'étant pas destinées à des yeux profanes.

On a souvent blâmé, avec plus ou moins de douceur, la façon dont Constance a agi au moment de la mort de Mozart et après sa mort. Malade, désemparée elle ne put empêcher le « protecteur » de Mozart, le baron Gottfried van Swieten, bibliothécaire à la Cour impériale, de faire enfouir, par économie, le pauvre corps dans une fosse commune. Et, par la suite, il lui fut également impossible d'aller sur la tombe de son mari, de la décorer ou d'y faire placer une pierre commémorative — ce qu'on a également eu la stupidité de lui reprocher — puisqu'il était devenu précisément impossible de retrouver cette tombe. Ce n'est qu'après bien des années, en 1808 ou 1809, qu'elle s'est rendue un jour au cimetière Saint-Marx pour en chercher l'emplacement ; mais elle devait apprendre, au cours de cette visite, que les fosses communes ne sont laissées intactes que sept ans. Le jour de la mort de son mari, elle écrivit dans l'album de celui-ci, en dessous de quelques lignes dédiées par Mozart à la mémoire de son ami Barisani :

« Ce que tu as écrit un jour sur ce feuillet à ton ami (Dr. Med. Sigmund Barisani), aujourd'hui, en proie à une profonde affliction, c'est à toi que je l'écris, très cher époux ! Mozart inoubliable pour *moi* et pour toute l'Europe... Toi aussi, maintenant, tu connais la félicité, ... la félicité éternelle ! !

A une heure après minuit dans la nuit du 4 au 5 décembre de cette année, sa 36e, il a quitté — O ! Combien prématurément — ce monde bon... mais ingrat... O Dieu... pendant huit ans le lien le plus tendre, inséparable ici-bas, nous a unis ! O ! Puisse être bientôt et à jamais réunie à toi

Ton épouse extrêmement affligée,
Constance Mozart née Weber. »

Je n'émets nul doute quant à la date du 5 décembre, mais bien plutôt quant au millésime de 1791. Ces lignes ont été inscrites beaucoup plus tard dans l'album de Mozart. Constance, en 1791, ne se doutait nullement que « l'Europe entière ne pourrait oublier » son époux. Seule la gloire universelle croissante de celui-ci la fit peu à peu se rendre compte de ce qu'avait été celui qui l'avait jadis arrachée à l'« *Œil de Dieu* » et auprès de qui elle avait vécu neuf ou dix ans. Ce qui contribua le plus à le lui révéler, ce fut la valeur matérielle croissante des manuscrits inédits de Mozart, dont elle possédait encore une quantité — sur plus de 600 œuvres composées par Mozart il n'en avait pas été publié plus de 70 environ de son vivant — et qu'elle conservait donc pour cette raison avec un soin jaloux.

Nous pourrions, sur ce trait, prendre congé de Constance Mozart. Mais il nous faut encore ajouter quelques paroles de sympathie à son adresse.

Car ce n'est qu'après la mort de Mozart que nous voyons apparaître chez elle quelques qualités positives, parmi lesquelles, détail tragi-comique, un sens inné et marqué des affaires, qui lui avait fait complètement défaut du vivant de Mozart. Quelques semaines après la mort de celui-ci, elle vend au roi de Prusse huit de ses manuscrits, pour 800 ducats, soit environ 360 livres sterling ; elle organise des concerts en mémoire de Mozart et à son profit à elle ; elle négocie quelques œuvres de Mozart. Puis, suivant l'exemple maternel de jadis, elle se mit à louer à des célibataires une partie de son appartement. C'est ainsi qu'elle eut pour locataire Georg-Nikolaus von Nissen, né en 1761, conseiller à la légation de Danemark et admirateur de Mozart. Il devint son ami et son conseiller : et c'est ainsi que toutes les lettres relatives à la vente, à l'éditeur André, d'Offenbach, des manuscrits laissés par Mozart, ont été inspirées et rédigées par Nissen. Lorsque Nissen, en 1809, fut rappelé à Copenhague, il légitima ses relations avec Constance, qui signera désormais ses lettres « Constance von Nissen, conseillère d'Etat, anciennement Veuve Mozart ». L'influence de Nissen la fait même devenir bonne mère pour ses deux fils Karl-Thomas et Wolfgang-Amedeus, dont le cadet semble avoir hérité de son père quelque talent. Pendant dix années, de 1810 à 1820, elle vit à Copenhague avec Nissen ; puis, chose curieuse, le couple quitte le Danemark pour la ville natale de Mozart, Nissen désirant s'établir au voisinage de Bad Gastein et sans doute aussi se rapprocher de sources utiles à l'histoire de la jeunesse de Mozart. Constance demeure à Salzbourg, même après la mort de Nissen (1826) ; ainsi vivent en même temps à Salzbourg, vieilles maintenant l'une et l'autre, les deux femmes qui, en leur jeunesse, avaient vécu le plus près de Wolfgang-Amédée : sa sœur Marianne et son épouse Constance ; sans être, d'ailleurs, intimes le moins du monde. Puis, en 1828, Constance publia la première grande biographie de Mozart, préparée par Nissen. Elle ne donne, de la grandeur de Mozart, qu'une idée conventionnelle et se limite au point de vue biographique ; et encore, sous ce rapport, n'est-elle pas exempte de réticences, de silences voulus et même d'altérations des faits. Mais elle était la première et, même aujourd'hui elle n'est pas encore tout à fait sans valeur, contenant maints documents devenus depuis lors introuvables. Après la mort de Nissen, Constance recueillit chez elle sa jeune sœur Sophie Haibl, devenue veuve également et, finalement, Aloysia Lange, elle aussi, passa ses derniers jours à Salzbourg. De cette compagnie de fantômes, Constance s'est retirée le 6 mars 1842, après avoir survécu cinquante ans à Mozart. Il nous reste d'elle une série de lettres, adressées principalement à ses fils, ainsi qu'un journal couvrant les années 1824 à 1837. Les lettres reflètent la plupart du temps les opinions de Nissen ; elles sont bourgeoises et insignifiantes ; on n'y trouve jamais la moindre trace d'esprit, de générosité ni d'humour. Quant aux journaux, l'esprit mercantile y alterne avec les platitudes. Comme jadis à Baden près de Vienne, c'est maintenant à Gastein que Constance se plaît à prendre des bains : « Aujourd'hui 18 septembre 1829 j'ai eu le plaisir de me baigner pour la 7e fois, auparavant j'ai pris mon café comme à l'habitude à 5 heures et demie, après m'être lavé le visage et la bouche je suis allée au bain pour rendre visite à Monsieur Rösiger, mais à sa place j'ai trouvé un étranger qui, venant de Londres, me raconta quantité de choses sur cette ville et s'offre à se charger de lettres pour là-bas. Je ne sais pas encore comment il s'appelle. Un homme fort civil. Puis j'allai à ma chambre, préparai mon linge de bain et lorsque le bain fut vide m'y rendis avec Mona ; je la fis baigner un bon quart d'heure avec moi, mais moi je restai une heure entière, après quoi je me recouchai pour me reposer un peu, pris une demi-tasse de camomille et comme je suis ici en train d'écrire tout ceci, voilà qu'arrive le Dr. Stork qui m'a trouvée bien, Dieu soit loué. Voilà pour jusqu'à 11 heures, la suite plus tard... à 11 heures et demie je suis sortie devant la maison pour me promener un peu... »

Catholicisme et franc-maçonnerie

Veut-on savoir comment certains catholiques de la société cultivée en usaient, au XVIIIe siècle, avec leur religion ? « Madame », c'est-à-dire Elisabeth-Charlotte, l'a fort joliment précisé à propos de son époux, frère de Louis XIV, qui se défendait d'être « dévot » — il était du reste parfois de mode, à la cour de France, de jouer à l'esprit fort ; voici ce qu'elle écrit à son sujet en 1691 : « ... Entre nous soit dit, il est pourtant dévot aussi, car cela le divertit fort et, comme il aime les cérémonies, tout ce qui touche à la dévotion le divertit... » La famille Mozart ne pouvait se permettre une attitude aussi aristocratique. Pour elle, la religion était une affaire plus sérieuse qu'un simple « divertissement », aussi Léopold tient-il à ce que sa femme et ses enfants observent assez strictement les prescriptions de l'Eglise : on va à la messe, on prie et on jeûne. Mais Léopold Mozart était bien trop rationaliste et doué de trop de perspicacité pour ne pas se permettre quelques libertés de pensée, précisément parce que lui et sa famille se conformaient consciencieusement à tous les rites prescrits par la religion. Si Léopold, que l'on destinait à l'état ecclésiastique, berne les prêtres, ses protecteurs, c'est peut-être justement pour avoir vu, à Augsbourg et à Salzbourg, un monde fermé où il avait du mal à respirer. Et, à supposer même qu'il ait jamais versé dans la bigoterie, c'est avec une indépendance d'esprit singulièrement accrue — ses lettres en fourniraient aisément la preuve — qu'il rentre du grand voyage de 1763 à 1766. En Italie, d'autre part la profonde irréligiosité mise en évidence plutôt que masquée par l'allégresse dont était empreint le cérémonial de l'Eglise n'a pas échappé aux Mozart. Et la tension qui se développa entre les Mozart et leur patron contribua à leur faire faire toujours plus nettement la différence entre Dieu et ses représentants sur terre. On ne trouve pas, dans les lettres de Mozart, une seule parole de considération à l'égard de ces représentants de Dieu sur terre, si ce n'est envers le digne Padre Martini ; et encore Léopold et Wolfgang honoraient-ils sans doute en lui le musicien et le musicologue plus que le Franciscain.

Pourtant, on a été sincèrement catholique, chez les Mozart : la religion était une convention vénérable, une garantie de moralité. Pendant le grand voyage de Wolfgang, Léopold lui adresse, dès Augsbourg, ses exhortations à remplir ses devoirs religieux ; celles-ci deviennent plus particulièrement pressantes lorsqu'il flaire la fausse route sur laquelle s'engage son fils à Mannheim, et Wolfgang multiplie ses protestations (25 octobre 1777) : « ... Que papa vive sans inquiétude ! J'ai constamment Dieu devant les yeux. Je reconnais sa toute-puissance et redoute sa colère ; mais je reconnais aussi son amour, sa compassion et sa miséricorde pour ses créatures : il n'abandonnera jamais ceux qui le servent... Si tout va selon sa volonté, il en va aussi... selon la mienne ; ainsi ne puis-je manquer... d'être heureux et content... » On croirait l'entendre réciter son catéchisme. Mais, bientôt, se mêle à cette confiance en Dieu un fatalisme qui, lui non plus, n'est pas du tout du goût de Léopold (26 novembre 1777) : « ... Mais laissons les choses aller comme elles vont et doivent aller : à quoi servent les spéculations superflues ? Ce qui doit arriver, nous l'ignorons, n'est-ce pas ? Et pourtant, non !... Nous le savons : c'est ce que Dieu veut. Allons ! Un joyeux allegro !... » Ceci ne tranquillise pas Léopold, qui est davantage partisan d'une influence active exercée sur la volonté de Dieu. Il cherche à faire reprendre ses esprits à Wolfgang en lui enjoignant de se confesser (15 décembre 1777) : « Puis-je demander si Wolfgang n'a pas oublié de se confesser ?... Dieu passe avant tout ! C'est de lui que nous devons attendre notre bonheur temporel et veiller toujours à notre bonheur éternel ; les jeunes gens n'aiment pas à entendre semblable langage, je le sais, j'ai été jeune, moi aussi ; mais, Dieu merci, toutes mes folies de jeunesse ne m'ont pas empêché de toujours retrouver mon bon sens ; j'ai fui tous les dangers qui pouvaient menacer mon âme, en ayant toujours présents à l'esprit *Dieu* et mon *honneur* et les conséquences, les *conséquences dangereuses*... » Mais Wolfgang s'imagine plutôt Dieu comme le conducteur de nos destinées, dont il nous faut accepter avec fatalisme les décisions et les arrêts. Ce sentiment s'exprime avec une netteté particulière au moment de la mort de sa mère : il a fallu qu'il en soit ainsi ; Dieu pouvait la maintenir en vie, or il l'a enlevée, il n'y a donc rien d'autre à faire qu'à se soumettre à sa volonté insondable ! Après l'heureuse tournure prise par l'exécution de la symphonie composée pour le Concert spirituel : « ... Dans ma joie, sitôt la symphonie achevée, je m'en allai au Palais-Royal... pris une bonne glace, dis le chapelet que j'avais promis de dire... » — Peut-on en effet jamais savoir à l'avance, cet animal de public parisien a des réactions si déconcertantes ! — « ... et rentrai à la maison » (3 juillet 1778).

A Vienne, la rupture avec l'archevêque semble avoir amené Wolfgang à tenir des propos assez libres sur les prescriptions de l'Eglise — propos que l'on rapporte au père. Wolfgang se défend (13 juin 1781) : « ... Ma principale faute est de n'agir pas toujours, *en apparence*, comme je le devrais... Il est faux que je me sois vanté de manger de la viande tous les jours maigres : j'ai dit que je ne m'en préoccupais en rien, que je ne le tenais pas pour une faute, parce que, selon moi, le jeûne, c'est se priver, manger moins qu'auparavant. J'entends ma messe tous les dimanches et jours de fête, et, si c'est possible, les jours ouvriers aussi, vous le savez bien, mon père... » De fait, on ne peut nier que c'est toujours la religion qu'il invoque, dans les mois suivants, chaque fois qu'il veut insister sur le devoir qu'il a d'épouser Constance. Et, en effet, une fois le mariage conclu, nous assistons à une véritable explosion de dévotion (17 août 1782) : « ... J'ai oublié, la dernière fois, de vous écrire que, ma femme et moi, nous avons été ensemble, pour le jour de la Portioncule, faire nos dévotions chez les Théatins... Quand même nous n'aurions pas eu dessein, véritablement, de les faire, nous aurions été obligés de les faire à cause du billet de confession sans lequel nous n'aurions pu être unis... Mais il y a longtemps déjà que, avant le mariage, nous allions toujours ensemble aussi bien à la sainte messe qu'à confesse et pour communier... et j'ai constaté que jamais je n'avais prié avec autant d'ardeur, je ne m'étais confessé et n'avais communié avec autant de dévotion qu'à son côté... » De même qu'à Paris il avait fait vœu de réciter un chapelet pour le succès de sa symphonie, de même il fait vœu maintenant de composer une messe pour l'heureuse issue de ses fiançailles... : c'est la grande messe, demeurée inachevée, en *ut* mineur...

Que dire de la musique d'église de Mozart ? De l'authenticité du sentiment catholique qui l'inspire et de son appropriation à l'église ? Il y a eu et il y a encore dans la musique d'église une tendance stricte qui rejette la plus grande partie de la musique d'église des XVIIe et XVIIIe siècles et écarte les messes, litanies et motets de Mozart et de Haydn comme profanes et non conformes à la liturgie. Elle n'admet que la musique de caractère liturgique « irréprochable » ; elle voit son idéal dans la polyphonie impassible — apparemment impassible — de la musique *a cappella* du XVIe siècle. Mais alors, ne devrait-elle pas également condamner à rester vides la cathédrale Saint-Pierre de Michel-Ange, l'église Saint-Ignace et Saint-Xavier de Vignole, à Rome, ou l'église Saint-Charles, à Vienne ? Ce parallèle avec l'architecture nous aidera d'ailleurs à poursuivre notre pensée. L'Allemagne du Sud — Autriche et Bavière — est pleine d'églises du XVIIIe siècle sans mysticisme ni austérité, mais où l'allégresse le dispute à la solennité : les colonnes se tordent en spirale, les autels rutilent de pourpre et d'or, aux fresques claires des plafonds, des rondes entières de saints et d'anges entourent de leur jubilation la sainte Trinité. Que le style en soit plutôt rustique, ou qu'elles soient des merveilles de l'art le plus délicat, comme l'église de Wies, en Haute-Bavière, qui est un lieu de pèlerinage — aucune n'est « profane », mais toutes témoignent d'une piété où n'entre pas moins de dévotion ni de glorification de Dieu que dans le gothique le plus pur, ou dans le gothique le mieux imité des XIXe et XXe siècles. Le pendant musical de ces églises, ce sont les messes et litanies de Mozart, ses hymnes : son *Sancta Maria* et son *Ave verum*. Que le « catholique », en Mozart, ait été parfois porté à la critique ou à une certaine indépendance, il n'en est pas moins pieux dans ses œuvres religieuses. Sa piété est aussi tout à fait orthodoxe, de même que ses compositions, en tant qu'*œuvres d'art*, sont « catholiques », c'est-à-dire forment un tout en soi et ne soulèvent aucun problème, ne rompent en rien avec la *convention*. De tout ceci, il sera question plus tard, lorsque nous aurons à nous occuper du musicien Mozart. Mais, dès à présent, que l'on pense à cet autre catholique que fut le rhénan Beethoven : catholique, il l'est sans doute dans sa *Messe solennelle* — comment pourrait-on composer une messe sans avoir la foi ! — mais il est également critique ; sa foi n'est pas conquise sans combat, ses prières en vue de la paix ne laissent pas de s'accompagner du souvenir des combats et des luttes « intérieurs et extérieurs ». Chez Mozart, toute la musique d'église témoigne d'une foi inébranlable et de l'art le plus sûr — en quoi il appartient encore tout à fait à ces temps où l'individu ne pensait pas encore à s'expliquer personnellement avec Dieu ou le divin. Dieu, c'est le Père ; Marie, c'est la Mère virginale à qui l'on peut s'adresser avec une ferveur particulière pour voir une prière exaucée ; et, adresser une prière, c'est déjà la voir exaucée. Si jamais un grand musicien fut un compositeur catholique, c'est bien Mozart.

Le 4 avril 1787, il écrit à son père :

« J'apprends, en cet instant même, une nouvelle qui m'accable beaucoup... d'autant plus que, d'après votre dernière lettre je pouvais imaginer que vous vous portiez, grâce à Dieu, fort bien. Or voici que j'apprends que vous êtes sérieusement malade ! Avec ardent désir j'attends de vous-même une consolante nouvelle, je n'ai vraiment pas besoin de vous le dire. Mais je l'espère aussi comme certaine... bien que je me sois fait une habitude, en toutes circonstances, de me représenter toujours le pire. — Comme la mort (à y regarder de près) est le vrai but final de notre vie, je me suis, depuis quelques années, tellement familiarisé avec cette véritable et parfaite amie de l'homme, que son image, non seulement n'a plus rien d'effrayant pour moi, mais m'est très apaisante, très consolante ! Et je remercie mon Dieu de m'avoir accordé le bonheur de saisir l'occasion (vous me comprenez) d'apprendre à le connaître comme la *clef* de notre vraie félicité... Je ne vais jamais au lit sans réfléchir que le lendemain peut-être (si jeune que je sois) je ne serai plus là... ; et pourtant, personne, de tous ceux qui me connaissent, ne peut dire que je sois chagrin ou triste dans ma conversation... Je remercie chaque jour mon Créateur pour cette félicité et la souhaite cordialement à chacun de mes semblables. — Dans la lettre que la Storace a si bien emballée, je vous exposais déjà ma manière de voir sur ce point (à l'occasion de la triste disparition de mon très cher et excellent ami le comte de Hatzfeld). Il avait juste 31 ans, comme moi. Je ne le plains pas, *lui*, ... mais je me plains cordialement, ainsi que tous ceux qui le connaissaient d'aussi près que moi... — J'espère et souhaite que, tandis que j'écris ceci, vous vous trouviez mieux. Si pourtant, contre toute prévision, vous n'alliez pas mieux, je vous prie, par ... de ne pas me le cacher, mais de m'écrire ou de me faire écrire la pure vérité, afin que je puisse, aussi vite qu'il sera humainement possible, me retrouver dans vos bras. Je vous en conjure par tout ce qui... nous est sacré... »

Que s'était-il passé ? Il est bien encore question de Dieu, dans cette lettre, mais un prêtre catholique saurait difficilement se réjouir de l'esprit qui l'anime. La pensée de la mort n'a pas pour conséquence un sentiment de repentir, la crainte de mourir en état de péché, le désir de se préparer par la confession et l'absolution ; mais, tout au contraire, elle détermine le propos de *vivre* d'autant plus intensément et joyeusement. C'est que Mozart et son père étaient devenus francs-maçons. Mozart, le premier, à la fin de 1784, s'était affilié en qualité de frère à l'une des plus petites parmi les huit loges viennoises, la loge de la « Bienfaisance », et Léopold avait suivi son exemple lors de sa visite à Vienne, le 6 avril 1785. Lorsque, au début de 1786, l'empereur ordonna que toutes ces loges fussent groupées pour n'en plus former que trois, la « Bienfaisance » fut fondue avec l'« Espérance couronnée » sous le nom de la « Nouvelle Espérance couronnée ».

Le fait d'être affilié à la franc-maçonnerie était-il, pour Mozart, en contradiction avec son catholicisme ? Oui et non. Un bon catholique pouvait alors très bien être franc-maçon ; mais il fallait qu'il soit catholique « éclairé » et accepte le risque de se voir considérer par l'Eglise d'un œil méfiant et réprobateur. Et Mozart était franc-maçon passionné, convaincu, à la différence de Haydn, qui l'était également de nom, mais qui, du jour de son admission, ne participa plus jamais à aucune cérémonie et ne composa pas une seule œuvre « maçonnique » pour ses frères ; tandis que, de Mozart, ce n'est pas seulement toute une série de pièces importantes, destinées à des cérémonies maçonniques, que nous possédons... : c'est bien plutôt toute sa production qui est pénétrée de son sentiment maçonnique ; quantité de ses œuvres, et non seulement la *Flûte Enchantée*, sont maçonniques, sans que le non-initié s'en doute.

Non, Mozart n'était plus bon catholique, au sens où pourrait l'entendre un prêtre intransigeant. L'ordre de la franc-maçonnerie avait du reste connu en Autriche des destinées fort curieuses. En 1731, l'ambassadeur d'Angleterre à La Haye, Lord Chesterfield, y avait fait entrer François de Lorraine, époux de Marie-Thérèse ; la jeune épouse ne s'y opposa pas, regardant sans doute cette « escapade »[1] de son mari d'un œil moins jaloux que les écarts auxquels il se livrait à l'occasion avec de belles dames de la cour. Le fait que l'empereur était affilié à l'ordre eut même pour résultat d'empêcher la publication de la bulle contre la franc-maçonnerie, que Clément XII avait déjà rédigée (23 avril 1738). Mais, en 1764, Marie-Thérèse interdit l'ordre sous toutes ses formes sur l'ensemble de ses domaines héréditaires et ce n'est qu'en cachette qu'il put

1. En français dans le texte. (*N.d.T.*)

encore continuer à exister. A sa mort, en 1780, on put croire qu'une nouvelle ère de prospérité allait naître pour les francs-maçons de Vienne et d'Autriche. L'empereur Joseph II, sans doute, n'en faisait pas partie, mais les aspirations et les buts de l'ordre semblaient tellement concorder avec sa politique que l'on était en droit de s'attendre à l'appui du souverain ; or, c'était se faire illusion sur sa véritable attitude : il se montra sceptique et méfiant, railleur même, sentiments qui se manifestèrent sous forme de mesures administratives mesquines. Et, lorsque Joseph fut mort, ce fut au tour du clergé catholique, particulièrement des moines, de donner l'assaut aux loges, avec le succès éclatant que l'on sait. Le fait d'être affilié à une loge constituait d'ailleurs à lui seul une rébellion contre l'Eglise puisque l'un des écrits dus au chef spirituel des loges viennoises, la *Monachologia* du minéralogiste Ignaz von Born était une satire des moines. En outre, ce fut précisément au cours des années 1780 que l'occasion fut donnée aux francs-maçons d'Autriche de suivre tout à loisir chez leurs voisins de Bavière, les vicissitudes d'un ordre apparenté à leur mouvement, l'ordre dit des « Illuminés ». Cet ordre avait été fondé à Ingolstadt, jusqu'alors citadelle du Jésuitisme, en 1776, un an avant la mort du prince électeur Max-Joseph, que ses sentiments très catholiques n'empêchaient pas de se montrer libéral ; le fondateur en avait été un jeune homme, Adam Weishaupt, professeur de droit naturel et de droit canon, premier maître laïc d'une université où, jusqu'en 1773, seuls des Jésuites avaient eu la parole. Weishaupt était un idéaliste fumeux, ainsi qu'en témoigne le projet des statuts de l'ordre, qu'il avait élaboré :

« Le but poursuivi par la société secrète est d'unir de façon durable en une alliance unique, en vertu d'un intérêt supérieur déterminé, des hommes d'esprit indépendant de toutes les parties du monde, de toutes les conditions et de toutes les religions, sans préjudice de leur liberté de pensée et quelle que soit la diversité de leurs opinions ou de leurs passions ; d'élever leur ardeur et leur sensibilité au point qu'ils se sentent présents en dépit de l'éloignement, si grand soit-il, égaux malgré leur subordination, qu'un grand nombre agisse comme un être unique et éprouve les mêmes désirs, et accomplisse de leur propre initiative et par conviction véritable ce que nulle contrainte officielle n'a pu obtenir depuis que le monde et les hommes existent. L'ordre qui doit poursuivre ce but secret se divise en trois classes. La première classe est constituée par la Pépinière, la seconde est la Franc-Maçonnerie, soit l'ensemble de ce qu'on nommait jusqu'à présent les Loges, quant à la troisième classe, la plus haute, ce sont les Mystères. Dans la première classe, la Pépinière, le Novice parvient au titre de Minervalis, de Minervalis il devient Illuminatus minor et enfin Magistrat. Dans la seconde classe, la Franc-Maçonnerie, les degrés sont : Illuminatus major ou Novice d'Ecosse et Illuminatus dirigens ou Chevalier d'Ecosse. Dans la troisième classe, enfin, la plus haute, celle des Mystères, il y a quatre degrés... »

Voilà qui rend un son quelque peu fantaisiste ; mais Weishaupt avait appris quelque chose des Jésuites : cette volonté de puissance, qui ne faisait que développer un penchant déjà existant en lui, et aussi cette obéissance absolue exigée des membres de l'ordre. Et l'ordre, en bien des endroits d'Allemagne, acquit de l'influence et recruta des adhérents parmi les princes, le duc de Gotha, par exemple, parmi les ecclésiastiques, le célèbre Karl von Dalberg, entre autres, co-adjuteur de l'archevêque de Mayence, et parmi les hommes d'esprit, comme le baron von Knigge, à Hannovre. Cependant, des dissentiments intérieurs affaiblirent l'ordre ; et la participation de certains fonctionnaires à la fois aux affaires de l'Etat et aux activités maçonniques, considérée d'un œil méfiant par le gouvernement, eut pour résultat de faire dissoudre l'ordre là même où il était né. Le 24 juin 1784, Charles-Théodore décréta l'interdiction générale de toutes les confréries secrètes ; les francs-maçons de Bavière et du Palatinat obéirent aussitôt et les Illuminés y furent obligés au cours des années suivantes. Weishaupt se réfugia à Gotha auprès de son protecteur et la Bavière se retrouva plongée dans ces ténèbres en lesquelles tout régime despotique voit les conditions les plus propices aux mesures qu'il peut prendre. Charles-Théodore, quel modèle pour la *Reine de la Nuit !* Les auteurs de la *Flûte Enchantée* ne se sont pas moins souvenus des vicissitudes de la franc-maçonnerie chez leurs voisins que de celles qu'elle avait connues à Vienne même. Et il est impossible de nier le caractère agressif de la franc-maçonnerie contre la superstition entretenue par l'Eglise et contre l'ignorance qui faisait si bien son affaire.

Et pourtant, Mozart n'a pas eu conscience de cette opposition, ou bien alors il a passé pardessus. L'année de sa mort il a, en même temps, travaillé à une œuvre maçonnique, la *Flûte Enchantée*, et entrepris de mettre en musique le texte liturgique du *Requiem*. Mais des éléments maçonniques ne se sont-ils pas glissés dans l'œuvre que l'Eglise destine à la célébration des morts ? C'est une question à laquelle nous aurons à répondre plus tard, en étudiant le caractère de la musique.

Combien Mozart diffère de Gluck et de Haydn ! De Gluck, il n'existe pas une seule œuvre de musique d'église ; il a bien écrit de la musique religieuse, comme le *De Profundis*, mais pas une messe, pas une litanie, pas un hymne. J'ignore si Gluck a été franc-maçon, d'ailleurs peu importe. C'était un homme du monde ; faire partie d'une loge n'eût pas eu pour lui plus d'importance que de faire partie de n'importe quelle autre société, comme l'« Arcadia » de Rome, dont il était membre. Haydn, lui, *était* franc-maçon ; mais, même s'il avait été un « Frère » moins tiède et moins indifférent, l'idéal d'humanité de la maçonnerie serait resté absolument sans influence sur la teneur spirituelle et musicale de son œuvre. La fin de sa production est marquée par un retour à des messes de caractère tout à fait simple, témoignant de plus de maturité et de grandeur que les premières, mais n'en différant pas essentiellement ; et par des oratorios pleins d'une piété joyeuse, qui respirent la nouveauté dans la façon de sentir la nature, mais non point dans celle de concevoir l'humanité. Pour Mozart, catholicisme et franc-maçonnerie étaient deux sphères concentriques, mais la franc-maçonnerie était la sphère supérieure, la plus vaste, celle qui englobait l'autre : y appartenir, c'était aspirer à la purification morale ; travailler au bonheur de l'humanité, vivre en étroite intimité avec la mort. Un autre point peut également être mis en relief : c'est l'attrait que le symbolisme raffiné de la franc-maçonnerie pouvait exercer sur des natures artistes comme celle de Mozart. Le symbolisme, le cérémonial de l'Eglise catholique étaient familiers à Mozart ; les symboles mystérieux de la loge, eux, étaient nouveaux pour lui. Et — trait tout à fait conforme à son tempérament — nous le voyons aussitôt s'amuser ingénument de certaines particularités des rites maçonniques. Ainsi, l'usage s'était introduit, chez les Illuminés, de donner aux affiliés des noms maçonniques, de même que chez les membres de l'« Arcadia » de Rome ; seulement, au lieu de noms fantaisistes de bergers, c'étaient des noms empruntés à l'Antiquité ou à la Bible. Le duc de Gotha s'appelait Timoléon ; le prince Ferdinand de Brunswick, Aaron ; le co-adjuteur de l'archevêché de

Mayence, Crescent ; le baron von Knigge, Philo. Le 15 (ou le 14) janvier 1787, de Prague, Mozart écrit à Vienne à son jeune ami Gottfried von Jacquin :

« ... Là-dessus, portez-vous bien, très cher ami, très cher *Hikkiti Horky !* — c'est votre nom, pour que vous le sachiez : nous avons inventé des noms pour nous tous, pendant notre voyage... Moi, je suis *Punkitititi*. Ma femme s'appelle *Schabla Pumfa* ; Hofer, *Rozka Pumpa* ; Stadler, *Notschibikitschibi* ; Joseph, mon domestique, *Sagadarata* ; Goukerl, mon chien, *Schomanntzky* ; ... Madame Quallenberg, *Runzifunzi...* ; Mademoiselle Crux, *Ps* ; Ramlo, *Schurimuri* ; quant à Freystädtler, *Goulimauli*, ayez la bonté de lui communiquer son nom... » Ce nom de « Goulimauli » est même passé dans l'œuvre de Mozart, dans un de ses canons... Ce serait peine perdue de vouloir pénétrer le sens profond des noms attribués aux membres masculins et féminins de cette petite confrérie ; mais Mozart a dû s'amuser infiniment à les inventer et nous ne pouvons nous expliquer son amusement qu'en y voyant la marque de son goût instinctif pour la parodie. C'est quelques semaines et quelques mois après s'être livré à ce divertissement innocent que Mozart écrit respectivement le rondo pour piano en *la* mineur et le quintette à cordes en *sol* mineur.

Ce qui a poussé Mozart à s'affilier à la franc-maçonnerie, c'est peut-être aussi le sentiment du profond isolement où il vivait comme artiste, et le besoin d'une amitié sans réserve. Lui, que le comte Arco avait gratifié d'un coup de pied, que l'archevêque Colloredo avait traité en domestique, à la loge, sa qualité d'homme de génie le rendait l'égal des nobles et lui conférait les mêmes droits qu'eux. Lorsqu'il écrit la musique funèbre « pour le décès des Frères Meklenburg et Esterhazy » — c'est-à-dire pour le duc Georges-Auguste de Mecklenburg-Strelitz et pour le comte Franz Esterhazy von Galantha — ce n'est pas sur commande et moyennant finances, mais à titre tout simplement « fraternel ». Il est encore un détail, dont d'aucuns, avant nous, ont déjà été frappés : c'est que Mozart, parmi les musiciens, n'eut presque pas d'amis, ou du moins pas un seul ami intime. Peut-être convient-il d'excepter seulement, outre Jean-Chrétien Bach et Joseph Haydn, tous deux amis fraternels et tendrement aimés, Hoffmeister, envers qui il s'acquittait de ses dettes par des compositions, — car Hoffmeister n'était pas seulement compositeur mais également éditeur —, et le brave vieux Albrechtsberger, futur maître de Beethoven. C'est que Mozart était loin d'être un collègue bienveillant. Ses lettres ont beau être des déclarations de caractère « privé », on n'en laisse pas moins d'être surpris et souvent attristé d'y rencontrer les jugements les plus dépourvus de ménagements sur des musiciens contemporains comme Jommelli, Michel Haydn, Beecke, l'abbé Vogler, Schweitzer, Clementi, Fischer, Hässler, et bien d'autres. Mozart est chiche de louanges à l'adresse des musiciens, même de ceux auxquels il doit beaucoup : Gluck, Boccherini, Viotti, Misliweczek ; à l'égard de Gluck, le père et le fils ont, leur vie durant, nourri une méfiance personnelle. Dans les choses de l'art, Mozart ne connaît pas de compromis ; et la lucidité de ses dons d'observation lui fait découvrir — comme c'est également le cas chez les enfants — plutôt les faiblesses et les ridicules d'un être que ses qualités. Or c'est là un trait qui, dans la vie de tous les jours et dans les relations de Mozart avec ses contemporains, n'a pu passer inaperçu. C'est ainsi seulement que s'explique l'hostilité, masquée derrière la plus extrême politesse, d'un Salieri, ou la grossière méchanceté d'un Léopold-Anton Kozeluch — sans parler de la foule des médiocres chez qui la conscience de l'infini infranchissable qui les sépare d'un être intellectuellement supérieur éveille immédiatement la haine implacable de celui qui est doué de telles qualités. Mais, au fond, Mozart n'avait pas assez de succès pour éveiller une telle haine. On n'ignorait pas quelle mauvaise langue il était. En 1791, Joseph Haydn entend dire, à Londres, que Mozart aurait tenu des propos malveillants sur lui. « Je le lui pardonne », aurait-il répondu. La chose était certainement inexacte. Mais il est néanmoins affligeant que Haydn ait pu la tenir pour vraie.

Patriotisme et culture

Mozart ne s'intéressait pas à la politique. Né sujet de l'archevêque de Salzbourg, il mourut fonctionnaire au service du chef de l'Empire romain, mais nous avons déjà noté que le loyalisme en général n'était pas une des vertus de la famille Mozart et que, dans l'affaire Colloredo, en particulier, Wolfgang est passé à la rébellion ouverte. Pour Joseph II, non plus, il n'éprouva jamais grand attachement ; quant à des potentats comme Charles-Théodore, le fastueux électeur palatin, ou Charles-Eugène de Wurtemberg, le geôlier des Rieger, des Moser, des Schubart, ils ne lui en imposaient même pas, Mozart jugeant d'un œil trop perspicace les côtés humains-trop humains de ces illustres seigneuries. Il suffit de lire ce qu'il écrit à propos de l'arrivée de Paul I, grand-duc de Russie (24 novembre 1781) : « A présent, la bête curieuse, le Grand-Duc est ici... » Il n'y a plus chez Mozart la moindre trace de servilité ; en quoi il se montre tout à fait moderne, démocratique. Alors que Gluck, par exemple, si fier qu'il fût de sa personne, a toujours eu le sentiment d'être au service des Habsbourg et que Haydn n'a jamais complètement quitté la livrée de laquais qu'il était tenu de porter au service des princes Esterhazy. Mozart avait trop voyagé pour ne pas porter ses regards au-delà des frontières. Sans doute, à l'occasion, il se fait patriote allemand, comme le prouve sa lettre, souvent citée, à Anton Klein, professeur de poésie à Mannheim (21 mars 1785) : Klein, qui fournissait les livrets de l'« Opéra allemand » sous le règne de Charles-Théodore, avait écrit un *Rudolf von Habsburg* qu'il proposa à Mozart de mettre en musique. Mais Mozart hésite à donner son accord immédiatement, souhaitant obtenir d'abord des détails sur les possibilités de faire représenter l'œuvre en question et dépeignant toutes les difficultés et toutes les carences auxquelles se heurte le développement de l'Opéra allemand à Vienne : « ... Ne fût-il qu'un seul patriote à avoir l'autorité... tout prendrait une autre tournure ! — Mais peut-être, alors, le théâtre national, dont les germes sont si beaux, arriverait à son épanouissement ; et ce serait vraiment à jamais une tâche pour l'Allemagne, si nous autres Allemands nous nous mettions sérieusement à penser en allemand..., à agir en allemand..., à parler en allemand..., et même à chanter en allemand ! » Curieux, combien cette lettre ressemble à une autre, adressée dans la même direction, en pays rhénan, elle aussi ; celle, citée par Vehse (II, 8, p. 235), de l'empereur Joseph II disant à Dalberg, co-adjuteur de Mayence (13 juillet 1787) sa « fierté d'être allemand... Si au moins nos braves compatriotes allemands pouvaient montrer des dispositions d'esprit patriotiques, si, au lieu de gallomanie, de prussomanie ou d'austromanie, ils avaient une opinion bien à eux, et non empruntée à d'autres !... » Mais il est probable que Joseph II ne s'imaginait une Allemagne unifiée que sous l'hégémonie des Habsbourg ; quant au cri patriotique de Mozart, il ne l'a pas empêché, fort heureusement, de composer les *Nozze, Don Giovanni* et *Cosi fan tutte*. Et, fort heureusement aussi, il n'a jamais écrit d'opéras allemands patriotiques comme *Günther von Schwarzburg* ou *Rudolf von Habsburg*, mais l'*Enlèvement au sérail*, cette opérette féerique dont la scène finale forme un dénouement si noblement humain, et la *Flûte Enchantée*, comédie à machinerie écrite pour un théâtre de faubourg, mais en réalité la pièce la plus universellement humaine qui soit.

Il n'est que de comparer le germanisme international, largement humain de Mozart à la teutomanie des compositeurs d'opérettes contemporains : Hiller, Neefe, Benda, Wolf, et à leurs efforts pour atteindre la « Nature », non seulement dans le domaine de l'opéra, mais également dans celui du lied ; à la satire patriotique dont ils accablent « l'emphase et les flonflons de tant d'airs italiens » (J. Fr. Reichardt dans *Briefe eines aufmerksamen Reisenden*, 1776, t. II, p. 101) ; à leurs railleries à l'adresse de « nos compatriotes allemands italianisés ». Mozart aurait pu se sentir visé, car il était, lui aussi, sans aucun doute, un compositeur allemand italianisé ; mais il était bien au-dessus de toutes ces manifestations de teutonisme à bon marché.

Parmi les nations, Mozart avait ses sympathies et ses antipathies. Il n'aimait pas la musique française, et les expériences qu'il fit à Paris l'empêchèrent également d'apprécier les Français, tout au moins les Parisiens qui lui semblèrent bien changés depuis son enfance (1er mai 1778) : « ... Les Français sont bien loin d'avoir autant de politesse qu'il y a quinze ans. Ils frisent maintenant la grossièreté et sont abominablement orgueilleux... » Mozart vécut assez pour être contemporain des débuts de la Révolution française, mais ses lettres ou les mémoires qui le concernent ne contiennent pas un mot sur cet événement, qui ne le toucha pas. Par contre, il avait gardé, de ses premières années, une prédilection pour l'Angleterre et les Anglais, et il se trouvait quelques Anglais — Stephen Storace et Thomas Attwood — parmi les élèves qu'il aimait et qui lui gardèrent leur affection. Il est même une œuvre de Mozart, composée à l'occasion d'un exploit de la marine anglaise, la défense de Gibraltar par Elliot et l'attaque de « Black Dick », alias l'amiral Richard Howe. La forteresse était bloquée depuis plusieurs années par les Français et les Espagnols quand Howe, attaquant par surprise, parvint à ravitailler la garnison assiégée, contraignant ainsi l'adversaire à lever le siège. A l'instigation d'une dame hongroise de Vienne, le poète Michael Denis, ex-jésuite, vibrant admirateur de Milton et d'Ossian, glorifia ce haut fait britannique dans une ode, et Mozart, à la fin de 1782, commença à mettre celle-ci en musique. Nous verrons plus tard pourquoi il n'a pas achevé.

A l'occasion, sachant de quels commentaires « entendus » son père se plaisait à accompagner les événements mondiaux, il lui fait part de certaines curiosités de la politique. On peut notamment trouver quelques exemples de ce goût marqué par Léopold dans la correspondance échangée par celui-ci avec sa fille au cours de ses dernières années ; et Léopold est très flatté par cette remarque admirative de Marianne, qu'il y avait en lui l'étoffe d'un grand homme d'Etat. Lorsque, le 30 décembre 1777, l'électeur de Bavière Max-Joseph mourut subitement sans laisser de descendance directe, l'empereur Joseph se serait volontiers saisi de la proie qui s'offrait, si l'électeur palatin Charles-Théodore, à qui la succession revenait de droit, ne s'était tant empressé d'arriver à Munich et si ce dernier n'avait eu derrière lui la puissante protection des grenadiers et des canons du roi de Prusse, le « Vieux Fritz ». Joseph II n'en eut que la vue et Wolfgang, le 7 février 1778, envoie à son père une satire en vers de l'empereur dont le dernier distique nous montre le vieux renard dépouillant majestueusement la peau dont il s'était paré :

> « Du calme, Bavarois ! Je viens vous protéger,
> ... et prendre possession des biens que je protège. »

S'il est une aversion catégorique que Wolfgang partage de la façon la plus absolue avec Léopold, c'est bien celle du militarisme. A Ludwigsburg, près de Stuttgart, Léopold a l'occasion d'exprimer son avis sur la coûteuse passion du duc de Wurtemberg pour l'armée ; Charles-Eugène entretenait en effet dans ce petit pays une armée de 15 000 hommes, armée dont la corruption et la misère de tout le duché faisaient les frais, et qui, d'ailleurs, devait s'empresser de détaler lorsque les armées révolutionnaires françaises firent irruption dans le pays. Voici ce que Léopold écrit, le 11 juillet 1763 : « Ludwigsburg est un endroit bien singulier. C'est une ville. Seulement, les haies, les clôtures des jardins, les remparts surtout ne sont faits que de soldats. Vous ne pouvez pas cracher sans que ce soit dans la poche d'un officier ou dans la cartouchière d'un soldat. Dans la rue, vous n'entendez constamment que « Halte ! Marche ! Demi-tour ! etc... » Vous ne voyez qu'armes, tambours et matériel de guerre. A l'entrée du château se tiennent 2 grenadiers et 2 dragons à cheval, la tête couverte du bonnet à poil, la poitrine d'une cuirasse, sabre au clair en main, chacun ayant au-dessus de lui un grand et bel abri en tôle lui tenant lieu de guérite. En un mot, il est impossible de voir plus belle armée, et entraînée avec un soin plus méticuleux. On ne voit absolument pas un seul homme qui ne porte l'uniforme ; il est vrai que quantité d'adjudants reçoivent 40 florins de solde mensuelle. Vous allez rire, et vraiment il y a de quoi : de ma fenêtre, il me semblait ne voir que des soldats, prêts à figurer dans une comédie ou un opéra. Pensez, tous se ressemblent comme des gouttes d'eau et on les frise tous les jours, non pas en chignon, mais comme n'importe quel petit-maître, avec quantité de boucles bouffant autour de la tête et poudrées à frimas ; les barbes, par contre, sont cirées noir comme jais... » Et Wolfgang fait écho, le 18 décembre 1778, de Kaisersheim en Bavière : « ... Ce qui me fait l'effet le plus risible, c'est le terrible corps militaire... Peut-on savoir à quoi il sert ?... La nuit, j'entends tout le temps crier : qui vive ?... à quoi je réponds chaque fois, consciencieusement : ça va !... » Qu'auraient-ils dit, l'un et l'autre, du militarisme total où l'incurable bêtise de cette « race méchante » que sont les hommes a plongé le XIXe et le XXe siècles ! Leur avis concorde d'ailleurs tout à fait avec celui d'un de leurs contemporains, le grand Italien Vittorio Alfieri, qui visite Berlin en 1769 : « All'entrare negli stati del gran Federico, che mi parvero la continuazione di un solo corpo di guardia, mi sentii raddoppiare e triplicare l'orrore per quel infame mestier militare ; infamissima e sola base dell'autorità arbitraria, che sempre è il frutto di tante migliaja di assoldati satelliti... Uscii di quella universal caserna prussiana... abborrendola quanto bisognava » (*Autobiographie*). « En entrant dans les Etats du grand Frédéric, qui me firent l'effet d'un seul corps de garde se prolongeant indéfiniment, je sentis redoubler et tripler mon horreur de cet infâme métier militaire, seul et ignoble fondement de l'autorité arbitraire à laquelle on aboutit toujours en entretenant à sa solde tant et tant de sbires... Je quittai cette immense caserne qu'est la Prusse... avec l'horreur qu'elle méritait. »

Bien plus qu'aux grands événements mondiaux, Mozart s'intéresse aux petites affaires de la politique, car ce sont des hommes de sa connaissance qu'elles mettent en jeu. Le jugement qu'il porte sur l'une de ces affaires le rend même suspect d'antisémitisme. Le 11 septembre 1782, il écrit à son père : « ... La Juive *Escules* aura sans doute été un très bon et utile instrument pour une rupture d'amitié entre l'Empereur et la Cour de Russie..., car elle a été réellement conduite, avant-hier, à Berlin, afin de gratifier le Roi de la joie de sa présence... C'est donc une salope fieffée... car elle a été aussi l'unique cause du malheur de Günther..., si c'est un malheur d'être aux arrêts, deux mois, dans une belle chambre (en conservant avec soi tous ses livres, son forte-piano, etc.), de perdre son poste précédent, mais d'être ensuite installé dans un autre, avec 1 200 florins d'appointements : car il est parti hier pour Hermannstadt... Toutefois... une pareille histoire fait toujours du mal à un honnête homme et rien au monde ne peut réparer cela... Vous devez seulement voir par là qu'il n'a pas commis un bien grand crime... Tout ce crime est... étourderie..., légèreté... par suite... une trop peu stricte réserve..., ce qui, à la vérité, est une grande faute chez une personne de cabinet.

— Bien qu'il n'ait rien confié d'important à personne, ses ennemis, dont le premier est l'ex-Statthalter comte de Herberstein, ont su si bien et si adroitement combiner les choses, que l'Empereur (qui avait une telle confiance en lui qu'il allait et venait dans sa chambre, bras dessus, bras dessous, avec lui, des heures entières) a conçu de lui d'autant plus grande méfiance... Sur quoi est arrivée cette salope d'*Escules* (une ancienne amante de Günther), qui l'a chargé plus que personne. — Cependant l'instruction de l'affaire a tourné d'une manière très sotte pour ces messieurs... : le grand bruit de cette histoire était déjà éteint... Mais les grands veulent n'avoir jamais tort... : de là l'infortune du pauvre Günther, que je plains cordialement, parce qu'il était un très bon ami à moi et que (si la situation était restée la même) il aurait pu me rendre de bons services auprès de l'Empereur... Figurez-vous un peu quelle nouvelle étrange et inattendue ça a été pour moi, et combien elle me touchait de près : Stéphanie, Adamberger et moi étions chez lui, le soir, à souper, et le lendemain il était mis en arrêt ! » Mozart se trompait complètement, comme l'a prouvé G. Gugitz (Mozarteums-Mitteilungen, III, p. 41-49, 1921), en procédant ainsi à la répartition des torts dans ce scandale, dont le bruit était parvenu jusqu'à Salzbourg. Johann Valentin Günther, de dix ans plus âgé que Mozart, et affilié à la franc-maçonnerie, avait d'abord été officier avant de devenir secrétaire du cabinet de l'empereur ; celui-ci en avait fait son confident et son favori, en dépit ou peut-être en raison de sa médiocrité, car il était toujours de l'avis de son protecteur. Il entretenait une liaison avec Eléonore Eskeles, fille d'un rabbin, qui avait épousé un certain Fliess, puis divorcé. Bien qu'il n'y eût aucune preuve, on porta contre elle l'accusation injustifiée d'avoir soutiré à Günther des secrets d'Etat et de les avoir transmis à deux espions juifs à la solde de la Prusse. Günther fut destitué, mais sa chute fut douce : nommé rédacteur au conseil de guerre impérial de Hermannstadt, en Transylvanie, il tomba dans les bras que lui ouvraient affectueusement les francs-maçons de l'endroit. Toute la colère de Joseph II éclata sur la pauvre juive, qui fut exilée, bien qu'on eût fait la preuve de son innocence. Après la mort de Joseph II, il est vrai, elle fut réhabilitée à grand bruit par Léopold II, le 7 décembre 1791 (deux jours après la mort de Mozart !) mais elle préféra attendre 1802 pour revenir à Vienne, où elle mourut en 1812, entourée de la considération générale ; sa mémoire s'honora même d'un passage d'une lettre de... Goethe. Mais, pour revenir à Mozart, il n'était rien moins qu'antisémite, et il n'aurait, d'ailleurs, eu nulle raison de l'être. Comme parrain de son premier fils, Raimund-Leopold, il accepta, quoique avec quelque réticence, un juif : son propriétaire, le baron Raimund Wetzlar von Plankenstern, qui était un de ses protecteurs et bienfaiteurs ; et lorsque, le 20 mars 1784, il adresse à son père la liste, extrêmement instructive, des personnes qui ont souscrit à ses concerts, les noms de familles juives y sont abondamment représentés. D'autre part, nous n'avons pas connaissance que les usuriers viennois aux mains desquels Mozart tomba au cours de ses dernières années aient précisément été des Juifs.

On a dit parfois que toutes les expériences ayant fortement contribué au développement de Mozart avaient été uniquement d'ordre musical. C'est exact et inexact à la fois. Il est vrai que tout ce qu'il a entendu en fait de musique, il l'a ou bien repoussé, ou si parfaitement assimilé qu'il n'était plus possible de le séparer de sa nature propre. Créateur, sa croissance s'accomplit comme celle d'une plante, d'un *noble* végétal dont le secret le plus intime demeure secret, mais que le soleil et la pluie favorisent et qu'un temps défavorable retarde et endommage. Et nous en connaissons beaucoup, de ces jours de soleil et de pluie qui ont agi sur le développement de la musique de Mozart. Ce développement, c'est dans l'*ensemble* de la production de Mozart qu'il se manifeste : celle-ci ne procède pas par bonds, mais d'une façon continue et logique ; elle est d'une limpidité si cristalline et d'une unité telle, lorsqu'on connaît toutes les conditions qui l'ont déterminée, qu'elle semble mener une existence autonome, indépendante de son créateur. En ce sens, on pourrait dire que l'homme, chez Mozart, n'a été que le réceptacle terrestre de son art ; et même que l'homme a été *victime* du musicien. Mais chez tout grand artiste, chez tout homme possédé de son art, l'homme est toujours victime de l'art.

Comment Mozart est-il apparu à ses contemporains, ou du moins à nombre d'entre eux ? L'impression la plus nette que nous possédions sur ce point est celle de Caroline Pichler, fille de Franz Sales von Greiner, conseiller aulique à Vienne, chez lequel Mozart, en ses dernières années, faisait jouer des quatuors. Elle est profondément convaincue de l'« inculture » des grands musiciens en général et de celle, en particulier, de Mozart, Schubert et Haydn ; seuls Weber et Cherubini font à ses yeux figure d'exception. C'est le point de vue du XIXe siècle qu'elle représente, en écrivant dans ses *Memoranda* imprimés en 1844 : « Mozart et Haydn, que je connaissais bien, étaient des hommes dans la fréquentation de qui ne se manifestait nulle intelligence supérieure et chez qui l'on ne rencontrait presque aucune sorte de culture, de préoccupations savantes ou élevées. Des dispositions d'esprit banales, de plates plaisanteries et, chez le premier, une vie frivole, c'était là tout ce que l'on trouvait dans leur fréquentation... » Encore bien aimable à elle d'ajouter : « Et quelles profondeurs, quels mondes d'imagination, d'harmonie, de mélodie et de sentiment cachait pourtant cette enveloppe sans apparence ! »

Mais Mozart était bien autre chose qu'un simple musicien. De même qu'il savait lire dans le cœur des hommes, tout en donnant, à tous les coups, dans les panneaux qu'ils lui tendaient, il a également su pénétrer, avec une profonde intuition, et sans avoir jamais suivi nul cours d'esthétique, les richesses spirituelles de son époque. S'il était aveugle aux paysages ou à l'architecture, aux sculptures ou aux tableaux, du moins le dramaturge qu'il était possédait-il le sens le plus délicat de la poésie — de la poésie lyrique autant que du drame. Il a probablement beaucoup lu... et c'est sa seule ressemblance avec Beethoven. Sa bibliothèque comprenait des descriptions de voyages, des livres d'histoire et de philosophie ; des œuvres poétiques de Métastase, de Salomon Gessner, les comédies de Molière, dont Fridolin Weber lui avait fait présent, l'*Obéron* de Wieland, les poésies lyriques de Gellert et de Weisse. A-t-il réellement lu tout cela ? On l'ignore — mais, pour Métastase et Gellert, la chose est prouvée. Il connaissait, de plus, le *Télémaque* de Fénelon et l'*Aminta* du Tasse, se divertissait à la lecture des *Mille et Une Nuits* et surtout il connaissait une grande partie de cette foule de livrets italiens dont, depuis sa vingtième année, il suivait d'un œil extrêmement critique la production diluvienne. Le 7 mai 1783, il écrit : « J'ai bien parcouru 100 livrets... et plus... mais je n'en ai à peu près pas trouvé un seul dont je puisse être satisfait... » Il cherchait quelque chose de nouveau, qui pût servir complètement, et non point seulement « à peu près » à des fins dramatiques, et au bout du compte il finit par trouver les *Nozze*. C'est à quoi il faut songer, si l'on veut vraiment se rendre compte de l'importance qu'eut pour lui sa rencontre avec da Ponte.

Il a lui-même exprimé en termes prophétiques l'importance de cette rencontre, en résumant, dans une lettre à son père (13 octobre 1781), son esthétique de l'opéra : « ... Pourquoi les opéras bouffes italiens plaisent-ils donc partout..., avec tout ce que leurs livrets renferment de misérable ?... Et même à Paris..., j'en ai été moi-même témoin. — C'est que la musique y règne sans partage... et dès lors on oublie tout le reste. — Oui, un opéra doit plaire d'autant plus que le plan de la pièce aura été mieux établi ; que les paroles auront été écrites pour la musique, et qu'on ne rencontrera pas, ici et là, introduites pour satisfaire une malheureuse rime (quelles qu'elles puissent être, par Dieu ! les rimes n'ajoutent rien au mérite d'une représentation théâtrale et lui nuisent plutôt), des paroles... ou même des strophes entières qui gâtent toute l'idée du compositeur. Les vers sont bien, pour la musique, la chose la plus indispensable..., mais les rimes... pour les rimes, c'est bien la plus nuisible... Les gens qui entreprennent leur œuvre avec tant de pédanterie sombreront toujours, eux et leur musique. — Le mieux, c'est quand un bon compositeur, qui comprend le théâtre et qui est lui-même en état de suggérer des idées, se rencontre avec un judicieux poète, un vrai phénix... C'est alors qu'on ne doit pas s'inquiéter du suffrage des ignorants !... » Cette esthétique de l'opéra est exactement l'opposé de celle de Wagner et, un peu aussi, de Gluck. La lettre de Mozart prouve toute son indépendance d'esprit et la sûreté de son sentiment esthétique, car il avait certainement lu et médité la préface ou plutôt la dédicace mise par Calzabigi et Gluck en tête de la partition d'*Alceste*.

La même indépendance se manifeste à l'égard des courants contemporains qui annoncent le XIXe siècle, cet âge du « Romantisme » dont il aurait encore très bien pu connaître le plein épanouissement. Tout ce qui n'est que transition est pour lui sans intérêt. Il est tout à fait fils du XVIIIe siècle, si l'on veut..., puis du XXe — ou, pour mieux dire, il appartient à l'art de tous les temps, mais il n'est certainement pas un « précurseur ». Beethoven trouve bien des éléments à exploiter chez Haydn, mais bien peu seulement chez Mozart. Où donc, en effet, trouver un point d'attache en Mozart ? Et comment se rattacher à lui ? On peut bien aspirer, sur un plan différent, à la perfection harmonique et même, peut-être, y parvenir ; mais on ne peut la *surpasser*. Tandis qu'avec Haydn, on pouvait rivaliser sur bien des points. Or Mozart vivait en pleine période de « *Sturm und Drang* », au siècle de la sensibilité, au siècle de Rousseau. Cependant, Mozart ne fait pas une fois allusion à Rousseau, bien qu'il ait composé une opérette d'après le *Devin du village* de Rousseau et dû entendre assez souvent prononcer son nom à Paris. Il est probable, d'ailleurs, qu'il n'eût pas plus aimé le « philosophe » genevois amateur de musique que goûté son « Retour à la Nature ». La vraie place de Mozart est du côté de Voltaire, en dépit de la méchante oraison funèbre dont il l'a gratifié. Quel rapport entre leurs esprits ! Voltaire, lui aussi, est un homme du XVIIIe siècle et de « tous les temps » ; chez lui aussi, le même regard froid et impitoyable, la même ironie, la même férocité dans la satire, la même profondeur dans le fatalisme. Et il y a un rapport entre *Candide* et la symphonie en *sol* mineur.

Pour un homme et un artiste comme Mozart, le « *Sturm und Drang* » est un mouvement bien trop superficiel, bien trop *informe*. Quant à la sensibilité, c'était une manifestation de son siècle dont il s'est contenté de rire. On a dit maintes fois que Mozart avait été, sur le plan musical, un élève de Philippe-Emmanuel Bach, le maître par excellence de la sensibilité. Nous aurons à examiner, dans la seconde partie de notre livre, si cette assertion est exacte et dans quelle mesure. Gluck a mis en musique des odes de Klopstock et il voulait en faire autant de sa *Hermanns Schlacht* aux accents patriotiques si teutons. Mozart, lui, dans une des lettres à sa cousinette (10 mai 1779), parodie une célèbre ode de Klopstock (*Edone*) que Zumsteeg et Schubert mettront en musique par la suite :

Klopstock :

« Ta douce image, Edone,
Ne quitte pas mes yeux ;
Mais des larmes les voilent.
Que n'es-tu là toi-même !

Je la vois quand le soir
M'entoure de son ombre,
Quand la lune m'éclaire, et je pleure.
Que n'es-tu là toi-même !

Par ces fleurs du vallon,
Que je lui cueillerai,
Par ces branches de myrte,
Que je lui tresserai,

Je t'en conjure, Image,
Métamorphose-toi !
Métamorphose-toi
En Edone elle-même ! »

Mozart, avec la pétulance qui le caractérise, démêle aussitôt le comique de cette sentimentalité exagérée — sentimentalité *propre à l'Allemagne du Nord* et insupportable aux Allemands du Sud. (Ce qui n'empêcha d'ailleurs pas Klopstock de trouver à Vienne des imitateurs enthousiastes.) Or, fin 1782, voilà qu'on charge Mozart de mettre en musique une de ces poésies à la Klopstock ou à la Ossian : l'*Ode sur Gibraltar* de l'ex-jésuite Denis, alias le barde Sined, comme il se nommait lui-même. Mais Mozart est incapable d'en venir à bout (28 décembre 1782) : « ... je travaille à quelque chose de très difficile : un chant de barde, de Denis, sur Gibraltar... Mais c'est un secret, car une dame hongroise veut en faire honneur à Denis... L'ode est élevée, belle, tout ce que vous voudrez... mais... trop outrée, trop guindée pour mes oreilles délicates... Que voulez-vous ! La mesure..., le vrai, en toutes choses, on ne les connaît ni ne les estime plus... Pour obtenir le succès, il faut écrire des choses qui soient si compréhensibles qu'un fiacre pourrait les chanter ensuite, ou bien si incompréhensibles, qu'elles plaisent tout justement parce qu'aucune créature raisonnable ne les peut comprendre... » Et Mozart ajoute qu'il voudrait bien écrire une brève initiation à la musique, avec exemples musicaux, pour y exposer ses vues esthétiques : le juste milieu entre la trivialité et la préciosité. On croirait, à les lire, que ce sont celles d'un vieil homme, d'un *laudator temporis acti*. Mais elles sont le fruit des méditations d'un musicien qui est *de tous les temps*.

Cette simplicité naturelle, que Mozart partageait avec toute l'Allemagne du Sud, son incapacité à être « sensible » au sens où l'entendait la seconde moitié du XVIIIe siècle, veut-on, par une comparaison, les mieux saisir ? Il suffit d'entendre d'autres déclarations de la même époque ; par exemple celles de Johann-Friedrich Reichardt, de Königsberg en Prusse, contemporain exact de Mozart, lui aussi, puisqu'il était son aîné d'à peine quatre ans. Reichardt est le type achevé de l'intellectuel berlinois, auquel seul le « raisonnement » ouvre le chemin de l'art ; disciple zélé de l'art rationaliste, apparemment si « raisonnable », de Gluck, il se montre extrêmement critique à l'égard de Haydn et de Mozart auxquels il survécut. Mais une fâcheuse corrélation unit toujours l'intellectualisme à la « sensibilité ». Très tôt, Reichardt se sent une veine d'écrivain et, à vingt-quatre ans à peine, il publie ses *Lettres d'un voyageur attentif* (1774) : ce ne sont que raisonnements superficiels et impertinentes critiques. A Berlin, il assiste à une exécution du *Judas Macchabée* de Haendel ; et, à propos du chœur

« For Sion lamentation make
With words that weep, and tears that speak »,

voici ce qu'il écrit : « Tout auditeur sensible ne peut s'empêcher de soupirer du fond du cœur, et maintenant encore, les larmes m'empêchent de m'exprimer... » Une telle exagération, supposé même qu'elle soit vraie, et non simple cabotinage, aurait bien fait rire Mozart. C'était alors l'époque, dans la poésie allemande, des « génies originaux », et bien des musiciens allemands se seraient également donné volontiers des allures de « génies originaux », si seulement la musique avait été un instrument ou un outil plus facile à manier que la langue des mots. Mozart, lui, ne se pique jamais d'« originalité », si raffiné qu'il soit parfois. Nous aurons l'occasion d'y revenir en le comparant au « révolutionnaire » Haydn. Et pourtant les règles du métier, en soi, n'avaient pour lui aucune signification. Il parle, dans une lettre à son père (13 octobre 1781), de l'incapacité des librettistes à sortir des sentiers battus de la convention : « Les poètes me font un peu l'effet des trompettes, avec leurs farces de métier !... Si, nous autres compositeurs, nous voulions suivre toujours si fidèlement nos règles (qui étaient très bonnes autrefois, quand on ne savait rien de mieux qu'elles), nous ferions tout juste d'aussi médiocre musique qu'ils font de médiocres livrets... » (Les trompettes allemands, à l'époque de Mozart, formaient encore une corporation et conservaient leurs antiques traditions.) En fait, il est sans le vouloir un puissant novateur, et c'est également sous ce jour qu'il est apparu à ses contemporains ; mais il n'eut jamais l'intention délibérée d'être original.

Toute exagération, toute outrance et tout gâchis — même ailleurs qu'en musique — provoquent la verve sarcastique de Mozart. Le 14 août 1773, il lance à sa sœur l'apostrophe suivante : « J'espère, ô ma reine, que tu jouis du plus haut degré possible de bonne santé et que, de temps à autre, ou plutôt parfois, ou mieux encore quelquefois, ou mieux encore *qualque volta* (comme disent les Italiens) tu daigneras me consacrer quelques-unes de tes importantes et profondes pensées ; de tes pensées, ô reine, qui jaillissent en tout temps du jugement si admirable et si sûr que tu possèdes, avec la beauté, d'une façon si remarquable, que — bien qu'on n'exige, dans un âge si tendre, et chez une femme, presque aucune des qualités ci-dessus nommées — tu remplis de confusion les hommes faits et même les vieillards. Adieu

Wolfgang Mozart. »

Ce tarabiscotage sans queue ni tête a été écrit à Vienne, où Mozart passait alors l'été et où il a dû voir au théâtre une de ces pièces pleines d'emphase et de boursouflure, qui servaient à l'époque à remplir le répertoire — et ce devait même être, je le crains fort, le *Roi Thamos* de Gebler, dont il fournissait précisément la musique. Ses protecteurs eux-mêmes, lorsqu'ils se rendaient coupables de fautes de goût, ne trouvaient pas grâce à ses yeux.

Pour bien des gens, Mozart a été et est encore le vrai représentant, en musique, du « style rococo », de la grâce anacréontique, de l'Ancien Régime, sans doute pour avoir, enfant, porté une natte et une épée de fantaisie. Cette façon de voir ne cadre pourtant ni avec la nature réelle de Mozart, ni avec son apparence extérieure ; il suffit de regarder ses quatre portraits les plus fidèles, relativement : celui du tableau de famille peint à Salzbourg, le portrait de Bologne, l'esquisse à l'huile de Lange, le profil au crayon dessiné par Doris Stock. La grâce et la joliesse de Mozart n'ont rien d'anacréontique, elles n'ont pas seulement ce caractère « XVIIIe siècle ». Le poète Wieland a joué un grand rôle dans la formation littéraire de la famille Mozart ; on connaissait ses *Abdéritains* et son *Obéron* et nous connaissons déjà le portrait du poète que Mozart adressa par lettre à son père, sachant combien il l'intéresserait. Or, bien des œuvres de Wieland, *Musarion* par exemple, sont de petits chefs-d'œuvre de grâce et d'humour badin ; mais cette « philosophie de libres penseurs », ce badinage d'une sérénité toute hellénique, ce goût lascif des charmes féminins à demi dévoilés, n'ont pas le moindre rapport avec la verdeur de Mozart, avec sa gravité démoniaque, avec sa puissance et sa perfection royales. Que l'on compare la façon dont Wieland conçoit l'amour :

« Je t'aime, poussé par ce doux instinct,
qui, semblable aux zéphyrs, fait passer en mon cœur une légère houle,
ne provoque jamais de tempête, jamais de tourment, mais me réjouit sans cesse :
Comme j'aime les Grâces, comme j'aime les Muses,
C'est ainsi que je t'aime. »

— et l'on n'en trouve pas d'autre chez lui — avec celle dont Mozart conçoit Constance, Zerline, Pamina... pour ne rien dire de figures comme Donna Anna ou Donna Elvira ou de déclarations d'amour comme l'*Air du Champagne* de Don Juan, ou l'*Air du Portrait* de Tamino. Jamais Mozart ne se contente d'être aimable et jamais il ne verse dans la mignardise ; ce n'est pas un Watteau, et encore moins un Greuze ou un Boucher. Il est encore fils du XVIIIe siècle en ce sens que l'art, à cette époque, faisait encore partie intégrante de la vie — que le Romantisme ou la barbarie de notre époque civilisée ne l'avaient pas encore mis en question. Mais, à côté de cela, il est hors du temps.

Dans une lettre adressée par Mozart, de Munich, à son père (29 novembre 1780), à l'époque où il travaille à la composition et prépare la représentation d'*Idoménée,* nous trouvons un remarquable passage de critique à propos du *Hamlet* de Shakespeare. Une fois le conflit poussé à son point culminant, dans *Idoménée,* — et pour autant qu'on puisse parler de conflit dans un *opera seria* — le dénouement est amené par une voix d'une puissance divine, dont les accents solennels s'élèvent des profondeurs de la terre. Cet effet ne doit pas durer trop longtemps, Mozart le sent : « Dites-moi ? Ne trouvez-vous pas que le discours de la Voix souterraine est trop long ? Examinez bien cela... Représentez-vous la scène : la voix doit être effrayante..., elle doit pénétrer l'âme..., il faut que l'on crie que c'est la vérité même... Et comment l'effet peut-il être aussi fort si le discours est trop long, si la longueur permet aux auditeurs de se persuader progressivement de son néant ?... Si, dans *Hamlet,* le discours du spectre n'était pas si long, l'effet n'en serait que meilleur... »

Mozart a vu *Hamlet,* peut-être aussi *Macbeth,* et il n'est pas invraisemblable qu'il ait, au cours de ses dernières semaines, songé à la possibilité de mettre en musique une adaptation de la *Tempête* de Shakespeare. Salzbourg, à la fin des années 1770, était une ville de théâtre. Pendant le grand voyage de Mozart, la troupe, « médiocre » il est vrai, au dire de Léopold, de l'impresario Nössel y avait séjourné ; cependant, un couple de comédiens s'y distinguait, qui devait par la suite, à Munich, parvenir à une grande célébrité :

c'étaient Franz-Xavier Heigel et sa femme Caroline, née Reiner. En 1779-80, la troupe de Böhm y joua ; en septembre 1780, la compagnie d'Emmanuel Schikaneder arriva à son tour, et ce fut le début de relations qui, renouées plus tard à Vienne, devaient aboutir à la collaboration à la *Flûte Enchantée*. De la mi-septembre au début de novembre, Mozart, son père et sa sœur n'ont pas manqué une des représentations de Schikaneder... et elles avaient lieu quatre fois la semaine ; ils n'avaient du reste qu'à traverser la place Hannibal pour être à l'entrée du théâtre. On en possède encore le répertoire : pièces sans valeur, pour la plupart, quelques opérettes, des monodrames et parfois des ballets ; mais, le 26 septembre, Mozart a vu l'*Emilia Galotti* de Lessing, le *Jules de Tarente* d'Anton Leisewitz, le 11 octobre le *Barbier de Séville* d'après Beaumarchais et, le 13 octobre, *Hamlet, prince de Danemark,* dans l'adaptation de F. W. L. Schroeder. Parmi les ballets, celui du 8 octobre, *Les Statues animées*, n'est pas sans importance, car il traite le sujet de *Don Juan*. Le style de ces représentations était aussi peu « classique » que possible : dès cette époque, Schikaneder aimait les effets vulgaires, les costumes bariolés, l'emploi des comparses, bref une réalité bien concrète et criarde ; du reste, ce n'est pas avec de la délicatesse et du goût qu'on eût pu faire la conquête des citadins de Salzbourg et des campagnards d'alentour. Mais Mozart suit le spectacle avec un intérêt brûlant et il a même relu après coup, à Munich, l'une des pièces pour laquelle il avait composé un intermède, aujourd'hui perdu : l'adaptation allemande de *Le Due notti affanose* de Carlo Gozzi.

« La comédie... est charmante », écrit-il (13 décembre 1780), et, de fait, c'est — pour l'époque — une pièce pleine de passion vigoureuse et vraie, même dans la misérable version allemande.

Nous savons que Mozart, dans les premiers temps de son séjour à Vienne, fréquentait passionnément le théâtre, bien qu'il n'ait jamais — ou rarement — exprimé les impressions qu'il en avait gardées. Nous ne savons pas *tout* ce qu'il a vu, sans doute ; mais il est clair que son intérêt allait principalement au drame, car il était un homme de théâtre né. Au fond, peu importe le détail des drames qu'il a connus ; un génie comme le sien puise inspiration et expérience même dans des productions médiocres et mauvaises et, dans la Vienne d'alors, la qualité des œuvres représentées comptait d'autant moins qu'il y avait d'excellents comédiens. Il n'importe guère non plus, au fond, que les connaissances théâtrales de Mozart aient pu présenter des lacunes ; ce n'était point un « lettré » au même titre que, plus tard, Schumann ou Wagner, qui connaissaient Shakespeare, Schiller et Goethe. En revanche, il était un autre domaine où ses connaissances étaient immenses et sans lacunes : celui de l'opéra sous toutes ses formes, à commencer par l'*opera seria* et l'*opera buffa* jusqu'à l'opérette allemande, l'opéra comique français, la *Festa teatrale*, la *Serenata teatrale*, la Pantomine et le ballet. Seule l'alliance du drame parlé et de la musique instrumentale descriptive, le monodrame ou le duodrame, lui était demeurée étrangère jusqu'à sa visite à Mannheim et il est, au début, tout « surpris » de l'effet produit. Sur trente-six années qu'il a vécues, vingt-cinq l'ont vu s'occuper de musique « pour le théâtre ». Aussi faudrait-il dire que son œuvre entière culmine dans l'opéra sous toutes ses formes, qu'il a été, par excellence, un compositeur d'opéras... s'il n'était tout aussi vrai de dire que cette œuvre a atteint son sommet dans le domaine de la musique instrumentale. Ce qui, en somme, nous ramène au point dont nous sommes partis en constatant l'universalité absolument unique du génie de Mozart.

Marcel Moré

LE DIEU MOZART ET LE MONDE DES OISEAUX

Introduction

Cet essai, qui traite surtout de Mozart et de son œuvre, n'est cependant pas le fait d'un spécialiste de la musique. L'auteur n'est ni un compositeur, ni un musicologue, ni même un critique d'art, et encore moins un philosophe qui chercherait à écrire un traité d'esthétique musicale. C'est un simple amateur et rien d'autre, mais un amateur dans la vie duquel, comme chez quelques hommes de sa génération, l'art musical a joué un rôle de premier plan, sinon décisif. Agé de plus de quatre-vingts ans, il a voulu, non pas ajouter une nouvelle étude à celles déjà si nombreuses qui ont été publiées sur le compositeur de *Don Juan*, mais raconter à la suite de quelles circonstances, au cours d'une existence qui était loin d'être axée sur des préoccupations musicales, il avait eu une révélation progressive de l'art mozartien, encore mal apprécié en France lorsqu'il était adolescent.

Toutefois, pour être mieux compris du lecteur, peut-être n'est-il pas inutile qu'il explique, dans une courte introduction, les circonstances à la suite desquelles, possédant une oreille assez peu musicienne et élevé dans une société bourgeoise presque entièrement fermée à l'intelligence de la musique, il s'était néanmoins peu à peu initié à l'art musical.

Aujourd'hui le premier venu croit, même s'il n'a aucune éducation musicale, qu'il lui suffit, pour connaître une œuvre, d'en avoir entendu deux ou trois fois des exécutions plus ou moins bonnes, transmises par la radio et la télévision ou enregistrées sur disques. A la fin du XIXe siècle et au début du XXe, sans doute par suite de l'influence que Wagner et sa conception du drame lyrique avaient commencé à exercer sur les milieux intellectuels avancés, ceux-ci avaient de l'art musical un sens autrement profond.

A l'époque où, étant encore presque un enfant, j'ai commencé à m'intéresser à la musique, le wagnérisme offrait matière à de violentes discussions. A Paris, il y avait à peine une dizaine d'années que la direction de l'Opéra, ayant enfin tiré un trait sur le scandale des trois fameuses représentations de *Tannhäuser* en 1861, s'était décidée à monter et à inscrire à son répertoire, d'abord *Lohengrin*, puis *Tannhäuser* lui-même et *La Walkyrie*. Et cela avait suscité la protestation d'un grand nombre d'abonnés, alors que les wagnériens, dont le nombre s'accroissait de jour en jour, étaient enthousiasmés par ces représentations et considéraient également comme un événement important l'audition intégrale de *L'Or du Rhin* donnée chaque hiver par les concerts Lamoureux. Le public des grands et petits bourgeois continuait, lui, à n'avoir de l'admiration que pour les opéras français et italiens de Meyerbeer, de Gounod, de Rossini et de Verdi.

Dans l'entourage immédiat de ma famille, il n'y avait aucun wagnérien. Deux cousines germaines de mon père, deux vieilles filles géantes qui s'étaient trouvées subitement enrichies par l'incendie d'un immeuble qu'elles possédaient rue Réaumur (non seulement le sinistre avait été réglé comme de juste par la compagnie d'assurances, mais, presque aussitôt, les murs croulants et noircis avaient été rachetés à un prix tout à fait inespéré par un grand magasin de nouveautés), ces deux vieilles filles, donc, étant entrées subitement en possession d'une fortune sur laquelle elles ne comptaient pas, avaient pris l'habitude de se payer fréquemment le luxe d'une loge à l'Opéra où, couvertes de bijoux, elles recevaient parents et amis. Elles n'auraient jamais eu l'idée d'assister à une représentation de *Lohengrin* ou de *La Walkyrie*. Elles m'invitèrent dans leur loge un soir où l'on jouait le *Rigoletto* de Verdi. J'avais dix-sept ou dix-huit ans, je crus mourir d'ennui. Il est vrai qu'à Paris, il n'y a jamais eu de chanteurs capables d'interpréter convenablement la musique italienne. Et, surtout, le wagnérisme dont je commençais à être un adhérent convaincu, était comme un écran qui m'empêchait de comprendre l'art d'un musicien que je serais enclin, aujourd'hui, à regarder comme étant le Shakespeare du drame lyrique.

En tout cas, si les deux cousines géantes ne cessaient de répéter avec les autres membres de ma famille que Wagner était un affreux sauvage qui prenait plaisir à écorcher les oreilles de ses auditeurs, un autre cousin germain de mon père était le seul à prendre sa défense, mais c'était d'une manière purement ironique. Il avait une sainte horreur de la musique quelle qu'elle fût, aussi bien des œuvres classiques que des chansons de café-concert. Mais, occupant une certaine situation dans la société parisienne, il était souvent invité à l'Opéra par des amis ou clients titulaires d'une loge d'abonnement. Et il ne cachait pas à ses intimes la satisfaction qu'il éprouvait quand on jouait du Wagner : « Cette musique-là, disait-il, ce n'est pas comme celle de Gounod : grâce au tintamarre que fait l'orchestre, je n'arrive pas à m'endormir au cours d'une représentation, et ainsi j'évite de commettre une impolitesse vis-à-vis des personnes qui, gracieusement, m'ont invité à passer la soirée avec elles à l'Opéra ! »

Il est vrai que mon père, lui, n'était pas entièrement indifférent à l'art musical. Avant son mariage, il avait fréquenté un disciple passionné de César Franck, qui était du même âge que lui à quelques mois près : il avait connu Ernest Chausson par un cousin de ce dernier, et il aimait parfois à me raconter que, dans les années qui suivirent immédiatement la guerre de 1870, le musicien, un peu oublié aujourd'hui, de la *Chanson perpétuelle* et du *Roi Artus*, l'entraînait souvent le dimanche aux concerts Pasdeloup qui avaient lieu alors au Cirque d'été et où des fragments symphoniques de Wagner étaient joués fréquemment, mais au milieu d'un chahut général. Lorsque mon père s'aperçut que je commençais à m'intéresser à l'art musical, il ne fut pas sans éprouver un certain sentiment de fierté : « Ah ! disait-il à des oncles, tantes, beaux-frères et belles-sœurs, savez-vous la bonne nouvelle ? J'ai l'impression que mon petit Marcel prend goût à la musique. Vous ne pouvez pas savoir comme j'en suis heureux ! » Mais oncles, tantes, beaux-frères et belles-sœurs préféraient un bon repas à toute manifestation musicale, et restaient bien indifférents à son bonheur.

Malheureusement, mon père, qui n'avait eu de la musique qu'une connaissance assez superficielle, fut détourné rapidement de toute préoccupation de cet ordre par ma mère, qui, élevée à Reuilly dans un couvent de bonnes sœurs, aussi célèbre en son temps et en son genre que celui des *Oiseaux*, avait été mise en garde par ses éducatrices contre le monde des « artistes » ; en outre elle ignorait tout, absolument tout, de la musique. Elle la connaissait encore moins bien que l'une de ses amies qui, ayant été obligée, par devoir mondain, d'assister un soir à une représentation de l'*Orphée* de Gluck, en était sortie scandalisée, ne cessant de répéter qu'elle ne trouvait pas cela drôle du tout malgré ce qu'on lui en avait dit. Elle croyait avoir entendu *Orphée aux Enfers*. Ma mère n'aurait certainement pas fait une telle confusion, car elle ignorait aussi bien le nom de Gluck que celui d'Offenbach.

C'est pourtant grâce à cette mère que s'est

réalisé ce que je me permettrai d'appeler mon « destin d'amateur de musique ». Aujourd'hui, le piano est un instrument fort rare dans les salons même les plus riches où il est remplacé par un électrophone ou la télévision, mais sous la IIIe République, il faisait toujours partie du mobilier d'une famille qui se respectait [1], et les parents, même s'ils étaient indifférents à l'art des sons, auraient cru manquer aux us de la bonne société, s'ils n'avaient pas fait « apprendre la musique » à leurs enfants. Tous les petits garçons et petites filles de mon âge avaient leurs professeurs de piano — plus rarement de violon —, mais ces professeurs étaient généralement de vieilles filles radoteuses ou des dames ayant une éducation fort honorable. Lorsque j'eus atteint l'âge de sept ans, un « hasard providentiel », s'il est permis de s'exprimer ainsi, voulut que ma mère, grâce à une amie qu'elle voyait d'ailleurs fort rarement, découvrit, pour faire mon éducation musicale, une femme dont, certes, le niveau intellectuel n'était pas très élevé, mais qui néanmoins avait un sens musical plus développé que les maîtresses de mes petits camarades.

Mme Bex, ruinée par son mari qui avait géré fort maladroitement ses affaires, avait dû se met-

1. Mes parents avaient des amis totalement indifférents à la musique. On voyait quand même dans leur salon un magnifique piano. Mais si on voulait l'ouvrir, on s'apercevait qu'à l'intérieur il n'y avait ni clavier, ni cordes. Ils s'étaient contentés d'acheter le meuble extérieur pour faire illusion. (*N.d.A.*)

tre à enseigner le piano pour pouvoir élever ses deux fils qui étaient, pure coïncidence, mes camarades à l'école Massillon. Cette femme n'avait guère plus de quarante ans, et s'il lui arrivait trop souvent de faire jouer à ses élèves de belles inepties (j'ai oublié le nom des auteurs, mais je me rappelle particulièrement le titre de l'un de ces morceaux, *Sous la feuillée*, qui me remplit de joie le jour où un jeune soldat, cousin de ma mère, qui faisait alors son service militaire, m'apprit ce que ses camarades, au cours des grandes manœuvres, désignaient par ce mot de « feuillée »), elle ne manquait cependant pas d'un certain « flair » musical vraiment inattendu chez une femme comme elle. En particulier, elle était grande admiratrice de Bach, encore mal connu en France (vers 1900, les œuvres de ce musicien, découvert un demi-siècle plus tôt par Gounod lors d'un voyage en Allemagne, commençaient à figurer fréquemment aux programmes des concerts de la *Schola Cantorum*). Et dès que mes doigts d'enfant se furent dégourdis à force de monter et de descendre des gammes, elle me fit jouer, en même temps que le *Gradus ad parnassum* de Clementi, les *Inventions* du musicien d'Eisenach ainsi que son *Clavier bien tempéré*.

Par ailleurs, lorsque toujours à la même époque, une œuvre de Wagner était montée pour la première fois à l'Opéra, par exemple les *Maîtres chanteurs* ou *Siegfried* (*Tristan* ne devait voir les feux de la rampe à Paris que beaucoup plus tard), Mme Bex s'y précipitait, et la semaine suivante, quand arrivait le jour de ma leçon, c'était elle qui s'asseyait devant le clavier et me jouait les différents leitmotive en m'expliquant comment ils s'intégraient les uns dans les autres au cours du « drame musical » qu'elle avait entendu quelques jours auparavant. J'étais émerveillé devant les horizons qui s'ouvraient ainsi devant un gamin de mon âge qui, étant au début de ses études musicales, n'avait jamais encore franchi le seuil de l'Opéra.

Non seulement Mme Bex, engagée dans la bataille wagnérienne, s'intéressait aussi à l'œuvre naissante de Debussy, mais elle avait de l'enseignement du piano une conception qui a eu les plus heureuses conséquences sur mon éducation musicale. Entre autres, elle réunissait chez elle, toutes les semaines, plusieurs de ses élèves (parmi lesquels se trouvait la grosse et charmante Georgette Méliès, dont le père, pionnier du cinéma, tenait alors une boutique de livres et de journaux dans une gare parisienne), on s'asseyait deux par deux devant trois pianos droits alignés dans la salle à manger, Mme Bex posait sur chacun des pupitres un arrangement à quatre mains d'une symphonie de Haydn ou de Beethoven, elle mettait le métronome en marche, et puis « va comme je te pousse », les six pianistes, électrisés par elle, devaient déchiffrer sans la moindre hésitation les partitions placées sous leurs yeux et en donner une exécution convenable. On apprenait ainsi à lire rapidement un texte musical, et à garder en même temps le sens de la mesure, puisque les exécutants devaient marcher tous ensemble. Mais ceci est un détail assez secondaire et, à vrai dire, l'enseignement de Mme Bex a eu pour moi des conséquences plus profondes.

Un jour de 1902, comme j'approchais de mes quinze ans — cette date est restée gravée dans ma mémoire, car ma plus jeune sœur, née l'été précédent, dormait dans la pièce voisine, et j'avais peur de la réveiller en tapant trop fort sur le clavier — un jour de 1902 donc, j'eus l'idée de prendre une partition qui traînait, je ne sais pour quelles raisons, dans un casier à musique près du piano. Je m'assis devant le clavier, puis, peu à peu, je pris conscience que, sans avoir derrière moi Mme Bex pour m'encourager, je pouvais néanmoins exécuter la partition entière de la première à la dernière mesure. Certes, j'accumulais les fausses notes, j'accrochais presque tous les accords, et la partition présentait un intérêt médiocre puisque c'était la réduction pour piano de *Mignon* d'Ambroise Thomas. Mais enfin ! Je m'aperçus que, malgré mon âge et mon inexpérience, j'étais capable de recréer, tant bien que mal, une œuvre musicale avec mes doigts. Je poussai un cri de triomphe.

Certes, l'enseignement de Mme Bex n'a pas fait de moi un virtuose ! Mais grâce à ses leçons, il m'a été possible, en procédant tout au long de mon existence à de pareilles « autopsies musicales », de pénétrer dans certaines œuvres un peu plus profondément que ne le font aujourd'hui les auditeurs de disques. Si j'étais né un demi-siècle plus tard, ma mère ne m'aurait sans doute pas fait apprendre un instrument de musique, puisque, parmi les enfants que je connais actuellement, il n'y en a pas un seul qui se livre à des exercices de ce genre. Comme eux, je l'ai déjà dit, j'aurais dû me contenter d'écouter des disques et la musique n'aurait jamais été pour moi qu'un agréable passe-temps auditif, comme elle l'est en cette fin du XXe siècle ; pourtant des personnes parlent aujourd'hui des grandes œuvres de l'art musical, sans posséder les notions même les plus élémentaires de cet art.

Pour Mme Bex la musique n'était pas seulement un plaisir de l'oreille, elle était même beaucoup plus que la simple expression de sentiments plus ou moins variés. Je me souviens qu'un jour elle me demanda — ce qui parut fort amusant à un jeune garçon de quatorze ou quinze ans — de résumer par écrit le « roman » que j'imaginais en jouant la *Pathétique* de Beethoven. Il est évident que, pour cette admiratrice de drames wagnériens où l'orchestre est le grand commentateur de l'action, la plupart des œuvres purement instrumentales, contemporaines du romantisme ou postérieures à cette époque, racontaient une tragédie qui ne pouvait s'exprimer par des mots, et si j'ajoute qu'elle n'était pas la seule à penser ainsi, je touche en somme à une question essentielle. J'imagine assez mal ce que représente aujourd'hui, pour les jeunes générations, l'art musical, mais je sais ce qu'il était il y a un siècle et même encore il y a un demi-siècle pour tous ceux qui se rendaient religieusement aux concerts dominicaux, bien souvent avec, sous le bras, des partitions qu'ils suivaient du regard pendant l'audition pour mieux comprendre les œuvres figurant au programme. La musique était alors considérée par les initiés comme la peinture d'un monde secret dont l'existence, ignorée des profanes, était révélée à eux seuls. Et je continue à penser que c'est un art magique qui pour pénétrer au plus profond de nos âmes fait en grande partie appel à notre sensualité.

Toutefois Mme Bex n'a pas été la seule à me dévoiler les secrets de l'art musical : j'ai eu la chance, encore adolescent, d'entrer en relation avec un médecin et sa femme qui, l'un et l'autre, possédaient une curiosité d'esprit autrement développée que celle de Mme Bex. Ayant quitté l'école Massillon peu de temps après ma première communion pour entrer, l'année de l'Exposition universelle de 1900, au lycée Louis-le-Grand, je fus amené bientôt à entretenir de fréquentes relations avec un camarade que je retrouvais le dimanche matin au « catéchisme de persévérance » de Saint-Sulpice. Son père, un médecin qui avait cessé d'exercer pour mieux se consacrer à l'étude de la littérature et de l'art, et sa mère, une femme fort intelligente, étaient tous deux des wagnériens encore plus convaincus que Mme Bex, puisque, avant que je les connaisse, ils avaient déjà fait à plusieurs reprises le pèlerinage de Bayreuth, fréquenté alors, non comme aujourd'hui par de simples touristes, mais uniquement par des initiés. En outre, tous deux, mais lui surtout, avaient une culture qui paraîtrait peut-être un peu démodée aujourd'hui, mais était à l'époque assez rare dans le milieu bourgeois auquel ils appartenaient. Je déjeunais souvent chez eux le dimanche et, dans l'après-midi, ils m'emmenaient avec leur fils, soit aux concerts Colonne, soit aux concerts Lamoureux, soit à ceux du Conservatoire qui, ceux-là, se tenaient dans la vieille salle déjà démodée, mais combien charmante de la rue du même nom. Et je fus bientôt convaincu que lorsqu'un garçon, encore inexpérimenté comme je l'étais à cette époque, cherche à approfondir le sens de la musique, rien n'est plus salutaire pour lui que d'avoir à ses côtés, dans une salle de concerts, la présence de grandes personnes ayant un sentiment intime des œuvres interprétées : il s'établit alors, entre ces personnes et lui-même, une « communication » silencieuse qui lui permet de pénétrer plus intimement dans les œuvres exécutées.

En outre, quand le docteur Servant me parlait des musiciens dont nous allions entendre ou venions d'entendre les œuvres, Bach, Mozart, Beethoven et naturellement Wagner et Debussy — noms qui revenaient aussi très fréquemment dans la bouche de Mme Bex, mais isolés, sans aucun lien avec l'art non musical —, ils étaient au contraire chez lui associés non seulement à ceux des poètes symbolistes (par exemple Mallarmé) ou des peintres impressionnistes (à propos de Debussy), mais encore à ceux de littérateurs ou d'artistes du temps passé et du présent : c'est ainsi, précisément à propos de musique que j'ai entendu pour la première fois le nom de Nietzsche prononcé par le docteur Servant. Il ressortait de ses propos que la musique, au lieu d'être un art clos sur lui-même, s'intégrait à la pensée dans sa plénitude. Et, ainsi, grâce aux parents de mon camarade, les horizons que Mme Bex avait commencé à me dévoiler prirent une extension à laquelle ne s'attendait guère un petit garçon qui avait été élevé par une mère ignorant tout de la musique. Bientôt il put dire que pour lui cet art exprimait l'inexprimable, comme il devait apprendre beaucoup plus tard qu'aux yeux de Paul Klee, la peinture était un art qui cherche à rendre visible l'invisible.

Ce n'est qu'assez tardivement que je me suis intéressé à Mozart. Mme Bex me faisait jouer quelques-unes de ses sonates pour piano. Certes, elles me paraissaient plus faciles à interpréter que celles de Beethoven ; mais alors que, chez ce dernier, je sentais toujours comme un appel du Destin que je n'entendais pas résonner chez le « ravissant » Mozart, la jolie musique de celui-ci me faisait surtout penser à un gazouillis plus ou moins aimable de jeunes filles et de jeunes garçons dans un salon du XVIIIe siècle. J'avais entendu à cette époque une ou deux fois *Les Noces de Figaro* à l'Opéra-Comique, et cet opéra m'avait paru aussi plaisant que *Le Barbier de Séville* de Rossini, sans vraiment susciter en moi aucune réaction profonde. J'étais porté à confondre des œuvres comme *Don Giovanni* et *Così fan tutte* avec les opéras de Rossini. Pour moi, le sens du grandiose que je devinais chez Beethoven et Wagner était tout à fait absent chez Mozart dont les sonates pour piano me semblaient être de simples exercices pour jeunes pianistes.

Ma première révélation de Mozart a eu lieu à Munich en 1905 ou en 1906. Je devais avoir un peu plus de dix-huit ans. Mes parents m'avaient envoyé en vacances, pour apprendre l'allemand, chez un *Herr Professor* qui séjournait l'été au Tyrol. Il aurait pu servir de modèle aux caricatures de Hansi. Un beau matin, exaspéré par cet homme qui faisait marcher au pas de l'oie « *ein, zwei ; ein, zwei* », ses jeunes pensionnaires quand il les emmenait au sommet d'une montagne pour voir le lever du soleil sur les Alpes, je le quittai brusquement, sans même avoir averti mes parents. En arrivant à Munich, je n'avais plus d'argent pour continuer mon voyage. Heureusement mon père, avant mon départ de Paris, m'avait conseillé, si j'avais des ennuis, d'aller trouver une marchande de chapelets qu'il connaissait dans cette ville. Exerçant le métier, aujourd'hui disparu, de commissionnaire-exportateur, il travaillait uniquement avec le Brésil et le Portugal, et je ne me rappelle plus par suite de quelles circonstances il avait pu entrer en relations d'affaires avec une femme tenant boutique d'objets de piété dans une petite rue de Munich ! En tout cas, elle m'accueillit fort aimablement et m'avança la somme dont j'avais besoin. Mais à peine sorti de chez elle, je vis sur une affiche que l'on jouait le soir même les *Maîtres chanteurs* au *Prinz Regent* et le lendemain *Così fan tutte* dans un petit théâtre du XVIIIe siècle, le *Residenz-Theater* (si j'ai bonne mémoire). Gardant à peine l'argent nécessaire pour aller rejoindre un ami qui était à Francfort chez un autre *Herr Professor*, je pris immédiatement une place pour chacune de ces deux représentations.

La représentation de *Così fan tutte* a été un des événements les plus importants de ma vie musicale. L'orchestre, peu important, admirablement dirigé, les interprètes appartenant à une catégorie de chanteurs que je n'avais jamais eu l'occasion d'entendre à Paris, et la petite salle avec ses ors, ses velours, ses moulures baroques, tout cela formait un ensemble merveilleux pour cet opéra bouffe ! Depuis lors, et cela remonte à plus d'un demi-siècle, j'ai toujours été gêné quand j'ai assisté à la représentation d'une œuvre de Mozart dans une trop grande salle. Au *Residenz-Theater*, le « charme » de Mozart se dissipa : il me sembla tout à coup entr'apercevoir derrière les personnages de *Così fan tutte* un monde merveilleux qu'aucun musicien ne m'avait encore révélé, et à partir de cette représentation, j'ai eu de l'art mozartien une conception entièrement nouvelle.

Un peu plus tard, la publication en France d'un important ouvrage en cinq volumes m'a permis de pénétrer plus avant dans la connaissance de

Mozart[1]. Non seulement cet ouvrage, intitulé *Wolfgang Amadeus Mozart*, comporte le catalogue complet de toutes ses œuvres, avec les numéros d'ordre qui leur ont été attribués par Ludwig von Koechel en 1862, mais chacune d'elles, même parmi les moins connues, même parmi les plus insignifiantes, est l'occasion d'un commentaire plus ou moins long. Toutefois, si d'un point de vue purement technique, cet ouvrage, fort remarquable, m'a été d'un grand secours, il est peut-être possible de faire quelques réserves quand il met en cause ce qui constitue le secret de l'art mozartien. En veut-on un exemple ? A propos du *Quintette en mi bémol* (K. 614), G. de Saint-Foix écrit :

« Lorsque l'on essaye de dominer par la pensée une œuvre aussi touffue et diverse que celle de Mozart, il est relativement aisé d'apercevoir, par exemple, tout ce qui unit ou rapproche notre présent *Quintette* des éléments mystiques et comme hors du temps qui hantent *La Flûte enchantée*, et combien ces mêmes éléments l'éloignent ou le différencient de l'humanité frivole ou passionnée de *Figaro* ou de *Don Juan* » (vol. V, p. 199).

1. Les deux premiers tomes dus à la collaboration de Théodore de Wyzewa et de Georges de Saint-Foix ont paru en 1912, et les trois derniers entre 1936 et 1946, mais signés seulement par le second de ces auteurs, le premier étant mort entre-temps. (Desclée de Brouwer, éd. à Paris.) (*N.d.A.*)

Evoquer la frivolité à propos de Mozart, même lorsqu'il s'agit des *Noces de Figaro*, c'est là, je le crains, faire une grave erreur : comme j'essaierai de le montrer au cours du présent essai, cet opéra bouffe, ainsi d'ailleurs que *Don Juan*, contient des « éléments mystiques hors du temps », du seul fait que ces deux œuvres sont en partie l'expression de souffrances qui, vécues au cours de sa vie par le jeune Wolfgang, ont été comme « transfigurées » par son génie musical.

Par ailleurs, Mme Homberg, femme d'un banquier parisien, ayant entendu d'admirables exécutions de Mozart par l'Opéra de Vienne, au théâtre des Champs-Elysées en 1923, avait cru, avec raison, faire la découverte d'un nouvel univers situé « au-delà des philtres wagnériens et de la douleur beethovénienne [1] », et ayant désiré prolonger cette découverte, elle eut l'idée de fonder avec Félix Raugel comme chef d'orchestre, une *Société d'études mozartiennes*. Les concerts de cette *Société*, dont le premier eut lieu le 20 novembre 1930, étaient consacrés à certaines grandes œuvres de Mozart, alors peu connues en France, par exemple *Les Vêpres des confesseurs* ou la *Messe en ut mineur*, et aussi à quelques-unes de ses œuvres mineures, celles-ci totalement ignorées.

Entré en relation avec Mme Homberg et son chef d'orchestre à la suite d'un article que j'avais

1. *Bulletin de la Société des études mozartiennes*, n° 1, p. 20. (*N.d.A.*)

publié dans *Le Petit Démocrate* à propos de la *Messe en ut mineur*, j'ai suivi de fort près l'activité de cette *Société*. Si parfois les exécutions étaient insuffisantes, il n'en est pas moins certain que cette initiative a permis aux « amateurs de musique » de découvrir en Mozart un autre musicien que le « charmant » préromantique qui avait fait la joie des jolies dames de la IIIe République et en même temps laissé, en somme, assez indifférents les wagnériens de l'époque.

Je me contenterai de citer ici un article de Louis Laloy sur la *Fugue en ut mineur* (K. 546), jouée en mai 1939 à un concert de cette *Société* :

« La musique de Mozart est toujours achevée et se referme sur elle-même, au lieu de rester comme celle de Beethoven, en suspens, béante sur l'abîme. Beethoven est un titan foudroyé, Mozart est un ange dont le désespoir même reste en état de grâce. »

Depuis longtemps déjà on comparait Beethoven à un « titan » mais qui en France, avant les concerts de Mme Homberg, aurait jamais eu l'idée de lui opposer le Mozart « angélique » et « désespéré » évoqué par le critique de *La Revue des deux mondes* ?

Une trentaine d'années après la représentation de *Così fan tutte* à Munich, ayant eu l'occasion d'entendre le *Requiem* de Mozart dans un concert à la salle Gaveau, et bien que cette exécution ait été assez médiocre, j'ai éprouvé le besoin de publier dans la revue *Esprit* (n°s 86-87, nov.-déc. 1939), sous le titre « La Visite de l'Ange », quelques pages plus ou moins fantastiques que m'avait inspirées cette audition du *Requiem*. Ces pages je les avais presque oubliées, lorsqu'un jour je les ai retrouvées au fond de ma bibliothèque. Non seulement j'ai pensé les publier alors à nouveau dans un recueil d'articles en préparation (*Accords et dissonances*, 1967), mais l'idée m'est venue également de les utiliser comme premier chapitre d'un livre dans lequel j'expliquerais comment, après avoir considéré Mozart comme étant un « génie de la musique », j'étais parvenu peu à peu à réaliser que bien mieux que ce génie, il était le « dieu » même de la musique, le mot « dieu » étant pris dans un sens qui n'a rien de métaphorique.

Ce projet, j'ai essayé de le réaliser dans le présent volume sous forme de souvenirs personnels concernant directement l'œuvre de Mozart, mais le lecteur en trouvera aussi quelques autres qui, n'ayant que des rapports assez lointains avec cette œuvre, m'ont paru cependant nécessaires pour que l'on puisse mieux comprendre l'atmosphère dans laquelle, au cours des années, avait évolué ma conception de l'art mozartien.

1

La visite de l'Ange

> *« Pour fêter l'arrivée de quelque haut personnage, les timbaliers, somptueusement vêtus, du haut de leurs chevaux empanachés, exécutaient des marches, des préludes, des interludes, etc., sur leurs timbales d'argent, garnies de riches tabliers brodés. »*
>
> Ch. de SIVRY,
> *Méthode élémentaire de timbales.*

On croit pouvoir identifier aujourd'hui le mystérieux personnage apparu une première fois chez Mozart, quelques semaines avant sa mort, pour lui passer commande d'un *Requiem*, puis, un mois plus tard, pour en prendre livraison — mais l'œuvre n'était pas achevée —, avec un serviteur du comte François von Walsegg, amateur indélicat, qui avait pour habitude de se procurer auprès des musiciens exercés dans leur art, mais que la misère talonnait, des œuvres inédites pour les produire ensuite au public sous son propre nom. Sous la plume de Stendhal, le récit de ce même événement a un tout autre accent, écoutons-le : « Mozart, écrit-il, appelle sur-le-champ un de ses domestiques pour faire suivre cet homme extraordinaire, et savoir qui il était, mais le domestique maladroit vient rapporter qu'il n'avait pu retrouver sa trace. Le pauvre Mozart se met dans la tête que cet inconnu n'était pas un homme ordinaire, qu'il avait certainement des relations avec l'autre monde, et qu'il lui était envoyé pour annoncer sa fin prochaine. »

J'avoue, pour ma part, ne voir aucune contradiction, malgré les apparences, entre l'anecdote du *Requiem* telle que la racontent de nos jours les amateurs du « petit fait » historique, et les lignes autrement émouvantes de Stendhal. Tous les jours, l'Ange de la Mort fait son apparition parmi nous sous forme de maladies, de fléaux, d'épidémies, de guerres, de révolutions, de canons de revolver, de fourneaux à gaz, d'accidents d'autos ou d'avions, de catastrophes de chemin de fer, et peut prendre encore beaucoup d'autres figures qui ne me viennent pas à l'esprit pour le moment. Le messager céleste, à supposer qu'il eût un secret à livrer à Mozart, ne pouvait-il emprunter pour quelques minutes les traits et la personne d'un valet ? « Lorsque pour un temps, écrit saint Bonaventure (*II Sent., 8, 1*, I), et afin de remplir une mission spéciale, les anges revêtent l'apparence sensible d'un corps, ces purs esprits ne deviennent pas des âmes, ni par conséquent les formes de ce corps : ils n'y exercent aucune fonction végétative ou sensitive, mais les dirigent et les ordonnent sans s'y mêler. » Puisque, suivant le Docteur séraphique, les anges ne font que diriger et ordonner les corps dont ils se revêtent quand ils ont une mission à remplir, qu'ils n'y exercent aucune fonction végétative ou sensitive, il me semble bien qu'il n'y ait eu aucun empêchement à ce qu'au lieu d'animer l'apparence d'un corps, l'Ange, au cas où, dans l'affaire présente, il s'agisse bien d'un ange, ait emprunté le corps bel et bien vivant du serviteur du comte François von Walsegg. Et d'ailleurs, les vieilles biographies de saints ne sont-elles pas remplies d'histoires où des mendiants édentés et des voyageurs arrivant, couverts de poussière, de lointains pays, servent de truchement à des envoyés du ciel ?

Aussi, ce n'est pas le fait que quelques hommes ayant pour principale occupation de trouver une explication rationnelle et tranquillisante aux événements de l'histoire, aient identifié l'étrange visiteur qui se présente inopinément chez Mozart, un soir de juillet 1791, qui pourra m'enlever la conviction, fortement enracinée dans mon esprit et mon cœur, que l'auteur de *Don Juan* s'est trouvé, dans l'affaire du *Requiem*, en présence d'un personnage d'une essence peu commune. Du reste, j'ai à raconter une aventure dont je fus l'objet il y a quelques mois, et on s'apercevra sans doute qu'elle présente, en l'occurrence, une valeur de témoignage, au moins aussi probante que les documents les plus irréfutables.

C'était aux environs de la Toussaint : je passais par un après-midi de pluie devant une salle de concerts. Le programme affiché à la porte annonçait une exécution du *Requiem* de Mozart. Je ne l'avais pas entendu depuis fort longtemps : quelle que fût mon admiration pour Mozart, mon désir de mieux connaître cette œuvre qui est l'une des dernières du maître de Salzbourg, avait toujours été sérieusement calmé par l'idée, qui m'était fort désagréable, que le bon élève Sussmayer avait mis, sans aucune pudeur, la dernière main à un testament musical que Mozart n'avait pas eu le temps de terminer.

Mais, ce jour-là, je n'avais rien de mieux à faire, et, après avoir pris une place, j'entrai dans la salle, tenant à la main le livre de Buenzod sur l'auteur du *Requiem* que je venais d'acheter quelques instants plus tôt — un livre broché dans une couverture bleu ciel et illustré de nombreuses reproductions.

Les premières notes du *Requiem* retentirent, et l'effet fut instantané, l'impression foudroyante. Des images visuelles d'une netteté excessive, d'une réalité que je qualifierai de tangible, se dressèrent devant mes yeux : peut-être de récents souvenirs de cirque, venant se greffer sur l'excitation sensorielle due à la musique, étaient-ils à la base de cette vision ? Des coursiers célestes d'une blancheur de neige, d'une implacable beauté, étaient montés par des acrobates maigres, dont les visages doux et résignés rappelaient ceux des saltimbanques de Picasso, et serrés dans des maillots de couleur pâle, bleu, rose et même mauve, mais d'un mauve si léger qu'ils n'évoquaient aucune idée de deuil ou de tristesse. Et ces chevaux du ciel qui servaient de monture aux acrobates piaffaient triomphalement, frappaient de leurs sabots d'argent un firmament ayant le sombre éclat de la nuit et clouté des étoiles de la mort. Puis la scène changea brusquement : sur les doubles croches de la fugue qui termine le *Kyrie*, se pressait, haletante, la foule des trépassés mouillés de sueur grise. Et ce fut tout.

La suite du *Requiem* sombra, pour ma conscience, dans la nuit la plus complète, à l'exception toutefois de l'étrange solo de trombone qui ouvre le *Tuba mirum* et qui s'efforce de percer de sa lamentation funèbre la première syllabe du mot *Senum* que tient indéfiniment la voix de basse. Etrange, en effet, ce solo de trombone, et comment qualifier autrement ce long et fluide appel de cuivre qui allie à la cocasserie des parades foraines la majesté des grandes cérémonies célébrées pour les morts ?

Mais le souvenir des piaffements, dont les chevaux du ciel faisaient retentir le firmament, ne pouvait m'abandonner. Je les entendais encore : ils me martelaient le cœur avec une audace et une ténacité qui me remplissaient de joie : c'était comme si, là-haut, dans l'abîme du ciel, avaient résonné des coups de tonnerre très doux, très majestueux, mais qui, au lieu de répandre une terreur panique, auraient semé sur la terre la félicité de l'amour. Ces piaffements, je l'ai déjà dit, mais je dois le répéter, mes oreilles les avaient entendus, elles en conservaient encore le souvenir précis : c'étaient, voilés par la masse des chœurs et de l'orchestre, mais d'une netteté extraordinaire, c'étaient, à n'en pas douter, de petits coups de timbales dont la sonorité avait un caractère inédit, bizarre, exceptionnel.

Cela ne pouvait se comparer ni avec le tumulte des timbales de Beethoven, un peu lourdes, un peu pesantes, et qui, fréquemment, n'ont d'autre dessein que de renforcer le tintamarre de l'orchestre, ni, à l'opposé, avec la douce canaillerie de celles d'Offenbach qui martèlent les ivresses charmantes de *La Vie parisienne* ou d'*Orphée aux Enfers*. Il n'y avait là rien non plus qui suggérât le formidable aboiement d'artillerie, qui, à la fin de la première partie du *Sacre*, marque le grand déchirement de la terre. Peut-être aurait-on pu songer au mystérieux roulement de timbales, si aérien, si léger, et à la fois terrifiant, presque sacré, qui se fait entendre au cours de la « scène aux champs » de la *Fantastique* ?

Mais non, ces coups de timbales avaient une résonance qui leur était propre, et même j'avais la sensation, maintenant, d'en avoir déjà entendu de semblables dans l'œuvre de Mozart. Mais où ? Je ne pouvais préciser mon souvenir : probablement dans les dernières pages de *Don Juan*, lorsque la statue du Commandeur, surgissant des royaumes souterrains, venue, elle aussi, d'un monde qui n'est pas le nôtre, pose sur le bras de Don Juan une main glacée comme le marbre.

En tout cas, ces coups de timbales, d'un caractère doublement funèbre et triomphal, ne pouvaient annoncer, j'en étais sûr, que l'arrivée d'un prince ou plutôt même celle d'un visiteur descendu du ciel ou monté de l'enfer.

Le soir même du concert, j'avais feuilleté, avant de m'endormir, le *Mozart* de Buenzod dont j'ai dit plus haut que je l'avais acheté dans la même journée. Les yeux appesantis par l'approche du sommeil, je n'avais guère remarqué qu'un assez curieux portrait dû au pinceau de Greuze et représentant Mozart à l'âge de dix ans. Ce portrait, je ne le connaissais pas encore, bien que la physionomie de Mozart, popularisée par de nombreuses images, me fût depuis longtemps familière : il montrait deux yeux noirs enfoncés comme deux perles de jais dans une face chiffonnée que dominait un front proéminent, et me découvrait une figure nouvelle, presque inconnue. C'était là, pensais-je mélancoliquement, l'heure des exhibitions, quand le papa, gonflé d'orgueil, asseyait l'enfant prodige sur les genoux des princesses, et que celles-ci donnaient des bonbons à sucer à cette petite bouche sensuelle que Greuze avait représentée dans son portrait. Mais n'était-ce pas aussi l'époque où, en dépit de toute cette mascarade, le cerveau du bambin commençait déjà à résoudre les équations de la beauté ?

Légèrement déçu par les premières pages que j'avais essayé de lire, j'avais machinalement fermé le livre : puis, après avoir inséré, au hasard des feuillets, un coupe-papier réclame en carton, je l'avais posé sur ma table de chevet.

Au cours de la nuit suivante, je fis un rêve charmant : le jeune Boucharessas des *Impressions d'Afrique* (de Raymond Roussel) m'était apparu, jouant devant le roi nègre avec ses petits chats aux faveurs vertes et rouges, sous les traits du Mozart de Greuze, tandis qu'un ange bienveillant, aux grandes ailes déployées et illuminées d'or, tel qu'on en voit dans les tableaux des primitifs, accompagnait ce gracieux numéro de music-hall d'un solide solo de timbales.

Le lendemain matin, encore sous l'influence de ce rêve, à peine éveillé, ma main saisit machinalement le livre abandonné la veille au soir sur la table près de mon lit, et comme il était à prévoir, il s'ouvrit de lui-même à la page marquée par le coupe-papier. Quelle ne fut pas ma stupéfaction de m'apercevoir que la première phrase sur laquelle tombait mes yeux était la suivante qui racontait une péripétie de l'agonie de Mozart :

« *Un peu plus tard, après une prostration terrible, on le voit qui gonfle ses joues, essayant d'imiter imperceptiblement le bruit des timbales.* »

Ainsi donc, hier, j'avais été saisi et troublé par l'accent de certains coups de timbales dans le *Requiem*, et maintenant, j'apprenais par un hasard vraiment extraordinaire, car cet incident, raconté par Buenzod, je ne l'avais encore lu nulle part, qu'imiter le bruit des timbales avait été la dernière pensée de Mozart.

Ceux qui ont assisté à l'agonie d'un homme encore dans la force de l'âge — Mozart avait à peine trente-cinq ans lorsqu'il mourut ! — savent qu'à cet instant particulièrement grave où l'être, ayant déjà pénétré dans une zone qui n'est pas encore la mort, mais dont il n'est plus possible de revenir, tout ce qu'il y a de plus précieux, de plus mystérieux et de plus secret dans les profondeurs de l'âme s'efforce de remonter à la surface. Dans la pénombre de la chambre, on aperçoit des gestes vagues, mal formés et même délirants, on perçoit des sons incompréhensibles, des mots en apparence sans suite. C'est le dernier message du mourant à ceux qui l'entourent, son ultime communication avec le monde, un message que le vulgaire et les étrangers ne peuvent saisir, mais auxquels les familiers prêtent attention. Car tout ce que fait et dit, dans la sueur glacée de l'agonie, celui qui va disparaître a une signification sublime, un sens presque éternel.

J'avais pu croire, pendant quelques heures, que c'était un excès de mon imagination qui avait prêté aux timbales du *Requiem* un langage insolite. Comment n'aurais-je pas été persuadé maintenant que l'impression ressentie la veille au concert correspondait à un fait qui n'avait rien de subjectif, qu'elle n'était que le reflet en moi d'un événement grave qui avait joué dans la vie de Mozart un rôle important ?

Dans la *Cinquième symphonie en ut mineur* de Beethoven, on entend bien aussi frapper des coups. Les uns disent que ce sont là des coups du destin, d'autres, plus prosaïques, prétendent que cet effet d'orchestre a été suggéré à l'auteur des neuf *Symphonies* par le souvenir assez désagréable d'un créancier qui frappait à sa porte. Dans le *Requiem* de Mozart, il y a aussi quelque chose qui frappe à la porte, mais je puis certifier qu'il ne s'agit pas d'un être aussi vulgaire qu'un créancier. Les coups de timbales du *Requiem* sont ailés, majestueux, divins et ne peuvent annoncer à nos oreilles surprises que la venue d'un être, qui, pour reprendre les mots mêmes de Stendhal, a sûrement des relations avec l'autre monde.

La scène se passe dans un faubourg de Vienne, aux environs de la taverne du *Serpent d'argent*. On entend bourdonner dans la nuit, par ce soir d'été, les airs de danses et de contredanses montant des bals populaires. Dans un petit appartement où règne la misère, se consume lentement, à petit feu, un homme encore jeune dont les forces commencent à décliner, un musicien qui a composé plusieurs de ces danses dont l'écho parvient à ses oreilles. L'Ange de la Mort, attiré par la flamme vacillante du génie épuisé par une création trop rapide, comme un beau papillon vole le soir autour d'une lampe, au risque de se brûler les ailes, chemine avec diligence à travers l'espace bleu de la nuit. Il arrive à la porte de la demeure de Mozart en même temps que le serviteur du peu recommandable comte François von Walsegg, et lorsque le marteau de la porte retombe sur l'huis de bois, avec un mystérieux bruit de timbales, ce sont en réalité les doigts célestes qui, après avoir frôlé le battant de la porte, ont soulevé le marteau, puis l'ont laissé choir.

« Mais enfin, pourquoi, me demanderont tous ces raisonneurs à qui il faut sans cesse des explications, pourquoi, me demanderont-ils, Mozart a-t-il été gratifié de la visite de l'Ange ? Il y a dans le royaume de la musique beaucoup d'autres génies musicaux : il y en avait avant lui et il y en a eu après lui. Et cependant ils n'ont pas été visités par les anges. Pourquoi cette faveur au seul Mozart ? — Messieurs, leur répondrai-je, vous donnez vous-même, par la manière dont vous posez la question, la solution que vous réclamez. Certes, il y a eu, avant et après Mozart, des génies musicaux. Mozart, lui, est, à proprement parler, le "génie même de la musique". Et voilà pourquoi il a reçu, quelques semaines avant de mourir, la visite de l'Ange ! »

En un sens, son œuvre est comme la somme de la musique du passé : à l'instar des auteurs des XVIIe et XVIIIe siècles, il a élevé de hautes et puissantes cathédrales sonores, telle la grande *Messe en ut mineur*, telles les *Vêpres solennelles des confesseurs*, il a intégré à l'écriture contrapuntique de Bach et de Haendel les jubilations de la musique italienne, la grâce de Pergolèse et de Cimarosa. Il a animé d'une poésie intense le modernisme instrumental de Philippe-Emmanuel Bach et des frères Haydn. Il s'est inspiré d'une certaine manière de Rameau et de Grétry :

en lui sont venus converger les trois grands fleuves de la musique italienne, allemande et française.

Et, en même temps, par un extraordinaire miracle, cet art musical qui n'a négligé aucune des sources du passé, s'est trouvé entièrement tourné vers l'avenir. Tout ce qu'il pouvait y avoir de scholastique chez les anciens maîtres a fait place à la vie, la symphonie moderne a été créée du jour au lendemain dans sa perfection. Mozart allie à la simplicité charmante de Grétry, la grandeur de Gluck, mais avec Mozart, Grétry devient vigoureux et Gluck perd sa pompe insupportable. Sous son inspiration, l'Opéra, l'Opéra bouffe et même la Féerie donnent naissance au Drame lyrique moderne. En présence des *Noces*, de *Don Juan*, ou de *La Flûte enchantée*, il semble que Mozart, semblable en cela au *Cœur révélateur* de Poe, « ait entendu toutes choses du Ciel et de l'Enfer, qu'il ait entendu bien des choses de l'Enfer ».

Et cependant, avec Mozart, vrai poète de la connaissance musicale et admirable dialecticien des sons, la musique sait encore garder sa forme la plus pure, la plus haute, la plus élevée. Elle n'est pas encore souillée par un sentimentalisme désordonné, par un confusionnisme qui s'efforce de mêler dans une mixture écœurante, musique, philosophie et littérature. Elle n'est ni de la musique sentimentale, ni de la musique tord-boyaux, ni de la musique philosophico-mystico-sensualovériste. Ce n'est pas Mozart qui aurait écrit à propos de l'une de ses œuvres comme Beethoven : « Venue du cœur, puisse-t-elle retourner au cœur », cette formule, qui, un siècle plus tard, avec les Massenet, César Franck, Puccini, Leoncavallo et *tutti quanti* se transformera en : « Venue des sens et des plus bas instincts de l'homme, puisse-t-elle retourner aux sens et aux plus vulgaires instincts. » Non, déjà humaine, profondément humaine, la musique de Mozart[1] reste néanmoins, par une admirable contradiction, de la musique et rien que de la musique. Elle passe par le cœur, mais n'y demeure pas. Venue des régions souterraines, par lesquelles l'homme communique avec les harmonies célestes, elle retourne aux profondeurs de l'être, pour les éclairer de sa grande lumière blanche, aussi vive que l'éclat du diamant dont elle a la limpidité.

Ainsi donc, en juillet 1791, l'Ange de la Mort frappait un coup de timbale à la porte de celui qui fut pour quelques années sur la terre le génie de la musique. Mais enfin que venait faire cet ange ? Car un ange ne se dérange pas pour commander une œuvre musicale destinée au comte François von Walsegg : le *Requiem* n'était

1. Le texte publié dans *Esprit* en 1939 désignait ici Mozart par la périphrase : « Celui qui fut le Shakespeare du théâtre lyrique. » Mais réflexion faite, je pense aujourd'hui, comme je l'ai dit dans l'« Introduction », que le Shakespeare en question, c'est avant tout Giuseppe Verdi, compositeur de *Macbeth* et d'*Othello*. (*N.d.A.*)

qu'un prétexte pour déjouer la curiosité de ces badauds, épiant à toute heure du jour et de la nuit les gens qui entrent dans la maison du voisin ou en sortent. « Qui est donc venu hier soir chez Wolfgang Amadeus Mozart, quel est cet homme que nous avons aperçu pour la première fois dans notre rue, et dont la tête ne nous revient guère ? » Et il fallait bien que le lendemain, les personnes, interrogées de cette manière, puissent répondre : « Cet homme est venu commander à notre voisin une messe pour les morts ! » Mais ce n'était évidemment pas pour cela que l'Ange était accouru. Il avait probablement un secret à révéler à Mozart avant qu'il ne meure. Mais lequel ? Il ne faut pas oublier que les anges qui ne sont pas, comme nous, soumis au long déroulement du temps, connaissent beaucoup de choses par avance, et, en particulier, les pensées les plus intimes des poètes qui ne sont pas encore nés. Et c'est pourquoi l'Ange, dissimulé sous les apparences du serviteur du comte François von Walsegg, dont le regard s'illumine tout à coup d'un feu céleste, se penchant à l'oreille de Mozart lui murmura ces mots : « Entends ce que dira dans moins d'un siècle, à l'heure d'une illumination, un poète français, à peine sorti de l'enfance. Cette parole, c'est à toi qu'elle s'applique : *“Je suis un inventeur bien autrement méritant que tous ceux qui m'ont précédé, un musicien qui a inventé quelque chose comme la clé de l'amour.”* »

Ecoutez maintenant tous les coups de timbales qui traversent l'œuvre de Mozart : ne pensez-vous pas qu'ils sont le pressentiment de cet événement magnifique !

2

Anges et timbaliers

On a vu dans l'« Introduction » que c'est à la suite d'un hasard que j'avais retrouvé dans ma bibliothèque le numéro d'*Esprit* où avait été publié « La Visite de l'Ange ». Peu de temps après, un nouveau coup de chance me permit de faire une seconde découverte bien inattendue.

Passant un jour devant une librairie, j'y entrai, comme cela m'arrive souvent, sans idée bien précise, simplement pour voir si je ne découvrirais pas un livre, nouveau ou même ancien, susceptible de retenir mon attention. Un volume assez épais traînait sur une table : c'était le *Paul Klee* de Will Grohmann. Je connaissais alors fort mal ce représentant de l'art moderne. Je n'avais vu de lui qu'une exposition de dessins en 1955 dans une petite galerie de la rue Jacob, et ses tableaux ne figurent pas en très grand nombre dans les musées de Paris.

Je feuilletais donc machinalement le livre de Grohmann, comme je venais de le faire sans succès avec quelques autres. Mais, cette fois, mon regard fut attiré par certaines illustrations : alors que « La Visite de l'Ange » imaginait que, dans le *Requiem* de Mozart, des coups de timbales se faisaient entendre pour annoncer la descente d'un ange sur la terre, des dessins de Paul Klee, assez nombreux, reproduits à la fin du volume de Grohmann, représentaient des anges — ce qui n'avait en soi rien de très particulier — mais aussi, dans les mêmes pages, des timbaliers. La coïncidence me parut si étrange que j'achetai le volume, et rentré chez moi, j'examinai avec attention les illustrations en question.

D'abord, les timbaliers. Grohmann donne trois reproductions d'œuvres de Klee les concernant : deux dessins, *Forces du timbalier* et *Feu le timbalier Knaueros,* ainsi qu'un feuillet colorié intitulé purement et simplement : *Le Timbalier. Feu le timbalier Knaueros* rappelait, d'après Grohmann, un musicien dont le peintre avait admiré la maîtrise exceptionnelle à l'Opéra de Dresde. Quant au *Timbalier* tout court, c'est une simple silhouette dont les contours sont fortement accusés par des traits à l'encre de Chine, avec en bas et en haut du feuillet, deux grandes taches aussi cramoisies que la peau d'un homme atteint de rougeole. Grohmann semble ne pas avoir remarqué ce détail, bien qu'il considère cette œuvre comme un « hiéroglyphe d'un dynamisme puissant ». Se souvenant d'une remarque que lui avait faite Klee un soir où le peintre, dessinant en pleine euphorie, « avait le sentiment de jouer de la timbale » — Mozart, sur son lit de mort, jouait lui aussi des timbales, mais c'était avec sa bouche —, il ajoute que : « ce sont bien des coups de timbales, ces lignes graphiques jetées lestement sur le papier ; comme les sons des instruments à percussion, ils sont limités dans le volume de la tonalité, mais ils n'en sont que plus insistants » (pp. 347-348).

Actuellement, il n'est plus besoin, pour faire connaissance avec *Le Timbalier* de Paul Klee, de feuilleter un volume avec illustrations consacré aux œuvres du peintre : Pierre Boulez s'en est servi pour la couverture de son livre : *Penser la musique aujourd'hui*, paru au début de 1964 (éd. Gonthier, 1963).

Si Klee semble n'avoir traité que trois fois le thème des timbaliers, celui des anges revient une cinquantaine de fois dans ses dessins et peintures, et Grohmann se pose au sujet de ces « anges » de fort nombreuses questions :

« Est-ce que ce sont les anges auxquels Rilke songe dans les *Elégies de Duino*, des êtres supérieurs et dont la gloire est mortelle à l'homme ? Des figures, qui, d'après le commentaire de Rilke, traversent la vie et la mort, dont la patrie n'est située, ni ici-bas, ni dans l'au-delà, mais dans la grande unité ? Des êtres qui ont accompli la transformation du visible en invisible et pour lesquels l'invisible n'est qu'un degré plus éminent de la réalité ?... Klee se situait au "plus proche de la création qu'il n'est habituel". Les anges en étaient-ils encore plus rapprochés ? » (pp. 348-349).

Malheureusement, bien que les questions ainsi soulevées aient leur raison d'être puisque Klee a été en relation personnelle avec Rilke à une époque où il habitait Munich, il est difficile de savoir quelle réponse leur donner.

En tout cas, « La Visite de l'Ange » avait paru à la fin de 1939, et en parcourant le livre de Grohmann, un point retint aussitôt mon attention : c'est que les trois dessins de *Timbaliers*, datant des mois qui avaient précédé de peu la mort de Paul Klee en juillet 1940, étaient légèrement postérieurs à la publication de mon article dans *Esprit* et que, si la série des *Anges* se répartissait sur toute la carrière du peintre, le dernier, peint également en 1940, portait le nom de celui-là même que j'avais envisagé dans « La Visite de l'Ange » : *L'Ange de la Mort*.

En effet, Grohmann parlant de la dernière toile de Klee écrit :

« La dernière œuvre est une *nature morte*. Un fond d'un noir profond, une table avec une cafetière, des vases, une statuette ; la nappe est parsemée de fleurs, pareilles aux hiéroglyphes d'un poème. A gauche, sur une feuille blanche, la signature : l'Ange de la Mort tenant une croix[1] » (p. 94).

---

1. Grohmann avait sans doute des raisons d'avancer que cette « signature » est l'Ange de la Mort, mais rien dans la toile ne permet de préciser la nature de l'ange représenté. (*N.d.A.*)

Schéma de la nature morte.

D'après Grohmann, ce tableau ne porte pas de titre. Mais on s'étonnerait qu'à la veille de sa mort un homme comme Klee, qui avait un goût si prononcé pour les idéogrammes, se soit amusé à réaliser un simple tableau de ce genre sans s'inquiéter de lui donner une signification spirituelle, et d'ailleurs Grohmann, en un autre passage, traite ce tableau de *Nocturne fantomatique*. En tout cas, après avoir regardé quelques instants la reproduction de ce tableau, il m'a semblé que la statuette d'un violet gris et la cafetière posée à côté d'elle, verte non comme l'herbe, mais comme l'espérance, simulaient un timbalier prêt à frapper sur son instrument, surtout si on supprimait, par l'imagination, le couvercle de la cafetière. Et en même temps je me suis demandé si en haut et à gauche, le « récipient bleu avec un appendice violet », n'était pas aussi un timbalier qui, en outre, utiliserait le disque jaune de la lune comme une cymbale.

Comment ces timbaliers et ces anges, dessinés ou peints par Paul Klee dans les mois qui, je l'ai déjà dit, suivirent de peu la publication de mon article dans *Esprit*, ne m'auraient-ils pas fait songer à cet article, et, par suite, au *Requiem* de Mozart ? Ce rapprochement me parut d'autant plus justifié que Grohmann, avant de parler de la dernière toile de Klee, écrit à propos d'un autre tableau à peu près contemporain, *La Mort et le feu* : « C'est le *Dies Irae* de Klee : comme Mozart il a écrit son propre Requiem. »

Or, il suffit de consulter l'index du livre de Grohmann pour constater la place que Mozart a occupée dans la pensée de Klee. Alors qu'à l'exception de Bach, cité neuf fois, les références relatives à chaque musicien ne s'élèvent pas à plus de deux ou trois, il n'y en a pas moins de seize pour Mozart, qui, presque toutes, se rapportent à des textes écrits de la main même de Klee. Fortement intrigué par les indications que donnait cet index, non seulement je me suis empressé de lire le texte de Grohmann, mais j'ai acheté le *Journal* de Paul Klee, traduit par Pierre Klossowski, ainsi qu'un autre livre : *Paul Klee par lui-même et par son fils Félix*, qui contient de nombreuses lettres du peintre.

3

Intermèdes

Il se trouve que les trois ouvrages, cités à la fin du chapitre précédent, évoquent d'une manière particulièrement vivante l'atmosphère musicale qui régnait en Europe à une époque, où, comme je l'ai dit dans l'« Introduction », je commençais à me passionner pour la musique (Paul Klee, né en 1879, était en somme mon contemporain à une dizaine d'années près). Et avant de prendre en considération Mozart vu par Klee, je ne peux m'empêcher d'évoquer quelques-uns des souvenirs personnels que les livres en question ont réveillés en moi concernant les manifestations de l'art musical au début de ce siècle.

Tout d'abord, Klee raconte que c'est à l'âge de dix ans qu'il avait entendu un opéra pour la première fois. Il est vrai que son père, comme celui de Mozart, était professeur de musique, et il est même certain que Wolfgang avait franchi le seuil d'un théâtre de musique même avant cet âge. Au début de ce siècle, dans la haute bourgeoisie parisienne, ce même âge d'environ dix ans correspondait bien aussi à une initiation, mais sans aucun rapport avec la musique : c'était la première communion solennelle avec le port du premier pantalon long.

Ce n'est que six ou sept ans plus tard qu'avait lieu l'initiation à la vie mondaine de Paris qui, même dans les familles où l'on n'éprouvait aucun attrait pour la musique, se réalisait en gravissant, pour la première fois, revêtu du premier smoking, le grand escalier de marbre du monument de Garnier.

Dès que la location était ouverte pour le soir prévu, on retenait les places sans se préoccuper de l'œuvre qui serait jouée. En ce qui me concerne, j'avais demandé instamment à entendre du Wagner, et le premier drame musical auquel il me fut donné d'assister à l'Opéra a été *Tannhäuser*.

Par ailleurs, les écrits de Paul Klee m'ont permis de retrouver une date qui échappait à ma mémoire depuis un certain temps, et du même coup évoquer l'atmosphère qui régnait au début du siècle à Paris dans les milieux wagnériens. Je l'ai dit dans l'« Introduction », une fièvre gluckiste s'était emparée d'eux. En un espace de temps assez court, trois ou quatre ans au plus, l'Opéra-Comique avait donné des représentations d'*Orphée* avec Rose Caron dans le rôle écrit pour un castrat, puis d'*Alceste* avec la cantatrice wagnérienne Félia Litvinne, enfin des deux *Iphigénie* avec Jeanne Raunay, tandis qu'à la même époque l'Opéra avait mis en scène *Armide*. Ces différents spectacles avaient fait une impression profonde au jeune wagnérien que j'étais alors, mais ma mémoire était défaillante, et il était peu probable qu'ils aient eu lieu avant la création de *Pelléas et Mélisande* en 1902, car, à cette époque, je venais juste de faire mes débuts à l'Opéra-Comique — j'entends comme spectateur. L'année précédente, ma mère, pour fêter mes quatorze ans, m'avait emmené pour la première fois salle Favart où l'on jouait non pas *Les Noces de Figaro*, mais *Les Noces de Jeannette* de Victor Massé et *Lakmé* de Léo Delibes. Et je n'avais certainement pas eu l'occasion d'entendre quatre opéras de Gluck au cours de la seule saison théâtrale 1901-1902. Non, à l'exception peut-être d'*Orphée*, que l'amie de ma mère, citée dans l'« Introduction », avait pu entendre avant 1900, les opéras de Gluck devaient avoir vu le jour à l'Opéra-Comique et à l'Opéra après la création du drame lyrique de Debussy. Mais quand exactement ? Vers 1907, c'est-à-dire aux approches de ma majorité, ou, plus tôt, alors que j'étais simple adolescent ? Je n'arrivais pas à résoudre cette question quand, en tournant une page du *Journal* de Klee, je vis que, durant un séjour qu'il avait fait à Paris en juin 1905, il avait été tellement séduit par la représentation d'*Armide* qu'il y était retourné une seconde fois. Juin 1905 ! C'était le point de repère que je cherchais : je venais d'avoir dix-huit ans, et *Pelléas* avait vu les feux de la rampe trois ans plus tôt.

En outre, le *Journal* de Klee, en citant les noms des trois principaux interprètes d'*Armide*, le ténor

Affre, la cantatrice Lucienne Bréval et le baryton Delmas, m'a fait revivre certains épisodes qui s'étaient déroulés autour de cet opéra et qu'un touriste étranger comme Klee avait certainement ignorés.

Ainsi Affre ! Le peintre ignorait probablement que ce chanteur était entièrement méprisé par les wagnériens qui fréquentaient alors l'Opéra de Paris : ils le trouvaient tout à fait insuffisant pour l'interprétation des œuvres de Wagner, et jouant sur son nom, ils allaient jusqu'à dire qu'il chantait « affre-eusement ». Je vois encore la moue que fit le docteur Servant quand les journaux annoncèrent que c'était ce ténor qui tiendrait le rôle du Chevalier Renaud dans *Armide*.

En revanche, la présence de Lucienne Bréval et de Delmas donnèrent tout leur éclat à ces représentations. Delmas — une basse, me semble-t-il, et non un baryton comme l'écrit Klee, qui fait peut-être ici une erreur de plume — était déjà connu par sa magistrale et assez récente interprétation de Hans Sachs dans les *Maîtres chanteurs*, et aussi par celle, non moins excellente, de Wotan dans *La Walkyrie*, où Lucienne Bréval avait également triomphé dans le rôle principal. La manière prestigieuse dont celle-ci avait interprété ce rôle, avait prouvé qu'elle possédait de l'art wagnérien une science profonde qui manquait à ses camarades de l'Académie nationale de musique — des cantatrices qui, elles, n'étaient pas sans éprouver quelques difficultés à interpréter même la Marguerite du *Faust* de Gounod. Lorsque la direction de l'Opéra se décida à monter *Tristan,* tous les wagnériens s'attendaient à voir confier à cette admirable chanteuse le rôle d'Yseult. Mais, à la suite d'intrigues de coulisses assez obscures, elle fut éliminée au profit d'une autre chanteuse, une certaine Grandjean de classe bien inférieure. Mauvaise humeur des wagnériens, dépit de Bréval elle-même ! Etait-ce pour calmer les esprits que quelques mois plus tard il lui fut demandé d'interpréter précisément Armide dans l'opéra de Gluck ? Bien petite consolation d'ailleurs, car les personnages des opéras de Gluck, malgré l'admiration des wagnériens d'alors pour ce compositeur, sont loin d'avoir l'envergure de ceux des drames de Wagner.

Si quelques lignes du *Journal* de Klee ont réveillé en moi le souvenir des exécutions données à Paris, au début de ce siècle, des œuvres de Gluck, et si ce même *Journal* parle des représentations des œuvres de Mozart au cours des mêmes années en Allemagne, on n'y trouve aucune allusion aux représentations de ces mêmes œuvres à Paris à la même époque. On jouait alors quelquefois Mozart dans les concerts ou à l'Opéra-Comique (jamais à l'Opéra !), mais il était mal interprété : on n'avait encore que trop tendance à le considérer seulement comme un « ravissant », un « charmant », un « délicieux » musicien. C'est tout juste s'il n'était pas méprisé par une société musicale comme la *Schola Cantorum* qui, depuis sa fondation, cherchait surtout à initier le public de ses concerts aux œuvres de

Bach. Louis Laloy, dans son livre de souvenirs *La Musique retrouvée*, faisant allusion à l'atmosphère qui régnait dans ce Conservatoire non officiel, d'origine assez récente, écrit que « Mozart était mis à sa place dans la galerie des maîtres, mais comme un buste qu'on se contente d'épousseter sans s'y arrêter longuement » (p. 80), et si on avait demandé alors à n'importe quel amateur de musique quel était, avant Wagner, le grand génie de l'art musical, il aurait répondu sans la moindre hésitation par un nom qui ne figure qu'une seule fois dans le livre de Grohmann sur *Klee*, celui de Beethoven. Non seulement Mozart n'était pas très apprécié alors par le public en France, mais si, à la rigueur, on pouvait dire que, parmi les chanteurs parisiens d'opéras, il y en avait trois ou quatre capables d'interpréter Wagner, aucun d'eux par contre n'avait la moindre idée de ce qu'était l'art mozartien dans ses réalités profondes.

Si, en 1912, je suis allé entendre à l'Opéra-Comique le *Don Juan* dont je connaissais la partition pour piano, mais que je n'avais jamais vu à la scène, c'était pour une raison non musicale : j'étais obligé de me rendre à cette représentation parce qu'une de mes sœurs étant en âge de se marier, une « présentation » avait été organisée à cette occasion à l'Opéra-Comique. Les mœurs ont tellement changé depuis cette époque qu'il est sans doute nécessaire d'expliquer ici ce qu'il faut entendre par ce mot de « présentation ». Ainsi, à la fin du XIXe siècle et au début du XXe siècle, quand, une jeune fille de la bonne société étant arrivée à l'âge de convoler en justes noces, quelqu'un, dans les relations de la famille, connaissait un jeune homme désirant se marier, ce quelqu'un organisait dans un lieu public, de connivence avec les parents de l'un et de l'autre, une rencontre entre les deux intéressés. C'est ainsi qu'en 1912 un candidat fut « présenté » à ma sœur à l'Opéra-Comique un soir où l'on jouait *Don Juan* : que pouvait-on souhaiter de mieux pour une pareille entreprise qu'un opéra du « délicieux » Mozart, même si le héros de cet opéra était un libertin ? Mon père, ma mère et moi accompagnions ma sœur — ou plutôt, comme on savait que ni ma sœur, ni mes parents n'avaient guère d'attirance pour la musique, il fallait donner un prétexte à leur présence, et c'était eux qui étaient censés m'accompagner. Il en était de même du côté du prétendant à la main de ma sœur : lui et ses parents n'avaient aucun goût pour la musique. Il est vrai que, si le marieur avait suggéré comme lieu de rencontre le théâtre de l'Opéra-Comique au cours d'une représentation de *Don Juan*, c'est que lui-même était un assez fin connaisseur en musique ! Quelques années auparavant, il avait même suggéré à mes parents l'idée de m'acheter un harmonium qui avait été placé dans le salon près du piano à queue !

Le soir de la « présentation », ma famille et moi étions au balcon, et l'autre parti aux fauteuils d'orchestre. On se rencontrait dans les couloirs au cours des entractes et on échangeait des propos sans consistance sur l'opéra de Mozart. Tout cela me laissait bien indifférent. La seule chose qui m'intéressait, c'était l'opéra lui-même dont j'avais déjà une certaine connaissance grâce à une cousine allemande de ma mère, plus ou moins musicienne, qui m'avait offert quelques années auparavant la partition pour piano seul de cette œuvre, reliée dans une horrible percale rouge. Cette partition présentait l'avantage d'être *intégrale*, et le soir de la représentation, je fus d'abord surpris de voir que l'œuvre était coupée par plusieurs entractes, peut-être utiles pour permettre aux deux candidats au mariage de se rencontrer dans les couloirs, mais cela me donna aussitôt l'impression de trahir la structure d'un opéra qui, dans la version authentique, ne comportait que deux « finales ». Ma stupéfaction s'accrut encore quand je vis le rideau tomber aussitôt après la disparition de Don Juan dans les flammes de l'enfer. Les trois ou quatre dernières pages de la partition (dont je n'ai compris le sens musical que beaucoup plus tard) avaient-elles été brûlées par les feux de Bengale sortis de la trappe de la scène ? Evidemment, je n'étais pas encore suffisamment « possédé » par Mozart pour voir dans cette coupure un « affront personnel », comme Paul Klee dans une circonstance analogue. Mais j'avais toujours entendu dire qu'un directeur de théâtre ou un chef d'orchestre n'avait pas le droit d'amputer de sa propre autorité une œuvre musicale et j'étais scandalisé de voir les libertés qui avaient été prises avec *Don Juan*. Beaucoup plus tard, j'ai assisté à une représentation intégrale de l'œuvre donnée par une troupe allemande, cette fois à l'Opéra. Mais alors, ce fut le cadre beaucoup trop grand de ce théâtre, disproportionné avec le génie intime et secret de Mozart, qui me gêna quelque peu.

Je dois ajouter, avant de revenir à Paul Klee, que le mariage de ma sœur a eu lieu quelques semaines plus tard à l'église Saint-Gervais, mais sans le concours des fameux « chanteurs » que dirigeait Charles Bordes. Mon beau-frère n'avait rien d'un Don Juan, et les deux époux furent très heureux.

4

Mozart vu par Paul Klee

Au cours du XIXe siècle, bien des artistes exerçant leur activité principale dans des domaines autres que celui de la musique, s'étaient intéressés de très près à celle-ci : Ingres, par exemple, en parle dans de nombreuses notes qui ont été réunies en volume, et si tout le monde sait encore maintenant qu'il jouait du violon, c'est bien grâce à l'expression célèbre : « le violon d'Ingres ». Fantin-Latour, peut-être un peu trop oublié aujourd'hui, a consacré de nombreuses toiles et gravures à Schumann, à Berlioz et surtout à Wagner. La musique occupe également une place dans la philosophie d'un Schopenhauer et d'un Nietzsche (ce dernier a même été compositeur). Les poètes, de leur côté, depuis le médiocre Catulle Mendès jusqu'au curieux Mallarmé, bien loin de rester indifférents à l'art des sons, en ont souvent parlé dans leurs écrits.

Or, non seulement, c'est bien en vain que l'on chercherait la moindre allusion à cet art dans les *Manifestes du surréalisme*, mais il semble que, depuis un demi-siècle, une cloison de plus en plus étanche se soit élevée entre la musique et les autres arts [1].

Aussi, le cas de Paul Klee est-il assez exceptionnel. Dans le milieu où il a été élevé, on s'intéressait à deux formes de l'art, en apparence fort différentes, la peinture et la musique. D'une part sa grand-mère maternelle lui avait appris de très bonne heure à dessiner et à colorier [2], et, d'autre part, son père étant professeur de musique, il avait été initié à l'art des sons dès ses premiers balbutiements. Il est même resté quelque temps à se demander quel serait celui de ces deux arts auquel il consacrerait sa vie, comme le prouvent quelques lignes de son *Journal* de 1899, écrites alors qu'il avait vingt ans :

« La musique est pour moi comme une bien-aimée ensorcelée.
Gloire en tant que peintre ?
Ecrivain, poète lyrique moderne ? Mauvaise plaisanterie.
Ainsi je reste sans vocation et je flâne.
Beaucoup de paradoxes, Nietzsche dans l'air. »

S'il se décida pour l'art pictural, cela ne l'empêcha nullement de rester un passionné de musique tout au long de son existence. Il fut, comme Ingres, un très bon violoniste, et, une fois marié, il faisait volontiers de la musique avec sa femme

1. Il ne faut pas oublier, cependant, que le dodécaphoniste Schönberg a peint quelques tableaux. (*N.d.A.*)
2. *Paul Klee*, par Zahn (1957), p. 8. (*N.d.A.*)

qui, elle, était excellente pianiste. Il jouait assez souvent dans un quatuor à cordes, et, à Berne, vers 1905, il fit même partie d'un orchestre pendant plusieurs mois.

Son activité de musicien mêlée à celle de peintre l'a amené à se poser d'assez bonne heure des questions sur les relations existant entre ces deux arts. C'est ainsi que dans son *Journal* il écrit en juin 1905 :

« De plus en plus s'imposent à moi des parallèles entre la musique et l'art plastique. Et cependant je n'arrive pas à les analyser. Les deux arts sont certainement d'une nature temporelle, on pourrait le démontrer facilement. Chez Knirr on parlait fort justement du récital (*Vortrag*) d'un tableau, par quoi on entendait quelque chose de spécifiquement temporel : les mouvements d'expression du pinceau, la genèse de l'effet » (p. 180).

Klee laisse entendre, en somme, qu'un dessin ou un tableau est « exécuté » comme un musicien « exécute » un morceau de musique : les pinceaux et les crayons se déplacent dans le temps en figurant des points, des lignes, des formes colorées et en entrecroisant les éléments de la polyphonie picturale, comme les notes, les harmonies, les thèmes se succèdent sur les portées d'une partition.

Le mot de « partition » convient parfaitement ici, car si un opéra avait intéressé Paul Klee, celui-ci, d'après son fils, ne se contentait pas d'assister à d'autres représentations de la même œuvre, mais, « à la maison », il en étudiait la version pour piano afin de bien entrer dans toutes ses particularités. Cette lecture des partitions à laquelle il se livrait fréquemment ne lui a pas seulement été utile pour la compréhension des œuvres musicales, comme à tant d'« amateurs de musique » de la même époque, mais une telle lecture semble même avoir eu une influence directe sur son art. Grohmann a publié sur Klee, en plus de son épais volume, un opuscule qui contient une trentaine de reproductions de ses tableaux[1], et, à propos d'une aquarelle : *Jadis surgi du gris de la nuit*, lui aussi évoque l'idée de « partition » :

« Les calligrammes (ou hiéroglyphes) de Klee sont des compositions picturales de poèmes, de même qu'il existe des compositions musicales de poèmes. Ils s'apparentent à ses tableaux à chiffres où, à l'aide de chiffres, de points d'interrogation, de flèches, de fils à plomb, de pendules, d'étoiles, etc., *il écrit une sorte de partition*. » (C'est moi qui souligne, — M. M.)

Il semblerait même que Paul Klee ait concrétisé cette idée d'une manière fort précise dans sa dernière toile, cette *Nature morte*, évoquée dans un chapitre précédent : les petites fleurs desséchées que l'on voit dans le bas du tableau à droite, ne ressemblent-elles pas à des croches ou des doubles croches ?

1. *Paul Klee,* par Grohmann, éd. Flammarion (1955). (*N.d.A.*)

Il est vrai que si l'on en croit Grohmann, en 1935, c'est-à-dire cinq ans avant sa mort, Klee

« ... trouvait vain de confronter, pour les expliquer, la musique et la peinture contemporaine, chacune des deux disciplines ayant assez à démêler avec elle-même et ne voyant pas encore pointer le but... L'artiste croyait le reste de la peinture en retard sur la musique, et mi-convaincu, mi-amusé, s'estimait heureux, disait-il, de l'avoir presque amenée, du moins sous le rapport de la forme, à la hauteur où Mozart avait laissé la musique avant sa mort » (pp. 66 et 67).

Mozart ! C'est avec juste raison que Grohmann fait ici allusion au compositeur de *Don Juan*, car Klee a eu pour lui une attirance toute particulière, et sa famille s'en était si bien rendu compte qu'à la cérémonie funèbre qui suivit sa mort, elle fit exécuter deux de ses compositions maçonniques. Toutes les fois que, de son vivant, il parlait dans ses lettres ou dans son *Journal* d'une œuvre de Mozart, Klee le faisait dans des termes dithyrambiques.

En 1901 — il n'avait que vingt-deux ans ! —, après avoir consacré dans son *Journal* un paragraphe entier à un concert où l'on avait joué la *Septième symphonie* de Beethoven, il ne peut s'empêcher de le terminer par ces trois mots : « Nostalgie de Mozart » (p. 71), d'autant plus étonnants qu'alors le compositeur de la *Cinquième symphonie en ut mineur* était beaucoup mieux estimé dans les milieux intellectuels que celui de *Così fan tutte*. En 1904, ayant interprété avec un ami deux duos pour violon et piano de ce même Mozart, il les qualifie de « petites œuvres extraordinaires » (p. 154). Un an plus tard, à l'occasion d'un concert donné par l'orchestre dont il faisait partie, il écrit : « Nous avions à jouer la *Symphonie en sol majeur* de Mozart, une ouverture — *La Vestale* — de Spontini et la petite ouverture de *Così fan tutte*, cette merveille des merveilles » (p. 171). En 1906, à la suite d'une médiocre représentation des *Noces de Figaro*, il pense que « les mimes provinciaux et musiciens amateurs s'étant retrouvés entre eux ne peuvent entièrement tuer cette œuvre incroyable » (p. 196).

« Klee, écrit encore Grohmann, savait par cœur la partition de *Don Juan*, et l'Opéra de Dresde songea même un moment à lui demander, pour cet ouvrage que Fritz Busch devait diriger, un projet de décors et de costumes originaux. La perspective le tentait, mais l'institution s'alarma de sa propre hardiesse et s'adressa finalement à Slevogt. Ce manque de courage frustra le public d'un événement qui aurait peut-être fait époque dans l'histoire du théâtre lyrique, car les peintures de Klee qui traduisent des motifs musicaux (*Paysage de théâtre*, 1922 ; *Le Théâtre de l'Opéra Bouffe*, 1915) laissent entrevoir de quelle manière il eût illustré l'élévation du style mozartien » (p. 66).

Après avoir regretté, comme Grohmann, que ce projet n'ait pas été réalisé par Klee, on peut encore citer deux lettres de celui-ci reproduites dans le livre de son fils. L'une remonte au 9 décembre 1932 :

« Cette fois-ci la séance du quatuor a été un vrai régal. Nous avons joué le *Quatuor en ré majeur* de Mozart, avec le coup de génie du final. Ensuite, toujours du maître Mozart, une *Fugue* que j'ai déjà entendue donnée avec chœurs, mais qui, jouée par des solistes, fait un effet encore plus grandiose, et que, *nota bene*, on rend de façon beaucoup plus juste que si on l'étale prétentieusement. L'introduction est, elle aussi, d'une génialité impressionnante... » (p. 65).

La seconde lettre est du 1er février 1933 :

« Hier soir, j'avais musique de chambre. Nous avons joué un petit Mozart (*ré* mineur avec fugue) surtout à cause de la fugue. Pour le reste, il y a une bonne distance entre ce quatuor et son grand frère le nº 1 en *ré* majeur... On ne doit pas oublier que Haydn est plus facile quand on le joue en formation. Bien des choses que l'on n'arrive pas à dégager quand on joue seul sa partie, ressortent immédiatement. Chez Mozart, c'est exactement le contraire, il est plus facile de jouer chaque partie isolément que le tout... Mais mes partenaires jouent maintenant avec un zèle toujours égal et une très belle technique, mais sans pénétrer la signification spirituelle des œuvres. C'est là l'héritage d'une période qui touche sans doute à sa fin. Jouerai-je jamais avec des partenaires qui soient exactement comme moi ! Il faudrait pour cela l'argent de Mécène ! » (pp. 66 et 67).

Lorsque Klee fait allusion à la « signification spirituelle » des œuvres de Mozart, il laisse supposer que les autres interprètes n'en avaient pas une expérience aussi grande que lui. Et on aimerait d'autant plus savoir ce qu'il entendait par là, que, pour lui, le message de Mozart avait certainement un sens très particulier, sans aucun rapport avec celui d'un Beethoven ou d'un Wagner.

Grohmann, voulant évoquer l'élément constructif apporté au peintre par le Bauhaus de Weimar au cours du séjour qu'il y a fait entre 1921 et 1926 cite, en même temps que le nom de Mozart, celui d'un autre compositeur, auquel Klee attachait presque autant d'importance, celui de Jean-Sébastien Bach :

« Klee attendait cet appel. Jusque-là ses maîtres avaient été le Bach des *Fugues* et le Mozart des *Symphonies*. “Logos” et “Eros” se complétaient heureusement. Weimar renforce le “Logos”. Des feuilles comme *Fugue en rouge* (1921, Cat. 94) ou *Céramique érotique-religieuse* (1921, p. 16), sont, pour les arts plastiques, la première application rigoureuse du principe de l'imitation et de la polyphonie. L'imbrication est absolue ; la vision semble renoncer à chaque centimètre carré du tableau. L'esprit de la musique permet à Klee d'entreprendre un renouvellement du dogme de la forme » (p. 80).

Il est plus que probable que, pour Grohmann, dans ce texte, ce sont les *Fugues* de Bach qui correspondent au « Logos » et les *Symphonies* de Mozart à l'« Eros ». Mais il faut reconnaître qu'à partir d'une certaine époque, Klee a été attiré par le « Logos » même chez Mozart, puisque les deux lettres de 1932 et 1933, qui viennent d'être citées, font allusion à la présence des *Fugues* dans certaines de ses œuvres.

Ceci dit, une des dernières pages du *Journal* de Klee mérite surtout de retenir l'attention :

« 1915. Le cœur, qui a battu pour ce monde, est en moi comme frappé à mort. Comme s'il n'y eut que des souvenirs pour me lier à ces "choses-là"... Dès lors, est-ce en moi que se formera le type cristallin ?

Mozart se réfugia (sans en oublier son *inferno*) en tout et pour tout dans la partie joyeuse de lui-même. Qui ne comprendrait cela absolument, le pourrait confondre avec le type cristallin.

On abandonna la région d'ici-bas pour aller construire de l'autre côté dans une région au-delà qui peut au moins exister intacte.

Abstraction.

Le froid romantisme de ce style sans pathos est inouï. Plus ce monde (d'aujourd'hui précisément) se fait épouvantable, plus l'art se veut abstrait, tandis qu'un monde heureux produit un art porté vers l'ici-bas.

Aujourd'hui est fait de la transition d'hier à maintenant.

Dans la grande fosse des formes, gisent les ruines auxquelles on tient encore, en partie. Elles fournissent matière à l'abstraction.

Un chantier d'inauthentiques éléments pour la formation d'impurs cristaux.

Mais ensuite : il arriva que saigna la druse. Je pensais en mourir, guerre et mort. Puis-je donc mourir, moi cristal ?

Moi cristal » (p. 300).

Cette page qui semble n'avoir jamais été reproduite dans aucune des études consacrées à Paul Klee, même pas dans celle de Grohmann, soulève deux points d'interrogation, dont l'un concerne Mozart et l'autre Klee lui-même.

D'abord Klee. Quand il écrivait ces lignes, l'Europe était en guerre depuis un an, et il semble que, pour échapper à un monde où s'accumulaient les ruines, il ait cherché un refuge, dans un domaine de l'art qu'il appelle « l'abstraction ». « Moi cristal », s'écrie-t-il, et en poussant cette exclamation, le peintre des *Carrés magiques* et des *Miroirs magiques* a sans doute pensé à la « boule de cristal » qui permet aux magiciens de percevoir le monde invisible, qu'il désigne dans ce texte par le mot « abstraction » [1].

1. Dans un livre de Robert Ambelain, *Le Cristal magique et la magie de Jean Trithème*, se trouve un chapitre intitulé « Le monde invisible et sa perception ». Ce titre ne fait-il pas penser à la conception que Paul Klee avait de la peinture ? (*N.d.A.*)

Il est vrai que Klee, dans un opuscule, *Le Credo du Créateur*, postérieur de cinq ans seulement à la page du *Journal* qui vient d'être citée, semble mépriser les occultistes : « Laissons là le monde quotidien et aussi les sciences occultes, elles n'ont rien à voir ici. » Mais il faudrait savoir ce qu'il entendait par occultisme !

Messiaen, dans ses *Entretiens* qui feront l'objet du prochain chapitre, fait deux allusions à la magie, mais c'est pour établir à chaque fois une distinction entre la « magie noire » et la « bonne magie » :

« La magie, en tant que catholique, je ne devrais pas avoir le droit d'en parler ; mais avouons-le, elle n'est pas dénuée d'intérêt. Je ne parle pas de magie noire et des gens qui jettent des maléfices ; c'est une simple plaisanterie. Mais il existe une bonne magie, c'est la recherche symbolique de la force du langage des sons et des couleurs et du pouvoir de certaines choses que nous possédons ou qui nous entourent. »

Et plus loin il reprend la même idée à propos de la rythmique hindoue. Si, d'après lui, l'intérêt que l'on porte à celle-ci provient du fait qu'elle correspond à un sens du sacré qui est caché et que des signes révèlent aux seuls initiés, cette fois encore, il souligne que « cela n'a aucun rapport avec les magies noires et les diableries » (p. 86). Paul Klee, qui, en 1915, s'identifiait au cristal, aurait peut-être été d'accord avec Messiaen s'il avait connu la distinction faite par ce dernier.

Ce que Klee dit au sujet de lui-même peut, à la rigueur, s'expliquer assez facilement, mais ce qu'il avance à propos de Mozart est beaucoup plus obscur. Il semble que, pour lui, le compositeur de *Don Juan*, n'ayant pas connu les atrocités d'une guerre comme celle de 1914 a pu vivre dans la joie, sans éprouver le besoin de se réfugier dans l'abstraction. Mais à propos de Mozart, ce n'est pas le mot « cristal » qu'emploie Klee, c'est l'expression « type cristallin » et on aimerait savoir ce qu'il entendait par là[1].

Cette expression ne désigne-t-elle pas quelque chose de fort différent de la « boule de cristal », et dont le sens s'appliquerait parfaitement à la musique de Mozart, contrairement à ce que pense Klee ?

Alors que Mme Homberg, dans le *Bulletin n° 1* de sa *Société*, écrit déjà à propos des *Adagios* K. 410 et 411 joués le 8 décembre 1931 à l'un de ses concerts, que « ce sont quelques perles d'un Orient presque uniques dans l'œuvre de Mozart », Louis Parrot est encore plus affirmatif dans le livre qu'il a consacré au musicien de Salzbourg. Déjà dans le premier chapitre, intitulé : « Le 5 décembre 1791 », après avoir rapproché le compositeur de *La Flûte enchantée* d'écrivains comme William Blake, Thomas de Quincey et Lautréamont, il évoque « la corbeille de diamants

1. Le texte original allemand dit bien « *Kristallinischen Typ* », il n'y a donc aucune erreur dans la traduction de Pierre Klossowski. (*N.d.A.*)

que le jeune musicien avait rapportée de ses fiançailles avec l'Italie » (p. 19), mais il est encore plus affirmatif dans le chapitre sur « Les souffrances du jeune Wolfgang » :

« Nous lirons alors dans sa musique comme dans un livre. L'analyse spectrale du moindre air à danser fera apparaître ici une petite flammèche empourprée comme le cœur d'une ancolie à l'endroit précis où l'âme du violon se tait et cède à la voix des bassons ; là, une étrange pétrification des cristaux, un calcul, un diamant ensanglanté au point exact où les veines de la musique se ramifient, vont irriguer les plus secrets domaines de la partition et se perdre dans la rêverie de l'amateur de musique. »

Et un peu plus loin dans la même page :

« Quel est le sens exact, le véritable contenu d'une phrase musicale qui nous trouble sans que nous puissions jusqu'ici analyser notre émotion ; toutes les eaux de la mer pour colorier une humble perle ; toute l'obscurité de nos bas-fonds pour que brûle l'incomparable orient d'une larme sur la joue déjà flétrie du jeune Wolfgang » (p. 135).

Qu'aurait pensé Klee si des textes semblables lui étaient tombés sous les yeux ? Pour Louis Parrot, et bien qu'il n'emploie pas le terme, il n'y a aucun doute, Mozart est bien du « type cristallin », puisque, toujours d'après lui, « l'étincelante beauté du diamant », est une des principales caractéristiques de son style. Et, après tout, cette

« étincelante beauté », ne révèle-t-elle pas « quelque chose » que ne saurait appréhender la « boule de cristal » des voyants ? Ne serait-elle pas un reflet de l'Absolu ?

5

Mozart vu par Messiaen

Cherchant depuis plusieurs années à me documenter sur l'évolution actuelle de l'art musical, j'avais acheté un jour les *Entretiens avec Olivier Messiaen*[1] qui venaient de paraître ; c'était précisément à l'époque où je me posais le problème Mozart-Paul Klee. Selon mon habitude, j'avais consulté l'index avant de parcourir le volume ; je comptais y trouver de nombreuses références aux trois dodécaphonistes, ainsi qu'à d'autres musiciens joués fréquemment au *Domaine musical*. Quelle ne fut pas ma surprise quand je constatai que le nom d'Alban Berg, comme celui de Schönberg, n'était cité que quatre fois, celui de Webern six fois seulement et neuf fois celui de Strawinski. Et mon étonnement s'accrut encore quand je vis que le musicien qui présentait le plus de références après Debussy (vingt-trois fois), était, comme dans le volume de Grohmann sur Klee, le

1. *Entretiens avec O. Messiaen*, par Cl. Samuel, Belfond édit., 1967. (*N.d.A.*)

compositeur de *Don Juan* et de *La Flûte enchantée* (vingt et une fois).

Toutefois, avant de considérer les propos que Messiaen a tenus sur l'art mozartien, on peut noter, en passant, une réflexion qui, soulignant la nécessité d'avoir sous les yeux la partition d'une œuvre exécutée dans un concert, vient confirmer ce que pensait Paul Klee sur le même sujet :

« C'est indispensable, dit Messiaen, pour le compositeur qui apprend à orchestrer. Pour l'auditeur moyen, c'est un plaisir supplémentaire parce qu'en plus de l'émotion ressentie devant la beauté de la musique et des timbres, il se rendra mieux compte de la facture de l'ouvrage » (p. 156).

Malheureusement, il ne semble pas qu'aujourd'hui un pareil conseil soit suivi d'une manière bien fréquente. Si, au début du siècle, je l'ai signalé dans l'« Introduction », on voyait souvent des auditeurs se rendre à un concert ou même à l'Opéra avec, sous le bras, les partitions des œuvres figurant au programme, aujourd'hui il n'y en a plus un seul qui suive ce conseil, même en écoutant un disque. Non seulement on ne sait plus lire les notes d'une partition, mais on se moque pas mal de la « facture » d'une œuvre : on se contente de la déguster avec l'oreille, comme on le fait d'un verre de whisky avec le palais. Cela ne va pas plus loin ! Comment ferait-on le moindre effort pour pénétrer dans le secret de la création, lorsque tout parvient à l'auditeur par le truchement de la « machine », que cette machine soit une radio, la télévision ou un disque ?

Un autre passage des *Entretiens*, où il s'agit d'une sorte de synopsie, permet également un rapprochement avec Paul Klee :

« (Cette synopsie), dit Messiaen, me permet, lorsque j'entends de la musique et aussi bien lorsque je la lis, de voir intérieurement par l'œil de l'esprit des couleurs qui bougent avec la musique ; et ces couleurs, je les sens d'une manière excessivement vive et j'ai même parfois indiqué sur mes partitions ces correspondances avec précision. Il faudrait évidemment pouvoir prouver scientifiquement ce rapport, mais je n'en suis pas capable » (p. 37).

Puis Messiaen, donnant quelques exemples de ces correspondances, consacre, entre autres, au *Don Juan* de Mozart, quelques lignes bien faites pour rappeler que Klee avait espéré un moment pouvoir réaliser pour cet opéra un ensemble de décors et de costumes :

« Vous remarquerez, à propos du théâtre musical, que les compositeurs de musique se sont peu souciés, pendant longtemps, des éclairages qui devaient être réalisés pendant le déroulement de leur musique. C'est avec Mozart que nous commençons à entrevoir un rapport prémédité ; et il est bien certain que la scène du Commandeur de *Don Juan* provoque un dépaysement complet, absolument génial pour l'époque ; non seulement parce que la scène fait peur et que le sujet est terrifiant, mais parce qu'à ce moment la nuit règne sur la scène, soulignée par un éclairage surnaturel ; tout cela est traduit par l'orchestration, par les couleurs d'accords. Il y a dans la scène du Commandeur tel renversement de « septième et quinte diminuée » avec la tierce altérée qui sera reprise par Chopin en tant que couleur et que Debussy utilisera par la suite sous le titre de "gamme par tous" » (p. 40).

Sans nous arrêter pour le moment sur la différence de jugement portée par Paul Klee et Messiaen sur la scène du Commandeur (pour le second c'est un sujet terrifiant, pour le premier l'« *inferno* » appartient à la « partie joyeuse » de Mozart lui-même[1]), il faut signaler que dès le début des *Entretiens*, Messiaen soulève une question qui semble avoir fort peu préoccupé jusqu'ici les biographes ou critiques de Mozart : c'est lorsqu'il remarque que le musicien de *Così fan tutte* et du *Requiem* utilise « exactement le même langage pour des œuvres à tendances très profondes et pour des œuvres à caractère très religieux, en réussissant dans les deux cas, et cela sans modifier tellement leurs canons esthétiques » (p. 12). Messiaen, qui, avec ses *Trois petites liturgies de*

1. Chap. IX, une page sera consacrée à cette question. (*N.d.A.*)

la Présence divine, se flatte d'avoir transposé au concert une sorte d'office, en retirant « l'idée de liturgie catholique des édifices de pierre destinés au culte » et en l'installant dans « d'autres édifices qui ne semblaient pas destinés à recevoir ce genre de musique », Messiaen donc, a bien senti que Mozart avait résolu un problème qui était exactement l'inverse du sien : la sacralisation d'une musique profane[1].

Mais c'est surtout lorsqu'il parle de rythmique que Messiaen touche un point essentiel :

« Le plus grand rythmicien de la musique classique est certainement Mozart. La rythmique mozartienne revêt un aspect cinématique, mais elle appartient surtout au domaine de l'accentuation, issue du verbe et de la parole. Chez Mozart, on distingue des groupes masculins et féminins (les premiers sont d'une seule volée terminante, exactement comme le corps et le caractère masculin ; les groupes féminins sont plus souples comme le corps et le caractère féminin). Les groupes féminins sont les plus importants et les plus caractéristiques : ils comportent une période préparatoire qu'on appelle l'« anacrouse », un sommet plus ou moins intense que l'« accent », un retombé plus ou moins faible (la « muette » ou « désinence » formée d'un ou plusieurs sons, d'une ou plusieurs durées). Mozart

1. Chap. XI, une page sera consacrée à cette question. (*N.d.A.*)

s'est constamment servi de ces groupes rythmiques qui ont une telle importance dans son œuvre que, si l'on n'observe pas la place des accents, on détruit complètement la musique mozartienne. C'est pour cette raison qu'on entend tellement de mauvaises interprétations de Mozart, car la plupart des musiciens ne sont pas suffisamment éduqués pour discerner la place véritable des accents » (pp. 68-69).

Et Claude Samuel ayant demandé à Messiaen si la grande difficulté d'exécuter des œuvres mozartiennes ne provenait pas de la richesse rythmique, il lui répond :

« Absolument, et surtout de l'emplacement des accents qui ne sont pas toujours indiqués par le compositeur. C'est la ligne mélodique, ce sont les artifices harmoniques, c'est une quantité de signes variables qu'il serait trop long d'énumérer qui guident l'exécutant dans le choix de l'emplacement de l'accent. S'il se trompe, il commet un crime de lèse-Mozart en détruisant complètement le mouvement rythmique de l'œuvre » (p. 69).

Il faut le souligner avec force, peut-être l'art mozartien et ses difficultés de l'exécution n'ont jamais été aussi bien définis que dans ces quelques lignes. Mais dès qu'on y réfléchit un peu, on se demande si Messiaen, après s'être engagé dans la bonne voie, ne se serait pas arrêté un peu trop tôt. Le véritable problème de l'interprétation de Mozart ne dépasse-t-il pas celui des anacrouses, accents et autres signes ? Quand ceux-ci sont indiqués sur une partition, ils peuvent être exécutés d'une manière fort convenable, et cependant cette exécution être encore décevante.

A vrai dire, pour que l'exécution d'une œuvre soit aussi parfaite que possible, il est nécessaire qu'en soient rendus à la fois l'esprit et la lettre. Or, si dans le cas d'un Bach aussi bien que d'un Beethoven et même d'un Wagner, l'esprit est fort près de la « lettre » — il semble assez simple d'« interpréter » convenablement une œuvre de l'un ou l'autre de ces compositeurs —, il est d'autres musiciens dont il n'est pas toujours facile de réaliser ce qui constitue l'« esprit » de leurs œuvres. Mozart rentre dans cette catégorie, mais avant même de parler de lui, on peut citer le cas de Debussy qui est, certes, fort différent, mais cependant soulève le même problème d'interprétation. Si les premières représentations de *Pelléas et Mélisande* avaient eu d'admirables interprètes avec Mary Garden, Jean Périer et Dufranne, chaque fois qu'il m'a été donné de réentendre ce drame musical dans les années suivantes, ma déception n'a jamais cessé de croître, même lorsque c'était Irène Joachim qui tenait le rôle de Mélisande. Certes, les chanteurs ne faisaient pas de fausses notes et ils observaient convenablement les nuances stipulées sur la partition, mais ils ne savaient pas mettre les accents là où ils étaient nécessaires, et, de ce fait, ils n'arrivaient jamais à recréer l'atmosphère « Maeterlinck » que Debussy a fort bien évoquée dans son œuvre[1].

Or, lorsqu'il s'agit d'une œuvre chantée de Mozart, un problème identique se pose. Daniel Lazarus met le doigt sur le point sensible lorsque, dans le chapitre qu'il lui a consacré dans son livre *Accès à la musique*, il écrit non seulement que chez ce musicien « il faut que la ligne mélodique observe les respirations et que ses respirations sont essentielles », mais qu'il ajoute aussitôt « Mozart en a noté beaucoup, pas toutes » (p. 122). Il est évident que, si dans ma jeunesse j'avais été bouleversé par la représentation de *Così fan tutte*, c'est que les interprètes avaient su découvrir les bonnes « respirations », même là où elles n'étaient pas indiquées sur la partition.

Messiaen, dans ses *Entretiens*, a bien vu que certaines formes de rythme étaient tout à fait spécifiques de l'art mozartien. Mais le plus étrange, c'est que ce musicien qui, personnellement, s'est efforcé de reproduire des paysages d'oiseaux dans plusieurs de ces œuvres instru-

1. Un ami, né bien après les premières représentations de *Pelléas*, me disait avoir entendu dernièrement des disques de cette œuvre chantée par ses créateurs. Il en avait eu une assez mauvaise impression, mais cette impression était probablement due à l'enregistrement qui, ayant été fait vers 1918, était certainement loin de présenter les perfections de ceux qui sont réalisés aujourd'hui. (*N.d.A.*)

mentales[1] n'ait pas remarqué que la rythmique de Mozart présentait un caractère ornithologique fortement marqué.

1. *Le Merle noir*, pour flûte et piano (1952) ; *Les Oiseaux exotiques*, pour piano et petit orchestre (1956) ; *Le Réveil des oiseaux*, pour piano et grand orchestre (1956-1958) ; le *Catalogue d'oiseaux*, pour piano solo (1956-1958) ; *Chronochromie*, pour grand orchestre (1960). Messiaen a même fait un voyage au Japon, pour y recueillir des chants d'oiseaux. (*N.d.A.*)

6

Symphonie ailée

C'est la lecture d'un épisode des *Enfants du capitaine Grant* qui m'a ouvert, pour la première fois, des perspectives sur la présence du chant des oiseaux dans les œuvres de Mozart. Une nuit, alors que les voyageurs du roman ont fait halte dans une région désertique de l'Australie, Paganel, qui étant de garde, s'est laissé entraîner dans des méditations astronomiques, est tirée de sa rêverie par des sons lointains :

« Il prêta une oreille attentive, et, à sa grande stupéfaction, il crut reconnaître les sons d'un piano : quelques accords largement arpégés, envoyaient jusqu'à lui une sonorité frémissante. Il ne pouvait s'y tromper.

"Un piano dans le désert ! se dit Paganel. Voilà ce que je n'admettrai jamais !"

C'était très surprenant en effet, et Paganel aima mieux croire que quelque étrange oiseau d'Australie imitait les sons d'un Pleyel ou d'un Erard, comme d'autres imitent des bruits d'horloge ou de rémouleur.

Mais en ce moment une voix purement timbrée s'éleva dans les airs. Le pianiste était doublé d'un chanteur. Paganel écouta sans vouloir se rendre. Cependant, après quelques instants, il fut forcé de reconnaître l'air sublime qui frappait son oreille. C'était "*Il mio tesoro tanto*" du *Don Juan*.

"Parbleu, pensa le géographe, si bizarres que soient les oiseaux, et quand ce seraient les perroquets les plus musiciens du monde, ils ne peuvent pas chanter du Mozart !"

Puis, il écouta jusqu'au bout cette sublime inspiration du maître des maîtres. L'effet de cette suave mélodie portée à travers la nuit limpide était indescriptible. Paganel demeura longtemps sous ce charme inexprimable ; puis la voix se tut et tout rentra dans le silence. »

Paganel a beau affirmer que les oiseaux ne peuvent chanter du Mozart, il avoue cependant avoir fait lui-même la confusion en écoutant « sans vouloir se rendre » le début d'un air de *Don Juan*, et, de ce fait, je me trouvais placé, en ce qui concerne la musique de Mozart, en présence d'un nouveau point d'interrogation dont je ne tardais pas à avoir confirmation.

Un jour, j'avais à déjeuner un ami qui avait de la musique une connaissance assez superficielle, mais néanmoins ne manquait pas d'une certaine intuition. Or, après le repas, comme je m'étais mis au piano, il s'écria au moment où je fermais le clavier : « Je ne sais pas ce que tu viens d'exécuter, mais lorsque j'étais en vacances durant mon enfance, ma plus grande joie était d'entendre, au réveil, le chant des oiseaux, et en t'écoutant, j'ai revécu ces heures merveilleuses. » Ce que je venais d'exécuter ? C'était tout simplement une *Sonate* de Mozart.

La musique de Mozart assimilée à des chants d'oiseaux ? Je me posais donc une question à ce sujet, lorsque, le matin du 11 juillet 1968, jetant un coup d'œil sur le numéro du *Figaro* qui venait de paraître, je découvris le compte rendu d'une représentation des *Noces de Figaro* qui venait d'avoir lieu au Festival d'Aix-en-Provence :

« L'Orchestre de Paris fait penser à une nichée de rossignols qui se seraient abattus, par jeu, dans un fossé. Leur ramage est exquis et leur virtuosité si grande que l'oiseleur, Georges Semkov, en use et parfois en abuse, jusqu'à prendre des *tempi* terrifiants. »

Depuis lors, non seulement j'ai retrouvé dans mon *Journal* quelques lignes que j'avais notées après avoir entendu les *Six Allemandes* (K. 571) au concert des *Etudes mozartiennes* du 20 décembre 1932 :

« Des confidences, des jeux d'éventails. Dans le n° 6 et la coda pleurent des rossignols, éclatent tout à coup des cymbales et un tambour... »

mais j'ai rencontré, dans des études sur Mozart, de nombreuses allusions aux oiseaux auxquelles je n'avais attaché aucune importance précédemment.

Ainsi, dans le *Bulletin n° 1* de la *Société*, Mme Homberg écrit à propos du *Concerto pour clarinette* (K. 622) :

« Toute l'œuvre n'est qu'un frémissement lumineux, un gazouillement d'oiseaux, traversée çà et là par des thèmes d'une telle suavité qu'ils ne sont déjà plus de ce monde. C'est le grand cygne blanc de l'antique légende, qui sent venir la mort, et en accord profond avec toute la nature, dans le silence solennel qui précède la naissance du jour, exhale pour la dernière fois un chant d'une incomparable pureté » (pp. 104 et 105).

On peut lire également dans un volume d'Adolphe Boschot, *Chez les musiciens* (2e série), à propos du *Quintette en mi bémol* (K. 614) :

« Un murmure aérien, lumineux et tel que le bruissement d'un bosquet où pépieraient des oiseaux conversant avec le pauvre d'Assise » (Plon éd., pp. 23 et 38).

Egalement dans un livre de J.-V. Hocquard, *La Pensée de Mozart* (Seuil, éd.). Cette fois il s'agit du *Divertimento en mi bémol* (K. 563) :

« L'envol, *le pépiement des oiseaux* (qui annonce les finales des derniers quintettes), tout cela tend sans cesse au cantabile du lied : c'est déjà Papageno, chez qui le chant des oiseaux se mue en fredon de l'oiseleur à partir de cette mélodie que Schumann retrouvera dans son *Joyeux Laboureur* » (p. 184).

On pourrait donner bien d'autres exemples de chants d'oiseaux chez Mozart. Certes, ils sont très loin de constituer toute sa musique. Ils occupent néanmoins une place prépondérante dans ses œuvres, mais alors quelle est l'origine de ces chants ?

Ce ne sont certainement pas les paysages romantiques qui ont inspiré Mozart. Au début du XXe siècle, quand un chef d'orchestre voulait réagir contre le « charme » de Mozart, il interprétait ses œuvres comme si un souffle prébeethovénien avait passé sur elles. Mais l'art de Mozart est infiniment plus éloigné par l'esprit de celui de Beethoven que ce dernier ne l'est, par exemple, de celui de Wagner. Sans doute, il peut y avoir une certaine parenté entre des thèmes de Beethoven et ceux de Mozart, mais ce n'est pas parce que deux hommes parlent la même langue, emploient les mêmes expressions, qu'il existe une certaine identité dans leur manière de penser et de réagir devant la vie. Et lorsque Marcel Brion, dans un très beau livre qu'il a consacré à Mozart, l'assimile à un romantique, on ne peut pas être d'accord avec lui. Pour soutenir sa thèse, Marcel Brion cite une lettre de Mozart écrite à Constance en 1790 :

« Je ne peux te décrire ce que je ressens. C'est quelque chose comme un vide qui me fait souffrir, une nostalgie inguérissable, un désir jamais satisfait, qui ne me laisse pas de répit et que même je sens augmenter de jour en jour » (p. 197).

Mais à toutes les époques, des êtres humains ont ressenti une pareille nostalgie, sans être pour cela des romantiques ! Daniel Lazarus a une vision beaucoup plus juste de Mozart, lorsque, dans un livre cité plus haut, il écrit qu'il échappe aux définitions bien connues : « Ni classique, ni romantique, ni moderne, ni rien qui puisse se cerner musicalement parlant » (p. 124).

Jamais dans ses lettres, ce musicien qui a souvent voyagé à travers l'Europe en chaise de poste, ne fait allusion à la nature « romantique ». Et c'est très certainement bien autre chose qui lui a inspiré des chants d'oiseaux.

Au XVIIIe siècle, la plupart des maisons dans les grandes villes étaient entourées d'un petit jardin où gazouillaient des oiseaux et ces jardinets occupaient une telle place dans l'esprit de Mozart que, dans une lettre à son père, au moment de la mort de Mme Mozart à Paris en 1778, il écrit qu'il a éprouvé le besoin de regarder par la fenêtre celui qui était au pied de la maison où sa mère venait de s'éteindre.

Non seulement Wolfgang entendait certainement les oiseaux chanter dès son réveil dans les différentes villes où il a séjourné plus ou moins longtemps, mais, en outre, Marcia Davenport raconte, dans son livre sur Mozart, à propos des relations que celui-ci entretenait avec les oiseaux, une curieuse tragi-comédie en deux épisodes qui prouve bien que les oiseaux aimés par le musicien n'avaient rien de romantique.

Un jour de mai 1784, parcourant une rue de

Vienne, le jeune musicien s'arrête, stupéfait, devant la boutique d'un oiseleur. Dans une cage au-dessus de la porte se trouve un oiseau qui siffle le thème de l'Allegretto du *Concerto en sol majeur* (K. 453), que lui, Mozart, avait composé le mois précédent ! Cet oiseau est un sansonnet. Il l'achète trente-quatre kreutzers et, le rapportant chez lui, il note dans son livre de comptes, au-dessous du prix qu'il vient de payer, le *sol* dièse et les roulages, ainsi que les cinq premières mesures de l'Allegretto (*Mozart*, p. 173).

J'avoue qu'en lisant cette page j'avais été à mon tour quelque peu stupéfait : Mozart s'inspirant du chant des oiseaux, voilà qui était, à la rigueur, parfaitement plausible, mais un oiseau s'inspirant d'un *Concerto* de Mozart, c'était beaucoup moins croyable. Et comme Marcia Davenport ne donne jamais la moindre référence, probablement dans la crainte de surcharger le texte de son livre, je ne fus pas sans éprouver des doutes quant à l'authenticité de l'anecdote. Il me sembla que le plus simple était de consulter, dans le gros ouvrage de G. de Saint-Foix, le commentaire qu'il donne du *Concerto* en question. Or, j'eus, sans tarder, la surprise de constater que lui aussi faisait allusion à l'histoire du sansonnet :

« Le thème (de l'*Allegretto*) a une allure plutôt française, en tout cas une allure populaire : il est divisé en deux parties avec des reprises. On le retrouve... noté par Mozart à propos d'un oiseau qu'il avait acheté. L'oiseau le lui répétait drôlement : l'oiseau était viennois, le thème le serait-il aussi ? Il est en tout cas d'une gaieté, d'une promptitude délurée » (T. I, p. 42).

Ainsi, si l'on comprend bien G. de Saint-Foix, ce thème, qui a d'ailleurs inspiré le premier air de l'oiseleur dans *La Flûte enchantée*, aurait été utilisé à la fois par Mozart et un sansonnet parce que c'était un « air populaire », mais ce n'est pas très clair et il faut rester, cette fois, sur un point d'interrogation.

Sans avoir jamais connu un oiseau qui chantait du Mozart, j'ai eu cependant l'occasion de voir de mes yeux un pigeon que la musique de Mozart semblait intéresser particulièrement. C'était au cours d'un été, et je jouais encore une *Sonate* de Mozart ; au bout de quelques instants, détournant un peu la tête, j'aperçus un pigeon qui était entré par la fenêtre ouverte et qui, confortablement installé sur la moquette du salon, écoutait les yeux fixés sur le piano. Il s'envola dès que j'eus refermé le clavier, mais je pus constater aussitôt que, sans doute ému par Mozart, il avait laissé son intestin se vider sur le tapis.

Revenons au sansonnet : étant mort trois ans après sa découverte par Mozart, ce dernier l'enterra dans son jardin, et il écrivit sur sa tombe, à la date du 4 juin 1787, une épitaphe d'une vingtaine de vers, parmi lesquels on peut retenir ceux-ci :

> « ... *Il a dû connaître*
> *La saveur amère de la mort*

Mon cœur saigne
Quand je pense à lui[1]... »

On peut remarquer que Paul Klee semble avoir eu, lui aussi, une certaine attirance pour les oiseaux. Dans le livre que lui a consacré San Lazzaro (Fernand Hazan éd., 1957), se trouvent plusieurs reproductions de tableaux concernant des volatiles, par exemple, *L'Oiseau Pep*, 1925 (p. 69) et la *Scène des oiseaux*, 1937 (p. 167). Et à propos d'un autre dessin, la *Salle des chanteurs*, de 1930, le même auteur nous apprend que Klee a fait de ses souvenirs en Sicile et en Egypte « une œuvre légère, *ailée* comme une page de Mozart ». Mais il faut surtout retenir dans le même volume la description qu'un jeune ami du peintre, Rolf Bürgi, donne de l'atelier de Klee :

« On aurait dit le laboratoire d'un alchimiste. Au milieu, plusieurs chevalets et un siège. Klee travaillait simultanément à plusieurs tableaux... Il en parlait avec beaucoup de simplicité : il lui fallait faire telle chose, disait-il, de telle manière, afin que les oiseaux puissent chanter » (p. 150).

Ces quelques lignes, où il est fait allusion à la fois à l'alchimie et à des chants d'oiseaux, pourraient concerner aussi bien Mozart que Paul Klee.

En effet, les chants d'oiseaux chez Mozart ne sont pas une copie de la nature, comme Rameau

1. Marcia Davenport, *Mozart*, p. 214. (*N.d.A.*)

avait cherché à le faire avec sa *Poule*, Daquin et Beethoven chacun avec leur *Coucou* ou même Messiaen qui, comme on l'a vu plus haut, s'est donné la peine d'aller jusqu'au Japon pour « phonographier », si l'on peut dire, des chants d'oiseaux asiatiques. Chez Mozart les chants d'oiseaux sont comme transfigurés, et cela d'une manière certainement inconsciente.

La Flûte enchantée, où l'on voit un oiseleur portant le plumage violemment coloré d'un perroquet, est une œuvre tout indiquée pour essayer de comprendre le langage des oiseaux mozartiens. Alors que l'*Adagio*, qui figure au début de cette ouverture, fait entendre par trois fois les appels des prêtres égyptiens invitant Tamino à l'initiation maçonnique, il est évident, en ce qui concerne l'*Allegro* qui suit immédiatement, que les mesures d'une allure sautillante qui le constituent, ont peu de rapport avec la même initiation. On peut d'abord remarquer que la première d'entre elles, inspirée en partie d'une *Sonate* de Clementi, se termine par un *gruppetto* qui est beaucoup plus qu'un simple ornement : il n'a rien à voir avec ceux, si fréquents, de la musique italienne de l'époque. Fait-il songer au roucoulement de colombes ? N'est-ce pas le sens qu'on doit lui accorder ? Car on le retrouve au premier acte, dans la première mesure de l'air de Papageno, comme aussi, mais renversé et légèrement saccadé, dans un autre air de ce même personnage au second acte. Or, ce *gruppetto*, Mozart l'avait utilisé dans beaucoup de compositions musicales avant *La Flûte enchantée*. Si l'on s'en tient aux *Sonates* pour piano, pour ne pas aller se perdre dans la multitude des œuvres mozartiennes, on le rencontre, faisant fonction de cellule musicale, dans le premier thème de la *Sonate en ré majeur* de 1777, dans l'*Alla turca* de la *Sonate en la majeur* de 1778, déformé ici d'une manière fort amusante, ainsi que dans un fragment de *Sonate en si bémol majeur* de 1774.

Toutefois, ce qui est au moins aussi essentiel que ce *gruppetto*, ce sont, toujours dans la première mesure de l'*Allegro* de l'ouverture de *La Flûte enchantée*, les notes légèrement piquées qui, se répétant deux par deux, deviennent dans les mesures suivantes ascendantes et descendantes, mais restent toujours piquées et ont la même signification que le *gruppetto*, puisqu'on les retrouve avec lui dans le thème de chacun des deux airs de l'oiseleur (dans le premier : deux *sol* ; dans le second : deux *sol* et deux *fa*). Des notes semblables donnant l'impression d'un pépiement d'oiseaux (ti-ti-ti) qui seraient perchés dans les hautes futaies d'une forêt sacrée, Mozart en a fait un grand usage, et de fort bonne heure, dans ses compositions aussi bien instrumentales que vocales : quelquefois un thème, au lieu de se terminer par une simili-cadence, conclut sur deux notes piquées tout à fait inattendues.

On pourrait signaler encore d'autres éléments permettant de caractériser la musique ornithologique de Mozart, par exemple l'*appoggiature* qui revient toutes les deux mesures dans l'ouverture de *Così fan tutte*, donnant au langage des oiseaux un caractère un tant soit peu moqueur, ou le *trille* qui survole l'orchestre dans cette scène finale du *Don Juan* que les directeurs de théâtre avaient trop tendance à supprimer au début de ce siècle.

Dans un fascicule consacré aux *Oiseaux* et qui fait partie de l'*Encyclopédie par l'image* de chez Hachette, l'auteur, anonyme, écrit dans le premier chapitre qu'il a intitulé « Symphonie ailée » :

« Voilà les frimas peu à peu qui s'éloignent. La lumière se fait plus éclatante dans un ciel plus aimable. Plongée jusqu'alors dans le terre à terre de la vie matérielle, les oiseaux se transfigurent. Parés de leurs frais habits de noces ornés de leurs plumes les plus brillantes, ils accordent leurs instruments à vent. Alors, sous la baguette magique du grand soleil, prélude le concert de leurs vocalises. »

Est-il possible d'imaginer un texte qui définisse mieux l'art mozartien que ces quelques lignes, surtout si on souligne certaines expressions comme « instruments à vent », « baguette magique », « concert de leurs vocalises » et surtout celle de « transfiguration » ?

Mais il faut surtout retenir ce que J.-V. Hocquard[1] écrit dans son petit livre sur *Mozart*, après

1. J.-V. Hocquard a publié deux livres sur le compositeur : *La Pensée de Mozart* (1961) et un autre plus petit : *Mozart* (Seuil, collection Microcosme, 1958). (*N.d.A.*)

avoir entendu un disque qui lui apporta la révélation de l'*Adagio en si mineur* (K. 540) :

« Voici enfin l'improvisation haletante, la solitude de l'âme emmurée, les trous de silence angoissé... Voici le jaillissement d'une confidence sans interlocuteur possible..., le chant du rossignol dans la nuit absolue, qui clame son être pour tous et pour personne » (p. 21).

Alors que dans la forêt de *Siegfried*, un oiseau appelle le héros à un destin supérieur, chez Mozart, le « rossignol dans la nuit absolue », ainsi que beaucoup d'autres oiseaux, ouvrent à l'auditeur des perspectives sur un mystérieux monde des dieux.

7

Le dieu Mozart

Dans mon adolescence et ma jeunesse, j'avais souvent entendu dire et lu dans des ouvrages sérieux, que le « ravissant Mozart » pouvait être appelé aussi le « divin Mozart ». Mais ce n'était, somme toute, qu'un lieu commun qu'on ne cherchait jamais à expliquer, et pour ma part je n'y avais jamais attaché la moindre importance, pensant d'ailleurs que ce qualificatif de « divin » signifiait simplement que la musique de Mozart avait une délicieuse saveur comparable au nectar des dieux. Ingres, il est vrai, va un peu plus loin, et au lieu de l'épithète « divin », il emploie, à propos du compositeur, le terme même de « dieu » : « Mozart, note-t-il dans ses *Ecrits sur l'art*, est le dieu de la musique, comme Raphaël est le dieu de la peinture. » Mais il a tôt fait de traiter de « dieu » également l'inoffensif Méhul : « Méhul plaisante dans l'*Irato*, mais il plaisante en dieu. » Et il qualifie de divin presque tous les grands compositeurs, y compris Haydn[1]. Quand un mot

1. Ingres, *Ecrits sur l'art*, éditions de la Jeune Parque, 1947 (pp. 50 et 62). (*N.d.A.*)

est à ce point prostitué, on ne saurait lui attacher la moindre importance.

C'est encore un roman de Jules Verne, que j'avais ignoré dans mon enfance, qui, récemment, m'a fait réaliser que Mozart était bien un « Dieu », au sens fort du terme. *L'Ile à hélice* est l'histoire de riches Américains propriétaires d'une merveilleuse machine, qui, en se déplaçant à la surface des océans, permet à ses habitants d'accomplir d'« extraordinaires voyages ». Un jour, ils ont fait enlever par surprise un « quatuor concertant » français en tournée sur la côte californienne, parce que, las d'entendre les œuvres de musique classique transmises par le phonographe[1], ils ont voulu s'offrir le plaisir d'auditions directes et de première qualité. Mais le prix des places aux concerts qui ont lieu au casino de l'île est exhorbitant, et un souverain en exil, le roi de Malécarlie, bien que passionné de musique, ne dispose pas de moyens qui lui permettent d'y assister. Les quatre instrumentistes, mis au courant de cette situation, se rendent un jour chez lui, avec l'intention de lui jouer deux ou trois quatuors de leur répertoire ; le roi est tellement heureux de cette aubaine qu'il ne peut retenir son enthousiasme : avant même que ne soit donné le premier coup d'archet, il célèbre en quelques

1. *L'Ile à hélice* est de 1895, et à cette date, le phonographe en était à ses premiers balbutiements. Cette réflexion de Jules Verne, venant confirmer ce que je pense des auditions par disques, n'en est que plus curieuse ! (*N.d.A.*)

mots la gloire des musiciens, il vante « le génie à la fois naïf et ingénu de Haydn », « l'exquise sensibilité chevaleresque de Weber », il qualifie Beethoven d'« astre sublime », puis pour terminer, il s'étend plus longuement sur Mozart.

Après avoir fait allusion à l'un « des grands compositeurs dramatiques de la fin du XIXe siècle, qui lui a consacré d'admirables pages » — il s'agit certainement de Gounod qui, en 1890, cinq ans avant *L'Ile à hélice,* avait publié une excellente analyse de *Don Juan* — il souligne, entre autres, l'aisance dont Mozart fait preuve « en donnant à chaque note une part de justesse et d'incantation » (« incantation » : le mot mériterait d'être souligné), il dit qu'« à la vérité pathétique, il joint la perfection de l'art plastique », puis s'étant exclamé que Mozart n'était pas un roi (précédemment il a traité Beethoven de « prince de la musique »), il conclut brusquement : « Je dirai que Mozart est un dieu, puisqu'on tolère que Dieu existe !... C'est le dieu de la musique [1] ! »

1. *L'Ile à hélice,* t. II, chap. III : « Concert à la Cour ». Ce roman a paru à une époque où les *Voyages* étaient traduits dans toutes les langues dès leur publication en français. Klee avait seize ans. N'aurait-il pas lu alors *L'Ile à hélice,* comme tant d'autres adolescents ? Ne serait-ce pas l'éloge dithyrambique de Mozart par le roi de Malécarlie qui aurait fait naître en lui la passion qu'il a eue toute sa vie pour le musicien de *Don Juan* ? N'aurait-il pas remarqué aussi l'allusion à l'art plastique faite par Verne à propos de l'œuvre non d'un peintre, mais d'un musicien ? Et même ne serait-ce pas la phrase finale qui lui aurait donné l'idée, un peu plus tard à vingt-deux ans, de se considérer lui-même comme un dieu ? En

Lorsqu'un jour cette page me tomba sous les yeux, il y a une dizaine d'années, alors que j'écrivais *Le Très Curieux Jules Verne*, ce fut comme si j'avais reçu une décharge électrique. Mozart considéré comme le dieu de la musique avait, chez Jules Verne, une bien autre résonance que chez Ingres, où il se trouve mêlé à une foule d'autres dieux de la musique et de la peinture, dont quelques-uns sont d'ailleurs fort douteux. Ces mots, d'où tiraient-ils leur force d'expression ? Etait-ce de la proposition plus ou moins ironique qui venait à leur suite : « Puisqu'on tolère que Dieu existe » ? Je ne sais ! Ce qui est certain, c'est que j'eus vraiment l'impression d'une « révélation » : Mozart m'apparut comme resplendissant de la transcendante beauté d'un dieu de l'Olympe.

Les propos du roi de Malécarlie me rappelèrent que j'avais rencontré autrefois, dans la biographie de Gounod par J.-G. Prod'homme, un texte du compositeur de *Faust* et de *Roméo et Juliette*, qui m'avait tellement frappé sur le moment que je l'avais immédiatement noté dans un cahier. Il est extrait d'un discours prononcé en 1882, à la séance annuelle des Académies. Gounod y décrit l'extraordinaire impression qu'il avait ressentie à l'âge de seize ans en assistant pour la première fois à une représentation du *Don Juan* :

---

somme, ce sont là des points d'interrogation auxquels il est impossible de répondre, mais qu'il n'est pas inutile de poser. (*N.d.A.*)

« A peine ma mère et moi étions-nous assis dans la salle que je me sentis enveloppé d'une terreur sacrée à l'approche d'un mystère imposant et redoutable. J'éprouvais, tout ensemble, dans une émotion confuse et alors inconnue, le désir et la crainte de ce qui allait se passer devant moi. [...] Je renonce à décrire ce que je ressentis dès les premières mesures de ce terrible prologue. [...] Tout ce que je me rappelle, c'est qu'il sembla qu'un dieu me parlait. Je tombai dans une prostration douloureuse et délicieuse, et à demi suffoqué par l'émotion : "Ah ! Maman, m'écriais-je, ça, c'est de la musique !" J'étais littéralement éperdu ! » (J.-G. Prod'homme, *Gounod,* t. I, pp. 48-49).

Quel auditeur des *Passions* de Bach ou de la *Symphonie avec chœurs* de Beethoven, quel pèlerin de Bayreuth, même après avoir assisté à l'initiation de *Parsifal,* a-t-il jamais entendu un « dieu » lui parler ?

En tout cas, Gounod, dans son livre sur *Don Juan* auquel il a été fait une brève allusion plus haut, vient bien confirmer le caractère divin de Mozart. A propos de l'avant-dernière scène du premier acte, il écrit :

« O Mozart ! Divin Mozart ! Qu'il faut peu te comprendre pour ne pas t'adorer ! Toi, la vérité constante ! Toi, la beauté parfaite ! Toi, le charme inépuisable ! Toi, toujours profond et toujours limpide ! Toi, l'humanité complète et la simplicité de l'enfant ! Toi, qui as toujours ressenti et tout exprimé dans une langue musicale qu'on n'a jamais surpassée et qu'on ne surpassera jamais ! » (pp. 86 et 87).

Les textes de Gounod et de Jules Verne viennent s'éclairer réciproquement, il ne pouvait plus y avoir de doute à mes yeux : Mozart était bien un dieu descendu des hauteurs de l'Empyrée !

8

La passion du dieu Mozart

Le dieu Mozart est venu au monde pourvu de dons musicaux vraiment extraordinaires. Dès l'âge de quatre ans, l'enfant commença à apprendre le clavecin. Il lisait et écrivait ses notes avant même de savoir en faire autant avec les lettres de l'alphabet. A cinq ans, s'emparant d'un violon, il participait à l'exécution de plusieurs trios avec son père et un ami de celui-ci. Des compositions datant de sa sixième année sont reconnaissables dès les premières mesures comme étant de la musique de Mozart et de lui seul. Ses doigts et son esprit étaient également doués. A neuf ans, l'enfant stupéfiait les Hollandais par son jeu admirable sur un orgue qui était alors le plus grand et le plus compliqué du monde.

Arrivé à l'âge de sa majorité, il a trouvé le moyen de dissimuler son essence divine en se livrant à des plaisanteries scatologiques dignes d'un titi parisien. Ainsi dans une lettre du 5 novembre 1777, il écrit à sa cousinette d'Augsbourg :

« Je vous souhaite maintenant une bonne nuit, chiez dans votre lit à le faire éclater, dormez en bonne santé, tendez votre cul jusqu'à votre bouche ; je vais encore flâner et dormir un coup. Demain nous parlerons raisonnablement. J'ai beaucoup de choses à vous dire. Vous ne pouvez le croire, mais demain vous l'entendrez bien. En attendant, portez-vous bien ! Ah ! Mon cul me brûle comme du feu ! qu'est-ce que ça peut vouloir dire ? Peut-être une crotte veut-elle sortir ? Oui, oui, crotte, je te connais, je te vois et je te sens ! Qu'est-ce que c'est ? Est-ce possible ? — Mon oreille, ne me trompes-tu pas ? Non, c'est bien cela, quel long et triste son ! »

Et le plus étonnant, c'est que quelques jours plus tard (15 novembre 1777), Mozart s'exprimait d'une manière analogue dans une lettre à son père :

« Moi ! Johannes-Chrisostomus-Amadeus-Wolfgangus-Sigismundus Mozart, je m'accuse d'être rentré à la maison avant-hier et hier (et bien d'autres fois) à minuit et d'avoir en compagnie de Cannabisch, de sa fille et de sa femme, de MM. Schatzmeister, Ramm et Lang, souvent et sans gravité — mais tout à fait délibérément — rimaillé de toutes sortes de choses de cochonnerie et surtout de crotte, chier et léchage de cul, en pensée, en paroles, mais non pas en actions... Mais je ne me serais pas conduit d'une façon aussi abandonnée de Dieu, si l'instigatrice du complot, celle qui a pour nom Lisel (Elizabeth

Cannabisch) ne m'avait pas extrêmement animé et excité. Et je dois reconnaître que j'y ai pris un plaisir extrême. Je reconnais du plus profond de mon cœur toutes ces fautes et péchés, et dans l'espoir d'avoir souvent à les reconnaître, je prends la ferme résolution de continuer encore la vie coupable que j'ai commencé à mener — c'est pourquoi je demande la sainte absolution si elle peut se donner facilement[1]. »

La seconde de ces deux lettres, adressée au père, soulève le problème des rapports entre Léopold et son fils qui constituent un des principaux éléments de la « passion » soufferte par le dieu de la musique. Mais avant de parler de ces relations qui sont probablement beaucoup plus dramatiques que ne le pensent la plupart des biographes, il n'est pas mauvais de dire un mot des ennuis que le jeune musicien de Salzbourg a eus avec le prince-archevêque de cette ville, Hyeronimus Colloredo.

Celui-ci traitait comme de vulgaires domestiques les musiciens qui étaient sous sa dépen-

---

1. Pierre-Jean Jouve a publié en deux volumes la correspondance « complète » de Mozart, et ces deux lettres y figurent, mais certaines phrases sont remplacées par des points de suspension. Pierre-Jean Jouve aurait-il eu peur de montrer jusqu'à quel point le jeune dieu était humain, très humain ? Malheureusement le cas de Mozart n'est pas isolé. On peut citer dans le même ordre d'idées les écrits posthumes de sainte Thérèse de Lisieux qui ont été retouchés par le Carmel, et ceux de Nietzsche auxquels sa sœur a apporté également quelques modifications. (*N.d.A.*)

dance, il les envoyait manger à la cuisine et le jeune dieu, sur les conseils de son père, s'était humilié jusqu'à faire partie de cette domesticité. Or, si, en 1781, il avait pu obtenir du prince-archevêque la permission d'aller monter *Idoménée* à Munich, le maître, ayant été passer quelques jours à Vienne, exigea bientôt de son valet qu'il vienne le rejoindre, puis il voulut qu'il rentrât à Salzbourg avec lui. Mais Mozart avait alors ses raisons de rester à Vienne et il se révolta contre le noble dignitaire de l'Eglise qui avait autorité sur lui... Il finit par se libérer, mais ce fut après avoir reçu du comte d'Arco, chancelier de Colleredo, un beau coup de pied dans les fesses. On serait disposé à considérer cette histoire comme une manière d'opéra bouffe mais, aux yeux de Louis Parrot, elle se présente, au contraire, sous un aspect quelque peu tragique : il compare Mozart se libérant du prince-archevêque, à « un oiseau de feu qui rompt les mailles d'un funeste oiseleur » (p. 148). Et ces mots peignent fort bien le « joyeux drame » qui s'est déroulé entre Colleredo et le jeune Mozart[1].

Mais le prince-archevêque n'est pas le seul oiseleur qui ait retenu Mozart prisonnier dans une cage. Les biographes, qui pensent que Léopold et son fils se sont toujours très bien entendus, s'en tiennent à une conception de la psychologie quelque peu surannée, qui consiste à croire que,

1. On comprendra plus loin pourquoi cette expression figure dans un livre consacré à Mozart. (*N.d.A.*)

pour juger de relations existant entre deux êtres humains, on peut se contenter des phrases qu'ils ont alignées sur des feuilles de papier à lettres. Une telle psychologie n'est plus valable de nos jours, surtout si le drame se passe au sein d'une famille chrétienne. Un enfant, au catéchisme, apprend qu'il doit toujours faire preuve de respect envers ses parents et plus tard il continuera à leur dire toutes sortes d'amabilités, même s'il est en désaccord avec eux ! Dans des cas semblables, ce sont les faits et non les mots qui comptent.

En ce qui concerne Mozart, on a des preuves flagrantes de la manière dont Léopold traitait ce fils, et il est impossible que le « dieu de la musique », qui avait une sensibilité fort développée, ne se soit pas rendu compte des efforts que faisait ce second oiseleur pour empêcher que soit ouverte la cage dans laquelle, lui aussi, le tenait prisonnier. Il y a d'abord le voyage à Paris en 1777. Wolfgang est obligé de s'y rendre pour des raisons d'ordre musical et le père qui est retenu à Salzbourg par le prince-archevêque n'a pas la possibilité de partir avec lui. Evidemment, inquiet à l'idée que son fils pourrait accomplir, seul, une pareille randonnée, il ne trouve rien de mieux que de le confier à sa mère (qui d'ailleurs devait mourir à Paris). Qu'à dû en penser le fils arrivé à sa majorité ? A cet âge-là, généralement, on préfère ne pas être sous la surveillance de sa mère quand on se déplace. Marcel Brion, dans sa biographie, raconte qu'au moment de la mort du père, Mozart s'était rappelé la crainte que celui-ci avait eue des femmes fardées lors d'un premier voyage à Paris (p. 143). Mais Mozart n'a sans doute pas attendu la mort de son père pour réveiller ce souvenir qui est certainement revenu de lui-même lors de son second voyage à Paris en 1777.

Cette histoire suffirait à elle seule pour prouver que Léopold tenait essentiellement à ce que son fils, même ayant atteint sa majorité, fût dans l'impossibilité de prendre son vol hors de la cage familiale. Mais bien mieux : il n'admettait même pas qu'il se marie ! Il avait mis son veto sur un premier projet de mariage, mais celui-ci ayant échoué, il ne se décida à donner son consentement à un second projet, que forcé par le fait accompli.

Certes, on pourrait citer de très nombreuses lettres où le fils exprime à son père une affectueuse reconnaissance. On pourrait également signaler qu'une fois devenu adepte de la franc-maçonnerie, il désira voir Léopold en faire partie lui aussi. Malgré tout, une lettre du 4 avril 1787 paraît fort caractéristique. Mozart, qui vient d'apprendre que son père était « sérieusement malade », au lieu de lui exprimer dès le début son regret de le voir en si fâcheux état — comme on pourrait l'attendre d'un fils qui aime réellement son père — commence par lui parler d'un musicien peu connu. Ce n'est qu'au bout d'une dizaine de lignes qu'il accouche de l'une de ces formules qui, dans des cas semblables, sont dues à la bonne éducation : « Avec quel ardent désir j'attends de vous de consolantes nouvelles. » Puis il ne lui cache pas que c'est une « habitude, en toutes circonstances, chez lui, de se représenter le pire », et pour finir, il fait l'apologie de la mort. Ecrire une pareille lettre à un homme gravement malade, quel excellent moyen pour lui remonter le moral. En outre, Mozart, qui habitait alors à Vienne, n'a pas fait le moindre effort pour aller voir à Salzbourg Léopold qu'il savait proche de la mort.

L'image de l'oiseau de feu prisonnier d'un oiseleur, évoquée par Louis Parrot à propos de Mozart et du prince-archevêque, s'appliquerait peut-être encore plus justement à Wolfgang et à son père. Lorsque Mozart travaillait sous la férule de ce dernier, n'entendait-il pas les oiseaux qui gazouillaient dans les buissons et les arbres des jardinets voisins [1], et alors qu'il alignait sagement, sous l'œil implacable de ce père, des notes sur du papier à musique, les chants d'oiseaux qui, eux, jouissaient d'une liberté dont il ne disposait pas n'avaient-ils pas d'étranges résonances dans ses profondeurs ? Un de mes amis, qui ayant entendu dernièrement le *Quatuor en ré majeur*, K. 575, avait eu l'impression, dans l'*Allegretto* final, d'un essor d'oiseaux, a trouvé cette impression confirmée quand il a lu le commentaire de G. de Saint-

1. Thérèse de l'Enfant-Jésus, dans l'*Histoire d'une âme* et dans sa correspondance, s'assimile à un petit oiseau. Or, elle a passé son enfance à Lisieux dans la maison de son père qui portait un nom caractéristique : « Les Buissonnets ». (*N.d.A.*)

Foix sur ce même *Allegretto* : « Le dessin en doubles croches va donner lieu à un passage semblable à un vol d'oiseaux qui s'élève, puis s'abaisse. » Le *Quatuor en ré majeur* est de 1789. Léopold étant mort depuis deux ans, Wolfgang pouvait prendre librement son vol[1].

Si le dieu Mozart a souffert une passion dans la double cage du prince-archevêque et de son père, il n'a pas été sans essuyer une autre série de souffrances de la part d'une certaine famille Weber, qu'il avait connue en 1777 à Mannheim, où il s'était arrêté plusieurs mois en allant à Paris. Cette famille, en plus d'un fils, comportait quatre filles. Et, comme il s'était épris de la seconde, Aloysia, quinze ans, joli visage, belle voix, un certain sens du chant, il avait espéré en faire sa femme. Mais à l'automne 1778, au retour de Paris, Mozart, ayant d'abord flâné à travers l'Allemagne, peut-être parce que la mort l'avait enfin libéré de sa mère, finit par se diriger vers Munich où résidait maintenant la famille Weber, Aloysia

1. Si le chant des oiseaux dans les jardins a pu suggérer le sens de la liberté à un jeune Mozart prisonnier de son père, on s'étonnera peut-être de voir que lui-même ait retenu un sansonnet enfermé dans une cage. Mais ne rencontre-t-on pas souvent dans la vie, un fils, qui tout en critiquant l'attitude du père à son égard, se rend coupable des mêmes errements vis-à-vis d'autrui ?

Par ailleurs, dans son *Panorama de la musique contemporaine*, Claude Samuel écrit, à propos de l'activité consacrée par Messiaen à l'étude des chants d'oiseaux que « le musicien a retrouvé dans la gent ailée le symbole de liberté » (p. 310). (*N.d.A.*)

étant devenue la prima donna de l'Opéra de cette ville, mais, hélas, il s'aperçut dès le premier jour que sa bien-aimée avait pris en considération un autre jeune homme et qu'il devait renoncer à l'épouser.

Quelques années plus tard, Mozart retrouve encore cette même famille Weber à Vienne : le père (il s'appelait Fridolin, joli nom d'opérette !) est décédé, mais la mère n'a pas abandonné son poste de maquerelle vigilante, elle se fait aider par le tuteur de ses quatre demoiselles, un certain Jonathan Thorwarth, un ancien laquais dont Da Ponte déclarait qu'il était le plus abominable intrigant qu'il ait jamais vu [1], et Mozart, se laissant prendre dans un filet que l'on a tendu sous ses pas, tombe amoureux de Constance, une des sœurs d'Aloysia, il sous-loue une chambre dans l'appartement de Mme Weber situé dans une maison appelée « l'Œil de Dieu », il rend visite à Constance dans sa chambre où il s'amuse à lui mesurer le mollet ! Mme Weber, conseillée par Thorwarth, lui fait signer un papier par lequel il s'engage à payer un dédit s'il n'a pas épousé Constance dans un délai de trois ans. Mais Constance, très noblement, déchire le papier sous l'œil de son fiancé (les deux femmes avaient peut-être été de connivence pour monter ce petit coup de théâtre : on n'a aucune preuve de l'innocence de Constance dans cette nouvelle scène de l'opéra bouffe du dieu Mozart : sa conduite après le

1. Cf. *Mozart*, par Marcel Brion, p. 148. (*N.d.A.*)

mariage avec Wolfgang permet de tout supposer !). Bien mieux, la rusée Mme Weber, sachant que l'éloignement attise la flamme chez un amant, exige bientôt que Wolfgang quitte « l'Œil de Dieu ».

Quoi qu'il en soit, avant les trois ans révolus, Wolfgang épousait Constance dans une église de Vienne, mais contrairement à l'usage, tous les personnages qui avaient figuré dans cet opéra bouffe ne participaient pas au final : n'étaient présents ni le prince-archevêque, ni le comte d'Arco, ni même Léopold dont le consentement, je l'ai déjà dit, ne devait parvenir à son fils qu'au lendemain de cette cérémonie nuptiale où l'assistance n'avait guère été plus nombreuse qu'elle ne devait l'être, neuf ans plus tard, à l'enterrement du même dieu.

Constance était peut-être une charmante enfant, mais peu faite pour aider un dieu de passage sur la terre à se débrouiller au milieu des difficultés de l'existence. Assez indifférente à l'art musical, elle ne s'intéressait même pas à l'art culinaire. Et on est en droit de se demander jusqu'à quel point Wolfgang et Constance se sont réellement aimés ?

En tout cas, si comme le laisse supposer le premier chapitre de ce livre, le dieu de la musique a été rappelé au ciel à l'âge de trente-cinq ans par un ange qui, ayant pris l'aspect d'un domestique, disparut aussi mystérieusement qu'il était venu, les intempéries étaient si fortes le jour des obsèques, qu'à la sortie de l'église, les rares amis qui avaient assisté à la cérémonie renoncèrent à accompagner la dépouille mortelle au cimetière. Lorsque, quelques années plus tard, sa femme se décida à aller porter une croix de sépulture, il lui fut impossible de retrouver la fosse commune où avait été jeté le corps du dieu avec les restes pourrissants des vagabonds et des prostituées.

9

La musique de Mozart, reflet de sa passion « Don Juan »

Mozart, durant son adolescence et sa première jeunesse, avait écrit plusieurs ouvrages pour la scène, mais, jusqu'à *L'Enlèvement au sérail*, ceux-ci ne présentaient guère plus d'intérêt que les opéras sérieux ou bouffes du XVIIIe siècle. Certes l'opéra existait déjà avant la venue du dieu de la musique, soit sous une forme plaisante et bouffonne — *La Servante maîtresse* de Pergolèse en est un exemple —, soit sous forme tragique et l'on peut alors citer dans cette perspective le nom de Gluck, dont d'ailleurs la mort n'a précédé que de quatre ans celle de Mozart. Mais avant Mozart, les opéras bouffes n'étaient que de charmants bibelots sans conséquences et les opéras sérieux présentaient avant tout de beaux et parfois même somptueux spectacles : de grands airs pour les solistes, des chœurs d'une grâce exquise ou qui voulaient se donner l'apparence d'être terrifiants, alternaient avec des danses et des divertissements comme on pouvait en voir dans les salons de l'époque. Quand j'ai assisté, au début de ce siècle, aux représentations des opéras de Gluck et de Rameau, l'évolution des dieux sur la scène qui s'accomplissait dans presque toutes les œuvres lyriques de ces deux musiciens, faisait surtout songer à une mascarade de grands seigneurs du XVIIIe siècle déguisés en personnages mythologiques. Il n'y avait là rien de vivant, aucune descente dans les profondeurs secrètes de l'homme et du cosmos.

Par exemple Rameau : on sait quel attrait ce musicien a exercé sur Debussy. Mais, si celui-ci lui a consacré, à la suite d'une représentation de *Castor et Pollux* à la *Schola Cantorum*, un article fort élogieux (reproduit dans *Monsieur Croche antidilettante*), il n'a pu néanmoins s'empêcher de retenir un mot fort révélateur de l'art de Rameau : c'est lorsque, dans la dernière page de son texte, il qualifie cet art de « fine élégance ». Sans doute, il essaie aussitôt d'atténuer cette expression en prétendant que Rameau ne tomba jamais dans l'afféterie, ni dans les tortillements de grâce louche. Il n'est pas moins vrai que cette « fine élégance » caractérise bien le style du musicien des *Indes galantes*.

Si mon admiration pour Rameau a toujours été assez modérée, on a pu voir, dans le chapitre « Intermèdes », qu'il n'en a pas été de même en ce qui concerne Gluck. Debussy, qui fait en somme le panégyrique de l'art de Rameau, s'en prend à Gluck dans le même ouvrage : « Art d'apparat et de cérémonie ! » dit-il, allant jusqu'à prétendre que le seul fait que Gluck ait choisi ses sujets dans la mythologie grecque a permis d'avancer « les plus solennelles bêtises sur les rapports entre sa musique et l'art grec ». Avant la guerre de 1914, j'étais alors un de ceux qui disaient de semblables bêtises : ma désillusion n'en a été que plus grande quand, il y a une dizaine d'années, j'ai eu l'occasion de réentendre, au théâtre des Champs-Elysées, *Orphée* avec Maria Férès comme principale interprète. Cette représentation m'a fait prendre conscience du caractère noble, pompeux, faussement tragique d'un style qui n'est pas plus vivant que celui de Rameau.

L'*Idoménée* de Mozart, qui a vu les feux de la rampe en janvier 1781, appartient encore à cette ancienne catégorie de l'opéra : Berlioz, dans la *Revue et gazette musicale* du 31 janvier 1836, rapproche cette œuvre de l'*Iphigénie en Aulide* de Gluck, et, beaucoup plus récemment, Jean Chantavoine a écrit, dans le *Petit Guide de l'amateur de musique*, à son sujet, que « nombre d'airs relevaient toujours de l'opéra entendu comme un concert en costumes et retardaient l'action par leur prolixe facture » (p. 87).

Pendant l'hiver 1912-1913, Jacques Rouché avait organisé au théâtre des Arts des représentations au cours desquelles étaient donnés des fragments d'opéras peu connus, et j'ai eu ainsi l'occasion d'entendre le troisième acte d'*Idoménée*. J'en ai gardé le souvenir d'une fort belle musique, mais aussi solennelle et aussi ennuyeuse que les œuvres de Rameau et de Gluck.

C'est après *Idoménée* que Mozart est arrivé à s'affranchir de la conception que le XVIIIe siècle avait de l'opéra. Ayant eu l'occasion, à plusieurs reprises, de mettre en musique des livrets dont le sujet avait des liens plus ou moins étroits avec les souffrances qui avaient laissé dans sa chair des traces de brûlures, il a, de ce fait, ouvert des voies entièrement nouvelles à la musique dramatique. Mais le plus étrange, c'est que les textes qu'il a ainsi mis en musique, il ne les a jamais choisis lui-même ! C'est un de ses camarades de l'Olympe qui les lui soumettait en prenant le masque d'un entrepreneur de spectacle ou d'un librettiste, ce dieu que chacun de nous, d'ailleurs, rencontre fréquemment sur sa route, et que l'on appelle le hasard.

Ainsi, en 1781, peu de temps après la première représentation d'*Idoménée,* on propose à Mozart un livret d'un certain Stéphanie. C'est une espèce de bouffonnerie à la turque un peu dans le genre des opérettes qui feront fureur dans les villes européennes au siècle suivant. Et voilà Mozart qui, pour la première fois, tire d'un livret sans grande conséquence une œuvre lyrique pleine de jeunesse et de vie. Or, comment ne pas être frappé aussitôt par une bien étonnante coïncidence : cette œuvre dont la première représentation aura lieu un mois avant son mariage, s'appelle *L'Enlèvement au sérail,* et il la compose alors qu'il s'apprête à enlever Constance au « petit sérail » de Mme Weber. L'héroïne ira même jusqu'à porter le nom de celle qui sera bientôt sa femme ! Mais surtout que penser du gardien du sérail, Osmin, qui fait tout pour empêcher l'enlèvement par Belmont de la Constance du livret ? Mozart, dans une lettre à son père du 26 septembre 1781, a parlé assez longuement d'un air dont il a lui-même suggéré les paroles au librettiste, concernant le personnage en question :

« Aussi, comme Osmin n'avait, dans le livret original, que cette seule petite chanson à chanter, et rien d'autre que le trio et le final, je lui ai donné un air au premier acte, et un autre encore au second. [...] Cet air, je l'ai entièrement suggéré à M. Stéphanie [...] même l'essentiel de la musique en était déjà achevé avant que Stéphanie en sût un mot. [...] Vous n'aurez ici que le début et la fin qui doit être d'un bon effet : [...] la colère d'Osmin tournera de cette façon au comique parce que j'y emploie la musique turque... »

Le premier de ces deux airs commence par ces paroles :

Solche hergelaufne laffen
Die nur nasch den Webern gaffen
Majich var den teufel nicht

ce qui a été traduit par Adolphe Boschot et J.-G. Prod'homme :

Ces blancs-becs, ces fils du diable
Qui vont à la chasse aux femmes
Moi je les voue à l'enfer

et au dernier acte, Osmin chante des paroles analogues :

Ha, wie will ich triumphieren
Wennsie euch zun rischplatz führer
Un die Halsen schnürren zu !

qui ont été traduites par :

Pacha très juste, il faut qu'on grille
Sur des poignards rougis au four
Il faut qu'on pende haut et court
Tous ces damnés coureurs de filles !

Si Belmont, cherchant à enlever Constance au sérail d'Osmin, fait inévitablement penser à Mozart qui s'apprêtait alors à enlever une Constance en chair et en os au sérail de Mme Weber, que dire du personnage d'Osmin lui-même, quand on sait combien Léopold avait peur de voir son fils tomber au pouvoir des femmes.

Comment Mozart, qui n'était pas un imbécile, n'aurait-il pas réalisé les rapports étroits que son opéra avait avec son drame de l'heure ? Et, de ce fait, la lettre à Léopold qui vient d'être citée est pleine de saveur : quand on lit entre les lignes, il est du plus haut comique de voir un fils ayant plus ou moins conscience qu'un personnage d'opéra-comique quelque peu grotesque est le symbole de son propre père, prendre un prétexte pour ridiculiser celui-ci un peu plus en faisant chanter à celui-là un second air absent du livret primitif.

On a une autre preuve que Mozart avait

conscience du caractère d'actualité, en ce qui le concernait, du livret de Stéphanie, puisque plus tard, combinant les noms de la maison habitée par Mme Weber avec le titre de cet opéra, il a appelé son mariage avec la sœur d'Aloysia « l'enlèvement sous l'Œil de Dieu ». Et même, on a été jusqu'à soutenir que c'était lui qui avait demandé au librettiste de donner à l'amante de Belmont le prénom même de Constance.

Toutefois le caractère d'actualité que présentait *L'Enlèvement au sérail* pour Mozart, est une exception dans son œuvre lyrique. Car, si *Les Noces de Figaro, Don Juan, Così fan tutte* et même *La Flûte enchantée* comportent, comme on va le voir également, des allusions directes à la vie de Wolfgang, ces allusions concernent, non le présent, mais un passé quelquefois assez lointain, et il est possible que Mozart, malgré les dons divins qu'il possédait, n'ait pas toujours eu entièrement conscience qu'en écrivant la partition de ces différents opéras, il était inspiré par des spectres qui, endormis dans ses profondeurs, avaient été réveillés par tel ou tel passage d'un livret qu'on l'avait chargé de mettre en musique.

Dans *Les Noces de Figaro*, qui ont vu le jour en 1786, quatre ans après *L'Enlèvement au sérail*, on peut déjà signaler un détail secondaire, mais assez curieux : Marceline a obtenu de Figaro qu'il signe un papier par lequel il s'engage à lui payer un dédit s'il ne l'épouse pas. Comment cet engagement ne ferait-il pas songer à celui que Mme Weber avait exigé cinq ans plus tôt de

Mozart, pour l'obliger à épouser Constance dans un délai donné ? Mais ce qu'il faut surtout souligner dans *Les Noces de Figaro*, c'est la révolte contre la haute société de ce Figaro qui appartient, avec Suzanne, au monde des domestiques, comme Mozart avait appartenu à la domesticité du prince-archevêque de Salzbourg. Sans doute, le librettiste Da Ponte, pour obtenir que l'œuvre de Mozart fût représentée à Vienne, a été obligé de tempérer les éclats de colère du personnage de Beaumarchais. Mais, dans un opéra, le livret n'est qu'un schéma, et la musique importe beaucoup plus que les paroles. Marcel Brion, dans son livre sur Mozart, écrit :

« La cavatine du premier acte, dans laquelle, avec un sourire qui cache sa rage et son désir de vengeance, Figaro annonce qu'il jouera de la guitare pour « *ballare il signor contino* », a la véhémence âpre et contenue d'un hymne révolutionnaire. »

Et, quand Marcel Brion s'exprime ainsi, on ne peut qu'être d'accord avec lui. On l'est peut-être un peu moins quand il ajoute que cette cavatine révèle que « le musicien a entendu les secrètes pensées du poète » (p. 176). Lorsque Mozart écrivait cette cavatine, ce qui l'inspirait, n'était-ce pas surtout un jeune domestique qui, plein de rage, avait envoyé « balader » un jour un des membres les plus marquants de la société de Salzbourg, le prince-archevêque Colleredo ?

Et que penser de Chérubin ? On connaît l'anecdote concernant Mozart à l'âge de six ans ! Se trouvant un jour dans un couloir entouré de belles dames, il glisse par terre, Marie-Antoinette, future reine de France, le ramasse et, pour la remercier, il ne peut s'empêcher de s'écrier : « Je voudrais bien t'épouser ! » Le dieu qui, dès sa plus tendre enfance, avait éprouvé le désir de se marier avec une belle dame et, plus tard, devait être choyé par d'autres belles dames dans les salons où son père le présentait comme un petit phénomène, n'a-t-il pas quelque rapport avec le jeune garçon qui aimait la comtesse Almaviva ? Et, somme toute, le monde décrit musicalement dans *Les Noces de Figaro* n'est-il pas celui que Mozart avait fréquenté depuis son enfance ?

Don Juan a vu le jour huit mois après *Les Noces de Figaro*. Le jeune Gounod ne s'était pas trompé lorsque, assistant pour la première fois à une représentation de *Don Juan*, il avait cru entendre « un dieu lui parler » [1]. Mais avait-il bien compris le langage de ce Dieu ? Avant de répondre à cette question, nous dirons d'abord un mot de deux personnages, autres que Don Juan, qui figurent dans cet opéra.

D'abord Leporello. Il existe une nouvelle de Dostoïevski, intitulée *Le Double*, et à la rigueur ce

1. Comme compositeur, Gounod était loin de posséder des dons divins, il faut reconnaître par contre qu'il avait un flair musical étonnant. C'est lui qui a introduit Bach en France. Et son livre sur *Don Juan* contient une des meilleures analyses de cet opéra qui ait jamais été écrite : il mériterait d'être réédité aujourd'hui. (*N.d.A.*)

titre aurait pu être utilisé par Da Ponte et Mozart pour leur *Don Juan*. Non seulement à plusieurs reprises au cours de l'action, Leporello et Don Juan sont confondus l'un avec l'autre, surtout lorsqu'ils ont échangé leurs habits, mais le valet est comme un dédoublement de la conscience de son maître : ainsi, lorsqu'il s'efforce de dénombrer les femmes que Don Juan a connues, n'est-ce pas Don Juan lui-même qui essaie de faire, avec un certain sang-froid, le décompte de ses passions ? Et même, ne peut-on aller jusqu'à dire que Leporello est le double de Mozart lui-même ? Ainsi, lorsque dans l'air de l'*Introduction* il chante :

Voglio fare il gentiluomo
E non voglio, non servire [1]...

comment ne pas évoquer, cette fois encore, la rupture du futur compositeur de *Don Juan* avec Colleredo ?

Le second personnage qui mérite de retenir l'attention est le Commandeur. Si, statufié, il expédie Don Juan dans les enfers, c'est parce que celui-ci a été son meurtrier, et également parce qu'il a abandonné sa fille Doña Anna, mais ne donne-t-il pas aux spectateurs l'impression de le punir surtout parce qu'il est un « coureur de femmes » : bien qu'il ne soit pas plus le père de Don Juan qu'Osmin n'est celui de Belmont, le

1. Je veux faire le gentilhomme
Et je ne veux pas servir... (*N.d.E.*)

Commandeur fait, lui aussi, penser à Léopold qui admettait difficilement que son fils ait des relations avec les femmes, même dans les liens du mariage, et devait mourir précisément à l'heure où ce fils mettait en musique les démêlés de Don Juan et du Commandeur.

Toutefois, ce qu'il est nécessaire de souligner ici, c'est que, dans l'opéra de Mozart, la statue du Commandeur et le soi-disant enfer dans lequel elle précipite Don Juan, présentent un caractère comique presque toujours méconnu. La première fois que m'est tombée sous les yeux la page du *Journal* de Klee où il avance que « Mozart s'est réfugié dans la partie joyeuse de lui-même (y compris son *inferno*) », j'avais été quelque peu étonné de voir que le peintre rangeait l'enfer de Don Juan au nombre des choses joyeuses. Mais Klee a parfaitement raison. Adolphe Boschot, dans une notice qui précède sa traduction du livret, se plaint que *Don Juan* ait été trop souvent interprété comme un opéra à grand spectacle se terminant sur un *Dies Irae*, et, comme il en profite pour souligner que c'est « une pièce enjouée et bouffe », il confirme son dire en donnant le sous-titre de cette œuvre, sur lequel font toujours silence les études concernant Mozart : *dramma giocoso*. Un *dramma* ? Comment ne pas être d'accord sur ce point, car il y a quelque chose de dramatique chez toutes les femmes aimées et abandonnées par Don Juan. Mais le qualificatif de *giocoso* ? Quelle en est la raison ? Ne s'appliquerait-il pas au Commandeur statufié précipitant en enfer le jeune Don Juan ?

La dernière fois que j'ai eu l'occasion d'entendre cette œuvre, j'ai eu l'impression que dans la scène du dîner auquel prend part la statue, non seulement la montée et la descente des gammes de l'orchestre n'avaient rien de terrifiant, n'étant qu'une caricature des flammes de l'enfer, mais aussi que les menaces de la statue elle-même n'étaient que des espèces d'aboiements comiques, non pas dus à une mauvaise interprétation du chanteur, mais bel et bien voulus par Mozart lui-même. Si *Don Juan* est un *dramma giocoso*, c'est parce que cette œuvre se termine par une plaisanterie qui est sans doute macabre, mais n'en relève pas moins de l'Humour.

On pourrait, il est vrai, rétorquer que deux ou trois fois l'expression « vengeance divine » revient dans le livret, mais ce n'est qu'une manière de boutade, et il est assez difficile d'être d'accord avec Pierre-Jean Jouve quand, dans le livre qu'il a consacré à cette œuvre, il qualifie de « démoniaque » le style de cet opéra, qu'il traite d'« indubitablement sacrilège » l'invitation à souper adressée à la statue, ou que le mot « péché » revient plusieurs fois sous sa plume, à propos de la scène du cimetière. Il est infiniment probable que pour le librettiste Da Ponte, dont la vie privée laisse, sous le rapport de la morale, quelque peu à désirer, Don Juan n'était pas une « créature de péché ». Il semble d'ailleurs, sauf erreur de ma part, que le mot « péché » lui-même ne figure en aucune manière dans le livret italien !

Adolphe Boschot, malgré ses observations justifiées, a commis une erreur dans les toutes dernières lignes de sa traduction. Voici son texte :

« *Zerline, Leporello* et *Mazetto* :

Mais qu'il reste dans l'enfer, et rôtisse à tout jamais !

Et nous tous, les braves gens, redisons tous, dans l'allégresse, le proverbe fort ancien (*bis*).

Tous :

C'est la fin, quand on vit mal ; on finit dans l'épouvante. La mort dépend de la vie ; la mort conclut. Et toujours le perfide meurt damné, damné à jamais ! »

Et maintenant voici le texte original :

« *Zerlina, Masetto a Leporello :*
Resti dunque quel birbon
con Proserpina e Pluton ;
e noi tutti, o buona gente,
ripetiam allegramente
l'antichissima canzon :
Tutti :
Quest' è la fin di chi fa mal !
E de' perfidi la morte
alla vita è sempre ugual. »

Non seulement le livret italien ne signifie pas que le lieu dans les flammes duquel disparaît Don Juan est l'enfer chrétien, mais Da Ponte, tout en employant le terme de « perfide », a bel et bien évité d'évoquer l'idée de damnation. *Don Juan* soulève un problème religieux, mais ce n'est pas celui du christianisme. Marcel Brion l'a fort bien défini dans son livre, quand il fait un rapprochement entre Don Juan et Faust, les montrant tous les deux à la poursuite de l'Absolu, le second dans la connaissance, le premier dans l'amour (p. 193).

Ce qu'il faut bien se dire, c'est que si l'amour est une montée vers l'Absolu, c'est grâce à l'érotisme, dans lequel il y a toujours une espèce de fusion entre la chair et l'esprit. L'homme ne saurait être identifié, comme l'enseigne le catharisme, à un être pur qui serait tombé par accident dans la matière. La Bible précise qu'Adam a été créé par Dieu avec le limon de la Terre et qu'Eve a été tirée d'une côte d'Adam : l'homme est bien un être charnel[1]. Ce qualificatif de charnel s'applique même aux ascètes. Ceux-ci peuvent se croire libérés des désirs de la chair, ils n'ont fait que les refouler dans la partie la plus secrète d'eux-mêmes. Eros et Agapê ne sont pas entièrement distincts, comme le supposent certains philosophes et théologiens. Et, lorsqu'un homme cherche l'Absolu dans l'amour, il fait forcément un appel à l'érotisme, et cela d'une manière plus ou moins concrète.

1. Ce qualificatif s'applique toujours à des hommes, jamais à des animaux. On ne dira jamais d'un chat ou d'un chien qu'il est « charnel ». Son emploi laisse seulement entendre que chez l'homme la chair ne saurait être négligée. (*N.d.A.*)

Or, Faust est un alchimiste, et quand un alchimiste n'arrive pas à obtenir la pierre philosophale, il se dit à lui-même : « Mon procédé n'est pas bon, je vais en essayer un autre, je vais mettre d'autres métaux dans l'athanagore, je les traiterai différemment. » De même si un homme cherche l'Absolu dans l'amour, il aura tendance à changer de partenaire toutes les fois qu'il sera déçu.

E. T. A. Hoffmann a écrit un très beau conte sur *Don Juan*. Il oppose à « un bon vivant qui aime outre mesure le vin et les filles » et qui somme toute n'est pas sans rapport avec le personnage du *Festin de pierre* de Molière, le héros de Da Ponte et de Mozart que « la nature a pourvu de tout ce qui élève l'homme au-dessus de la foule commune condamnée à souffrir et à travailler » et dans la poitrine duquel « elle a fait tomber une étincelle de ce feu qui réchauffe l'idée céleste ». Cette étincelle de feu n'a rien à voir avec les flammes de l'enfer, elle symbolise la divinité du musicien Wolfgang Amadeus Mozart.

10

La musique de Mozart reflet de ses passions divines « La Flûte enchantée »

Aux approches mêmes de la mort, le destin de Mozart, en l'obligeant à mettre en musique encore deux autres opéras, l'un appartenant au genre bouffe et l'autre au genre sérieux, a continué à faire jaillir de ses profondeurs quelques-uns des drames qu'il avait vécus depuis 1777. J'insiste ici sur ce terme « les profondeurs ». Contrairement à ce que beaucoup de gens sont portés à croire, les grands génies de l'art ne reçoivent pas du ciel leur inspiration : la « sève monte des racines de l'arbre », a dit Paul Klee, et cette métaphore symbolise la véritable inspiration.

Così fan tutte et *La Flûte enchantée* sont les deux volets d'un diptyque. Alors que deux des filles de Mme Weber ont déçu Mozart, parce que l'une n'a pas répondu à son amour et que l'autre, semble-t-il, s'intéressait fort peu à l'art musical, l'infidélité est symbolisée dans l'opéra bouffe par deux sœurs et, dans l'opéra sérieux, Pamina et

Papagena, sans être sœurs, évoquent plus ou moins directement Aloysia et Constance.

Je ne m'étendrai pas ici sur *Così fan tutte* qui, je l'ai dit dans l'« Introduction », avait été pour moi en 1905 la révélation du message de Mozart. Je l'ai réentendu un demi-siècle plus tard à l'Opéra-Comique et, malgré la médiocrité de l'interprétation, j'ai été, cette fois encore, comme ébloui (c'est le mot que j'ai employé dans mon *Journal* à propos de cette représentation). Je me contenterai de signaler que Jean Chantavoine dit de cette œuvre dans son *Petit Guide de l'amateur de musique* :

« Tandis que les voix y offrent souvent le caractère instrumental, les instruments de l'orchestre vont pour ainsi dire à leur rencontre. Ils s'humanisent, s'individualisent, aspirent presque à la parole... Les instruments à vent, que Mozart cultivait avec prédilection à ce moment (témoin de *Quintette avec clarinette*), y prennent une couleur et un relief nouveaux » (p. 108).

Cette « humanisation » des instruments est peut-être une des caractéristiques des dernières œuvres lyriques de Mozart. Elle permet à ces instruments de participer directement aux drames écrits alors par le compositeur de *Don Juan*.

Pour ce qui est de *La Flûte enchantée*, qui fut représentée cinq semaines seulement avant la mort de Mozart, il avait écrit cette partition pour rendre service à un de ses « frères », le franc-maçon Emmanuel Schikaneder, directeur d'un petit théâtre de la banlieue de Prague. Ce dernier tira lui-même le scénario d'une nouvelle de Wieland (*La Cithare magique*), et, pour être sûr que Mozart ferait rapidement son travail, il l'avait enfermé dans un baraquement en planches où il allait le voir tous les jours.

Dans la nouvelle de Wieland, une fée ordonne au prince Lulu de retrouver le précieux talisman qui lui a été dérobé par un mauvais esprit ; pour sa récompense, elle lui donnera sa fille Sidi qu'elle a eue du roi Cachemir, et qui est alors au pouvoir de l'enchanteur. Au moyen de sa cithare magique, Lulu gagne le cœur de tous, arrive jusqu'à l'enchanteur et, après maintes aventures, remplit sa tâche ; la fée, rentrée en possession de son talisman, tient sa promesse : sa fille sera l'épouse du jeune Lulu.

Sous la plume de Schikaneder, Lulu se transforme en Tamino, la fée en reine de la Nuit, l'enchanteur en Sarastro, Sidi en Pamina. Et un oiseleur, Papageno, est envoyé en éclaireur au-devant de Pamina pour la ravir à son surveillant, le nègre Monostatos. J.-G. Prod'homme (qui a fait avec Kieslin une traduction du livret) pense que Papageno est une invention de Schikaneder. Mais quand on sait le rôle joué dans la vie de Mozart par les oiseaux ainsi que par les marchands qui les tiennent prisonniers dans des cages, on est assez enclin à croire que ce personnage a été créé à la suite de conversations entre le librettiste et son « frère » Amadeus. Mais, à supposer que ces conversations aient jamais eu lieu, il n'y avait pas malheureusement alors de magnétophone pour les enregistrer.

En tout cas, une fois de plus, le Hasard devait intervenir d'une manière bien inattendue : alors que Mozart avait déjà commencé à écrire sa partition, un théâtre de Vienne ayant représenté avec succès une pièce qui traitait du même sujet que la nouvelle de Wieland, on fut obligé de faire appel à un autre « frère », Giesecke, pour apporter de très sérieuses modifications au livret de Schikaneder, et si en particulier le méchant enchanteur devint le « sage » Sarastro qui récompense Tamino de sa « constance » (c'est J.-G. Prod'homme qui, lui-même, emploie ce mot dans sa préface !) en lui donnant la main de Pamina il arriva que Mozart, par suite d'autres retouches au livret, tout à fait indépendantes de sa volonté, se trouva mis en présence de personnages qu'il ne connaissait que trop bien. La reine de la Nuit, qui était dans la version originale une fée bienfaisante, constitue avec le nègre Monostatos, dans la version définitive, un monde ténébreux dont les manœuvres font immédiatement penser à celles de Mme Weber et du tuteur de ses filles à l'époque du mariage de Wolfgang avec Constance, et cette identification de la reine de la Nuit avec la mère de Constance est d'autant plus savoureuse qu'à la création, ce rôle était tenu par sa fille Aloysia douée d'une voix de soprano coloratur. Quant à Papagena, la femme perroquet qui se moque pas mal de l'initiation et désire surtout se faire faire des enfants par Papageno, c'est évidemment

Constance elle-même que les problèmes de l'art ne préoccupaient guère et qui, au moment où son mari écrivait *La Flûte enchantée*, avait déjà eu six enfants de lui.

Par ailleurs, il est assez curieux que dans *La Flûte enchantée* Mozart, gendre de Mme Weber et mari de Constance qui avait écrit peu de temps auparavant *Don Juan* et *Così fan tutte*, ait été amené à mettre en musique des paroles fort agressives contre les femmes.

« Il faut qu'un homme vous dirige — femmes, sans lui tout n'est qu'erreur — et vanité dans votre vie ! » Ainsi s'exprime Sarastro dès sa première apparition sur scène, comme s'il avait deviné par avance la pensée d'un philosophe qui, un demi-siècle plus tard, devait tenir de semblables propos dans une œuvre où ce même Sarastro a emprunté le nom de Zarathoustra [1]. En mettant en musique ces paroles du grand prêtre, Mozart n'a-t-il pas songé qu'à Aloysia qui avait refusé de se laisser « diriger » par lui et qui aurait dû au contraire agir comme Pamina qui, dans *La Flûte enchantée*, accompagne Tamino dans les épreuves de l'initiation ?

Un peu plus loin, un duo chanté par deux prêtres n'est guère plus optimiste : « Se méfier de la ruse des femmes — de nos devoirs c'est le premier — plus d'une se croit exempte de blâme — et qui tombe, succombe. » Et Mozart, lorsqu'il a lu

1. Nietzsche : *Ainsi parlait Zarathoustra* (cf. le chapitre : « Des femmes jeunes et vieilles »). (*N.d.A.*)

pour la première fois ces paroles du livret qu'on lui soumettait, n'a-t-il pas songé à Mme Weber et à ses manigances ?

Enfin, lorsqu'un *Quintette* réunit Tamino, Papageno et les trois dames, un chœur de prêtres se fait entendre en coulisses : « Que l'enfer engloutisse les femmes ! » Mais, après tout, cet enfer est peut-être aussi « joyeux » que celui de *Don Juan*. N'oublions pas qu'il y a toujours matière à plaisanterie chez ce jeune dieu auteur de lettres scatologiques, et que, dans ses œuvres lyriques, l'humour marche souvent de pair avec le sacré.

Le sacré ! ce mot rappelle que *La Flûte enchantée* est un opéra maçonnique[1]. Oscar Wirth, auteur de trois livres sur la franc-maçonnerie : *Apprenti, Compagnon* et *Maître*, se plaît à brandir à plusieurs reprises un étendard sur lequel sont inscrits les trois mots : le *Vrai*, le *Bon* et le *Beau*. Mais alors qu'il s'attarde sur les deux premiers

1. Il existe de nombreux livres sur la maçonnerie et sur Mozart. Ceux que j'ai lus sont loin de m'avoir satisfait. Je ne suis pas parvenu à me faire une idée précise de ce qu'était la maçonnerie au XVIIIe siècle, pas plus que je n'ai pu comprendre les raisons qui ont incité Mozart à entrer dans cette société secrète. Il a écrit des œuvres musicales nombreuses pour la maçonnerie : on pourrait presque se demander si une des raisons qui l'ont attiré vers elle ne serait pas cette possibilité. Par ailleurs, à l'époque de Mozart, un certain snobisme chez les hauts dignitaires de la société viennoise les portait vers la maçonnerie. Mais il est probable que cette question n'a jamais été élucidée. (*N.d.A.*)

thèmes, il ne montre guère les rapports que la maçonnerie entretient avec le troisième. Or, il peut se faire que cela soit principalement dans cette catégorie du *Beau* que l'activité du maçon Mozart se soit exercée.

Au Moyen Age, revêtus d'un tablier véritable, et non symbolique, les frères de la maçonnerie opérative (qui au début du XVIIIe siècle a donné naissance à la maçonnerie spéculative) construisaient, avec de véritables outils, des églises élevées à la gloire du Dieu des chrétiens. Mozart n'a-t-il pas construit, lui aussi, à son tour, de ses propres mains, l'équerre et le compas ayant été remplacés par une plume et des portées musicales, un temple vivant dont les offices n'avaient plus rien à voir avec la liturgie des siècles antérieurs ? Et, n'a-t-il pas utilisé pour la construction de ce temple, non des blocs de pierre comme les vrais maçons, mais les souffrances que lui avaient fait endurer pendant son séjour sur terre le prince-archevêque Colleredo, son père Léopold et la famille Weber ?

A vrai dire, une société religieuse ésotérique, comme la franc-maçonnerie, prétend conserver intacte pour ses initiés une tradition primitive qui se serait perdue au cours des siècles. C'est, en somme, un retour en arrière. Sur ce point, le christianisme diffère des sociétés secrètes : pour lui, l'homme, parti du jardin de l'Eden, ne doit nullement songer à retrouver le Paradis perdu, mais marcher vers ce que la Bible appelle la Jérusalem céleste. Le *Temple* constellé de diamants que le dieu Mozart, au cours de sa vie, a élevé en hommage à la musique, au milieu des buissons où chantaient tant de jolis oiseaux, ne serait-il pas l'image de cette Jérusalem céleste ?

11

Mozart et Bach

Le fait que la musique d'opéra, sous l'influence de Mozart, ait quitté la simple et pure description des sentiments pour devenir l'expression d'une tragédie (ou d'une comédie), a eu des conséquences pour la musique instrumentale elle-même. Les trois ou quatre morceaux qui constituent une sonate, un quatuor ou une symphonie, sont devenus bien souvent les volets d'un drame sans paroles, et, de ce fait, si les œuvres elles-mêmes de Mozart n'ont jamais rien eu de préromantique, cette transformation de l'art musical a néanmoins permis aux romantiques du XIXe siècle d'utiliser la musique de chambre et la symphonie aussi bien que le théâtre lyrique pour exprimer le drame de l'homme.

Cet apport, si précieux, fait par le dieu Mozart au domaine musical, on le réalise tout particulièrement en comparant sa technique à celle d'un compositeur qui l'a précédé d'environ un demi-siècle, autrement dit à celle de Jean-Sébastien Bach. Et cette comparaison est d'autant plus valable dans le présent volume où il est question de Paul Klee, que c'était le musicien préféré de ce peintre après Mozart.

Mozart qui, jusqu'en 1782, ignorait presque totalement le nom du musicien du *Clavecin bien tempéré*, s'étant mis à fréquenter le salon du baron Swieten, eut l'occasion d'y entendre non seulement les différents morceaux qui constituent ce recueil, mais aussi les *Suites* et les *Partitas*. Il fut tellement séduit qu'il demanda au baron Swieten de lui prêter les manuscrits qu'il possédait, et le compositeur de *Don Juan*, deux ans avant sa mort, s'étant arrêté à Leipzig, au cours d'un voyage en Prusse, voulut même se donner la joie de placer ses mains sur l'orgue du vieux Cantor.

Il est certain qu'à partir de cette année 1782, l'écriture contrapuntique a occupé, dans les œuvres mozartiennes, une place qu'elle n'y avait pas auparavant. Mais alors se pose un point d'interrogation, auquel, semble-t-il, n'ont jamais répondu de façon bien nette les biographes de Mozart qui disent que la découverte de Bach a été un élément important dans sa vie musicale : de quel ordre a été l'influence de Bach sur Mozart ? Celui-ci s'est-il contenté purement et simplement d'écrire « à la manière de Bach », comme au début de ce siècle Charles Müller et Paul Reboux s'étaient amusés à publier un livre-pastiche intitulé *A la manière de...* des littérateurs de l'époque ? Ou bien a-t-il employé la technique de Bach pour renouveler sa conception de l'art musical ?

Or, à considérer de très près les œuvres qui sont marquées du signe de Bach et que citent les biographes de Mozart, si certaines sont des exercices de grand style, on serait néanmoins assez enclin à prétendre qu'elles ne dépassent jamais le stade de la simple imitation, par exemple la fugue de la *Fantaisie en ré* de 1782, ou même celle du « Kyrie » du *Requiem* de 1791.

Cependant l'année même du *Requiem*, Mozart est parvenu à réaliser par deux fois une véritable transmutation de l'art de Bach dans son œuvre suprême, *La Flûte enchantée*. Si Hocquard, qui a consacré un chapitre à l'influence du contrepoint de Bach sur l'écriture de Mozart, ne fait aucune allusion à l'*Allegro* fugué de l'ouverture, ne serait-ce pas que précisément, le « sujet » et le « contre-sujet », constitués presque uniquement de notes piquées caractéristiques de l'univers mozartien, se présentent avec un aspect de légèreté sans rapport avec les « sujets » et les « contre-sujets » de Bach, qui, eux, reposent toujours sur des assises d'une solidité à toute épreuve ? Cet *Allegro* est encore un langage d'oiseaux, mais dans le « contre-sujet » les quatre notes ascendantes *do, ré, mi* bémol, *fa*, symbolisent le premier degré que doit gravir l'adepte de la franc-maçonnerie. C'est comme si un oiseau venait annoncer une sorte d'initiation qui, certainement, n'a jamais retenu l'attention de Bach, et l'*Allegro* de l'ouverture de cet opéra représente une véritable fusion entre deux conceptions musicales du divin, celles de Bach et de Mozart.

Quand Hocquard, dans son petit livre, donne le titre d'un *Choral* de Bach : *Eine feste Burg*, comment ne pas penser aussitôt que ce titre, qui signifie : « Une puissante forteresse », est le symbole de l'art musical de Bach ? Cet art ne donne-t-il pas fort souvent l'impression d'un solide château fort, érigé dans le monde chrétien et derrière les murailles duquel les habitants, *alias* les fidèles, abriteraient leur foi ? Le dieu Mozart, lui, survole de haut le château fort de Bach, emportant dans les espaces célestes sur les ailes lumineuses des oiseaux, le monde douloureux des passions, et ce dieu, bien qu'ayant, lui aussi, de très fortes attaches avec le monde chrétien, ne craint nullement les contacts avec l'érotisme. Dans le *Mozart* de Marcel Brion, se trouve reproduite la chaire de l'église où a été donnée la première exécution de la *Messe en ut mineur*. A la base de cette chaire se trouve une femme nue qui semble la soutenir, et elle est entourée de gracieux chérubins qui sont censés être des anges, mais peuvent aussi faire penser à de petits amours. De telles sculptures ne figuraient pas dans les temples protestants pour lesquels Bach composait ses *Passions* et ses *Cantates*.

Ainsi se trouve soulevée à nouveau une question qui a été effleurée à propos des *Entretiens* de Messiaen, celle de la musique religieuse de Mozart. Au Moyen Age, la musique chantée aux offices se présentait sous la forme de plain-chant, et ce plain-chant pouvait encore s'entendre à

Paris il y a environ un demi-siècle, fort bien exécuté par des bénédictines dont le couvent était rue Monsieur. J.-K. Huysmans en parle longuement dans *En route*. Lorsque j'avais une vingtaine d'années, tous les dimanches j'allais avec quelques camarades y entendre la grand-messe. J'en ai gardé un extraordinaire souvenir. Malheureusement, ce couvent n'est plus à Paris et j'ignore si les bénédictines interprètent toujours aussi bien le plain-chant. Dernièrement, à la radio, j'ai entendu une messe analogue chantée par les bénédictins de Ligugé. C'était assez lamentable : on avait l'impression que l'homme du XXe siècle, même s'il appartenait à un ordre religieux, n'était plus capable d'interpréter la musique sacrée du Moyen Age.

Entre cette musique liturgique, chantée à l'unisson et sans même l'accompagnement d'un orgue, et celle que l'on entend maintenant dans les églises aux jours de grande fête, il s'est creusé comme un véritable fossé : non seulement les œuvres musicales modernes destinées aux lieux du culte comportent des chœurs, mais aussi des airs chantés par des solistes et le tout est accompagné, non seulement par l'orgue, mais aussi par un orchestre plus ou moins important. On se croirait à l'Opéra, et, par exemple, dès que l'admirable *Requiem* de Verdi résonne sous les voûtes d'une église, on voit se dresser aussitôt autour de l'autel les décors de *Rigoletto* ou de *Macbeth*.

Or, Mozart est à peu près le seul musicien des

Temps modernes dont les œuvres religieuses peuvent être entendues sans aucune gêne dans un édifice sacré, même si cet édifice est de style roman ou gothique, mais elles ont une résonance encore plus profonde si l'église est de style baroque. A vrai dire, ce qui s'exprime dans la *Messe en ut mineur*, la *Messe du couronnement* ou le *Requiem*, ce n'est pas un être anonyme comme dans les *Cantates* de Bach, mais des personnages qui s'appelleront un jour — ou s'appellent déjà — Belmont, Constance, Figaro, Chérubin, Don Juan, Tamino, Papageno et d'autres, et que le pouvoir divin de Mozart a transfigurés. C'est là le mystère, à vrai dire inexplicable, de l'art mozartien. La plupart des œuvres du musicien de *Don Juan*, même celles qui ne sont pas destinées aux cérémonies religieuses, dégagent une présence sacrée tout à fait inexistante chez un Beethoven ou même chez un Wagner. L'histoire de *L'Expédition Orénoque-Amazone*, racontée par Gérard Mourgue dans sa préface aux *Plus belles lettres de Mozart*, le confirme bien : les explorateurs avaient emporté un enregistrement de la *Symphonie en mi bémol* (K. 184), et les peuples primitifs, hostiles jusqu'alors, furent apprivoisés par cette musique : « Puisque vous avez, vous aussi, une musique sacrée, je peux bien te révéler des secrets ! » aurait dit au chef de l'expédition un des sorciers de ces tribus (p. 24).

Mozart est le « dieu de la musique » précisément dans la mesure où, faisant usage, entre autres modes d'expression, du langage des oiseaux, il nous révèle un monde sacré inconnu avant lui.

Eduard Mörike

LE VOYAGE DE MOZART À PRAGUE

Mozart, auf der Reise nach Prag
(1855)
Traduit de l'allemand par Albert Béguin (1929)

A l'automne de 1787, Mozart fit, en compagnie de sa femme, le voyage de Prague, pour y diriger la première représentation de *Don Juan*.

Au troisième jour de route, le 14 septembre, vers onze heures du matin, le couple, de fort bonne humeur, ayant franchi le Mannhardsberg et la Thaya, était parvenu auprès de Schrems, à une trentaine d'heures de Vienne, et allaient atteindre le sommet des Monts de Moravie.

« La voiture attelée de trois chevaux de poste, écrit la Baronne de T. à une amie, était un somptueux carrosse de couleur orange ; elle appartenait à une vieille dame la générale Volkstett, qui se montrait fière de l'amitié qu'elle entretenait avec la famille Mozart et des services que depuis longtemps elle lui rendait. » Quiconque connaît les goûts des années quatre-vingt peut compléter sans peine cette brève description. Des bouquets de fleurs en couleurs naturelles étaient peints sur les portières, et de minces filets d'or encadraient les panneaux ; on n'y voyait point cette laque miroitante des ateliers viennois de nos jours ; le corps du carrosse était légèrement évasé, et on lui avait donné par en bas une fort coquette courbure ; il était couvert d'une capote élevée et muni d'épais rideaux de cuir.

Nous donnerons quelques détails sur le costume des voyageurs. De crainte de fatiguer l'habit de cérémonie serré dans les bagages, Constance avait fait prendre à son mari un vêtement plus modeste : un gilet brodé, d'un bleu passé, sa veste brune habituelle avec une rangée de gros boutons dont la dorure rougeoyante paraissait sous l'étoffe vivement colorée, culotte et bas de soie noire ; boucles dorées sur les souliers. Depuis une demi-heure, il avait retiré sa veste, car il faisait très chaud pour la saison ; en bras de chemise et nu-tête, il bavardait allègrement. Madame Mozart portait une robe de voyage à rayures blanches et vertes ; son abondante chevelure, à demi dénouée, tombait en boucles d'un beau brun clair sur ses épaules et sa nuque ; jamais la poudre n'en altérait la couleur ; quant à son mari, il en avait mis ce jour-là une couche plus légère qu'à l'ordinaire sur ses cheveux drus et tressés.

Par une côte en pente douce, à travers des champs fertiles qui formaient des clairières dans l'immense forêt, on était parvenu à la lisière des bois.

« Combien de forêts avons-nous traversées depuis trois jours ! dit Mozart. Je n'y ai guère pris garde, et n'ai pas songé à y mettre pied à terre. Descendons ici, mon amie, et cueillons quelques-unes de ces clochettes bleues qui fleurissent sous l'ombrage. Cocher, laisse souffler tes chevaux. »

Au moment où ils se levèrent, ils s'aperçurent d'un petit accident qui valut une querelle au musicien. Par sa négligence, un flacon renfermant un précieux parfum s'était ouvert, répandant son contenu sur les vêtements et les coussins.

« J'aurais dû m'en douter, s'écria Madame Mozart : depuis longtemps j'en sentais les effluves. Hélas ! toute une fiole de *Rosée d'Aurore*[1] s'est vidée. Et moi qui l'épargnais comme de l'or !

— Mais, petite folle, répondit son mari en guise de consolation, réfléchis donc : ta liqueur divine ne pouvait mieux nous servir. Il faisait dans cette voiture une chaleur de four à quoi toute l'agitation de ton éventail ne remédiait guère. Mais depuis quelque temps, une agréable fraîcheur montait : tu prétendais que c'étaient les deux ou trois gouttes dont j'avais parfumé mon jabot. Nous renaissions à la vie, la conversation était vive, au lieu que sans cela nous serions allés tête basse comme des moutons sur la charrette du boucher. Notre voiture est fraîche pour tout le voyage. En attendant, régalons nos nez viennois de l'odeur de ces bois ! »

Ils sautèrent le fossé, et, bras dessus bras dessous, s'enfoncèrent sous les sapins. Perçant l'obscurité profonde, de rares rayons de soleil tombaient jusqu'à la mousse veloutée qui recouvrait le sol. Après l'étouffante chaleur de la route, la fraîcheur soudaine de ce bois eût pu être dangereuse à l'insouciant Mozart sans la prévoyance de sa femme ; elle le contraignit, malgré sa résistance, à jeter sur ses épaules le vêtement qu'elle avait emporté.

---

1. En français dans le texte. (*N.d.T.*)

« Dieu ! quelle splendeur ! s'écria-t-il en levant les yeux vers les plus hautes branches. On se croirait dans une église. J'ai l'impression de n'avoir jamais pénétré sous l'ombrage et de comprendre aujourd'hui le sens du mot "forêt" : c'est tout un peuple d'arbres assemblés. Nulle main humaine ne les a plantés, ils sont venus d'eux-mêmes, et sont là simplement parce que la vie en commun est chose aimable. J'ai parcouru dans ma jeunesse la moitié de l'Europe, j'ai vu les Alpes et la mer, ce qu'il y a de plus grand et de plus beau dans la création, — et me voici tout sot parce que le hasard m'a conduit dans une simple forêt de sapins à la frontière de Bohême. Je suis saisi, étonné, ravi que pareille chose existe, ne soit pas seulement *una finzione di poeti* comme les nymphes, les faunes et le reste, ni une forêt de théâtre, mais une vraie forêt, poussée du sol, nourrie d'humidité et de la chaude lumière du soleil. Le cerf y vit à l'aise, avec les extraordinaires ramures de son front, et le facétieux écureuil, et le geai et le coq de bruyère. »

Il se baissa, cueillit un champignon, célébra la beauté du chapeau rouge et des tendres lamelles blanches, bourra ses poches de pommes de pin.

« On croirait à t'entendre, dit sa femme, que tu n'as jamais fait vingt pas au Prater, où l'on voit aussi bien qu'ici ces rares merveilles.

— Le Prater ! comment peux-tu prononcer ce nom ici ? Y vit-on jamais autre chose que carrosses, épées, robes et éventails, musique et comédie mondaine ? Les arbres eux-mêmes, si beaux soient-ils, je ne sais ce qu'ils ont..., tiens, la faîne et les glands égaillés sur le sol se confondent avec les vieux bouchons et leur ressemblent comme des frères... A deux lieues dans l'intérieur, l'odeur des restaurants et de leurs sauces vous poursuit encore.

— Admirable ! s'écria-t-elle, est-ce bien là le langage d'un homme qui ne connaît pas de plus grand plaisir que d'aller manger une fricassée de poulet au Prater ? »

Ils remontèrent dans leur carrosse ; après avoir traversé un étroit plateau, la route peu à peu se mit à descendre dans un pays riant qui s'étendait à perte de vue jusqu'aux monts lointains. Le maestro, qui s'était tu quelque temps, reprit :

« La terre est réellement belle, et je comprends ceux qui souhaitent d'y séjourner le plus longtemps possible. Grâce à Dieu, je me sens plus jeune et plus dispos que jamais, et curieux de mille objets dont je m'occuperai dès que mon opéra sera terminé et joué. Que de choses dans le vaste monde, que de choses dans mon pays même, qui sont belles et admirables et que j'ignore, merveilles de la nature, sciences, arts, industries ! Ce petit charbonnier près de sa meule en sait aussi long que moi sur bien des sujets ; et pourtant je ne manque pas de curiosité et j'aime à m'informer de ce qui est étranger à mon métier.

— L'autre jour, répliqua-t-elle, ton agenda de l'année 85 me tomba entre les mains ; à la dernière page, tu avais écrit quelques mots. D'abord : « A la mi-octobre, on coule les grands lions à la

Fonderie Impériale ». Ensuite ceci, souligné deux fois : « Rendre visite au Professeur Gattner ». Qui est-ce ?

— Je me souviens, c'est l'aimable vieillard de l'Observatoire qui m'invite parfois à l'aller voir. Depuis longtemps, je médite de m'y rendre avec toi pour contempler la lune et le petit bonhomme qui l'habite. Il y a maintenant à l'Observatoire un puissant télescope ; il paraît qu'on voit clairement, sur le disque immense, des vallées, des gorges, et, du côté opposé au soleil, les ombres des montagnes. Depuis deux ans, je fais le projet d'y monter, et je diffère toujours, j'en suis tout honteux.

— Oh ! répondit-elle, la lune n'est pas près de disparaître, le mal est réparable. »

« N'en va-t-il pas ainsi de tout ? Je n'ose penser à tout ce que l'on manque, à tout ce qu'on laisse passer, à tout ce qui reste en suspens, — et je ne parle pas des devoirs envers Dieu et les hommes, non, simplement des jouissances, des plaisirs innocents que chaque jour met à portée de nos mains. »

Madame Mozart ne put ou ne voulut pas détourner l'esprit mobile de son mari de la pente où il s'engageait : elle dut, hélas, sur un ton plus ému encore lui donner raison lorsqu'il poursuivit :

« Ai-je jamais consacré une heure entière à m'amuser avec mes enfants ? Je le fais toujours à moitié, et *en passant*[1] : trois temps de galop sur

1. En français dans le texte. (*N.d.T.*)

mes genoux, deux minutes de poursuite à travers la chambre ; et *basta* ! au revoir ! Il ne me souvient pas que nous ayons jamais passé un beau jour ensemble à la campagne, un jour de Pâques ou de Pentecôte, dans un jardin ou une forêt, sur la prairie, entre nous, à jouer avec les enfants, à tresser des couronnes de fleurs, pour nous-mêmes redevenir enfants quelques instants. Cependant la vie s'écoule et fuit... Seigneur Dieu ! rien que d'y penser on se sent couvert d'une sueur froide. »

Ce réquisitoire contre soi-même fut le début d'une grave conversation, confiante et amicale, dont nous ne donnerons pas le détail ; nous reporterons nos regards sur les circonstances dont ils parlèrent alors ou auxquelles ils firent allusion.

Il faut bien avouer que cet homme ardent, si bien fait pour ressentir tout le charme du monde et ce qui est proposé de plus noble à la sensibilité humaine, ne parvint jamais, pendant le court temps où il lui fut donné de vivre et de créer, à un sentiment paisible et durable de soi-même. Si nous ne voulons point nous égarer en de trop subtiles analyses, ni mettre une excessive profondeur là où elle n'a que faire, nous ne pourrons nous expliquer cet être exceptionnel que par les indéracinables faiblesses de son caractère ; aussi bien inclinons-nous, — non sans beaucoup de raisons, — à croire que ces faiblesses tiennent par un lien nécessaire à toutes les qualités qui nous font admirer Mozart.

Les exigences de sa nature étaient multiples ; il avait en particulier un goût très vif des plaisirs mondains. Estimé pour son talent, et recherché par la meilleure société de la ville, il refusait rarement de se rendre à une soirée, à une fête ou à une partie de plaisir. De son côté, il satisfaisait, dans le cercle de ses amis, à tous les devoirs de l'hospitalité. Depuis longtemps, il y avait, le dimanche, soirée de musique chez lui ; deux ou trois fois dans la semaine, des amis et des connaissances déjeunaient sans cérémonie à sa table, qui était excellente. Il eût renoncé malaisément à ces habitudes. Parfois, au grand effroi de sa femme, il amenait sans prévenir des hôtes, gens de toutes sortes, amateurs, confrères, chanteurs ou poètes. Le pique-assiette, qui n'avait d'autre mérite que sa bonne humeur, ses plaisanteries, ses calembours (et pas toujours du meilleur goût !) était accueilli à l'égal du connaisseur intelligent et de l'artiste de valeur. Cependant Mozart aimait surtout à se distraire hors de chez lui. On le voyait tous les soirs faire son billard au café, et souvent il dînait au restaurant. Il se promenait volontiers en société, à cheval ou en voiture, et, excellent danseur, courait bals et redoutes. Il avait une préférence pour les fêtes populaires, et particulièrement pour celle qui se donne en plein air à la Sainte-Brigitte ; on l'y vit paraître en Pierrot.

Ces plaisirs, tantôt libres et turbulents et tantôt d'un genre plus tranquille, donnaient le repos nécessaire à son esprit longtemps bandé dans un prodigieux effort. En ces heures faciles, il s'engageait inconsciemment sur les voies mystérieuses où le génie aime à s'aventurer, où, sans peine, il fait son butin de mille impressions menues et fugaces. Mais alors, tout occupé à épuiser le bonheur de l'instant, Mozart ne songeait plus ni au devoir, ni à la sagesse, ni au pain qu'il faut gagner pour soi et les siens. Qu'il s'amusât ou qu'il travaillât, il ne connaissait aucune mesure, aucune limite. Il passait une partie de ses nuits à composer ; le matin de bonne heure, avant même de sortir du lit, il se remettait au travail. Dès dix heures, il allait à pied (à moins qu'on ne le fît prendre en voiture) donner des leçons qui occupaient encore une partie de ses après-midi. « Nous nous donnons toute la peine qu'il faut, écrivit-il un jour à l'un de ses protecteurs, et il est souvent difficile de ne pas perdre patience. Parce que vous avez le malheur d'être un joueur de cymbalum et un musicien en renom, on vous met sur les bras des douzaines et des douzaines d'élèves ; on se soucie peu, du reste, de leurs dispositions ; l'important est qu'ils paient leur écu *per marca*. N'importe quel Hongrois moustachu des troupes du génie est le bienvenu, si Satan lui persuade d'étudier, pour un prix dérisoire, la basse continue et le contrepoint, — ou cette arrogante petite comtesse qui, rouge de colère, me reçoit comme Maître Coquerel le coiffeur quand, par malheur, je ne frappe pas à sa porte au coup de l'horloge... » Et lorsque, fatigué par ce métier, il aspirait au repos, ses nerfs épuisés ne trouvaient que dans une nouvelle excitation un semblant de réconfort. Sa santé était minée, et si là n'était pas la cause de la mélancolie où il tombait souvent, du moins elle s'en aggravait ; le pressentiment d'une mort précoce qui, dans les dernières années, ne le quittait plus, ne devait se montrer que trop justifié. Des angoisses de toute espèce, et sans doute le remords aussi, mêlaient leur âcre piment à tous ses plaisirs. Mais nous savons que ces douleurs, purifiées, rejoignaient la source profonde d'où jaillissait, par les cent fontaines d'or de ses mélodies, le torrent inépuisable des souffrances et des joies humaines.

La conduite de sa maison se ressentait de ce néfaste train de vie ; on l'eût accusé avec quelque raison de légèreté et de folle prodigalité ; et l'un des plus beaux traits de son caractère méritait ce reproche. Lorsque quelqu'un venait, dans le besoin, lui demander un prêt ou une caution, on pouvait être sûr qu'il ne s'informerait longuement ni de gages ni de garanties ; il n'en eût pas fait meilleur usage qu'un enfant. Avec une générosité pleine de bonne grâce, il préférait faire cadeau de la somme qu'on lui demandait, surtout lorsque, par grand hasard, il croyait avoir un peu d'argent en réserve.

Une telle magnificence, en plus du train ordinaire de sa maison, n'était nullement en proportion de ses revenus. Ce que lui rapportaient les théâtres et les concerts, les éditeurs et les élèves, joint à la pension impériale, suffisait d'autant moins que le goût du public ne se prononçait pas encore en faveur de son œuvre. Sa pure beauté, sa plénitude, sa profondeur heurtaient communément des auditeurs qui aimaient des qualités plus faciles. Les Viennois avaient applaudi les airs de Belmonte et de Constanze [1], grâce aux éléments populaires de ces morceaux ; mais, quelques années plus tard, *Figaro* [2] connut, contre toute attente, un pitoyable échec, et on lui préféra l'aimable mais bien inférieure *Cosa rara* [3]. Ce même *Figaro* fut accueilli par les Pragois, gens cultivés et sans préventions, avec un tel enthousiasme que le maestro, dans son émotion et sa gratitude, résolut d'écrire pour eux sa prochaine œuvre. Malgré l'inclémence des temps et l'influence de ses ennemis, Mozart eût pu, avec un peu plus de sagesse et de prévoyance tirer de son art un revenu suffisant mais, fait comme il était, il n'eut pas le nécessaire lors même que la foule le salua d'enthousiastes applaudissements. Bref, tout se liguait contre cet homme, le sort, sa propre nature et ses fautes, pour que sa fortune ne pût être prospère.

On se représente sans peine les embarras d'une maîtresse de maison accomplissant sa tâche dans ces circonstances. Bien qu'elle fût jeune et gaie, que, fille d'un musicien, elle sentît couler dans ses

1. Personnages principaux de *L'Enlèvement au sérail*, créé en juillet 1782 à Vienne. (*N.d.E.*)

2. *Les Noces de Figaro*, créé en mai 1786 à Vienne. (*N.d.E.*)

3. *Una cosa rara* (*Une chose rare*) du compositeur espagnol Martin y Soler (1754-1806), donné à Vienne en 1786. (*N.d.E.*)

veines un sang d'artiste et eût été habituée aux privations dans la maison paternelle, Constance mit tous ses efforts à combattre ces malheurs dans leur source, à parer aux absurdités, et à combler les grandes pertes par les petites économies. Peut-être manquait-elle d'habileté et d'expérience ; elle avait la caisse et tenait les comptes ; les réclamations et tous les embarras lui incombaient. Souvent sa gorge se serrait quand, à ces difficultés d'argent, à la crainte de ne pouvoir faire honneur à ses engagements, elle voyait s'ajouter encore les crises de mélancolie où son mari s'enlisait des jours durant ; oisif, sourd à toutes les consolations, il soupirait et se plaignait aux côtés de sa femme, ou restait muet, à l'écart, perdu dans l'unique pensée de la mort qui tournait en lui comme une vis sans fin. Mais Constance perdait rarement courage, et, clairvoyante, savait trouver des paroles qui le réconfortaient, ne fût-ce que pour quelque temps. Cependant, quand elle avait obtenu, à force d'arguments et de plaisanteries, de prières et de caresses, qu'il prît son thé avec elle, qu'il goutât au dîner familial et ne sortît pas ensuite, qu'y avait-il de changé ? Il pouvait, ému par les yeux humides de sa femme, maudire sincèrement ses funestes habitudes, promettre davantage qu'elle ne demandait, — c'était en vain, il retombait sans s'en apercevoir dans son ornière. On était tenté de penser qu'il lui était impossible d'agir autrement et qu'il lui fallait une règle de vie complètement différente de celle qui réussit au commun des mortels ; peut-être était-ce cette singularité même qui avait élevé si haut son génie ?

Constance espérait pourtant que, la renommée de Mozart croissant sans cesse, leur situation matérielle finirait par s'améliorer. Si l'obsession, tantôt pressante et tantôt plus légère, qui lui rappelait ces difficultés, pouvait être écartée ; si, au lieu de consacrer la moitié de son temps et de ses forces à gagner sa vie, il pouvait se vouer entièrement à sa véritable vocation ; si, au lieu de dérober ses plaisirs, il pouvait s'y adonner sans remords et y trouver un double réconfort physique et moral ; alors, il serait un autre homme, plus tranquille, plus allègre, plus léger. Elle songeait à quitter Vienne, persuadée que Mozart n'y connaîtrait jamais le bonheur, et qu'il fallait vaincre sa prédilection pour cette ville.

Elle se disait que la réalisation de ses espoirs allait être fort avancée par le succès du nouvel opéra qui était la cause de ce voyage.

Il était plus qu'à moitié écrit. Des amis fidèles, au jugement sûr, qui avaient suivi l'élaboration de ce chef-d'œuvre, et qui devaient se rendre compte de l'impression qu'il pouvait produire, allaient partout en parlant sur un tel ton que les ennemis même du maître s'attendaient à ce que, avant six mois, ce *Don Juan* eût bouleversé toute l'Allemagne musicale. D'autres pourtant, également bienveillants, se montraient plus prudents et plus réservés ; considérant l'état de la musique contemporaine, ils osaient à peine espérer un succès immédiat et étendu. Le maître lui-même partageait en silence leurs trop justes doutes.

Constance pour sa part, — car les femmes, une fois que leur sentiment s'est prononcé et si leur vœu le plus cher les incline encore dans leur propre sens, se laissent beaucoup moins que les hommes détourner de leur idée, — Constance se tenait fermement à son espoir ; et justement, dans le carrosse, elle saisit l'occasion de plaider pour lui. Elle le fit avec sa gaieté et sa vivacité coutumières, y mettant d'autant plus d'ardeur que durant leur conversation, stérile et décevante, l'humeur de Mozart s'était assombrie. Elle exposa à son mari l'emploi qu'elle comptait faire des cent ducats promis par le commanditaire de Prague pour la partition de *Don Juan*, lui dit comment son budget lui permettrait de couvrir les dettes les plus criantes et de vivre sans soucis jusqu'au printemps.

« M'est avis que cet opéra sera une bonne affaire pour ton Monsieur Bondini ; s'il n'est que la moitié de l'homme d'honneur que tu te plais à dire, il te donnera, outre ce qu'il t'a promis, une jolie part des sommes que tous les théâtres du monde lui paieront pour le droit de copier ta partition. Sinon, Dieu soit loué, nous avons d'autres chances, et mille fois plus sûres, tout me le dit.

— Quelles chances ? je ne vois pas...

— J'ai entendu, il n'y a pas longtemps, un oiseau siffler que le roi de Prusse cherchait un chef d'orchestre.

— Oho !

— Un directeur général de la musique, voulais-je dire ; laisse parler mon imagination ; c'est un faible que je tiens de ma mère.

— Va ! Plus ce sera fou et mieux cela vaudra.

— Non, rien que de tout naturel. — Allons, cours plus vite que le temps ; l'an prochain à pareille époque...

— Quand le Pape demandera la main de Gretchen...

— Tais-toi, polichinelle..., je te dis que l'an prochain à la Saint-Gilles, il n'y aura plus depuis longtemps à Vienne de compositeur impérial du nom de Wolf Mozart ; on pourra l'y chercher !

— Berce-toi de cet espoir !

— J'entends d'ici les bavardages de nos bons amis, et tous les détails qu'ils se donnent.

— Par exemple ?...

— Par exemple, un matin, peu après neuf heures, notre vieille admiratrice, la générale Volkstett traverse en tourbillon le Marché-aux-Choux. Elle a fait une absence de trois mois ; enfin s'est réalisé ce grand voyage chez son beau-frère, en Saxe, dont elle parle tous les jours depuis que nous la connaissons ; elle est rentrée dans la nuit ; son cœur palpite encore, déborde du bonheur de voyager, de l'impatience de retrouver des amis, et des plus merveilleuses nouvelles. De ce pas, elle court chez la colonelle, monte l'escalier, frappe à la porte, n'attend pas la réponse ; figure-toi leurs cris de joie et leurs embrassades : “Ah ! très chère Madame, dit-elle, reprenant son souffle après ces préliminaires, je vous apporte un plein sac de salutations ; devinez de qui ? je ne viens pas directement de Stendal, j'ai fait un petit détour vers la gauche, en Brandebourg..." — "Comment ? serait-ce possible ? vous venez de Berlin ? vous êtes allée chez les Mozart ?" — "Dix célestes journées !" — "O chère générale, douce et bonne amie, racontez, décrivez. Comment vont nos bons petits amis ? Se plaisent-ils toujours autant ? Mozart berlinois ! quelle chose fabuleuse, invraisemblable plus que jamais aujourd'hui que j'en vois un témoin. Comment s'en arrange-t-il ? quelle figure fait-il ?" — "Ah ! vous devriez le voir ! Cet été, le roi l'a envoyé à Karlsbad. Son très cher empereur Joseph eût-il jamais eu si gracieuse pensée, dites ? Ils étaient rentrés de la veille quand j'arrivai. Mozart resplendit de vie et de santé, il est gros et gras, remuant comme vif-argent, les yeux tout brillants de bonheur." »

Et restant dans le rôle de la narratrice, elle fit un tableau charmant de la vie de Mozart à Berlin. Sa demeure *Sous les tilleuls*, son jardin, sa maison de campagne, puis le brillant théâtre de sa vie publique et le cercle plus fermé de la Cour où il accompagnait la reine au piano, tout défila dans ce très vraisemblable récit. Elle improvisait des conversations entières et les plus belles anecdotes. Il semblait qu'elle fût plus familière avec Berlin, Potsdam et Sans-Souci qu'avec le château de Schoenbrunn et le palais impérial. Elle eut la malice de raconter que Mozart avait acquis, au contact de la gravité prussienne, d'excellentes vertus de père de famille : madame Volkstett ajoutait que, phénomène inattendu et preuve que souvent les extrêmes se touchent, elle avait observé chez Mozart la naissance d'une bonne petite avarice qui lui allait adorablement. « "Et figurez-vous : il a trois mille écus pour diriger un concert de musique de chambre et deux soirées d'opéra par semaine. Ah ! colonelle, je l'ai vu, notre cher, notre précieux ami, au milieu de son orchestre qui l'adore, qui lui est tout dévoué ; je l'ai vu dans sa loge avec sa femme, tout auprès des plus hauts personnages. Quant au programme, je vous donne en mille ce qu'il annonçait..., je vous l'ai apporté, il enveloppe un petit cadeau que Mozart et moi vous faisons..., tenez, regardez, lisez, c'est imprimé en lettres d'une aune." — "Dieu, que vois-je ? *Tarare*" — "Oui, ma chère, tout arrive. Il y a deux ans, Mozart venait d'écrire son *Don Juan*, tandis que le maudit Salieri, cet homme blafard et venimeux, se promettait de renouveler à Vienne le succès parisien de son œuvre, et de faire voir ce faucon à notre bon public amateur de bécasses et admirateur de *Una cosa rara*. Il complotait avec ses acolytes, et faisait le finaud, et allait disant qu'ils sauraient bien faire à *Don Juan* le sort qu'ils avaient fait à *Figaro*, et qu'il paraîtrait sur la scène plus mort que vif. Alors, je fis vœu de n'entendre pour rien au monde l'infâme œuvre de ce Salieri, et je tins parole. Tout le monde s'y précipita, — vous comme les autres, colonelle, — mais moi, je restai assise au coin de mon feu, berçant ma chatte sur mes genoux et buvant un bouillon d'oie ; ainsi fis-je toutes les fois qu'on joua *Tarare*. Maintenant, imaginez cela : *Tarare* à l'Opéra de Berlin, l'œuvre de son ennemi mortel dirigée par Mozart ! 'Ah ! me dit-il dès qu'il me vit, cette fois vous devrez l'entendre, ne serait-ce que pour pouvoir dire aux Viennois si j'ai touché un cheveu de l'enfant Absalon. J'aimerais qu'il fût ici, le vieil envieux, il verrait que je n'ai pas besoin d'écorcher l'œuvre d'autrui pour être ce que je suis.' "

— *Brava ! bravissima !* » s'écria Mozart qui prit sa femme aux oreilles, l'embrassa et la caressa ; ce jeu de bulles de savon où ils se plaisaient à rêver un avenir dont, hélas ! rien ne devait jamais se réaliser, s'acheva en bonne humeur et en rires joyeux.

Cependant ils étaient arrivés dans la vallée et approchaient d'un village qu'ils avaient remarqué du haut de la colline, et en arrière duquel on voyait, dans la plaine, le petit château moderne d'un certain comte de Schinzberg. On devait faire halte à ce village pour reposer les bêtes et déjeuner. L'auberge était isolée à la sortie du bourg, au bord de la route ; une allée de peupliers de six cents pas à peine menait de là au parc du château.

Lorsqu'on eut mis pied à terre, Mozart, à son ordinaire, laissa à sa femme le soin de commander le repas ; il se fit servir un verre de vin dans la salle du bas, tandis qu'elle demandait un peu d'eau fraîche et un coin tranquille où elle pût dormir un instant. On la fit monter à l'étage, son mari la suivit, chantant et sifflant. On lui donna une jolie chambre claire et bien aérée où se trouvait, entre autres vieux meubles de bonne provenance, — épaves sans doute d'un mobilier seigneurial, — un lit élégant dont le ciel peint reposait sur de fines colonnettes laquées de vert ; les rideaux de soie avaient été remplacés depuis longtemps par une étoffe plus grossière. Constance s'y étendit, son mari promit de la réveiller à temps, elle tira le verrou ; lui chercha à qui parler dans la grand-salle, mais il n'y avait là personne que l'aubergiste, et Mozart, ne se sentant pas plus de goût pour sa conversation que pour son vin, manifesta le désir d'aller, avant le déjeuner, jusqu'au parc. On lui dit que l'entrée n'en était pas refusée aux étrangers de bonne mise, et que d'ailleurs la famille était absente ce jour-là.

Il fut bientôt à la grille ouverte, puis s'avança lentement dans une allée de vieux tilleuls au bout de laquelle la façade du château lui apparut soudain à sa gauche ; il était de style italien, crépi de blanc, avec un double perron très large ; quelques statues de divinités, assez banales, et une balustrade ornaient le bord du toit d'ardoise.

Quittant les grands parterres de fleurs, notre héros s'en alla vers les parties boisées du jardin, passa sous d'ombreux bosquets de pins, et suivit les détours d'un sentier qui, peu à peu, le ramena vers les pelouses ; le murmure d'un jet d'eau l'attirait, auprès duquel il parvint bientôt.

Le large bassin ovale était entouré d'une bordure soignée d'orangers en caisses alternant avec des lauriers-roses et des oléandres ; tout autour courait un chemin sablé où s'ouvrait une tonnelle à claire-voie ; c'était le plus aimable lieu de repos, avec une table et un banc. Mozart s'assit près de l'entrée.

Ecoutant le clapotis de l'eau, laissant se poser son regard sur un oranger de moyenne taille qui était en dehors de la bordure et tout couvert de beaux fruits, notre ami fut bientôt ramené par cette vision du Midi à un délicieux souvenir de son enfance. Avec un sourire pensif, il étendit la main vers une orange pour en sentir l'exquise rondeur et la fraîcheur juteuse.

Mais, éveillée par cette scène de jadis qui vient de remonter à sa mémoire, une réminiscence musicale, depuis longtemps effacée, réapparaît en lui ; il en suit rêveusement la trace incertaine. Ses yeux brillent, courent de-ci de-là, il est occupé d'une pensée qu'il poursuit avec ardeur. Distrait, il saisit de nouveau l'orange ; elle se détache de la branche et lui reste dans la main. Il la voit sans la voir, et son esprit est si absorbé que, tenant le fruit sous son nez, et murmurant des lèvres les premières notes puis d'autres parties d'une mélodie, il finit par tirer instinctivement de sa poche un étui émaillé, y prend un couteau à manche d'argent et coupe lentement la boule dorée de part en part. Sans doute obéit-il à un obscur sentiment de soif ; mais ses sens se contentent du parfum exquis qui les rafraîchit. Il contemple longuement les deux moitiés, les réajuste avec précaution, beaucoup de précaution, les sépare encore puis les rapproche.

Mais il entend un pas tout proche, s'effraye et prend subitement conscience du lieu et de son forfait. Son premier mouvement est de cacher l'orange, il y renonce aussitôt, par fierté peut-être ou parce qu'il est trop tard. Le jardiner, un grand gaillard en livrée, large d'épaules, était devant lui ; il avait aperçu le geste suspect que Mozart venait de réprimer et resta quelques secondes silencieux. Mozart, non moins muet, semblait cloué à son banc et le regardait avec un sourire gêné, tout rougissant ; ses yeux bleus, pourtant, n'étaient pas sans effronterie ; après un instant (et la scène eût été extrêmement comique aux yeux d'un tiers) il posa l'orange apparemment intacte au milieu de la table, avec une espèce d'assurance insolente.

« Permettez ! fit le jardinier avec une indignation contenue, après avoir mesuré du regard la mise médiocre de l'inconnu ; je ne sais à qui j'ai...

— Kapellmeister Mozart, de Vienne.

— Sans doute êtes-vous connu au château ?

— Je suis étranger, et de passage en ce pays. Le comte est-il chez lui ?

— Non.

— Madame la comtesse ?

— Ils sont occupés, et on ne peut guère leur parler. »

Mozart se leva et fit mine de s'en aller.

« Permettez, Monsieur, expliquez-moi ce que vous faisiez là, à dérober...

— Dérober ? s'écria Mozart. Que diable ! croyez-vous donc que je voulais voler ce fruit et le manger ?

— Monsieur, je crois ce que je vois. Ces fruits sont comptés et j'en suis responsable. Cet oranger est destiné par Monsieur le comte à une fête, et on doit l'emporter tout à l'heure. Vous ne partirez pas avant que j'aie fait part de la chose à Monsieur le comte, et que vous-même soyez venu témoigner de la véracité de mon récit.

— Si ce n'est que cela, je vais attendre ici. Vous pouvez compter sur moi. »

Le jardinier regarda autour de lui d'un air hésitant, et Mozart, pensant qu'il en allait peut-être d'un pourboire, mit la main à sa poche. Mais il n'avait pas le moindre argent sur lui.

Deux aides-jardiniers s'approchèrent, chargèrent l'oranger sur un brancard et l'emportèrent. Mozart cependant avait tiré de son portefeuille une feuille de papier, et, tandis que le jardinier restait planté là, il écrivit :

Madame

Je suis assis, infortuné, dans votre Paradis, tel feu Adam après qu'il eut goûté à la pomme. Le crime est consommé, et je ne puis pas même en rejeter la faute sur la bonne Eve qui, pour l'instant, à l'auberge, jouit du sommeil de l'innocence tandis que folâtrent autour d'elle les Grâces et les Amours du ciel-de-lit. Veuillez me l'ordonner, et j'accourrai en personne rendre raison à Votre Grâce de mon forfait auquel moi-même je ne comprends rien.

Sincèrement confus, je suis, Madame, de Votre Grâce, le très humble et très obéissant serviteur.

W.-A. Mozart,
se rendant à Prague.

Il remit le billet, gauchement plié, au jardinier qui attendait impatiemment.

Le cerbère s'était à peine éloigné qu'on entendit une voiture rouler dans la cour derrière le château. C'était le comte qui était allé chercher, dans une terre voisine, sa nièce et le fiancé de celle-ci, un jeune et riche baron. Comme la mère de ce dernier ne quittait plus sa demeure depuis des années, les fiançailles venaient d'avoir lieu chez elle ; la cérémonie devait être suivie d'une fête de famille chez le comte, où Eugénie avait été élevée dès son enfance comme la fille de la maison. La comtesse était rentrée un peu plus tôt avec le lieutenant Max, son fils, pour veiller aux derniers préparatifs. Tout le monde était affairé, courait dans les corridors et les escaliers du château ; le jardinier ne parvint pas sans peine à joindre la comtesse dans l'antichambre et à lui remettre le billet qu'elle n'ouvrit pas aussitôt ; pressée par mille occupations, elle écouta distraitement les paroles du messager, et disparut. Il attendit longtemps, elle ne revenait pas. Toute la domesticité, maître d'hôtel, femmes de chambre et valets, passaient en courant. Il demanda le maître : le maître s'habillait. Il se mit en quête de quelqu'un et trouva enfin le comte Max dans sa chambre, mais il s'entretenait avec le baron, et, dès que le jardinier voulut parler, il lui coupa la parole comme s'il eût craint la révélation prématurée de quelque secret : « Je vais venir : allez ! » Il se passa encore un assez long temps jusqu'à ce qu'enfin le père et le fils descendissent ensemble et apprissent la fatale nouvelle.

« C'est diabolique ! s'écria le comte qui était un gros homme, fort débonnaire, mais assez prompt. C'est inconcevable ! Un musicien viennois, dites-vous ! Sans doute est-ce un de ces vagabonds qui cherchent partout leur subsistance et la prennent où ils la trouvent.

— Votre Grâce veuille me pardonner, ce n'est point de quoi il a l'air. Il ne me semble pas très sain d'esprit, et ne manque point de hauteur. Il s'appelle Moser. Il attend votre décision ; j'ai dit à Franz de rester là et d'avoir l'œil sur lui.

— A quoi bon maintenant, mordieu ! Si je fais enfermer cet imbécile, le mal ne sera pas réparé. Je vous ai dit mille fois que le portail devait toujours être fermé. Et rien ne serait arrivé si vous aviez pris vos précautions en temps utile. »

A cet instant, la comtesse sortit du cabinet voisin, toute courante et joyeuse, le billet ouvert à la main :

« Savez-vous, leur cria-t-elle, qui est ici ? Lisez cette lettre... Mozart, de Vienne, le compositeur. Qu'on aille le prier d'entrer ; je n'ai qu'une crainte, c'est qu'il soit déjà parti. Que va-t-il penser de moi ? Valentin, l'avez-vous abordé poliment au moins ? Que s'est-il passé au juste ?

— Ce qui s'est passé ? répondit le comte dont

la colère ne pouvait tout soudain se calmer, lors même qu'on lui annonçait la visite d'un homme illustre. Cet écervelé a cueilli une des neuf oranges à l'arbre que je destinais à Eugénie. Le monstre ! Notre facétie perd ainsi tout son sel, et Max n'a plus qu'à déchirer ses vers.

— Mais non ! On peut y remédier, laissez-moi faire. Vous allez délivrer cet excellent homme, l'accueillir et lui témoigner toute l'amabilité et toute l'admiration que vous pourrez. Si nous le tenons, il ne poursuivra pas aujourd'hui son voyage ; s'il n'est plus au jardin, allez le prendre à l'auberge et ramenez-le avec sa femme. Le hasard ne pouvait nous faire aujourd'hui une meilleure surprise, un plus beau cadeau à Eugénie.

— Evidemment, répondit Max ; ce fut aussi ma première pensée. Vite, venez, mon père. Et, ajouta-t-il tandis qu'en toute hâte ils descendaient les degrés du perron, quant à mes vers, soyez tranquilles. La neuvième Muse ne se taira pas ; au contraire, je saurai tourner ce malheur à mon avantage.

— Impossible !

— Je m'y engage !

— Alors, — mais je te prends au mot, — nous ferons à cette tête brûlée tout l'honneur imaginable. »

Tandis que tout ceci se passait au château, notre prisonnier, peu soucieux de l'issue qu'aurait l'affaire, avait employé son temps à écrire. Mais, comme personne ne venait, il se mit à marcher de long en large avec impatience ; là-dessus, on vint de l'auberge lui mander que la table était dressée depuis longtemps, qu'il lui fallait s'en retourner et que le postillon était pressé. Il rassembla donc ses papiers, et se disposait à s'en aller sans plus attendre l'événement, lorsque le comte et son fils parurent sous la tonnelle.

Le comte, de sa voix sonore, le salua aimablement, comme s'il l'eût connu déjà, ne lui laissa pas le temps de s'excuser et fit connaître aussitôt son désir de garder Mozart et sa femme à sa table pour le déjeuner et le dîner :

« Vous êtes, cher Maestro, si peu étranger parmi nous qu'il est certainement peu d'endroits où votre nom soit prononcé plus souvent qu'ici et avec plus d'admiration. Ma nièce, qui passe ses journées à chanter et à jouer du piano, connaît vos œuvres par cœur et désire vivement vous voir de plus près qu'elle ne vous vit, l'an dernier, à un de vos concerts. Nous devons nous rendre à Vienne dans quelques semaines, et des parents lui avaient promis de lui obtenir une invitation chez la princesse Gallizin où l'on vous rencontre fréquemment. Mais vous partez pour Prague d'où vous ne reviendrez pas de sitôt, et Dieu sait si votre voyage de retour vous ramènera chez nous. Reposez-vous aujourd'hui et demain. Renvoyons votre voiture, et permettez-moi de me charger ensuite de votre voyage. »

Le compositeur qui, en pareille occasion, sacrifiait volontiers à l'amitié et au plaisir dix fois plus qu'on ne lui demandait ici, ne fut pas long à réfléchir ; il accepta pour la soirée, ajoutant cependant qu'il lui faudrait repartir le lendemain à la première heure. Le comte Max demanda la permission d'aller quérir Madame Mozart et de faire le nécessaire à l'auberge. Il partit et une voiture fut envoyée à sa suite.

Nous noterons en passant que ce jeune homme joignait à la bonne humeur paternelle l'amour des belles-lettres et quelque talent ; sans inclination naturelle pour le métier des armes, il se distinguait parmi les officiers pour sa culture et son éducation. Il connaissait les auteurs français, et, en un temps où les vers allemands étaient peu appréciés de la bonne société, il s'acquit louanges et succès par sa rare facilité poétique ; il écrivait sa langue maternelle dans la jolie manière de Hagedorn et de Götz [1]. Il avait ce jour-là, comme nous venons de le voir, une aimable occasion d'utiliser ses dons.

Il trouva Madame Mozart bavardant avec la fille de l'aubergiste devant la table servie où elle venait de prendre une assiette de soupe. Elle était trop habituée aux coups de théâtre et aux brusques fantaisies de son mari pour s'étonner beaucoup de la venue et de la mission du jeune officier. Avec sa gaieté coutumière, rapidement, en femme qui s'y entend, elle donna les ordres nécessaires. Tout fut empaqueté, payé, le postillon congédié ; elle s'apprêta sans perdre trop de

1. Friedrich von Hagedorn (1708-1754) et Johan Nikolaus Götz (1721-1781), poètes allemands. (*N.d.E.*)

temps à sa toilette, et s'en alla avec son compagnon vers le château, sans se douter, certes, de la singulière manière dont son époux s'y était introduit.

Lui, cependant, était arrivé au château et y avait été reçu de la meilleure façon. Au bout d'un instant, il vit Eugénie et son fiancé ; c'était une ravissante jeune fille, à l'air grave, blonde, d'une taille élégante, vêtue d'une robe de soie rouge parée de précieuses dentelles ; sur son front, un diadème blanc orné de perles fines. Le baron, à peine plus âgé, de manières douces et franches, semblait tout à fait digne d'elle.

Le maître de maison fit les premiers frais de la conversation avec bonne humeur, parlant haut et mêlant à son discours plaisanteries et anecdotes. On servit des rafraîchissements auxquels notre voyageur fit honneur.

On avait ouvert le piano à queue, la partition des *Noces de Figaro* était sur le pupitre ; la fiancée, accompagnée par le baron, chanta l'air de Suzanne dans la scène du jardin, où l'on respire la douceur de la passion comme les parfums d'un soir d'été. Les joues colorées d'Eugénie furent un instant d'une extrême pâleur ; mais aux premières notes, qu'elle donna d'une voix claire, son trouble disparut ; elle souriait, portée par la musique et fort émue à la pensée qu'un pareil moment serait unique dans sa vie.

Mozart était visiblement ravi. Lorsqu'elle eut fini, il s'approcha d'elle et lui dit dans sa manière naturelle et spontanée :

« Quel compliment vous faire, aimable enfant ? Vous êtes comme le soleil qui se donne à soi-même la plus belle louange en répandant sur tous le bien-être. A vous écouter, on est comme l'enfant dans son bain, qui rit et admire et ne sait rien de plus beau au monde. D'ailleurs, vous pouvez m'en croire : il ne nous arrive pas souvent, à Vienne, d'entendre nos propres œuvres chantées avec cette pureté, cette sincérité, cet amour, chantées enfin comme nous les avons conçues. »

Là-dessus, il lui prit et lui baisa la main. Tant de bonne grâce, un tel hommage rendu à son talent donnèrent à Eugénie cette irrésistible émotion qui ressemble à un léger vertige et ses yeux s'emplirent de larmes.

A cet instant, Madame Mozart arriva, suivie bientôt par les hôtes que l'on attendait, une famille de seigneurs du voisinage, apparentée au comte, et dont la fille, Franziska, était liée avec la fiancée par une tendre amitié d'enfance ; elle était ici comme chez elle.

On se salua, on s'embrassa, on se félicita, on présenta les deux hôtes viennois, puis Mozart se mit au piano. Il joua une partie d'un de ses concertos que, précisément, Eugénie étudiait en ce temps-là.

Une audition dans un petit cercle de cette espèce est tout autre chose qu'un concert public ; le plaisir est infini d'approcher de si près la personne de l'artiste, et d'admirer son génie dans le décor connu de la maison familiale.

Ce concerto était une de ces œuvres brillantes

où il semble que la beauté se mette au service de l'élégance, mais enveloppée dans le jeu des formes arbitraires, cachée sous l'éclat des motifs faciles, elle trahit à tout instant sa noble présence et enrichit l'œuvre de tout son pathétique.

La comtesse remarqua à part soi que tous les auditeurs et Eugénie elle-même, étaient occupés autant à regarder qu'à écouter, malgré le silence solennel qu'ils observaient et l'attention extrême qu'ils donnaient à ce jeu ensorceleur. Examinant involontairement le compositeur, sa tenue très simple, presque immobile, son doux visage, le mouvement souple de ses mains fines, ils ne pouvaient se défendre de mille pensées diverses sur cet homme merveilleux.

Lorsqu'il se fut levé, le comte dit, tourné vers Madame Mozart :

« Les rois et les empereurs ont beau jeu lorsqu'il s'agit de tourner un compliment à un artiste illustre et de faire les connaisseurs ; tout le monde n'a pas leur chance. Ce qui sort d'une bouche royale passe toujours pour bon et rare, les souverains peuvent tout se permettre. Qu'il est aisé, par exemple, de s'approcher de la chaise de votre époux, après l'accord final d'une brillante fantaisie, de frapper sur l'épaule de ce grand homme, et de lui dire : “Vous êtes un diable d'homme, mon cher Mozart !” A peine le mot est-il prononcé qu'il court dans la salle comme un feu follet. “Qu'a-t-il dit ? — Il lui a dit qu'il était un diable d'homme.” Et tout ce qu'il y a dans l'assemblée de chanteurs, de violonistes et de compositeurs est bouleversé par cette parole ; enfin c'est le grand style, le style impérial familier, l'inimitable style que j'ai toujours envié aux Joseph et aux Frédéric et que je leur envie plus que jamais en cet instant où je désespère de trouver dans toutes mes poches un liard d'une meilleure monnaie. »

Le ton badin du comte, qui ne manquait jamais son effet, fit rire toute la société.

Puis, à la prière de la maîtresse de maison, on passa dans une salle à manger ronde et parée ; dès le seuil, le parfum des fleurs et la fraîcheur sollicitaient l'appétit.

Les places étaient savamment distribuées, et l'hôte de marque se trouva en face des fiancés. Il avait pour voisines, d'un côté une petite demoiselle âgée, tante de Franziska, de l'autre cette jeune nièce qui lui plut dès l'abord par son esprit et sa vivacité. Madame Constance prit place entre le maître de maison et le lieutenant. Les autres s'assirent de part et d'autre ; il y avait onze convives, et le bas bout de la table resta inoccupé. Deux grandes garnitures de porcelaine à figures peintes portaient de larges coupes chargées de fruits et de fleurs. Les parois étaient ornées de belles guirlandes. Tout cela, et ce qui n'apparut qu'ensuite, annonçait un somptueux festin ; sur la table même, entre les plats, et en retrait sur les dessertes, on voyait des vins divers dont les belles couleurs allaient du rouge le plus sombre jusqu'au blanc doré dont la mousse joyeuse couronne la fin d'une fête.

La conversation, nourrie par la vivacité unanime, toucha d'abord à mille sujets. Mais, comme le comte renouvelait des allusions de plus en plus claires à l'aventure de Mozart au jardin, faisant ainsi sourire les uns tandis que les autres se cassaient la tête à deviner le sens de ses paroles, notre ami parla enfin :

« Je vais confesser ici, devant Dieu, comment j'ai eu l'honneur de faire la connaissance de cette noble famille. Je ne joue pas le plus beau rôle en cette aventure, et il s'en est fallu de peu que je ne fusse maintenant, au lieu d'avoir le plaisir de partager ce repas, au fond du plus sombre cachot du château, l'estomac vide, en train de contempler sur le mur le travail de l'araignée.

— Que vais-je entendre ? » s'écria Madame Mozart.

Il raconta d'abord comment il avait laissé sa femme au « Cheval Blanc » ; puis narra sa promenade dans le parc, son malheur sous la tonnelle, ses démêlés avec le gardien ; bref, il donna de ce que nous savons un récit très fidèle qui fit le bonheur des convives. Ils n'en finissaient pas de rire, et Eugénie, si modérée fût-elle, ne pouvait se contenir.

« Le proverbe dit, continua-t-il : qui a le profit doit braver les ris. J'ai trouvé mon petit bénéfice à cette aventure, ainsi que vous le verrez. Mais je veux vous dire d'abord comment il advint qu'un vieil enfant comme moi fût aussi distrait. Un souvenir de jeunesse y fut pour beaucoup.

Au printemps de 1770, alors que j'avais treize

ans, je fis avec mon père un voyage en Italie. Nous allâmes à Rome puis à Naples. J'avais déjà joué deux fois au Conservatoire et plusieurs fois ailleurs. La noblesse et le clergé nous firent mille politesses, et un *abate* s'attacha à nos pas ; il se flattait d'être un connaisseur, et était écouté à la Cour. La veille de notre départ, il nous conduisit avec une petite compagnie dans l'un des jardins royaux, la Villa Reale, situé au bord de la mer auprès d'une somptueuse avenue ; une troupe de *commedianti* siciliens y donnait un spectacle ; ils se nommaient, entre autres titres éclatants, *figli di Nettuno*. Les spectateurs prenaient place sur un long banc à l'ombre d'une galerie couverte d'une tente ; au pied du mur, les vagues clapotaient ; parmi les nombreuses personnes de qualité qui se trouvaient là, nous vîmes l'aimable et jeune reine Caroline avec deux des princesses. La mer aux riches couleurs reflétait le ciel bleu et ensoleillé. En face de nous, nous avions le Vésuve et, sur la gauche, la courbe très douce d'un rivage enchanteur.

La première partie du spectacle fut jouée sur un plancher flottant et n'eut rien de très remarquable ; mais la seconde partie, bien supérieure, se composait de jeux nautiques, exploits de bateliers, de nageurs et de plongeurs ; j'en ai tous les détails présents à la mémoire.

Deux embarcations de plaisance, légères et gracieuses, s'avançaient l'une vers l'autre. La plus grande, couverte sur la moitié de sa longueur, avait des bancs de rameurs, un mât et une voile ;

la peinture en était magnifique, la proue dorée. Cinq jeunes gens d'une rare beauté, les bras, le torse et les jambes nus, tenaient les rames et s'entretenaient avec cinq jeunes filles, leurs bien-aimées. L'une d'elles, assise sur le pont, tressait des couronnes de fleurs ; elle surpassait ses compagnes par sa beauté, sa taille et la splendeur de sa toilette. Les autres la servaient avec zèle, tendaient une voile sur sa tête pour l'abriter du soleil et lui présentaient les fleurs qu'elles prenaient dans une corbeille. Assise à leurs pieds, une joueuse de flûte accompagnait leurs chants de sa claire mélodie. La plus belle avait son protecteur comme les autres ; mais ils semblaient indifférents l'un à l'autre, et il me parut que les façons de ce soupirant étaient peu galantes.

L'autre barque était moins luxueuse ; on n'y voyait que des jouvenceaux. Comme les autres de rouge, ceux-ci étaient vêtus de vert-marin. A la vue des jolies enfants, ils quittèrent les rames, firent un salut et exprimèrent le désir de faire plus ample connaissance. La plus vive prit une rose sur son corsage et la présenta d'un air fripon, comme pour demander si de tels cadeaux seraient bien accueillis ; sur l'autre bateau, des gestes signifièrent qu'on acceptait le présent. Les Rouges voyaient d'un mauvais œil ce manège ; mais ils ne purent empêcher leurs compagnes de lancer aux pauvres jeunes gens de quoi éteindre faim et soif. Il y avait dans la grande barque une corbeille pleine d'oranges ; sans doute étaient-ce en réalité des balles imitant ces fruits. Ce fut le commencement d'un jeu gracieux que la musique accompagnait du rivage.

D'une main légère, l'une des jeunes filles jeta à l'autre bateau des oranges qui furent reçues et renvoyées avec la même adresse ; au bout de peu de temps, ses compagnes l'imitant, des douzaines d'oranges allèrent et revinrent, sur un rythme toujours plus rapide. La belle jouvencelle ne prenait point part au jeu, mais le suivait avec une vive attention. Nous admirâmes fort l'habileté de tous les joueurs. Les esquifs viraient sur une trentaine de pas, tantôt se présentant le flanc et tantôt la proue. Il devait y avoir environ vingt-quatre balles dans l'air à chaque instant, mais il semblait, dans un mouvement si rapide, qu'il y en eût bien davantage. Par moments, c'était un véritable feu croisé, souvent les balles montaient et dessinaient une courbe élevée, et c'est à peine si une ou deux manquèrent leur but ; on eût pu croire qu'une force d'attraction les portait dans les mains des joueurs.

La musique n'était pas inférieure au spectacle ; c'étaient des mélodies siciliennes, des danses, des *saltarelli*, des *canzoni a ballo*, tout un centon léger comme une guirlande. La plus jeune des princesses, une jolie et candide enfant de mon âge, battait gentiment la mesure de la tête ; je vois encore son sourire et ses longs cils...

Je vous raconterai brièvement la fin de ce spectacle ; elle n'a rien à voir avec mon aventure, mais on ne peut imaginer rien de plus exquis. Le jeu des balles se ralentissait ; ils n'en jetaient qu'une ou deux encore, et les jeunes filles les replaçaient dans la corbeille. Cependant, un des occupants de l'autre bateau avait pris un grand filet vert et l'avait plongé un instant sous l'eau ; lorsqu'il l'en retira, il s'y trouvait, à l'émerveillement de tous, un grand poisson luisant, d'azur, d'émeraude et d'or. Ses compagnons s'élancèrent pour le saisir, mais il glissa entre leurs doigts comme s'il eût été vivant et retomba à la mer. C'était une ruse de guerre qui devait séduire les Rouges et les attirer hors de leur bateau. Fascinés par la merveille, dès qu'ils virent que le poisson ne plongeait pas et nageait à la surface, ils sautèrent à l'eau sans plus réfléchir ; les Verts firent de même, et l'on vit douze beaux nageurs agiles poursuivre le poisson fuyant qui jouait sur les vagues, disparaissant pour quelques minutes, surgissant ici ou là, dans les jambes de l'un, sous le menton de l'autre. Soudain, saisissant l'instant où les Rouges s'acharnaient à leur capture, les Verts escaladèrent prestement l'embarcation de leurs ennemis aux cris aigus des jouvencelles qui y étaient restées seules. Le plus beau des garçons, fait comme un Mercure, s'élança, rayonnant, vers la plus belle, l'embrassa, la couvrit de baisers ; bien loin de crier comme ses compagnes, elle serra tendrement dans ses bras le jeune homme qu'elle aimait. Les Rouges dupés accoururent à la nage, mais furent repoussés à coups de rames. Leur vaine colère, les cris apeurés des jeunes filles, la vive résistance de quelques-unes, leurs pleurs, leurs supplications couvertes par le bruit des vagues et la musique qui, soudain, s'était faite toute différente, — cela défie la description ; l'enthousiasme des spectateurs éclata.

A ce moment, la voile, jusque-là reployée, s'ouvrit ; un enfant aux fraîches couleurs apparut, avec des ailes d'argent, un arc, des flèches et un carquois, qui se tenait gracieusement au haut du mât. Toutes les rames battirent l'eau, la voile se gonfla ; mais c'était la présence du dieu surtout, et son action qui semblaient donner de la vitesse au bateau, si bien que les poursuivants essoufflés, dont l'un élevait à bout de bras le poisson doré, renoncèrent bientôt à tout espoir et furent contraints de se réfugier sur la barque délaissée. Les Verts avaient atteint une petite presqu'île boisée devant laquelle on aperçut alors un grand navire avec tout un équipage de leurs amis en armes. Devant cette menace, la petite troupe de Rouges arbora un pavillon blanc, signifiant qu'elle demandait à entrer en pourparlers ; un signal semblable leur répondant, ils joignirent la rive, et bientôt on vit les jouvencelles, — sauf celle qui resta de plein gré parmi les Verts, — remonter avec leurs amants dans leur bateau recouvré. Ainsi se termina la comédie. »

Le narrateur se tut et tous les convives exprimèrent leur admiration ; Eugénie murmura à l'oreille du baron :

« Il me semble que nous venons de voir toute une symphonie peinte, et une image parfaite, dans toute sa pureté, de l'esprit de Mozart.

N'ai-je pas raison ? N'y a-t-il pas là toute la grâce de Figaro ? »

Le fiancé allait répéter cette remarque au compositeur lorsque celui-ci reprit :

« Dix-sept ans ont passé depuis que je visitai l'Italie. Qui donc, l'ayant vue, et surtout Naples, ne s'en souvient sa vie durant si même, comme moi, il était alors à peine sorti de l'enfance ? Mais jamais ce dernier soir sur le rivage napolitain ne m'était réapparu aussi nettement que tout à l'heure dans le parc. Lorsque je fermai les yeux, cette divine contrée s'étendit devant moi, distincte, précise, dépouillant les voiles vaporeux qui recouvrent le passé. Je voyais la mer et le rivage, la montagne et la ville, la foule claire et l'habile jeu des balles. Je croyais entendre cette musique, toute une guirlande de joyeuses mélodies se déroulait à mes oreilles, toute une cohue de motifs se succédant et s'engendrant. Soudain, un air de danse jaillit, une mesure à six-huit toute nouvelle pour moi-même. "Holà, me dis-je, qu'est ceci ? Cette danse me paraît diablement jolie". Je me fais plus attentif... "Corbleu ! mais c'est Masetto, c'est Zerlina." » Il se tourna en riant vers Madame Mozart qui le comprit aussitôt.

« Voici, poursuivit-il, ce qui se passait ; il subsistait une petite lacune dans mon premier acte, un duo et un chœur dans une noce villageoise. Lorsqu'il y a deux mois, je voulus composer ce morceau à son tour, je ne parvins pas à trouver ce que je voulais ; il fallait une chanson simple, enfantine, toute pétillante de joie, un bouquet enrubanné pour la mariée. Mais, comme il ne faut jamais forcer la nature, et comme ces jolis détails naissent souvent d'eux-mêmes au hasard des rencontres, je passai outre, et, poursuivant mon travail, je ne pensai plus guère à revenir en arrière. Aujourd'hui, dans la voiture, le texte de ces noces me revint un instant à la mémoire sans que rien pourtant en naquît, consciemment du moins. Et voilà qu'une heure plus tard, sous la tonnelle, près du jet d'eau, je saisis au vol un thème qui convenait si bien à ce passage que je ne pouvais espérer en trouver jamais un meilleur. On fait parfois en art de singulières expériences ; pareille chose ne m'était jamais arrivée. Car une mélodie moulée exactement sur le vers..., mais j'anticipe, je n'en fus pas là du premier coup : l'oiselet n'avait que la tête hors de la coquille, et je commençai aussitôt à le faire éclore. Cependant Zerlina dansait sous mes yeux et le souriant paysage du golfe napolitain restait présent à ma vue. J'entendais les voix alternées des fiancés, le chœur des jeunes filles et des jeunes gens. »

Mozart se mit à fredonner alertement le début du chant :

Giovinetti, che fate all'amore, che fate all'amore,
Non lasciate che passi l'età, che passi l'età, che passi l'età !
Se nel seno vi bulica il core, vi bulica il core,
Il remedio vedete lo quà !

La ra la ! La ra la !
Che piacer ! Che piacer che sarà ! [1]

« Cependant mes mains avaient perpétré le crime affreux. Déjà Némésis me guettait derrière les bosquets ; elle m'apparut sous les traits d'un homme redoutable, en redingote bleue galonnée. Si jadis, ce beau soir sur le rivage, une éruption du Vésuve eût subitement englouti et couvert d'une noire pluie de cendres les spectateurs, les acteurs et toute la splendeur de Parthénope, je vous jure mes grands dieux que la catastrophe n'eût pas été pour moi plus soudaine ni plus terrible. C'était Satan ! jamais personne ne m'a donné un tel frisson de peur : un visage de bronze qui ressemblait assez au cruel empereur Tibère ! "Si le serviteur, me dis-je lorsqu'il se fut éloigné, a cette figure, que doit être celle de son maître !" Mais, pour dire vrai, je comptais déjà sur la protection des dames et j'avais mes raisons : car, à l'auberge, ma petite épouse qui est curieuse s'était fait donner par la brave hôtesse des renseignements précieux sur les maîtres de céans ; j'étais là et j'écoutais... »

Madame Mozart ne put se tenir de l'interrompre et d'affirmer vivement que c'était lui, non pas elle, qui avait posé des questions ; il s'ensuivit une amicale dispute entre eux, qui réjouit l'assistance.

---

1. « Fillettes énamourées, ne laissez pas le temps passer ! Si dans votre sein votre cœur bouillonne, le remède, voyez-le là ! Tra, la, la, tra, la, la ! Quel plaisir ! Quel plaisir ce sera ! » *Don Giovanni*, air de Zerline, acte I scène 7. (*N.d.E.*)

« Quoi qu'il en soit, conclut Mozart, je sais que j'entendis parler d'une aimable fille adoptive, d'une fiancée qui était la beauté et la bonté mêmes et qui chantait comme un ange. "*Per Dio !* me dis-je dans ma détresse, voilà qui allégera la mercuriale qui t'attend. Installe-toi ici, écris de ta chanson ce que tu pourras jusqu'à ce qu'on vienne, fais l'aveu de ta faute, et nous rirons !" Aussitôt dit, aussitôt fait. J'avais encore une feuille de papier à musique... Voici le produit de cette aventure. Je dépose entre ces belles mains cet épithalame improvisé, si vous voulez bien le recevoir pour tel. »

Il tendit à Eugénie par-dessus la table son brouillon, qui était très clairement écrit ; mais la main de l'oncle devança celle de la nièce ; il s'empara de la feuille en disant : « Aie un instant de patience mon enfant. »

Il fit signe, la porte du salon s'ouvrit à deux battants et l'on vit s'avancer sans bruit des serviteurs qui portaient le fatal oranger ; ils le déposèrent sur un banc auprès de la table ; deux myrtes élancés furent placés de part et d'autre. Une inscription attachée au tronc de l'oranger le donnait pour propriété de la fiancée ; sur la mousse, on voyait une assiette de porcelaine, couverte d'une serviette, et lorsqu'on la découvrit, on aperçut les deux moitiés d'une orange auprès de laquelle l'oncle déposa l'autographe du maître. Tous les assistants manifestèrent une joie infinie.

« Je crois, dit la comtesse, qu'Eugénie ne sait pas encore ce qu'elle voit. Sous sa prospérité nouvelle et sa parure de fruits, elle ne reconnaît pas son arbre favori. »

La jeune fille, stupéfaite, incrédule, regardait tantôt l'arbre et tantôt son oncle.

« Ce n'est pas possible, dit-elle, je sais trop bien qu'on ne pouvait le sauver.

— Alors tu penses que nous t'offrons ici un remplaçant de fortune ? répondit le comte. Ce serait honnête ! Non, regarde mieux ; je vais procéder comme dans les comédies, où les fils et les frères que l'on croyait morts se font reconnaître à leurs marques de naissance et à leurs cicatrices. Vois cette excroissance, et ici cette crevasse. Est-ce lui ? »

Il n'y avait plus de doute possible ; l'étonnement, la joie, l'émotion d'Eugénie passent toute description. Pour la famille, cet arbre évoquait le souvenir plus que centenaire, d'une femme de grand mérite, dont il sera permis de rappeler ici la mémoire.

Le grand-père de l'oncle, diplomate bien connu par son rôle dans le cabinet viennois, avait joui de la faveur des princes pendant deux règnes successifs ; son bonheur domestique ne fut pas moins grand grâce à sa digne épouse, Renate Leonore. Ses fréquents séjours en France la mirent en relations avec la brillante cour de Louis XIV et les gens les plus remarquables de cette belle époque. Elle se mêla sans préjugés à cette société d'épicuriens cultivés ; mais, dans ses paroles pas plus que dans ses actes, elle ne se départit jamais de la sévérité et du respect de l'honneur qui sont propres aux mœurs allemandes ; cette austérité est empreinte dans l'expression volontaire du visage de la comtesse, tel que nous le montre un portrait. Ces principes la conduisirent tout naturellement à exercer une sorte d'opposition au sein de la société française ; sa correspondance contient mille traits de la franchise et de la promptitude d'esprit avec lesquelles cette femme originale défendait ses idées, qu'il s'agît de croyances, de littérature, de politique ou de tout autre sujet. Elle réussit à exprimer son opinion sur les imperfections de ce monde sans jamais se rendre importune. Elle vit avec intérêt tous les personnages que l'on rencontrait habituellement chez Ninon[1], au foyer même de la culture la plus raffinée, et entretint une amitié intime avec Madame de Sévigné, l'une des femmes les plus distinguées du temps. Après la mort de l'aïeule, on conserva toujours dans un coffret d'ébène des feuillets à encadrements de fleurs argentées où Chapelle[2] avait griffonné de sa propre main les malicieuses épigrammes qu'il lui adressait, ainsi que les lettres affectueuses que la célèbre marquise et sa fille écrivaient à leur bonne amie autrichienne.

Et c'était Madame de Sévigné qui, le jour d'une fête sur la terrasse de Trianon, lui avait donné le rameau d'oranger fleuri que la comtesse planta,

1. Ninon de Lanclos (1620-1705). (*N.d.E.*)
2. Claude Emmanuel Lhuillier (1626-1686), dit Chapelle, ami de Boileau, de La Fontaine et des libertins. (*N.d.E.*)

à tout hasard, dans un pot pour le ramener en Allemagne.

Pendant vingt-cinq ans, l'arbuste grandit sous ses yeux ; puis ses enfants et ses petits-enfants lui donnèrent tous leurs soins. Non seulement il rappelait le souvenir de ces illustres personnes, mais il symbolisait en quelque sorte le charme subtil d'une époque qu'alors on idolâtrait, — dans laquelle nous retrouvons bien peu de ce qui nous paraît aujourd'hui digne d'estime et d'admiration, — et qui contenait déjà en elle les germes d'un funeste avenir, de ce bouleversement du monde dont les premières secousses allaient suivre de bien près les événements si peu graves de notre récit.

Eugénie vouait une particulière dévotion à cet héritage de sa digne aïeule, et son oncle formait depuis longtemps le projet de lui remettre le précieux arbuste. Aussi fut-elle en grande affliction lorsque, au printemps de l'année qui précéda ses fiançailles, alors qu'elle était absente, l'oranger se prit à dépérir ; ses feuilles jaunissaient, des branches tombaient. Comme on ne parvenait pas à découvrir la cause du mal et qu'aucun remède ne réussissait à le sauver, le jardinier le déclara perdu, bien qu'il eût dû vivre encore deux ou trois fois son âge. Mais le comte, selon l'avis d'un connaisseur de ses voisins et les prescriptions d'une de ces recettes mystérieuses que conserve le peuple des campagnes, le fit traiter dans un endroit caché. Il vit se réaliser au-delà de son attente l'espoir de faire le bonheur de sa nièce en lui offrant un jour son cher arbuste fortifié et florissant. Dominant son impatience, et quoiqu'il pût se demander si les fruits, dont plusieurs étaient très mûrs, n'allaient pas tomber des branches, il différa sa joie jusqu'à la fête des fiançailles. Il n'est plus besoin maintenant d'expliquer le dépit du brave homme lorsque, au dernier moment, il vit son bonheur troublé par un inconnu.

Le lieutenant avait trouvé le temps, avant qu'on se mît à table, de retoucher les vers qui devaient accompagner le don solennel de l'oranger ; pour se conformer aux circonstances, il en modifia la fin, ce qui ôta peut-être au poème son caractère un peu trop grave. Il déplia sa feuille, et, se levant, en donna lecture, tourné vers sa cousine. Voici le résumé de ces stances :

« L'illustre arbre des Hespérides avait crû jadis sur une île occidentale, dans les jardins de Junon, destiné à être offert en présent de noces à cette déesse par sa mère Cybèle, et confié à la garde des trois Nymphes mélodieuses ; un rejeton de cet arbre fameux rêve depuis toujours d'un sort semblable ; car il y a longtemps que l'usage de faire cadeau de ces arbres aux fiancés a été emprunté aux dieux par les mortels.

Après une longue et vaine attente, il sembla qu'enfin il ait trouvé la jeune fille vers qui peuvent aller ses espoirs. Elle paraît lui témoigner de la faveur et s'asseoit souvent auprès de lui. Mais le fier laurier des Muses, son voisin aux bords de la source, excite sa jalousie : il menace de détourner vers les arts, auxquels elle se montre sensible, le cœur aimant de la belle. Le myrte prodigue les consolations à l'oranger, et, prêchant d'exemple, l'exhorte à la patience. Peine perdue, car la longue absence de l'aimée accroît sa douleur, et, après quelque temps, l'atteint mortellement.

L'été ramène l'absente, et la ramène heureuse, le cœur changé. Le village, le château, le jardin l'accueillent avec joie. Les roses et les lys, dans tout leur éclat, la regardent avec ravissement et pudeur, les arbres et les buissons sourient à sa félicité. Pour un seul, hélas, pour le préféré, elle revient trop tard ; elle trouve sa couronne desséchée, elle touche un tronc sans vie, les rameaux s'entrechoquent avec un bruit sec. Il ne reconnaît ni ne voit celle qui l'aima. Quels sont ses pleurs, quelles sont ses tendres plaintes !

Apollon entend de loin la voix de la jeune fille. Il accourt et voit avec pitié sa désolation. Aussitôt il touche l'arbre de ses mains qui guérissent, et voici que l'arbre tressaille, que la sève court à nouveau sous l'écorce ; déjà éclate un jeune feuillage, déjà des fleurs candides s'ouvrent partout avec l'abondance de l'ambroisie. Et même, — que ne peuvent les Immortels ? — de beaux fruits arrondis paraissent, trois fois trois fruits, selon le nombre des neuf Sœurs ; ils croissent, changent en un moment leur tendre couleur verte pour l'or. Phébus, — ainsi se terminait le poème, —

Phébus dénombre ces doux fruits
Et lui-même, il y prend plaisir ;

A sa bouche, — tant en jouit —
Monte à ce coup l'eau du désir.
Le dieu des sons, tout souriant,
S'empare du fruit le plus beau :
"Partageons, ô ma belle enfant,
Donne à l'Amour ce doux morceau." »

Le poète fut vivement applaudi ; on lui pardonna d'avoir quelque peu orné la vérité, et l'on reconnut que l'appareil mythologique et le style noble enveloppaient des sentiments profonds et justes.

Franziska, mise en gaieté déjà par les propos de Mozart et du maître de maison, se leva tout à coup, semblant se souvenir de quelque chose, sortit et revint avec une grande estampe anglaise que l'on avait laissée, sans jamais y prêter attention, dans un cabinet reculé.

« On m'a toujours dit, s'écria-t-elle en plaçant la gravure au bas bout de la table, qu'il n'y avait rien de neuf sous le soleil, ce doit être vrai. Voici une scène de l'Age d'or..., ne venons-nous pas de la revivre ? J'espère qu'Apollon se reconnaîtra là.

— Parfait, s'exclama Max d'un air de triomphe, voici le beau dieu à l'instant où il se penche, pensif, sur la source sacrée. Ce n'est pas tout ; là, voyez, un vieux satyre le guette derrière un bosquet. On jurerait qu'Apollon se remémore une danse arcadienne, depuis longtemps oubliée, qu'aux jours de son enfance, le vieux Chiron lui enseigna en s'accompagnant de la cithare.

— C'est cela, approuva Franziska, qui se tenait

derrière Mozart ; et, poursuivit-elle en s'adressant à lui, remarquez-vous la branche lourde de fruits qui s'incline vers le dieu ?

— Oui, c'est l'olivier qui lui est consacré.

— Pas du tout mais de belles oranges ! Tout à l'heure, il va, dans son trouble en cueillir une.

— Bien mieux, s'écria Mozart, il va, de mille baisers, fermer cette bouche espiègle. Et il la prit par le bras, jurant de ne la lâcher qu'elle ne lui eût tendu ses lèvres, ce qu'elle fit, du reste sans beaucoup se défendre.

— Expliquez-nous, Max, fit la comtesse, ce qui est écrit sous cette gravure.

— Ce sont des vers d'une célèbre ode d'Horace. Le poète berlinois Ramler[1] a excellemment traduit cette pièce dans notre langue. Elle est d'une belle venue. Voyez ce passage :

... Et voici celui qui sur son épaule
Jamais ne repose un arc oisif,
Qui habite le vert bosquet natal de Délos,
Et le rivage ombreux de Patara,
Qui baigne les boucles blondes de son chef
Dans l'onde castalienne.

— C'est beau, réellement beau, dit le comte. Il y faudrait pourtant ici et là quelque éclaircissement. Ainsi : “qui jamais ne repose un arc oisif” signifie tout simplement : “qui fut un des plus fervents violonistes de tous les temps”. Mais j'ai

1. Karl Wilhelm Ramler (1725-1798). (*N.d.E.*)

autre chose à dire : mon cher Mozart, vous semez la discorde entre deux tendres cœurs.

— Qu'à Dieu ne plaise ! comment le ferais-je ?

— Eugénie est jalouse de son amie, et non sans raison.

— Ah ! ah ! vous avez déjà saisi mon faible. Mais, qu'en pense le fiancé ?

— Je veux bien regarder entre mes doigts une ou deux fois.

— Parfait ! nous en profiterons. Mais ne craignez rien, baron ! il n'y a point de danger tant que le dieu que voici ne m'aura pas prêté son visage et sa longue chevelure blonde. J'aimerais qu'il le fît ; je lui céderais volontiers en échange la tresse de Mozart, et avec son plus beau ruban.

— Mais alors, dit Franziska, au milieu d'un rire, comment Apollon s'y prendra-t-il désormais pour baigner avec bienséance dans l'onde castalienne sa coiffure à la française ? »

Parmi ces propos et d'autres de même espèce, la gaieté croissait. Les hommes faisaient honneur aux vins, on porta d'innombrables santés, et Mozart se mit, selon son habitude, à parler en vers ; le lieutenant lui donna la réplique, et le brave comte ne voulut pas rester en arrière ; il s'en tira plus d'une fois à ravir. Mais ce sont choses que l'on a peine à retenir dans un récit ; elles ne sont point faites pour être redites, parce que cela même qui en fait le succès, le ton auquel tout le monde s'est haussé, la gaieté du moment, le charme de l'intonation, tout cela ne passe point dans l'écrit.

La vieille demoiselle fit un toast en l'honneur du maestro, lui souhaitant une nombreuse lignée d'œuvres immortelles. « *A la bonne heure*[1] ! je veux bien », répondit Mozart en heurtant vivement sa coupe. Le comte alors, écoutant son inspiration, se mit à chanter d'une voix forte et assurée :

Que les dieux lui donnent vie
Pour beaucoup d'œuvres jolies...

Max (continuant) :

L'ami da Ponte pour lors
Ni le grand Schikaneder,

Mozart :

Ni moi, le compositeur
Ne les connaît pas encor...

Le comte :

Tous, oui, tous ces opéras,
Ce coquin, il les verra,
Cet italien (je l'espère)
Notre Signor Bonbonnière[2]*...*

Max :

Je lui donne cent années,

1. En français dans le texte. (*N.d.T.*)
2. Nom donné dans l'intimité par Mozart à son rival Salieri, qui ne cessait de sucer des bonbons, et dont toutes les manières étaient doucereuses. (*N.d.A.*)

Mozart :

A moins qu'avec ses denrées...

Tous trois *(con forza)* :

N'aille plus tôt en Enfer
Ce bon Monsieur Bonbonnière !

Sous la conduite entraînante du comte, le trio fut repris et l'on chanta en canon les quatre derniers vers ; la tante, — était-ce ironie, ou illusion ? — y mêla les fioritures de son soprano usé. Mozart promit que, dès qu'il en aurait le loisir, il noterait cette pièce de circonstance selon les règles de l'art, et en effet il tint cette promesses dès son retour à Vienne.

Cependant Eugénie s'était familiarisée en silence avec ce joyau musical sorti pour elle du bosquet de Tibère ; tout le monde demanda à entendre le duo chanté par elle et le compositeur, et l'oncle fut tout heureux de faire sonner sa voix dans le chœur. On se leva de table, et la compagnie se rendit auprès du piano, dans la pièce voisine.

Si pur que fût le plaisir que l'on prit à ce chant exquis toute la société passa bientôt, par le sujet même des couplets, à cette joie mondaine où la musique n'est plus guère considérée en elle-même. Ce fut Mozart qui donna le signal des amusements en quittant brusquement le piano ; il s'approcha de Franziska et la convia à un galop, tandis que Max prenait son violon. Le maître de maison invita Madame Mozart. En un clin d'œil, les serviteurs avaient écarté les meubles pour donner plus d'espace aux danseurs. Chacun prit part à la danse. La tante ne trouva point mauvais que le galant lieutenant l'entraînât dans un menuet qui la reportait au temps de sa jeunesse. Et, tandis que Mozart dansait le branle avec la fiancée, il prit sur ses lèvres le baiser auquel il avait droit.

Le soir venait, le soleil était près de son coucher ; dehors, la fraîcheur devenait agréable et la comtesse proposa aux dames un tour au jardin ; le comte, pour sa part, invita les messieurs à passer au billard, car on connaissait le goût de Mozart pour ce jeu. La société se partagea donc. Nous suivrons les dames.

Elles parcoururent deux ou trois fois, à petits pas, l'allée centrale, puis montèrent sur un mamelon planté de vigne d'où l'on voyait les champs, le village et la grand-route. Les derniers rayons du soleil d'automne rougeoyaient à travers la treille.

« Ce lieu convient à un entretien intime, dit la comtesse. Asseyons-nous et prions Madame Mozart de nous raconter quelque trait de la vie de son mari. »

Elle y consentit, et l'on s'installa sur des chaises rangées en cercle.

« Je vais vous régaler d'un récit qu'il fallait d'ailleurs que je vous fisse, car je vous prépare une petite surprise qui s'y rapporte. J'ai formé le projet d'offrir à la fiancée, en souvenir de ce jour, un étrange présent. C'est si peu un objet de luxe ou de mode, que seule son histoire le rend intéressant.

— Qu'est-ce que ce peut être ? dit Franziska. Pour le moins l'encrier d'un homme célèbre.

— Vous n'êtes pas loin de la vérité. Vous le verrez tout à l'heure ; le trésor est dans nos malles. Je commence, et, avec votre permission, je reprends le récit d'un peu haut. »

« L'an dernier, en hiver, la santé de Mozart me donna des inquiétudes ; il se montrait irritable, boudeur, fébrile. Souvent très gai en société, trop gai pour que ce fût naturel, à la maison il était triste, reployé sur lui-même, soupirait et se plaignait. Le médecin prescrivit la diète, de l'eau de Pyrmont, et des promenades hors de ville. Mon malade n'appréciait pas beaucoup ces conseils ; le régime était peu commode, prenait du temps, contrariait l'ordonnance de ses journées. Le médecin chercha à l'effrayer ; le pauvre homme dut écouter toute une conférence sur la constitution du sang, les globules, la respiration et le phlogiston..., des histoires inouïes ; puis on lui exposa les vues de la Nature sur le manger, le boire et la digestion ; c'étaient choses sur lesquelles Mozart avait des idées aussi simples que son fils âgé de cinq ans. Mais cette dissertation fit son effet. Il n'y avait pas une demi-heure que le docteur était parti, que je trouvai mon mari dans sa chambre, pensif mais rasséréné ; il considérait une canne qu'il venait de retrouver dans l'armoire aux vieilleries ; je ne pensais pas qu'il en eût même gardé le souvenir. C'était un beau jonc à pommeau de lapis-lazuli qui me venait de mon père. Jamais on n'avait vu de canne entre les mains de Mozart ; j'éclatai de rire.

"Tu vois, dit-il, je m'attelle sérieusement à ma cure. Je vais boire de l'eau minérale, prendre du mouvement en plein air tous les jours, et me servir de cette canne. Je viens de réfléchir : ce n'est pas sans raison que tant de gens, et de gens braves, ne peuvent se passer de bâton. Le conseiller commercial, notre voisin, ne traverse jamais la rue pour rendre visite à son collègue sans se munir de sa canne. Gens de métier et fonctionnaires, bureaucrates, marchands et chalands, tous lorsque, le dimanche, ils se promènent en famille aux environs de la ville, emportent leur jonc fidèle et loyal. J'ai souvent observé les honorables bourgeois qui déambulent en groupes sur la place Saint-Etienne, un quart d'heure avant le prêche et l'office ; c'est là qu'on voit s'appuyer et s'assurer sur de solides bâtons toutes leurs paisibles vertus, leur zèle et leur ordre, leur mesure et leur satisfaction. Sûrement il doit résider un bonheur particulier, une confiance en soi, dans cette coutume ancestrale et inélégante. Crois-moi, si tu veux : je ne puis attendre le moment, où, pour la première fois, je passerai avec ce bon ami, du pas des gens en santé, le pont qui mène au Rennweg. Lui et moi, nous avons fait connaissance, et j'espère que notre alliance est conclue pour l'éternité."

L'alliance fut de courte durée ; la troisième fois qu'ils sortirent ensemble, le compagnon ne revint pas. On en trouva un autre dont la fidélité fut un peu plus longue ; et je pus attribuer à ce caprice des cannes la persévérance avec laquelle, trois semaines durant, Mozart observa d'assez près les ordres de son médecin. Le bon résultat ne s'en fit pas attendre : jamais nous ne lui vîmes aussi bon teint ni une humeur aussi égale. Malheureusement, peu après, il reprit une mauvaise mine, et mes soucis renaquirent. C'est à cette époque que, fatigué déjà par une journée de travail, il alla, pour plaire à quelques étrangers curieux de le voir, à une soirée musicale, — “pour une heure seulement”, me promit-il solennellement. Mais je sais ce que sont ces soirées ; lorsqu'il est au piano, et entraîné par son propre jeu, les gens abusent de sa bonté ; il vogue comme un mannequin dans une montgolfière à six lieues au-dessus du sol, dans des régions où l'on n'entend plus sonner les heures. Par deux fois, en pleine nuit, j'envoyai notre domestique là-bas : en vain, il ne put parvenir jusqu'à son maître qui revint à trois heures du matin. Je pris la résolution de le bouder sérieusement toute la journée. »

Ici, Madame Mozart passa sous silence quelques détails. Elle avait soupçonné qu'à cette soirée son mari rencontrerait probablement une jeune cantatrice, la signora Malerbi, envers qui Constance avait une méfiance peut-être trop justifiée. Cette artiste romaine avait été engagée à l'Opéra grâce à l'intervention de Mozart, et sans doute sa coquetterie avait-elle été pour quelque chose dans la faveur que lui marquait le maître.

Certains affirmaient même qu'elle s'était jouée de lui. Que ces insinuations soient fondées, ou que l'exagération y ait sa part, il est certain qu'elle fut, par la suite, insolente et ingrate envers son protecteur, et qu'elle se permit d'étranges plaisanteries sur son compte. Ainsi, — et c'était tout à fait sa manière, — parlant un jour à l'un des plus heureux de ses adorateurs, elle appela Mozart « *un piccolo grifo raso* » (un petit groin rasé). Cette boutade, digne d'une Circé, était d'autant plus blessante qu'elle renfermait, il faut en convenir, une petite part de vérité [1].

Au retour de cette soirée, où d'ailleurs il se trouva que la cantatrice ne parut point, un ami que le vin rendait bavard commit l'indiscrétion de répéter à Mozart cette méchante parole. Il en fut désagréablement impressionné, car c'était pour lui la première preuve certaine de l'ingratitude de sa protégée. Dans son irritation, il ne remarqua pas d'abord l'accueil glacial de sa femme. Tout d'une haleine il lui rapporta l'offense, — et cette franchise semble indiquer qu'il n'avait rien à se reprocher. Peu s'en fallut qu'elle ne le prît en pitié ; mais elle sut observer la consigne qu'elle s'était imposée : il n'allait pas s'en tirer à si bon compte ! Lorsque, passé midi,

1. L'auteur songe ici à un vieux profil du compositeur, bien dessiné et gravé, que l'on voit sur la couverture d'un morceau pour piano de Mozart, et qui est certainement le plus ressemblant de tous les portraits connus à ce jour. (*N.d.A.*)

il sortit d'un lourd sommeil, il ne trouva à la maison ni sa femme ni ses deux garçonnets ; bien pis, le couvert était mis pour lui seul.

En tout temps, rien ne rendait Mozart si malheureux que de sentir que tout n'allait pas à merveille entre sa femme et lui. Qu'eût-ce été, s'il eût connu les soucis qui la tracassaient depuis quelques jours ! Elle était dans la pire anxiété, et, selon son habitude, lui en épargnait l'aveu le plus longtemps possible. Ses ressources touchaient à leur fin, et elle ne prévoyait aucune rentrée prochaine. Sans qu'il se doutât de ces difficultés, son cœur se serra, et son angoisse fut toute semblable, à celle que lui cachait sa femme. Il ne se sentait aucune envie de manger, et ne put rester là plus longtemps ; il s'habilla rapidement pour fuir cette maison où il étouffait. Il laissa un billet ouvert portant ces mots en italien : « Tu as eu raison de me traiter ainsi, et c'est bien fait pour moi. Mais, je t'en prie, reviens à de meilleurs sentiments, et sois gaie à mon retour. Je suis triste et geignant comme si j'allais me faire trappiste ou chartreux ! »

Il prit son chapeau, mais laissa là sa canne : elle avait fait son temps.

Puisque nous avons remplacé jusqu'ici Madame Mozart dans son rôle de narratrice, rien ne nous empêche de poursuivre.

De sa demeure située auprès du Marché-aux-Grains, tournant à droite vers l'Arsenal, le cher homme s'en alla d'un petit pas, — c'était par une chaude après-midi d'été légèrement nuageuse,

— avec une indolence pensive ; il passa par le Hof, puis auprès de la cure de Notre-Dame, se dirigea vers la porte des Ecossais, prit à gauche et monta sur le bastion des Laitiers, pour éviter des gens de connaissance qu'il vit entrer dans la ville. Bien qu'il ne fût pas dérangé par la sentinelle qui, silencieuse, allait et venait devant les canons, il ne resta qu'un instant à contempler la vue admirable qui s'étend au-delà des glacis et des faubourgs jusqu'au Kahlenberg et aux Alpes styriennes. La paix de la nature ne s'accordait pas avec son état d'âme. Soupirant, il reprit sa route sans but à travers l'esplanade, puis dans le faubourg d'Alser.

Au bout de la rue de Währing, il y avait un cabaret avec un jeu de boules, dont le propriétaire, un maître cordier, était connu des gens du voisinage et des campagnards pour la qualité de ses produits et de ses vins. On entendait rouler les boules ; il n'y avait pas plus d'une douzaine de clients. Une envie à peine consciente d'oublier ses soucis parmi des hommes simples poussa le musicien à entrer là. Il s'assit à une table, dans l'ombre maigre d'un arbre, auprès d'un maître fontainier viennois et de deux autres petits bourgeois, se fit servir une chope de bière, et se mêla à la conversation banale de ses voisins ; de temps à autre, il se levait, faisait quelques pas et allait regarder les joueurs.

Non loin d'eux, sur le côté de la maison, était l'échoppe du cordier, un étroit local bourré de marchandises ; outre les produits de son industrie, il vendait toute espèce d'objets en bois, matériel de cuisine, de cave et de campagne, de l'huile et de la graisse pour les chars, des graines de fenouil et de cumin ; tout cela était étalé ou suspendu dans la boutique. Une jeune fille, qui servait les tables de l'auberge et s'occupait du magasin, parlait alors à un paysan qui, son petit garçon à la main, s'était approché pour acheter un boisseau, une brosse et un fouet. Il prenait un objet, l'examinait, le reposait, en prenait un second, un troisième, revenait au premier sans se décider ; il n'en finissait pas. La jeune fille s'éloigna plusieurs fois, appelée par son service, revint, inlassable, cherchant à lui faciliter son choix, et cela sans bavardages superflus.

Mozart, assis sur un banc près du jeu de boules, observait et écoutait complaisamment. Le bon maintien et l'intelligence de cette fille, le calme et le sérieux qui se lisaient sur ses traits lui plaisaient fort ; mais le paysan l'intéressait davantage encore, et occupa son esprit lors même que, satisfait, il se fut éloigné. Mozart s'était mis à la place du bonhomme, avait senti avec quelle gravité il faisait ces petits achats, avec quelles craintes et quels scrupules il considérait les moindres différences de prix. « Et maintenant, pensait-il, le brave homme rentre chez lui, raconte à sa femme sa bonne acquisition ; ses enfants épient le moment où s'ouvrira le bissac qui, peut-être bien, contiendra quelque chose pour eux ; la mère prépare en hâte un casse-croûte et un verre de cidre doux et frais ; l'homme a gardé tout son appétit pour cet instant.

Peut-on être plus heureux que ce paysan ? moins esclave des hommes ? Toute sa vie ne dépend que de la nature et de ses présents, qu'importe alors qu'il faille de la peine pour les cueillir !

Mais moi, j'ai dans mon art ma tâche journalière que, malgré tout, je ne voudrais échanger contre aucune autre ; pourquoi donc dois-je vivre dans des conditions qui sont l'opposé de cette existence simple et naturelle ? Ah ! si tu avais un coin de terre, une maisonnette villageoise dans un beau pays, ah ! vraiment, tu revivrais ! Le matin, tu travaillerais assidûment à tes partitions, et le reste du temps tu vivrais avec ta famille : planter des arbres, visiter tes champs, en automne cueillir les pommes et les poires avec les gamins ; parfois un voyage à la ville pour une représentation ; et de temps à autre, la visite d'un ou deux amis... ah ! quel bonheur ! mais qui sait ce que l'avenir réserve ? peut-être... »

Il s'approcha de la boutique, dit quelques mots aimables à la jeune fille et se mit à examiner la marchandise. Il était séduit par les évocations idylliques qui s'en exhalaient naturellement, par la propreté claire et lustrée, par le parfum du bois travaillé. L'idée lui vint tout à coup de faire choix de quelques objets qui, pensait-il seraient utiles et agréables à sa femme. Son attention fut attirée par des outils de jardinage. Sur son conseil, Constance louait depuis longtemps, près de la porte de Carinthie, un petit jardin où elle plantait quelques légumes : il choisit donc une bêche, un grand et un petit râteau. Ensuite, — et ceci fait honneur à ses sentiments d'économie, — il renonça, bien à contrecœur et après un instant d'hésitation, à une baratte fort appétissante ; mais un récipient d'un usage mal défini, avec un couvercle et des anses sculptées, lui parut un objet de première nécessité. Il était fait de douves étroites, de deux bois alternants, l'un plus clair et l'autre plus foncé ; plus large de la base que du sommet, il était soigneusement verni à l'intérieur. Mozart se laissa séduire encore par un choix remarquable d'ustensiles de cuisine, cuillers, tailloirs, plats de toutes grandeurs, et un pot à sel avec une suspension ingénieuse.

Enfin, il examina un bon gourdin dont la poignée était garnie, comme il convient, de cuir et de gros clous de laiton. Comme l'étrange client semblait tenté par cette canne, la vendeuse lui fit remarquer en souriant que le port n'en convenait guère à un homme de sa qualité.

« Tu as raison, mon enfant, répondit-il. Il me semble que les bouchers en voyage en ont de pareilles ; au diable ! je ne la prends pas. Mais, fais porter chez moi aujourd'hui ou demain tout ce que nous venons de choisir. »

Il donna son nom et son adresse puis retourna à sa table pour finir son verre ; un seul de ses voisins, un maître ferblantier, y était encore.

« La petite a fait une bonne journée, dit-il. Son

cousin lui donne un sou par florin sur ses ventes. »

Mozart n'en fut que plus content de son achat ; mais l'intérêt qu'il portait à la jeune fille allait grandir encore car, lorsqu'elle passa auprès d'eux, le bourgeois l'appela :

« Comment va, Kreszenz ? Que fait le serrurier ? Ne va-t-il pas forger sa propre serrure ?

— Oh ! répondit-elle sans s'arrêter, je crois bien que le fer en est encore au fond de la mine.

— Quelle brave petite ! dit le ferblantier ; elle a tenu longtemps la maison de son beau-père, et l'a soigné dans sa maladie ; à sa mort, on s'est aperçu qu'il lui avait mangé tout ce qu'elle avait ; depuis lors, elle est ici au service de son cousin, c'est elle qui s'occupe de l'auberge, de la boutique et des enfants. Elle aime un brave compagnon, et voudrait l'épouser le plus tôt possible, mais il y a un obstacle.

— De quelle sorte ? Sans doute est-il aussi pauvre qu'elle ?

— Tous deux ont épargné quelque argent, mais cela ne suffit pas. On va vendre prochainement aux enchères la moitié d'une maison avec un atelier ; le maître cordier pourrait facilement leur avancer ce qui leur manque, mais, naturellement, il n'a aucune envie de se séparer de la petite. Il a de bons amis dans le conseil et dans la corporation ; le compagnon se heurte là à toute espèce de difficultés.

— Que diable ! s'exclama Mozart, si haut que l'autre prit peur et regarda si on ne les écoutait point. Ne se trouve-t-il personne pour parler selon la justice ? pour montrer les dents à cet homme ? Attendez, gredins ! On vous prendra bien au collet ! »

Le ferblantier était sur des chardons ardents ; il chercha maladroitement à revenir sur ses paroles, pour un peu il allait se rétracter. Mais Mozart ne voulut rien entendre.

« N'avez-vous pas honte ? lui dit-il ; c'est ainsi que vous faites tous, misérables, dès qu'il s'agit de prendre une responsabilité. »

Et, sans un mot d'adieu, il tourna le dos au poltron. En passant, il dit à voix basse à la jeune fille qui était surchargée de besogne :

« Viens demain de bonne heure ; et salue de ma part ton ami ; je forme des vœux pour votre union. »

Elle resta interdite, et n'eut ni le temps ni la présence d'esprit de le remercier.

D'un pas plus rapide qu'à l'ordinaire, car cette scène avait mis son sang en mouvement, Mozart reprit d'abord jusqu'au glacis le chemin par où il était venu, puis il fit un long détour en longeant les remparts. L'esprit tout occupé de la situation des pauvres amoureux, il se remémora tous ceux de ses amis et protecteurs qui pouvaient intervenir dans l'affaire. Mais comme, avant d'entreprendre aucune démarche, il désirait obtenir de la jeune fille quelques éclaircissements, il décida de l'attendre tranquillement ; son cœur et ses pensées coururent plus vite que lui auprès de sa femme.

Il comptait maintenant sur un accueil aimable, et même joyeux, sur des baisers et des embrassements dès le seuil, et l'impatience allongea son pas dès qu'il eut passé la porte de Carinthie. Non loin de là, un facteur l'arrêta pour lui remettre un petit paquet assez pesant ; l'adresse était d'une écriture soignée et distinguée qu'il reconnut aussitôt. Il entra avec le messager, pour le payer, dans la première boutique venue ; puis, dès qu'il fut seul, il ne put se tenir, dans sa hâte, de rompre le cachet ; tantôt s'arrêtant et tantôt reprenant sa marche, il parcourut la lettre.

« J'étais assise devant ma table à ouvrage, racontait Madame Mozart aux dames du château. J'entendis mon mari monter les degrés et demander au domestique où j'étais. Sa voix me sembla plus gaie, sa démarche plus assurée que je ne m'y attendais et que je ne le souhaitais. Il alla d'abord à sa chambre, mais entra bientôt chez moi. "Bonsoir" dit-il ; moi, sans lever les yeux, je lui répondis froidement. Il arpenta la pièce quelque temps sans souffler mot, puis, avec un bâillement forcé, il prit le tue-mouches derrière la porte, ce que je ne lui avais jamais vu faire, et grommela : "Qu'elles viennent maintenant, les mouches !" commença à donner de grands coups à droite et à gauche, faisant claquer le fouet aussi fort qu'il pouvait. Il avait ce ton insupportable qu'il m'interdisait, à moi, en sa présence. "Hum ! me dis-je, c'est un travers bien masculin que de considérer une chose tout différemment selon qu'on la voit faire ou qu'on la fait soi-même." D'ailleurs, je n'avais point vu qu'il y eût tant de mouches ; cette conduite singulière m'irritait. "Six d'un coup ! s'écria-t-il, regarde." Pas de réponse. Alors, il déposa quelque chose sur ma pelote d'épingles, de façon que je fusse obligée de le voir sans même lever les yeux de mon travail. Ce n'était rien qu'un petit tas d'or, juste autant de ducats qu'on en peut tenir entre deux doigts. Derrière mon dos, il continuait ses exploits, frappait ici et là, murmurait entre ses dents : "Maudite engeance ! race inutile et impudente ! pourquoi est-ce au monde ?... évidemment pour qu'on les extermine... Pif ! ... je ne m'en tire pas mal, il me semble ... paf !... L'histoire naturelle nous enseigne que ces créatures se reproduisent avec une stupéfiante rapidité ... pif ! paf ! ... dans ma maison, on y met ordre aussitôt ... *Ah maledette ! disperate !*... En voici vingt encore, les veux-tu ?" Il s'approcha et de nouveau, déposa quelques ducats sur ma pelote. J'avais eu peine à me tenir de rire, j'éclatai, il me sauta au cou ; nous rîmes de grand cœur ensemble.

"Mais d'où as-tu cet or ? lui demandai-je tandis qu'il en vidait un petit rouleau. — Je le tiens du prince Esterházy..., grâce à Haydn. Lis cette lettre." Je lus :

Eisenstadt, le ...

Très cher Ami,

Son Altesse Sérénissime, mon très-gracieux maître, m'a chargé, à mon très grand contentement, de vous faire tenir ces soixante ducats. Nous rejouâmes, il y a peu, vos quatuors, et Son Altesse Sérénissime s'en montra aussi satisfaite et ravie qu'Elle l'avait été la première fois, il y a trois mois. Le Prince me dit ces mots que je transcris fidèlement : « lorsque Mozart vous dédia cette œuvre, il ne pensait honorer que vous-même, mais je puis, sans qu'il y veuille contredire, voir là un compliment à mon adresse. Dites-lui que j'ai de son génie presque aussi bonne opinion que vous-même, et qu'il ne peut vraiment exiger davantage. » Amen ! (c'est moi qui l'ajoute). Etes-vous content ?

Post-Scriptum *(à l'oreille de votre aimable épouse). — Soyez assez bonne pour veiller à ce que les remerciements ne tardent point. Le mieux est qu'il aille lui-même témoigner sa gratitude. Il faut faire durer un vent si favorable.*

“Quel ange ! quelle âme divine !” s'écria Mozart par deux et trois fois ; il est difficile de décider ce qui lui fit le plus grand plaisir, de la lettre, des louanges du prince ou de l'argent. Quant à moi, pour l'avouer loyalement, cet or me venait à point. Nous passâmes là-dessus une heureuse soirée.

Je ne sus rien, ce jour-là, de l'aventure du faubourg, ni les jours suivants ; toute une semaine passa sans que la jeune fille parût, et mon mari, dans le tumulte de ses occupations, eut bientôt oublié cette histoire. Un samedi soir, nous avions du monde ; le capitaine Wesselt, le comte Hardegg et d'autres faisaient de la musique. Entre deux morceaux, on vint me chercher... Qu'est-ce qui nous arrive ? Je rentre et je demande : "As-tu commandé des objets en bois au faubourg d'Alser ? — Mille tonnerres, oui ! c'est une jeune fille sans doute ? Fais-la entrer." Elle entra gentiment dans la chambre, un panier plein au bras, avec le râteau et la bêche, et s'excusa de son retard : elle avait oublié le nom de la rue et n'avait pu le savoir qu'aujourd'hui. Mozart prit ses marchandises et me les tendit une à une, visiblement satisfait. Je pris plaisir à tout cela, je le remerciai, je louai ses emplettes ; mais je ne comprenais pas pourquoi il avait acheté ces outils de jardinage. "Mais, dit-il, pour ton petit jardin au bord de la Wien. — Mon Dieu ! mais il y a longtemps que je ne l'ai plus ; l'eau y faisait trop de ravages, il ne produisait rien. Je te le dis, et tu ne fis aucune objection à son abandon. — Comment ? alors, les asperges que nous avons mangées au printemps... — venaient toujours du marché ! — Si j'avais su ! dit-il ; je te les attribuais généreusement, et ton travail me faisait pitié, sincèrement ; elles étaient jolies et menues comme des tuyaux de plumes."

Nos invités s'amusaient beaucoup ; je dus leur donner en souvenir les outils dont je n'avais que faire. Mais Mozart se mit à questionner la jeune fille sur son mariage et l'encouragea à parler en toute liberté, ajoutant que l'on pourrait faire quelque chose pour elle et pour son ami, que l'on agirait discrètement sans accuser personne. Elle fit son récit avec tant de modestie, de mesure et de réserve qu'elle gagna tous les cœurs et qu'on la renvoya avec toute espèce de promesses.

"Il faut venir en aide à ces braves gens, dit le capitaine ; les intrigues de la corporation ont peu d'importance ; je sais quelqu'un qui y mettra bon ordre. Mais il s'agit de trouver une petite somme pour la maison et les premiers frais. Nous pourrions, — qu'en pensez-vous ? — organiser un concert pour le public, avec entrée *ad libitum*." Cette proposition eut un grand succès. L'un des assistants prit la salière et dit : "Il faudrait que quelqu'un fît, au début du concert, une petite conférence historique, décrivît les emplettes de Monsieur Mozart, expliquât ses vues philanthropiques ; cette salière sur une table figurera le vase sacré, et les deux râteaux croisés feront, à l'arrière-plan, une belle décoration."

On n'exécuta pas ce dernier point du programme, mais le concert eut lieu ; la recette fut considérable, des dons s'y ajoutèrent ; si bien qu'à la fin, l'heureux couple eut encore du superflu ; les autres obstacles furent écartés sans peine. Les Duschek, nos bons amis de Prague, chez qui nous descendrons demain, apprirent l'aventure. Madame Duschek, une femme d'une grande bonté, demanda à recevoir un de ces fameux objets : je lui réservai donc ce qui me semblait lui convenir, et je l'ai emporté à l'occasion de notre visite. Mais, puisque nous avons fait la rencontre inespérée d'une amie des arts qui va fonder un foyer, et qui, certainement, ne dédaignera pas un ustensile de cuisine choisi par Mozart, je partagerai mon cadeau ; vous avez le choix entre un moussoir à chocolat joliment ajouré, et la fameuse salière que l'artiste a ornée d'une ravissante tulipe. Pour moi, je choisirais cette dernière : le noble sel est, si je ne me trompe, le symbole de la concorde familiale et de l'hospitalité ; et nous faisons tous nos vœux pour que vous jouissiez de ce double bonheur. »

Madame Mozart se tut ; on imagine avec quel plaisir et quelle reconnaissance son récit fut accueilli ; ce plaisir se renouvela bientôt après, lorsque en présence des messieurs, on procéda à la remise solennelle du symbole de la simplicité patriarcale ; le comte lui promit, dans le vaisselier de sa nouvelle propriétaire et de plusieurs générations à venir, la place d'honneur qu'occupe, dans la collection ambrosienne, le chef-d'œuvre du maître florentin[1].

Il était près de huit heures ; on servit du thé. On rappela à Mozart la promesse qu'il avait faite à midi de révéler à la société la scène finale de *Don Juan*, dont il avait le manuscrit dans sa malle. Il s'exécuta sans barguigner. En quelques mots, il exposa le livret, on ouvrit la partition et les chandelles furent allumées près du piano.

Nous voudrions que le lecteur éprouvât ici cette sensation fugitive qui parfois nous effleure lorsque nous passons sous une fenêtre et que nous parvient un accord détaché qui ne peut venir que

1. Il s'agit de la fameuse salière en or de Benvenuto Cellini. (*N.d.E.*)

de l'au-delà ; c'est comme une secousse électrique, comme un ensorcellement qui nous domine, quelque chose de cette douce terreur qui nous envahit au théâtre tandis que l'orchestre accorde ses instruments et que, devant le rideau baissé, nous attendons. Ne connaissez-vous pas ce frisson ? Le spectateur de l'éternelle beauté tressaille d'angoisse au seuil d'un des grands chefs-d'œuvre tragiques, — que ce soit *Macbeth* ou *Œdipe* ou tout autre, — mais plus que jamais lorsque le rideau va se lever pour *Don Juan*. L'homme souhaite et redoute tout ensemble d'être emporté hors de son moi ordinaire, il sent que l'Infini qui est contenu et enserré dans son cœur va lui être sensible, va dilater sa poitrine et ravir son esprit. Il est plein de craintif respect devant la perfection de l'art ; l'idée de contempler un divin miracle, de l'accueillir en soi comme quelque chose qui est de la même essence que le plus profond de soi, entraîne une émotion, une fierté, les plus pures et les plus belles dont nous soyons capables.

Mais la petite société, qui allait entendre pour la première fois une œuvre que nous connaissons dès notre jeune âge et qui fait comme partie de nous-mêmes, ne la considérait pas comme nous faisons ; sans doute avait elle l'enviable privilège de l'entendre interpréter par son auteur ; cependant, nous sommes mieux préparés à l'écouter, et aucun des auditeurs de ce soir-là ne pouvait en avoir une compréhension complète et pure, quand bien même on eût joué l'œuvre entière sans en rien retrancher.

Des dix-huit morceaux[1] qui étaient terminés, le compositeur ne joua probablement pas la moitié (dans la relation qui guide notre récit, seul le dernier, le sextuor, est expressément nommé) et il ne dut donner de chaque partie que l'essentiel, jouant au piano, chantant par moments seulement, selon son inspiration. Quant à sa femme, on dit simplement qu'elle chanta deux *arie* ; ce sont sans doute — car sa voix devait être aussi forte que jolie — le premier air de Donna Anna (*Tu sais quel infâme...*) et l'un des deux airs de Zerlina.

En réalité, seuls Eugénie et son fiancé semblaient désignés par leur esprit, leur goût et leur culture pour être des auditeurs tels que Mozart pouvait les souhaiter. Ils étaient assis tout au fond du salon ; immobile comme une statue, emportée par la musique bien loin de la réalité, Eugénie répondait à peine aux paroles que son fiancé lui adressait entre les morceaux, au moment où tous les autres exprimaient modestement leur admiration, où ils trahissaient involontairement leur profonde émotion.

Lorsque Mozart eut terminé sur le divin sextuor, et que peu à peu la conversation reprit, il parut écouter avec un intérêt et un plaisir particuliers les remarques du baron. On parla de la fin de l'opéra, et de la représentation annoncée pour

1. Il faut savoir que, primitivement, ni l'air et le récitatif d'Elvire, ni le « *J'ai compris* » de Leporello ne se trouvaient dans l'opéra. (*N.d.A.*)

le début de novembre ; quelqu'un émit l'opinion que la composition de certaines parties du finale serait un travail de géant ; le maître sourit doucement ; mais sa femme dit à la comtesse assez haut pour qu'il l'entendit :

« Il tient encore quelque chose *in petto*, dont il me fait mystère à moi-même.

— Tu sors de ton rôle, mon amie, dit-il, en parlant de cela maintenant ; et s'il me prenait fantaisie de recommencer à jouer ? à vrai dire, j'en ai envie.

— Leporello, appela comiquement le comte, s'adressant à un serviteur ; du vin, trois bouteilles de Sillery.

— Mais non, l'heure est passée ; mon mari a encore son verre plein.

— Grand bien lui fasse, et à vous tous !

— Mon Dieu, que faisons-nous ! s'écria Constance en regardant la pendule. Il est prêt de onze heures et nous devons partir tôt demain matin ; comment y arriverons-nous ?

— Eh bien, vous ne partirez pas, chère amie, tout simplement !

— Il est, dit Mozart, d'étranges rencontres : que diras-tu lorsque tu sauras que le morceau que tu vas entendre est né à cette heure nocturne, et, comme aujourd'hui, à la veille d'un voyage ?

— Cela se peut-il ? quand ? ah ! sans doute, il y a trois semaines, lorsque tu devais aller à Eisenstadt ?

— Précisément ! et voici comment cela se fit : je rentrais après dix heures du dîner chez

Ritchter, tu dormais profondément et je voulais, comme je te l'avais promis, me coucher aussitôt pour me mettre en route de bonne heure. Cependant, Guy avait allumé, comme d'habitude, les flambeaux sur ma table de travail ; je revêtis machinalement ma robe de chambre pour jeter encore un coup d'œil sur mon dernier pensum. O infortune ! ô zèle inopportun des femmes ! tu avais mis de l'ordre, empaqueté mes papiers, — que je devais emporter, c'est vrai ; le prince avait demandé à entendre quelque chose de mon œuvre nouvelle ; — je cherchai, grommelant et maugréant..., sans résultat. Tout à coup, mon regard tomba sur une enveloppe cachetée ; une affreuse écriture : c'est l'abbé[1] !... C'était lui, en effet, qui m'envoyait la fin de son texte remanié ; je n'espérais pas l'avoir avant plusieurs mois. Je m'assis, curieux de le voir, je lus et je constatai avec bonheur que l'habile homme avait compris exactement ce que je voulais. Tout était plus simple, plus condensé et en même temps plus riche. La scène du cimetière, ainsi que le finale, jusqu'à la descente du héros aux Enfers, avaient beaucoup gagné, à tous points de vue. (Très excellent poète, pensai-je, il ne sera pas dit que je ne t'aurai pas récompensé d'avoir évoqué deux fois le Ciel et l'Enfer ; tu verras que ma musique sera digne de tes efforts !)

Je n'ai pas coutume de rien composer avant d'avoir le texte, même lorsqu'un épisode me tente

1. Il s'agit de Da Ponte. (*N.d.E.*)

particulièrement ; c'est une faute que l'on peut payer cher. Pourtant, il y a des exceptions ; bref, j'avais presque entièrement dans la tête la scène devant la statue du commandeur, la menace terrifiante qui, sortant du tombeau de sa victime, interrompt soudain les rires du débauché. J'essayai un premier accord, et je sentis que je frappais à la bonne porte, que la légion des terreurs était là, toute prête à se précipiter dans le finale. Ce fut d'abord un adagio en *ré* mineur, quatre mesures, puis une seconde phrase de cinq mesures ; j'imagine l'effet que feront au théâtre les voix, accompagnées par les plus forts instruments à vent. En attendant, vous l'entendrez, aussi bien rendu qu'on le peut ici. »

Il éteignit les deux grands candélabres à côté de lui et le terrible choral : « *Ton rire cessera avant l'aurore* » retentit dans le silence de mort de la pièce. Les notes glaciales, pénétrant les moelles et l'âme, semblent sortir de trompettes d'argent et descendre à travers la nuit bleue, des lointaines étoiles.

— « *Qui est là ? Répondez* » demande Don Juan. Alors la voix s'élève de nouveau, monotone, et ordonne au jeune pécheur de laisser reposer les morts.

Tandis que cette voix grondante s'évanouissait dans l'air, vibrante encore, Mozart reprit :

« Vous comprenez bien que je ne pouvais m'interrompre. Lorsque la glace se brise en un point du rivage, le lac entier craque et retentit jusqu'en ses profondeurs lointaines. Je retrouvai la même veine pour la scène du festin nocturne, lorsque Donna Elvira vient de l'éloigner et que le spectre apparaît, obéissant à l'invitation. Ecoutez. »

On entendit alors le terrifiant dialogue, qui enlève l'auditeur le plus raisonnable jusqu'aux bornes de l'imagination humaine et au-delà, ce dialogue qui nous fait voir et entendre l'Inconcevable ; et nous nous sentons, au-dedans de nous-mêmes, ballotés, jetés sans volonté d'un extrême à l'autre.

La voix immortelle du disparu, déjà étrangère aux langages humains, parle encore une fois. Après la terrible salutation, lorsque le spectre refuse la nourriture terrestre, sa voix qui parcourt de façon désordonnée les degrés d'une échelle aérienne, provoque un effroi indicible. Il exige un repentir immédiat ; court est le temps qui lui est mesuré, longue, longue la route ! Et lorsque Don Juan, bravant dans une monstrueuse obstination les ordres célestes, tournoie sous l'emprise croissante des puissances infernales, se roidit, se débat et finalement s'abîme, immense encore et magnifique dans sa chute, comment ne pas trembler, comment n'être pas ému jusqu'aux entrailles, de joie et de crainte tout ensemble ? C'est un sentiment semblable à celui que l'on éprouve à contempler le merveilleux spectacle des forces de la Nature, l'incendie d'un beau navire. Quoi que nous en ayons, nous prenons parti pour cette splendeur aveuglée, et, tandis qu'elle s'anéantit irrésistiblement, nous hurlons de sa douleur.

Le compositeur était parvenu à la fin de

l'œuvre. Durant quelques instants, personne n'osa rompre le silence.

« Dites-nous, fit enfin la comtesse d'une voix que l'émotion étranglait encore, dites-nous comment vous vous sentiez, cette nuit-là, lorsque vous eûtes jeté la plume. »

Il la regarda d'un œil clair comme au sortir d'une calme rêverie, réfléchit un instant, et dit, tourné à la fois vers sa femme et vers la comtesse : « Ma tête vacillait. J'avais écrit d'un seul élan tout ce *dibattimento* tragique, jusqu'au chœur des Esprits infernaux ; je restai là un instant, puis je me levai dans l'intention de passer chez toi, pour causer un peu et rendre à mon sang un cours plus tranquille. Mais une idée me traversa l'esprit et je restai debout au milieu de la chambre. (Il tint quelques secondes ses yeux fixés au sol, et sa voix trahit dans la suite une émotion à peine perceptible.) Je me dis à moi-même : "Si tu allais mourir cette nuit, et que tu dusses laisser ta partition telle qu'elle est : dormirais-tu tranquille dans ta tombe ?" Mes yeux fixaient la flamme de la chandelle que je tenais à la main et les montagnes de cire fondue. A cette pensée, je tressaillis de douleur ; puis je songeai : et si alors un autre, peut-être un "Welsche" quelconque, se chargeait de terminer mon opéra ; s'il trouvait depuis l'ouverture jusqu'à l'air dix-septième, tout bien mûr tels des fruits tombés dans l'herbe haute qu'il n'aurait qu'à ramasser ; s'il tremblait un peu cependant en voyant que le manuscrit s'arrête à la moitié du finale, et qu'ensuite, contre tout espoir, il découvrait ce fragment-là, bien terminé, — il aurait beau jeu et il rirait sous cape ! Peut-être bien serait-il tenté de me dérober ma gloire, mais il courrait risque de s'y brûler les doigts ; il y aura encore le petit groupe de mes amis, qui savent reconnaître ma manière, et qui me feraient rendre ce qui m'appartient... Je quittai la pièce, je levai mes regards vers Dieu et le remerciai ; je remerciai aussi, ma chérie, ton bon génie qui avait posé doucement ses mains sur ton front pour que tu dormisses tout le temps comme une marmotte et que tu ne pusses m'appeler une seule fois. Lorsque enfin, je vins, et que tu me demandas l'heure, je mentis hardiment et te rajeunis de deux ou trois heures ; car il n'était pas loin de quatre heures. Tu comprends maintenant pourquoi tu ne pus me faire sortir des draps à six heures, pourquoi le cocher fut renvoyé et commandé pour un autre jour.

— Je comprends ! répondit Constance ; mais que mon habile homme ne s'imagine pas qu'on ait été assez sotte pour ne se douter de rien. Ce n'était pas la peine de me cacher ton incartade.

— Mais ce n'était pas pour te cacher cela.

— Je le sais bien..., tu voulais garder ton trésor pour toi quelque temps encore.

— Je suis heureux, s'écria le charmant hôte, que nous n'ayons pas à blesser demain le cœur d'un cocher viennois, si Monsieur Mozart ne peut pas se lever. Il est toujours pénible d'ordonner : “Hans, dételle les chevaux !” »

Cette discrète prière de rester plus longtemps,

à laquelle toutes les voix se joignirent spontanément, donna l'occasion aux deux voyageurs d'y opposer d'excellentes raisons ; on s'accorda pourtant à ne pas fixer le départ de trop bonne heure, et à prendre encore le petit déjeuner en compagnie.

Tout le monde se leva, et on bavarda en petits groupes. Mozart semblait chercher quelqu'un des yeux, la fiancée sans doute ; mais comme elle ne se trouvait pas là, il adressa à Franziska, d'un ton bonhomme, la question qu'il avait sur les lèvres :

« Que pensez-vous, en somme de notre *Don Juan* ? quel succès lui prédisez-vous ?

— Je répondrai au nom de ma cousine, dit-elle en riant, aussi bien que je le pourrai. Je pense simplement que, si *Don Juan* ne tourne pas la tête au monde entier, le Bon Dieu fermera le coffre à musique pour je ne sais combien de temps, et donnera à entendre à l'humanité...

— ... Et donnera à l'humanité, corrigea l'oncle, une cornemuse, et endurcira les cœurs afin qu'ils adorent Baal.

— Dieu nous protège ! s'écria Mozart ; mais dans les soixante ou soixante-dix années qui suivront ma mort, on verra beaucoup de faux prophètes. »

Eugénie s'approcha avec le baron et Max, la conversation reprit de plus belle, on parla de nouveau sérieusement, et le compositeur put entendre encore des paroles qui flattaient ses espérances.

On ne se sépara que longtemps après minuit ;

personne n'avait senti, jusque-là, le besoin de se reposer.

Le lendemain, — le temps était aussi beau que la veille, — à dix heures, on voyait dans la cour du château un joli carrosse chargé des bagages des deux Viennois. Le comte s'en approcha avec Mozart, au moment où on allait atteler, et lui demanda si cette voiture lui plaisait.

— Infiniment ; elle paraît fort commode.

— Très bien ; faites-moi donc le plaisir de la garder en souvenir de moi.

— Tout de bon ?

— Je ne plaisante pas.

— Par Saint-Sixte et Saint-Calixte ! Constance ! cria-t-il vers la fenêtre où elle se tenait avec les dames ; ce carrosse est à moi. Désormais, tu voyageras dans ta voiture ! »

Il embrassa le généreux comte, examina de tous côtés son nouveau carrosse, ouvrit la portière, s'assit à l'intérieur et cria :

— Je me sens aussi riche et aussi grand seigneur que le chevalier Glück. Quelle tête ils feront, à Vienne !

— J'espère, dit la comtesse, que je reverrai cette voiture, à votre retour de Prague, toute couverte de couronnes.

Quelques instants plus tard, la voiture tant admirée se mit en mouvement, emportant les époux à vive allure vers la grand-route. Le comte leur avait donné ses chevaux jusqu'à Wittingau où ils devaient en prendre d'autres à la poste.

Lorsque des hommes supérieurs ont animé

quelque temps notre demeure de leur présence, que le souffle rafraîchissant de leur esprit nous a donné une nouvelle impulsion, que nous venons d'éprouver pleinement les joies de l'hospitalité, leur départ produit un pénible arrêt de la vie, pour la fin de la journée au moins ; nous restons réduits à nos propres forces.

Les habitants du château ne connurent pas cette solitude. Les parents de Franziska et la tante partirent ; mais Franziska, elle, resta, ainsi que le baron et Max. Pour Eugénie, qui nous intéresse avant tout puisqu'elle avait senti plus profondément la beauté de ces heures, on serait tenté de supposer que rien ne pouvait lui manquer ni la troubler : le bonheur de voir consacrer son union avec l'homme qu'elle aimait eût dû effacer tout autre sentiment ; bien mieux, les plus belles, les plus nobles choses qui pouvaient toucher son cœur devaient, semble-t-il, se confondre dans sa félicité. Il en eût été ainsi, si elle eût pu jouir la veille du moment présent, et le lendemain, du souvenir de ce moment. Mais déjà le soir, tandis que Madame Mozart parlait, elle avait senti se glisser en elle une crainte secrète pour l'homme que ce récit montrait si aimable ; ce pressentiment dura au fond de son âme tant que Mozart joua, sous le charme même et la terreur mystérieuse de la musique ; enfin, elle fut toute secouée lorsque par hasard, il se mit à évoquer lui-même des angoisses semblables. Elle fut absolument persuadée que cet homme se consumait à sa propre flamme, rapidement, irrésistiblement, qu'il ne pouvait être qu'une fugitive apparition sur la terre, parce que la terre ne pourrait supporter les dons surabondants de son génie.

Ces pensées qui s'étaient calmées la veille, s'agitaient de nouveau dans son cœur, tandis qu'elle percevait confusément en elle-même l'écho des accents de *Don Juan*. Elle s'endormit à l'aube, harassée de fatigue.

Les trois dames s'étaient assises au jardin avec leurs ouvrages ; les messieurs leur tenaient compagnie, et naturellement, on reparlait de Mozart ; Eugénie ne put taire ses craintes. Personne ne les partageait, quoique le baron les comprît assez bien. Dans une heure de calme, lorsque l'âme est reconnaissante au Ciel et humainement heureuse, nous refusons de toutes nos forces de songer à un malheur qui ne nous menace pas nous-mêmes. On énuméra tous les signes contraires, tous les indices du bonheur, et Eugénie les écouta avec soulagement. Pour un peu, elle allait penser qu'elle avait vu trop en noir.

Un peu plus tard, en traversant la grande pièce où l'on avait remis de l'ordre et où les rideaux de damas vert laissaient pénétrer une douce lumière crépusculaire, elle s'arrêta mélancoliquement auprès du piano. Il lui semblait rêver quand elle se rappelait qu'il s'était assis là quelques heures plus tôt. Elle regarda longuement, pensive, le clavier qu'il avait touché, rabattit doucement le couvercle et retira la clef, s'assurant jalousement qu'aucune main ne l'ouvrirait bientôt. En passant, elle remit en place quelques cahiers de musique, un vieux feuillet en tomba ; c'était la copie d'une chanson populaire de Bohême que Franziska et elle chantaient souvent jadis. Elle la releva, assez émue. Dans l'état où elle se trouvait, le hasard le plus naturel prend figure d'oracle. Mais quelque signification qu'elle lui donnât, ce texte dont elle relisait les vers si simples lui arracha des larmes :

Un sapin verdit, — où ?
Qui sait ? — dans la forêt,
Un rosier, — qui dira —
Fleurit, — dans quel jardin ?
Tous deux sont destinés,
Songes-y, ô mon âme,
A croître sur ta tombe,
A y prendre racine.
Deux noirs chevaux paissaient
Dans la verte prairie ;
Reviennent à la ville,
Trottant allègrement,
Ils marcheront au pas,
Traîneront ton cercueil,
Peut-être, ô peut-être
Avant que soient tombés
Les fers que nous voyons
Briller à leurs sabots.

E.T.A. Hoffmann

DON JUAN

Extrait de
Nouvelles musicales (1814)
Traduit de l'allemand par Alzir Hella
et Olivier Bournac

Fabuleux événement arrivé à un enthousiaste au cours d'un voyage

Une sonnerie retentissante, ce cri sonore : « le théâtre commence », me réveillèrent du doux sommeil dans lequel j'étais plongé. Des basses alternées bourdonnent... Un coup de timbale... Des éclats de trompettes... Un *la* limpide soutenu par le hautbois... Les violons s'accordent : je me frotte les yeux. Est-ce que Satan, toujours actif, m'aurait... dans l'ivresse ?... Non, je me trouve dans la chambre de l'hôtel où, hier soir, je suis descendu à moitié rompu de fatigue. Juste au-dessus de mon nez pend le gland imposant du cordon de la sonnette ; je le tire violemment, le garçon paraît.

— Mais, par le ciel, que signifie cette musique confuse qu'on fait là, à côté de moi ? Y a-t-il donc un concert dans la maison ?

— Votre Excellence (j'avais bu du champagne la veille, à la table d'hôte), Votre Excellence ne sait peut-être pas encore que cet hôtel ne fait qu'un avec le théâtre. Cette porte de tapisserie donne sur un petit couloir d'où vous entrez directement au numéro 23 ; c'est la loge des étrangers.

— Comment ?... Théâtre ?... Loge des étrangers ?

— Oui, la petite loge des étrangers pour deux, trois personnes au plus... réservée à des gens de qualité, toute tapissée de vert, avec fenêtre treillissée, tout contre la scène. S'il plaît à Votre Excellence... Nous représentons aujourd'hui *Don Juan*, du célèbre M. Mozart, de Vienne. Le prix d'entrée, un thaler huit groschen, est compté dans la note.

En disant ces mots, il poussait déjà la porte de la loge, tellement, au nom de *Don Juan*, je m'étais vite élancé dans le couloir, par la porte de tapisserie. La salle était vaste, pour une ville d'importance moyenne ; elle était décorée avec goût et brillamment illuminée. Les loges et le parterre étaient remplis. Les premiers accords de l'ouverture me convainquirent qu'un orchestre tout à fait excellent allait me procurer la jouissance la plus exquise du chef-d'œuvre, pourvu que les chanteurs possédassent le moindre talent.

A l'andante, les frissons du terrible *regno all pianto* des enfers s'emparèrent de moi ; des pressentiments d'horreur terrifiante remplirent mon âme. La triomphante fanfare de la septième mesure de l'allegro retentit en moi comme une jubilation sacrilège ; je vis dans une nuit profonde des démons de feu allonger leurs griffes brûlantes vers la vie de joyeux humains qui dansaient gaiement sur la mince voûte de l'abîme sans fond. Le conflit de la nature humaine avec les puissances terribles et inconnues qui l'entourent, en guettant sa perte, se peignit clairement dans les yeux de mon esprit.

Enfin, la tempête se calme ; le rideau se lève vivement. Grelottant et maussade, enveloppé de son manteau, Leporello s'avance dans la nuit sombre, devant le pavillon : « *Notte e giorno faticar !* » — C'est donc en italien ? Ici, de l'italien, sur le sol allemand ? *Ah che piacere !* Je vais entendre tous les récitatifs et toute l'œuvre telle que le grand maître l'a conçue et sentie dans son esprit !

Voici Don Juan qui se précipite au-dehors ; derrière lui Donna Anna, retenant, par son manteau, le criminel. Quelle physionomie ! Elle pourrait être plus grande, plus élancée, plus majestueuse dans sa démarche, mais quelle tête ! Des yeux d'où l'amour, la colère, la haine, le désespoir, jettent comme d'un foyer lumineux une pyramide rayonnante d'étincelles et d'éclairs pareils à un feu grégeois, brûlent inextinguiblement le plus profond de l'être ! Les tresses dénouées de sa sombre chevelure roulent en boucles ondoyantes sur sa nuque. Le blanc vêtement de nuit révèle traîtreusement des charmes que l'on ne regarde jamais sans danger. Etreint par l'horrible forfait, son cœur palpite avec violence... Et maintenant, quelle voix ! « *Non sperar se non m'uccidi.* » A travers la tempête des instruments brillent, comme des éclairs de feu, les sons fondus dans un métal éthéré.

En vain Don Juan cherche à se dégager. Mais le veut-il bien ? Pourquoi ne repousse-t-il pas d'un poing vigoureux cette femme et ne s'enfuit-il pas ? Son crime le rend-il impuissant, ou bien est-ce le combat de la haine et de l'amour dans son être qui lui enlève le courage et la force ? Le vieux papa a payé de sa vie la folie qu'il a commise d'attaquer, dans les ténèbres, ce robuste adversaire ; Don Juan et Leporello s'avancent, en conversant en forme de récitatif, vers l'avant-scène. Don Juan défait son manteau et se montre alors, magnifiquement habillé de velours rouge à taillades, avec des broderies d'argent. Il est d'un physique puissant et superbe : son visage est d'une beauté virile ; il a un nez imposant, des yeux perçants, des lèvres délicates ; le jeu singulier d'un muscle du front au-dessus de ses sourcils donne à sa physionomie, pendant la durée d'une seconde, quelque chose de méphistophélique, qui, sans ôter à la figure sa beauté, produit chez le spectateur un frisson involontaire. On dirait qu'il peut pratiquer l'art magique du serpent à sonnettes ; on dirait que les femmes sur qui il a laissé tomber son regard ne peuvent plus se détacher de lui et, étreintes par sa fatale puissance, doivent consommer elles-mêmes leur perte.

Long et sec, dans son costume à rayures blanches et rouges, avec un petit manteau rouge et un chapeau blanc à plume rouge, Leporello trottine autour de lui. Les traits de son visage se mêlent étrangement en une expression de bon cœur, de coquinerie, de concupiscence et d'ironisante effronterie ; ses noirs sourcils contrastent bizarrement avec les poils gris de sa tête et de sa barbe. On s'en rend compte, le vieux drôle mérite d'être le serviteur et le complice de Don Juan.

Ils ont réussi à fuir par-dessus le mur. — Des torches... Donna Anna et Don Ottavio paraissent : ce dernier est un petit jeune homme maniéré, paré, et comme léché, de vingt et un ans tout au plus. En sa qualité de fiancé d'Anna, et pour qu'on ait pu l'appeler si vite, il habitait probablement dans la maison ; au premier bruit, que, certainement, il a entendu, il aurait pu s'empresser d'accourir et sauver le père et la demoiselle ; mais il lui a fallu d'abord songer à sa toilette et puis, d'une manière générale, la nuit il n'aimait guère se risquer au-dehors. — « *Ma qual mai s'offre, o dei, spettacolo funesto agli occhi miei !* » Dans les accents effrayants et déchirant le cœur de ce récitatif et de ce duo, il y a plus que du désespoir causé par un crime si cruel. Ce n'est pas seulement l'attentat odieux de Don Juan, lequel n'a été pour Anna qu'une menace, mais qui a causé la mort de son père, qui arrache de tels accents à la poitrine angoissée ; seul un combat fatal, un combat mortel au fond de l'âme peut leur donner naissance.

Voici que maintenant la longue et maigre Donna Elvire, avec les vestiges visibles d'une grande beauté qui s'est flétrie, lançait des invectives contre le traître, contre Don Juan : « *Tu nido d'inganni* », et voici que le compatissant Leporello remarquait fort pertinemment : « *Parla come un libro stampato* », lorsque je crus remarquer quelqu'un à mon côté ou derrière moi. On pouvait facilement avoir ouvert la porte de la loge et s'y être insinué. Ce fut pour moi comme un coup de poignard au cœur. J'étais si heureux de me trouver seul, pour étreindre, sans être gêné par personne, avec toutes les fibres de ma sensibilité, semblables à des tentacules, le chef-d'œuvre si parfaitement joué et pour en imprégner mon être ! Une seule parole, qui, par-dessus le marché, pouvait être stupide, m'aurait arraché douloureusement à ce moment délicieux d'enthousiasme poétique et musical !

Je résolus de ne pas faire du tout attention à mon voisin et, entièrement absorbé dans la représentation, j'évitai d'échanger avec lui la moindre parole, le moindre regard. Appuyant ma tête contre la main et tournant le dos à ce voisin, je regarde la scène. La marche de la représentation répond à l'excellence du début. La petite, appétissante et amoureuse Zerlina console, avec des mélodies et des accents charmants, ce bon lourdeau de Masetto. Don Juan exprime tout à fait librement, dans l'air farouche « *Fin ch'han dal vino* » son être intime, son être déchiré, ainsi que son mépris pour les misérables humains qui l'entourent et ne sont là que pour satisfaire son désir d'intervenir, afin de les perdre, dans leur conduite insipide. Ici le muscle du front tressaillait avec plus de vigueur qu'auparavant. Les masques paraissent ensuite. Leur trio est une prière, qui monte vers le ciel au milieu de rayons éclatants de pureté. — Maintenant le rideau central se lève, là on mène joyeuse vie ; les coups résonnent, les paysans et toutes sortes de masques attirés par la fête de Don Juan tourbillonnent dans un gai tumulte. Alors arrivent les trois conjurés pour accomplir leur vengeance. Tout devient plus solennel jusqu'à ce que la danse commence. Zerlina est sauvée et dans le finale d'une puissance foudroyante Don Juan s'avance hardiment, le glaive au poing, contre ses ennemis. Il fait sauter l'épée d'acier, l'épée de parade, que le fiancé tient à la main et il se fraie un chemin à travers la vile racaille qu'il culbute, ainsi que le valeureux Roland fait de l'armée du tyran Cimosco, de sorte que tous tombent pêle-mêle, d'une manière tout à fait comique...

Souvent déjà j'avais cru sentir, tout contre moi, un souffle chaud et délicat et entendre le froufrou d'une robe de soie : cela me faisait bien supposer la présence d'une femme, mais, plongé entièrement dans le poétique univers auquel l'opéra m'avait donné accès, je n'y faisais pas attention. Maintenant que le rideau était tombé, je regardai du côté de ma voisine... Non, il n'y a pas de mots capables d'exprimer mon étonnement : Donna Anna, dans le costume même que je venais de lui voir sur le théâtre, était debout derrière moi et dirigeait sur moi le regard pénétrant de son œil tout plein d'âme... Je la regardai fixement sans pouvoir parler ; sa bouche (à ce qu'il me parut) se pinça en un léger sourire d'ironie, dans lequel j'aperçus mon propre reflet et ma sotte allure. Je sentis la nécessité de lui parler et, pourtant, je ne pouvais pas remuer ma langue, paralysée par l'étonnement et, il faut que je le dise, par une sorte d'effroi.

Enfin, enfin, presque involontairement, ces paroles sortirent de ma bouche : « Comment est-il possible que vous soyez ici ? » A quoi elle répondit aussitôt, dans le toscan le plus pur, que, si je ne comprenais ni ne parlais l'italien, il lui faudrait se priver du plaisir de ma conversation, car elle ne connaissait aucune autre langue. — Ces suaves paroles étaient comme un chant. Tandis qu'elle parlait, l'expression de son œil d'un bleu foncé s'accentuait et chaque éclair qui en jaillissait versait dans mon être une ardente flamme qui faisait battre plus fort toutes mes pulsations et vibrer toutes mes fibres.

C'était, à n'en pas douter, Donna Anna. Je ne songeai pas à me demander comment il se pouvait qu'elle se fût trouvée sur le théâtre et dans ma loge. Tout comme un rêve bienheureux associe entre elles les choses les plus étranges et comme une pieuse croyance comprend ce qui est au-dessus des sens et le rattache sans difficulté à ce qu'on appelle les phénomènes naturels de l'existence, de même, moi aussi, dans le voisinage de cette femme merveilleuse, je tombai dans une sorte de somnambulisme, dans lequel je reconnus les rapports secrets qui me liaient si intimement à elle que, même lorsqu'elle était sur le théâtre, elle n'avait pas pu s'éloigner de moi.

— Comme je voudrais, mon cher Théodore, te répéter chaque parole du mémorable entretien qui commença alors entre la *signora* et moi ! Seulement, tandis que je cherche à transcrire en allemand ce qu'elle disait, je trouve que chaque mot est lourd et terne et chaque phrase maladroite pour exprimer ce qui, en toscan, était si léger et si gracieux.

Tandis qu'elle parlait de Don Juan et de son rôle, il me semblait voir s'ouvrir à moi, pour la première fois, les profondeurs du chef-d'œuvre et pouvoir le pénétrer clairement et reconnaître distinctement les apparitions fantastiques d'un monde qui m'était nouveau. Elle me dit que toute sa vie était musique, que souvent elle croyait comprendre en chantant mille choses renfermées mystérieusement dans l'être et qu'aucune parole ne pouvait exprimer. « Oui alors, je les comprends très bien » poursuivit-elle, les yeux brûlants et en élevant la voix, « mais tout reste mort et froid autour de moi et, tandis que l'on applaudit une roulade difficile, une variation réussie, des mains glacées se posent sur mon cœur de feu... Mais toi... toi, tu me comprends, car je sais qu'à toi aussi est ouvert le merveilleux et romantique royaume où habitent les célestes enchantements des sons. »

— Comment ? O femme exquise et merveilleuse... Toi... tu me connaîtrais ?

— N'est-il pas né de ton âme, le délire magique de l'amour à l'éternel désir, dans le rôle de la... de ton dernier opéra ?... Je t'ai compris : ton esprit s'est révélé à moi dans le chant... Oui (ici elle dit mon prénom), c'est *toi* que j'ai chanté, comme tes mélodies, c'est *moi*.

La cloche du théâtre retentit : une rapide pâleur décolora le visage sans fard de Donna Anna ; elle porta vivement la main à son cœur, comme si elle ressentait une douleur subite et, tandis qu'elle disait tout bas : « Malheureuse Anna, maintenant arrivent tes plus terribles moments... », elle avait disparu de la loge...

Le premier acte m'avait ravi, mais après cet événement merveilleux, la musique se mit à agir sur moi d'une manière tout à fait différente, d'une manière étrange. C'était comme si des promesses depuis longtemps faites au sein des plus beaux rêves, issus d'un autre monde, se réalisaient effectivement dans la vie. C'était comme si les plus secrets pressentiments de l'âme ravie s'étaient incarnés dans les sons et aboutissaient infailliblement, par un phénomène étrange, à la connaissance la plus admirable. Pendant la scène de Donna Anna, je me sentis vibrer dans une ivresse voluptueuse sous l'action d'une haleine douce et chaude qui glissait sur moi ; involontairement mes yeux se fermèrent et un ardent baiser sembla brûler mes lèvres ; mais ce baiser était un son longuement exhalé comme par un désir éternellement enflammé.

Le finale avait commencé avec une gaieté insolente : « *Già la mensa è preparata !* » Don Juan était assis entre deux jeunes filles qu'il caressait et il faisait sauter l'un après l'autre les bouchons des bouteilles, pour donner aux esprits pétillants, qui étaient hermétiquement captifs, la libre disposition d'eux-mêmes. C'était une pièce sans profondeur, avec, à l'arrière-plan, une grande fenêtre gothique à travers laquelle on voyait la nuit régner au-dehors. Déjà pendant qu'Elvire rappelait à l'infidèle tous ses serments, on apercevait par la fenêtre de fréquents éclairs et l'on entendait le sourd murmure de l'orage approchant. Enfin des coups formidables sont frappés à la porte. Elvire et les jeunes filles s'enfuient et, au milieu des accords effrayants venus du monde des esprits souterrains, le formidable colosse de marbre, à côté duquel Don Juan a l'air d'un pygmée fait son entrée. Le sol tremble sous les pas tonnants du géant. — Don Juan crie, à travers la tempête, à travers le tonnerre, à travers les hurlements des démons, son terrible « *No !* » L'heure suprême est arrivée. La statue s'enfonce, une épaisse vapeur remplit la salle et il en sort des fantômes effrayants. Don Juan se tord dans les tourments de l'Enfer, tandis que, çà et là, on l'aperçoit parmi les démons. Une explosion, semblable à mille coups de tonnerre : Don Juan, les démons ont disparu, on ne sait comment. Leporello gît évanoui dans un coin de la pièce...

Qu'on a plaisir alors à voir paraître les autres personnages qui cherchent en vain Don Juan, soustrait à la vengeance terrestre par les puissances souterraines ! Il semble que ce soit seulement maintenant que l'on échappe au cercle terrible des esprits infernaux. — Donna Anna avait l'air toute changée : une pâleur de mort recouvrait son visage, son œil était éteint, sa voix tremblante et saccadée ; mais, par là même, dans son duetto avec le doux fiancé, qui, maintenant que le ciel l'a heureusement déchargé de la périlleuse mission de vengeur, veut tout de suite se marier, elle produisait un effet qui vous brisait l'âme.

Le chœur fugué avait magnifiquement couronné l'ensemble et je regagnai rapidement ma chambre, en proie à la plus grande exaltation dans laquelle je me fusse jamais trouvé. Le garçon m'appela pour dîner et je le suivis machinalement. — La société groupée à la table d'hôte était brillante, à cause de la foire, et la représentation de *Don Juan* qui venait d'avoir lieu était le sujet de la conversation. On vanta, en général, les Italiens et ce que leur jeu avait d'émouvant ; mais de petites remarques, çà et là lancées d'un air tout à fait malicieux, montraient que personne n'avait même pas la moindre idée de la signification profonde de l'opéra des opéras. — Don Ottavio avait plus beaucoup. Donna Anna, au dire de quelqu'un, avait été trop passionnée. Il faut, soutenait cet interlocuteur, se modérer gentiment quand on est sur la scène, et éviter ce qui est trop fatigant. Le récit de l'attaque l'avait véritablement consterné. Ce disant, il puisa dans sa tabatière une prise de tabac et regarda d'un air sottement intelligent, qu'il est impossible de décrire, son voisin qui, lui, déclara que l'Italienne était, du reste, une très belle femme, seulement trop peu soucieuse de son vêtement et de sa parure ; précisément dans la scène du récit, une boucle de ses cheveux s'était défaite et avait projeté une ombre sur le demi-profil de son visage ! Alors quelqu'un se mit à entonner tout bas l'air « *Fin ch'han dal vino* », sur quoi une dame proclama que c'était de l'acteur jouant le rôle de Don Juan qu'elle était le moins satisfaite ; cet Italien avait été beaucoup trop sombre, beaucoup trop grave, et il n'avait pas donné assez de relief à ce qu'il y a de frivole et d'aérien dans ce caractère. — L'explosion finale fut très vantée.

Las de ce bavardage, je m'empressai de rentrer dans ma chambre.

Dans la loge des étrangers n° 23

Je me trouvais si à l'étroit, si inquiet dans la lourde atmosphère de la pièce ! — A minuit je crus entendre ta voix, mon cher Théodore. Tu prononçais distinctement mon nom et un frôlement semblait venir de la porte de tapisserie. Qu'est-ce qui me retient de pénétrer encore une fois sur les lieux de ma merveilleuse aventure ? Peut-être vous verrai-je, toi et celle qui remplit tout mon être. Comme il est facile d'y porter la petite table, deux flambeaux et de quoi écrire !

Le garçon me cherche avec le punch commandé ; il trouve la chambre vide, la porte de tapisserie ouverte : il me suit dans la loge et me regarde d'un œil hésitant. Sur mon signe il pose la boisson sur la table et s'éloigne, non sans s'être tourné encore une fois vers moi, avec l'envie de me questionner. Je m'appuie, en lui tournant le dos, contre le rebord de la loge et je regarde la salle déserte, dont l'architecture, magiquement éclairée par mes deux flambeaux, ressort, étrange et féerique, avec de merveilleux reflets. Le courant d'air qui traverse la salle agite le rideau : que serait-ce s'il se levait ? Si Donna Anna apparaissait, rendue anxieuse par de hideux fantômes ? « Donna Anna ! » crié-je involontairement : le cri se perd dans l'espace désert, mais les esprits des instruments de l'orchestre se réveillent : un son merveilleux monte en vibrant ; c'est comme si le murmure du nom aimé y persistait. Je ne puis me défendre d'un frisson secret, mais le frémissement de mes nerfs me fait du bien...

J'ai maîtrisé mon émotion et je suis prêt, mon cher Théodore, à te donner tout au moins une idée de la manière dont j'ai cru maintenant pour la première fois embrasser exactement, dans la profondeur de son caractère, l'œuvre magnifique du divin compositeur. Seul le poète comprend le poète ; seule une sensibilité romantique peut pénétrer ce qui est romantique ; seul l'esprit poétiquement exalté qui a reçu l'initiation au sein du temple peut comprendre ce que l'initié exprime dans son enthousiasme.

Si l'on considère le poème (*Don Juan*) sans lui attribuer une signification profonde, c'est-à-dire si l'on ne tient compte que des faits eux-mêmes, il n'est guère compréhensible que Mozart ait pu concevoir et composer sur ce sujet une telle musique. Un « bon vivant », qui aime à l'excès le vin et les filles, qui de gaieté de cœur invite à sa joyeuse table l'homme de pierre comme représentant du vieux père qu'il a percé de son épée pour défendre sa propre vie, — vraiment il n'y a là pas beaucoup de poésie et, soit dit franchement, un tel homme ne vaut pas la peine que les puissances souterraines le distinguent comme une pièce tout à fait rare du musée infernal, que l'homme de pierre, à l'esprit transfiguré, consente à descendre de cheval pour exhorter à la pénitence le pécheur avant sa dernière heure, qu'enfin le Diable envoie ses meilleurs suppôts pour effectuer, de la manière la plus effrayante, le transport du pécheur dans son royaume...

Tu peux m'en croire, Théodore, la nature avait doué Don Juan, comme le plus cher de ses enfants de prédilection, de tout ce qui élève l'homme, — dans une parenté plus intime avec ce qui est divin, — au-dessus du commun des mortels, au-dessus de ces produits fabriqués en masse qui, lorsqu'ils sortent de l'atelier, sont comme des zéros devant lesquels, pour leur donner une valeur, il faut d'abord placer un chiffre ; elle l'avait doué de ce qui le destine au triomphe et à la domination. Un corps robuste et superbe, un physique d'où rayonne l'étincelle qui tomba dans la poitrine pour y allumer les pressentiments de la vie suprême ; une sensibilité profonde, un esprit à l'intelligence rapide... Mais la terrible conséquence du péché originel, c'est que le Malin a gardé le pouvoir d'épier l'être humain et de lui tendre de perfides embûches, même dans l'effort qu'il fait pour s'élever vers l'idéal et par lequel il exprime sa nature divine. C'est ce conflit entre les puissances divines et les puissances démoniaques qui crée la notion de la vie terrestre, comme c'est la victoire, une fois qu'elle est remportée, qui crée la notion de la vie supraterrestre.

Don Juan a été enflammé par les séductions de

la vie qui s'exerçaient forcément sur son organisme physique et spirituel ; et un désir éternellement brûlant, qui faisait bouillonner son sang dans ses veines le poussa à saisir avidement et sans répit toutes les formes du monde terrestre, en espérant en vain trouver en elles sa satisfaction.

Il n'est, ici sur la terre, rien qui exalte l'homme dans sa nature la plus intime autant que l'amour ; c'est lui qui, agissant à la fois si secrètement et si fortement, détruit et idéalise les éléments les plus profonds de l'existence ; comment s'étonner alors que Don Juan ait espéré apaiser, dans l'amour, le désir qui déchire sa poitrine et que le Diable l'ait, par là même, fait tomber dans ses filets ? C'est par la ruse de l'ennemi héréditaire que vint à l'esprit de Don Juan la pensée que déjà, sur cette terre, par l'amour, par la possession de la femme, pourrait se réaliser ce qui n'habite dans notre poitrine que comme une promesse céleste et précisément ce désir infini qui nous met en rapport immédiat avec le monde supraterrestre. Fuyant sans cesse d'une belle femme à une plus belle encore ; jouissant de ses charmes avec la passion la plus ardente, jusqu'à la satiété, jusqu'à l'ivresse destructive ; toujours se croyant trompé dans son choix, espérant toujours rencontrer l'idéal de la satisfaction définitive, Don Juan devait forcément finir par trouver que toute vie terrestre était terne et plate. Et en méprisant l'être humain en général, il s'insurgea contre l'être par qui, tandis qu'il voyait en lui dans la vie le bien suprême, il avait été si amèrement déçu.

Désormais la possession de la femme ne fut plus pour lui la satisfaction de sa sensualité, mais un acte d'ironie sacrilège envers la nature et envers le créateur. Deux choses : son profond mépris des opinions ordinaires de la vie auxquelles il se sentait supérieur et son amère raillerie des hommes qui pouvaient attendre le bonheur de l'amour heureux et de l'union bourgeoise en ne ressentant pas le besoin de réaliser les hautes aspirations que la nature a mises dans notre poitrine par un dessein hostile, — ces deux choses le poussèrent à se révolter et à se dresser hardiment, en instrument de destruction, contre l'être inconnu, maître du destin en qui il a vu un monstre épris du mal, jouant cruellement avec les misérables créatures de son caprice moqueur. Chaque acte de séduction d'une fiancée aimée, chaque bonheur d'amants détruit par un coup puissant et à jamais funeste est, pour Don Juan, un magnifique triomphe sur cette puissance ennemie, triomphe qui l'élève toujours davantage au-dessus de l'étroitesse de la vie, au-dessus de la nature, au-dessus du créateur... Et, effectivement, il veut toujours davantage sortir de la vie, mais c'est seulement pour se précipiter dans l'Enfer. La séduction d'Anna, avec les circonstances qui en résultent, est le plus haut point auquel il s'élève.

Donna Anna, elle, pour ce qui est des plus grandes faveurs de la nature, fait pendant à Don Juan. De même que Don Juan était originellement un homme d'une force et d'une beauté admirables, de même elle est une femme divine, mais sur l'âme pure de qui le Diable n'a rien pu. Tout l'art de l'Enfer n'a réussi qu'à la perdre du point de vue terrestre. — De même que c'est Satan qui a causé cette perdition, de même, d'après les décrets du Ciel, c'est l'Enfer qui ne doit pas différer plus longtemps l'accomplissement de la vengeance. Don Juan invite moqueusement à son joyeux festin l'effigie du vieillard qu'il a tué, et l'esprit transfiguré, connaissant alors pour la première fois l'âme de cet homme déchu et s'inquiétant de son avenir, ne néglige pas de l'exhorter à la pénitence, par une effrayante apparition. Mais son âme est si corrompue, si déchirée, que même la béatitude du ciel ne jette aucun rayon d'espoir dans son cœur et ne peut l'enflammer pour une existence meilleure.

Certainement, tu as été étonné, mon cher Théodore, que j'aie parlé de la séduction d'Anna ; et, aussi bien que je puis le faire, à cette heure où les pensées et les idées sortant des profondeurs de mon esprit sont plus rapides que les paroles, je vais te dire en peu de mots comment, dans la musique, sans aucun recours au texte, m'apparaît tout le rapport des deux natures (Don Juan et Donna Anna) en train de se combattre.

Je t'ai déjà indiqué qu'Anna faisait à la fois pendant et contraste avec Juan. Est-ce que Donna Anna n'aurait pas été destinée par le ciel à faire reconnaître à Don Juan, dans l'amour qui l'a perdu par les artifices de Satan, la nature divine en lui immanente et à l'arracher ainsi au désespoir de ses vains efforts ? Il l'a vue trop tard, au moment de sa plus violente frénésie sacrilège et alors il ne pouvait concevoir que le désir diabolique de la perdre.

Quant à elle, elle ne fut pas sauvée. Lorsqu'il s'enfuit, l'acte était accompli. Le feu d'une sensualité surhumaine, l'ardeur de l'Enfer a pénétré l'être entier d'Anna, en rendant inutile toute résistance. *Lui* seul, Don Juan seul, pouvait allumer en elle le délire de volupté avec lequel elle l'étreignit et qui fit rage dans l'être d'Anna avec la fureur destructive et toute-puissante des esprits infernaux. Lorsque l'acte accompli il a voulu fuir, Anna a été saisie comme par un monstre hideux, vomissant le poison de la mort, par la pensée de sa perdition, qui la tortura atrocement. La mort de son père par la main de Don Juan, son union avec le froid, pusillanime et médiocre Don Ottavio qu'elle croyait autrefois aimer, même l'amour déployant sa flamme dévorante au plus profond de sa sensibilité, — cet amour qui l'embrasa au moment de la jouissance suprême et qui maintenant brûle comme l'ardeur d'une haine qui ne songe qu'à détruire, — tout cela déchire sa poitrine. Elle sent que seul l'anéantissement de Don Juan peut donner la paix à son âme angoissée par un mortel martyre ; mais cette paix est en même temps son propre anéantissement terrestre. Par conséquent, elle presse inlassablement son glacial fiancé de la venger, elle poursuit elle-même le traître et ce n'est que lorsque les puissances souterraines l'ont précipité dans l'Enfer qu'elle devient plus calme ; seulement elle ne peut plus céder à son fiancé, qui aspire à un rapide mariage : « *Lascia, o caro, un anno ancora, allo sfogo del moi cor !* » Elle ne passera pas cette année ; Don Ottavio n'étreindra jamais celle que son âme pieuse préserva d'être et de rester la fiancée consacrée à Satan.

Avec quelle vivacité, au plus profond de mon âme, j'ai senti tout cela, aux accords déchirants du premier récitatif et du récit de la surprise nocturne ! Même la scène de Donna Anna au second acte, « *Crudele* », qui, considérée superficiellement, ne se rapporte qu'à Don Ottavio, exprime par de secrètes harmonies et par les rapports les plus admirables, cette disposition intime de l'âme qui consume tout bonheur terrestre. Que veut dire, même à s'en tenir aux paroles, cette étrange phrase incidente tracée peut-être inconsciemment par le poète :

Forse un giorno il cielo ancora sentirà pietà di me ?

Deux heures sonnent... Une chaude haleine électrique glisse sur moi... Je sens la légère présence du fin parfum italien qui, la veille, m'avait fait d'abord remarquer ma voisine ; un sentiment de bonheur me saisit, que je crois ne pouvoir exprimer que par des sons. L'air passe à travers la salle avec plus de vivacité... Les cordes du piano de l'orchestre frémissent... Ciel ! Comme dans un profond lointain, portée sur les ailes d'une ample musique due à un orchestre aérien, je crois entendre la voix d'Anna : « *Non mi dir bell' idol mio !* » Ouvre-toi donc, lointain et inconnu royaume des esprits, Djinnistan plein de magnificences où une douleur céleste, inexprimable, semblable à la joie la plus ineffable, remplit à l'extrême toutes les promesses qui ont été faites sur la terre à l'âme plongée dans le ravissement ! Laisse-moi entrer dans le cercle de tes charmantes visions. Puisse le rêve que tu as choisi, tantôt pour produire la terreur et tantôt pour être un aimable messager envoyé aux habitants de la terre, puisse ce rêve, lorsque le sommeil enchaîne le corps en des liens de plomb, conduire mon esprit dans les champs éthérés !

Conversation tenue à midi, à la table d'hôte, en guise d'épilogue

Un homme intelligent, faisant claquer fortement ses doigts sur le couvercle de sa tabatière : — Il est donc fatal que nous ne puissions plus de sitôt entendre un bon opéra ! Voilà à quoi mène l'odieuse exagération !

Une figure de mulâtre : — Oui, oui, je le lui ai assez souvent dit. Le rôle de Donna Anna la fatiguait toujours considérablement... Hier, elle était véritablement comme possédée. Pendant tout l'entracte il paraît qu'elle a eu des évanouissements, et dans la scène du second acte elle a eu même des accès nerveux...

Un homme insignifiant : — Oh ! dites...

La figure de mulâtre : — Oui, oui, des accès nerveux, et on ne pouvait pas lui faire quitter la scène.

Moi : — Par le ciel !... Je suppose que ces accès sont sans importance et que nous entendrons bientôt de nouveau la *signora* ?

L'homme intelligent, puisant une prise dans sa tabatière : — Ce sera difficile, car la *signora* est morte ce matin, à deux heures précises.

Anthony Burgess

Extrait de
Mozart et Amadeus (1991)
Traduit de l'anglais par Roland de Candé

Quand nous étions jeunes, nombre d'entre nous étions plutôt réticents à l'égard de Mozart. Nous le jalousions d'avoir tant de talent et de l'avoir révélé si tôt. Les jeunes gens ordinaires se soucient peu des enfants prodiges. Son ouïe, nous disait-on, était si fine qu'il s'évanouissait au son d'une trompette et son appréciation de la hauteur des sons était si précise qu'il pouvait distinguer un cinquième de ton d'un sixième. Il composait de jolies petites choses à quatre ans et jouait du clavecin comme un ange. Félicité par l'impératrice Marie-Thérèse, il sauta sur ses genoux et l'embrassa. Si adorable avec sa petite perruque, son habit de brocart et ses bas de soie. Une poupée.

Même jeune homme, je trouvais difficile d'intégrer Mozart à mon univers sonore. Je n'étais pas le seul. La réputation de Mozart est aujourd'hui à son apogée et va maintenant subir un contrecoup, mais on n'en faisait pas un demi-dieu dans les années 1930. Des musiciens comme Edward Dent et sir Thomas Beecham eurent beaucoup de mal à faire de ce personnage historique emperruqué un héraut de la civilisation occidentale, laquelle se trouvait alors menacée par la nation même d'où était issu Mozart (Salzbourg, sa ville natale, était une ville libre ; il ne s'est jamais considéré comme un citoyen autrichien). Il aurait fallu écouter beaucoup de Mozart, ce qui n'était pas facile. On pouvait évidemment jouer les pièces pour clavier ; mais, pour un apprenti pianiste ou un autodidacte comme moi, il n'y avait pas grand-chose d'attrayant dans les passages en gammes où nous trébuchions, ni dans les conventionnelles cadences dominante-tonique. Un garçon né à l'époque du *Pierrot lunaire* de Schoenberg et du *Sacre du printemps* de Stravinsky (je suis né cinq ans après le premier, quatre ans après le second) trouvait la fadeur mozartienne difficile à supporter.

Une grande guerre et la menace d'une autre justifiaient la dissonance barbare et la grinçante atonalité. J'avais besoin de la musique de mon temps — Hindemith, Honegger, Bartók. En Union soviétique, Mossolov faisait entendre sa *Fonderie d'acier* et son *Barrage du Dniepr*, et ces épaisses banalités imitatives parlaient au moins du monde moderne. A la suite de Wagner et Richard Strauss, l'orchestre symphonique était devenu un ensemble virtuose capable de tout. Mozart n'avait pas eu de chance avec ses cors et ses trompettes sans pistons : il était limité par les techniques primitives. En tout cas, c'est ce qu'il me semblait.

Il me fallait de la modernité, mais où la modernité commençait-elle ? Probablement avec *l'Après-Midi d'un faune* de Debussy qui m'avait transporté à l'âge de treize ans lorsque, en jouant avec la vibrisse de chat de mon poste à galène artisanal, j'entendis un silence ponctué par une toux ou deux, puis fus submergé par le motif initial de flûte descendant d'un triton. Cette œuvre était autant que la musique de machines de Mossolov, l'âge nouveau : elle refusait l'hégémonie de la tonique et de la dominante, exaltait la couleur, baignait dans la sensualité. Debussy promettait un repas complet, bien assaisonné. Mozart offrait seulement du pain et de l'eau.

L'attirance pour le moderne n'excluait pas l'ancien. Je lus l'étude de Peter Warlock sur Gesualdo, *Musician and Murderer* (« Musicien et Assassin »), et fus amené à déchiffrer des madrigaux que je n'avais pas la possibilité d'entendre. Les enchaînements harmoniques faisaient dresser les cheveux sur la tête. Le XVIIe siècle était plus proche de mon époque que les âges intermédiaires. Henry Purcell bousculait les règles que les traités avaient fini par figer. Le baroque était acceptable s'il fallait comprendre Bach et Haendel. Ezra Pound n'avait pas encore ressuscité Vivaldi. Stravinsky appelait au « Retour à Bach », et le compositeur du *Sacre* ne pouvait pas se tromper. Mais cela n'était que pur faux-fuyant, comme devait le faire remarquer Constant Lambert dans *Music Ho !* Stravinsky était un « voyageur dans le temps », prêt à aller n'importe où, pourvu que ce ne fût pas dans la direction du néoromantisme. Pour Stravinsky il y avait quelque chose de bénéfique dans les rythmes d'horloge, l'inexpressivité pince-sans-rire, un renoncement à la dynamique. Mais le vrai baroque était autre chose.

Son charme résidait dans ses excès et le contrepoint de Bach était excessif. Il imposait à l'auditeur le devoir d'écouter plusieurs voix simultanées. Le résultat implique une contrainte intellectuelle, et la contrainte intellectuelle, curieusement, est analogue à la violence physique. L'approche du baroque comme du moderne ne passe pas par les émotions. La musique romantique, parvenue à son apogée dans *Tristan et Isolde*, valait par sa capacité à exprimer le cœur. Les jeunes se méfient de l'émotion, dont ils sont à vrai dire à peine capables, à moins qu'elle ne prenne la forme de l'autocompassion. Sir Thomas Beecham défendit Delius autant que Mozart, et le désir de mort dans « The Walk to the Paradise Gardens[1] » était un élément acceptable par ces jeunes incompris.

Mais pourquoi ce rejet de Mozart, le charmeur antiromantique, le mesuré, le conventionnel Mozart ? Il paraissait trop simple, trop effrayé par la complexité. Il ne frappait ni intellectuellement, ni physiquement. Bach, après une journée d'esclavage contrapuntique, disait : « Allons entendre les jolis airs. » Il voulait parler de mélodie simple et agréable sur un accompagnement d'accords. Il ne méprisait pas cette sorte d'art, mais il y voyait davantage un divertissement

1. Passage célèbre d'un opéra de Delius, *Romeo und Julia auf dem Dorfe*. (*N.d.A.*)

qu'une occupation musicale sérieuse. Cet art avait encore à devenir du Mozart.

Se profilant derrière le modernisme, dont il fut en quelque sorte le père, il y avait la personnalité de Ludwig van Beethoven. Ma génération inculte acceptait la symphonie beethovénienne comme une sorte d'aboutissement musical, une chose à laquelle les compositeurs de notre époque n'avaient pas accès, parce qu'ils avaient été forcés d'abandonner le système tonal sur quoi elle était fondée. Le système tonal était épuisé ; il pouvait subsister dans la musique de danse ou le music-hall, mais la modernité supposait soit un retour aux modes grecs ou folkloriques, comme chez Bartók ou Vaughan Williams, soit l'éclatement total de la tonalité. L'atonalisme ne reconnaissait de prépondérance à aucune note de l'échelle chromatique, tandis que l'échelle diatonique, qui convenait à Beethoven, était bâtie sur une hiérarchie : le degré n° 1, la tonique, était le roi ; le n° 5, la dominante, était la reine ; le n° 4, la sous-dominante, était le valet. Cela se référait à un passé stable, mais Beethoven n'y était pas toujours à l'aise. Ses sonates et ses symphonies étaient autant de drames, de tempêtes et de tensions, révélant luttes et victoires personnelles. Le Messie de Bonn, dont Joseph Haydn, et non Mozart, fut le prophète, appartenait à un monde qui s'efforçait de devenir moderne. Beethoven avançait ; Mozart restait sur place.

Le terme *rococo* fut appliqué à la musique de Mozart, avec des connotations de joliesse, d'ornementation doucereuse, de divertissement sans avenir. Nous n'écoutions pas assez attentivement sa Symphonie n° 40 en *sol* mineur. Nous entendions des sons agréables, mais nous n'avions pas conscience d'un langage. De toute façon, si nous parlons de langage musical, ce ne peut être que par métaphore, mais on pouvait considérer que Beethoven et ses successeurs envoyaient des messages, tandis que Mozart dévidait simplement des notes.

La musique ne peut avoir, à proprement parler, de signification que si le langage lui est superposé, comme dans la mélodie, l'opéra, l'oratorio ou autres genres vocaux, ou bien si le langage lui est associé parallèlement sous la forme d'un programme littéraire, comme dans les poèmes symphoniques de Strauss. Et cependant nous supposons que la musique instrumentale a un sens : elle est organisée comme peut l'être un langage, dans une finalité qui, si elle n'est pas sémantique, est soigneusement esthétique, et elle produit des effets mentaux comme le fait un langage. Elle diffère des autres arts et, de façon spectaculaire, de la littérature, en étant non référentielle. Limitée à une manière de discours métaphorique, elle ne peut avoir de contenu sémantique que par analogie.

Comme le fait remarquer Ezra Pound, la poésie déchoit quand elle s'éloigne trop du chant, et la musique déchoit quand elle oublie la danse. Dans la musique du XVIIIe siècle, on peut dire que l'esprit de la danse est porté à son plus haut niveau. Cet esprit déclina progressivement au XIXe siècle et, dans le drame musical de Wagner, on peut dire qu'il s'est soumis au rythme du langage verbal. Paradoxalement, l'esprit de la danse semble avoir été liquidé dans une œuvre spécifiquement conçue pour le ballet. *Le Sacre du printemps* réduit la danse à des cabrioles préhistoriques peu assurées. Tandis qu'avec Haydn, Mozart et Beethoven, nous entendons une fusion de danse et de forme sonate et, dans le traditionnel menuet du troisième mouvement, le recours à une forme spécifique de danse. Toutefois ces mouvements de danse ne sont pas destinés à une participation physique de danseurs. La danse devient un objet de contemplation intérieure et, comme tel, prend une fonction symbolique.

La danse comme action collective, dans les cours impériales comme sur les places de village, célèbre l'union de l'homme et de la femme, et cette union plus large qu'est la collectivité humaine. La symphonie de Haydn ou Mozart nous impose de considérer la danse selon des archétypes de tempi — modérément rapide, lent, furieusement rapide, à deux, trois ou quatre temps — et de réfléchir à leur commune signification. La sonate, ou le quatuor à cordes, ou le concerto, ou la symphonie, deviennent représentatifs de l'ordre humain. Avec Mozart, il paraît évident que l'on célèbre la tranquillité plus ou moins statique de l'Empire austro-hongrois. Ainsi la musique est objective, dénuée de tout contenu subjectif de type mahlérien ou straussien et, par la forme d'ironie qui est un correctif à la satisfaction sociale, procède par alternance de tension et de détente. Le cœur est l'organe qu'elle imite, mais c'est le cœur de la communauté. Il peut y avoir un minimum d'infléchissement personnel de la structure objective — comique chez Haydn, pathétique chez Mozart — mais on se devait de résister à toute incursion importante de signes individuels. Chez Mahler, on peut entendre des airs banals d'orgue de Barbarie justifiés par des associations d'idées subsidiaires, mais les symphonies de Mozart demeurent à l'écart de telles intrusions égotistes.

Dans ma jeunesse, l'Empire austro-hongrois semblait désespérément lointain. Il s'était effondré lors de la Première Guerre mondiale ; avant cet effondrement, Freud et Schoenberg avaient constaté le trouble des psychismes individuels, microcosmes d'une plus grande confusion. On oubliait facilement qu'en ce qui concerne son art, cet Empire nous était toujours proche. Un architecte viennois raté allait tyranniser l'Europe ; dans le port adriatique de l'Empire, James Joyce commençait à révolutionner la littérature mondiale ; Rainer Maria Rilke soutenait la modernité en poésie dans les *Elégies de Duino*. Et bien sûr, en musique, atonalité et sérialisme annonçaient une révolution majeure. Tout se passait à Vienne. Si Mozart semblait partisan d'une sorte de *stasis* impériale, il devrait être clair, cependant, pour l'auditeur attentif, qu'une fièvre chromatique était à l'œuvre et que, dans le cadre des structures admises, le statut de l'individu, cessant d'être un élément abstrait de la société, se dessinait. Mozart était aussi viennois que Freud.

Je dois me garder de surévaluer la subjectivité d'un art dont l'originalité se manifeste dans la façon de combiner de simples sons. Un aspect de la grandeur de Mozart est sa supériorité à organiser un matériau sonore qui était le fonds commun des compositeurs de son temps. Parfois il somnole et débite ce que la société demande ou ce qui réglera une facture impayée de la modiste, mais il est toujours au moins efficace. La gaucherie est parfois alliée à la grandeur : des novateurs marquants comme Berlioz et Wagner se débattent, pas toujours à leur avantage, avec les nouvelles techniques. Mozart, lui, n'est jamais gauche ; son inaltérable adresse peut rebuter des tempéraments romantiques. « Professionnalisme » est peut-être un vilain mot. Il embellissait tout ce qu'il touchait. Si seulement, comme Shakespeare, il avait à l'occasion fait un faux pas, bougonnent certains. Il ne manque jamais d'étonner par son élégance suave ou piquante.

C'est sa supériorité qui pousse à la médisance. La perfection de son œuvre a paradoxalement inspiré le dénigrement de sa personnalité. Il y a un Mozart, en grande partie imaginaire, qu'il est commode d'appeler Amadeus — prénom dont on ne lui a jamais connu l'usage. C'est l'homme qu'un Salieri tout aussi imaginaire aurait voulu tuer pour toutes sortes de raisons — reconnaissance lucide de sa supériorité éveillant la jalousie, horreur de la disparité entre son génie et un infantilisme maniaco-scatologique, conviction chrétienne de l'origine diabolique de son talent. Cela fait du théâtre efficace, mais de la mauvaise biographie. Dans des lettres personnelles, toute la famille Mozart prend grand plaisir à la scatologie ; inoffensive, convenue, pas inhabituelle dans un Age de la Raison qui est agréablement choqué par le contraste entre le fumier du corps et la sublime propreté de l'esprit. De toute évidence Mozart obéissait à la plupart des règles de la bienséance viennoise, acceptant le Dieu de l'Eglise et le Grand Architecte des francs-maçons. Les légendes dont on a voulu entourer la mort de Mozart — le mystérieux étranger porteur de la commande d'un Requiem, l'enterrement de pauvre, l'abandon du corbillard dans une soudaine tempête — ne résistent pas à l'examen des témoignages. Des comptes rendus météorologiques, un décret impérial ordonnant de réduire les dépenses de funérailles en utilisant des tombes communes, les habituels plagiats des musiciens amateurs plus riches d'argent que de talent, transforment la légende en banalité. L'absurdité d'investigations malséantes dans la vie des artistes a été longtemps monnaie courante. Il est rare que l'on aborde directement leur art.

J'ai commencé ma carrière artistique en compositeur autodidacte qui, par insuffisance de talent et après la découverte que la musique ne pouvait pas dire les choses que je voulais dire, se réfugia, presque à l'âge mûr, dans l'exercice d'un art plus explicite. Cependant la formation musicale ne sera pas oubliée et les règles que je me fixe doivent plus aux grands compositeurs qu'aux grands écrivains. Il m'a toujours semblé que l'assiduité d'un artiste à son art se manifeste principalement dans une production féconde. Mozart, qui produisit beaucoup de musique dans une vie courte, savait que la maîtrise ne pouvait être atteinte que par la ferme assiduité. Ses homologues littéraires — Balzac en France, Wells et Bennett en Angleterre — ont souvent été méprisés pour ce qu'on appelle « surproduction ». Découvrir de la vertu dans la constipation était de bon ton à Bloomsbury. Ces dames et ces messieurs étaient nécessairement au-dessus des contingences de la vie commerciale. Cependant l'art est un commerce dont la noblesse est de donner au consommateur plus que son dû. La demande est satisfaite, mais Dieu aussi. Mozart écrivait pour de l'argent, ce que E. M. Forster n'avait pas besoin de faire : la production limitée de ce dernier convient à un *rentier*, tandis que la fécondité de Mozart est normale à la fois pour un professionnel sérieux et pour un homme qui doit gagner sa vie. En fin de compte, les artistes ne doivent pas être jugés seulement sur la qualité de leur œuvre, mais aussi sur son importance et sa diversité. Le musicien a toutefois plus de chance que l'écrivain : s'il est toujours possible de composer un menuet acceptable, il est bien plus difficile de mener à bien une histoire ou un poème.

La littérature, sous l'aspect du texte à mettre en musique, doit toujours être attentive à aider le compositeur ; savoir si la musique peut aider la littérature est une autre question. Plus loin dans cet hommage commémoratif insuffisant, le lecteur trouvera une sorte de fiction dont la structure est tirée de la 40e symphonie en *sol* mineur de Mozart. Il y a une vague essence masculine et une vague essence féminine, d'abord disjointes parce que le principe tonal, pris honteusement à la lettre, les sépare, puis admises à consommer le mariage grâce à l'occupation d'un espace de tonalité commune. Le dessin du tapis correspond à l'accompagnement persistant de croches du thème principal, ou masculin, de Mozart, dans le premier mouvement. Le sentiment dominant de mélancolie est celui d'une tonalité mineure. Le menuet est trop rapide et trop triste pour être autre chose qu'un bal bizarre et irréel. Dans le dernier mouvement se produit la dissolution prévue et longtemps attendue. Il est montré que la symphonisation d'une fiction est une invraisemblable entreprise, mais il est parfois nécessaire de faire des choses pour montrer qu'elles ne peuvent pas être faites. La commémoration de Mozart ne peut pas être célébrée avec des mots, excepté ceux de la stricte analyse technique, accompagnée d'une abondante illustration musicale. On ne peut célébrer qu'en écoutant énormément et puis en émettant des bruits quasi préverbaux d'approbation, d'émerveillement ou d'exaltation. Mais, pour l'artiste de quelque discipline que ce soit, Mozart offre un exemple à suivre, celui de la conscience professionnelle. Sans elle, il ne peut y avoir d'art.

Ceux d'entre nous qui pratiquent la musique, comme je le fais toujours imparfaitement, ont du mal à réprimer un sentiment d'envie. Ce n'est pas tant l'envie du génie individuel que l'amertume de la disparition, depuis longtemps, des conditions culturelles qui rendirent Mozart possible. La scission entre la musique de la rue et celle des salons et des théâtres d'opéra n'était pas aussi flagrante qu'aujourd'hui. Bach pouvait terminer ses *Variations Goldberg* par un quodlibet sur des airs populaires de son temps. Réciproquement, on entendait siffler des airs d'opéra de Mozart, et pas seulement par des aristocrates se changeant pour dîner. Jusqu'à une époque toute récente, un vague sens de la communauté musicale subsistait. Une sonate de Mozart était popularisée, quoique avec condescendance, dans « In an Eighteenth-Century Drawing Room[1] » ; Frank Sinatra, dans son premier film, chantait « La ci darem la mano ». Une mélodie simple et agréable était une sorte de constante. Stravinsky tenta de faire de l'argent en arrangeant un thème de *l'Oiseau de feu* en pop-ballade. Mais ce qui était popularisé provenait d'un passé classique ou

1. Morceau stupide que joue Harpo Marx dans le film *Le Grand Magasin*. (*N.d.A.*)

romantique : aucune musique de Schoenberg, Webern ou Bartók ne pouvait espérer accéder à l'oreille du grand public. Le gouffre entre le sérieux et le simplement divertissant est maintenant fortement établi.

Un compositeur sérieux qui reçoit la commande, disons, d'un concerto pour hautbois hésitera à employer la tonalité avec d'occasionnels accords consonants ; il est inquiet des sarcasmes de la critique s'il ne paraît pas chercher à surpasser Pierre Boulez. Il y a une variété de modes d'expression musicale disponibles, peut-être trop, mais aucun ne peut avoir plus qu'un lien ténu avec le passé. Atonalité, polytonalité, polymodalisme, postmodalité, africanisme, indianisme, minimalisme[1], cagéisme[2], la liste est vaste. Aucun compositeur ne peut puiser dans l'héritage qui liait Mozart à Monteverdi. Si Alban Berg, dans son concerto pour violon, a pu citer le choral de Bach *Es ist genug*, c'est seulement parce que les trois tons initiaux de celui-ci s'adaptaient par hasard à sa série génératrice. Seul peut-être le névrosé Mahler, dernier des grands tonalistes viennois, établit le lien entre la société morte et la vivante. Mozart peut être parodié ou pastiché, comme dans *The Rake's Progress* maniéré de Stra-

1. Mouvement né aux Etats-Unis visant à la plus extrême raréfaction des sons ou autres événements musicaux. (*N.d.E.*)

2. Ecole issue des procédés avant-gardistes de l'Américain John Cage (1912-1992). (*N.d.E.*)

vinsky, mais nous ne pouvons pas l'imaginer en complet-veston, tandis que nous pouvons imaginer Beethoven revenant dans un chandail crasseux et un pantalon de flanelle en accordéon.

Nous devons nous garder d'aborder Mozart en chaussant les lunettes de la perspective historique. La nostalgie est inévitable, mais elle est lettre morte. La vision qu'il suscite ne doit pas être celle d'une stabilité perdue depuis longtemps, à laquelle nous aspirons sans espoir. Dans un monde qui nous agresse quotidiennement par la guerre, la faim, la pollution, la destruction des forêts tropicales et le déclin de la morale, publique et privée, nous pouvons placer un quatuor de Mozart sur le lecteur de cassettes dans l'espoir d'une paix momentanée. Mais ce n'est pas la fonction de Mozart d'apaiser : il n'est pas un tranquillisant que l'on sort du placard. Il présente une image d'un futur possible plutôt que d'un passé irrécupérable.

En praticien littéraire, je cherche son équivalent parmi les grands écrivains. Il n'a peut-être pas la nature complexe de Shakespeare, mais il a plus que la netteté gnomique d'un classique comme Alexander Pope. Il ne serait pas absurde de trouver chez lui quelque chose comme la sérénité de Dante Alighieri. Si le paradisiaque le caractérise davantage que l'infernal ou même le purgatorial, c'est parce que l'histoire elle-même a écrit *la Divine Comédie* à reculons. Il nous rappelle ce que sont les possibilités humaines. Mort *nel mezzo del cammin di nostra vita*[1], il semble avoir disposé néanmoins de l'étendue de toute une vie et il montre que les nobles visions n'existent que parce que leur réalisation est possible. [...]

1. Premier vers de l'*Enfer* : « Au milieu du chemin de notre vie. » (*N.d.E.*)

Jean Barraqué

SA CARRIÈRE POSTHUME

Extrait de
Mozart
Coll. Génies et Réalités

Bach et Beethoven dominent incontestablement, à notre avis, la musique occidentale. Entre des sommets aussi différents, aussi opposés, un inévitable hiatus devait se créer. Ce hiatus, pour nous, a le nom de Mozart.

La personnalité de Mozart, sa situation historique intermédiaire, sa mort prématurée ont dessiné une figure qu'il n'est pas facile d'interpréter. Pour qui n'accepte pas en bloc « l'œuvre génial » du « divin Mozart », mais cherche à comprendre pourquoi cet œuvre, au-delà de ses inégalités, reste un instant de beauté qui, de manière presque paradoxale, nous semble étranger — au contraire de Bach et de Beethoven, lesquels ont des aspects qui se découvrent de plus en plus actuels —, cette vie dont la brièveté fut intensément ressentie, cet œuvre plein de contradictions constituent un cas. Au plus fort de ce singulier virage que prend la musique à la fin du XVIIIe siècle, Mozart est celui sur lequel s'exercent le plus violemment les forces contraires de l'histoire. L'homme et le musicien en furent affectés. La biographie de Mozart est significative ; il n'y est question que d'argent, de dettes, d'obligations. Il est intégré sans espoir de révolte à une société qui déjà le rejette ; s'il échappe à l'archevêque, c'est pour tomber au pouvoir des aristocrates viennois et des entrepreneurs de spectacles à la mode. Pour survivre, il faut qu'il produise. Donc, il produit : de tout, du meilleur et du pire ; et sur la fin de sa vie, pressé par le temps, corps malade et épuisé — presque moribond — mais créateur de plus en plus productif, il se heurte à son destin véritable. Héritier sans héritage, il ne pourra lui-même léguer qu'une beauté inaccessible et inexploitable, qui ne tardera pas à être souillée par des successeurs abusifs, fussent-ils Rossini et Mendelssohn. Mais lui-même n'a-t-il pas permis ces compromissions, que tant d'experts au jugement passif se sont plu à considérer dans des perspectives prudemment nivellatrices ? Ainsi se dévoile un double visage de Mozart : si, dans ses œuvres les plus achevées, il réalise un archétype du classicisme musical, dans d'autres, qui ne sont pour nous, maintenant, que des approches, il accuse les contradictions de son époque. Ainsi, l'*Adagio et fugue* K. 546, que l'on a pu considérer comme une de ses œuvres les plus pathétiques, nous apparaît écartelé entre la sérénité de Bach et le drame (« l'erreur » dira Wagner) beethovénien, imminent. Une telle œuvre, en effet, ne correspond plus à l'abstraite grandeur du cantor de Leipzig, mais elle ne contient pas encore toutes les hypertensions complexes et la dialectique délirante de la *Grande Fugue op. 133*.

Ainsi Mozart prend-il part, presque malgré lui avec violence, à ce procès de la musique où tout grand musicien vient demander des comptes aux autres et s'en rendre à lui-même.

SA CARRIÈRE POSTHUME

Paradoxalement, ce musicien illustre entre les illustres n'a guère suscité de commentaires proprement musicaux. En revanche, que de poètes, que de prosateurs, que de philosophes ont essayé de l'annexer ! Les petits et les grands en ont parlé, croyant reconnaître un visage presque familier, puisqu'il était « la musique ». Dans ce panoramique mozartien, nous nous refusons le droit d'être le guignol qui annonce le spectacle, car il serait injuste, voire monstrueux, de penser que les rôles des marionnettes puissent être distribués entre Stendhal et Pierre-Jean Jouve, Kierkegaard et Sacha Guitry.

Au début du XIXe siècle, notamment, Mozart exerce une fascination dont Stendhal est un des premiers témoins. « Rossini, écrit-il, amuse toujours, Mozart n'amuse jamais... il est le contraire non seulement de Rossini, mais de Cimarosa. Mozart n'a, je crois, été gai qu'une fois dans sa vie, c'est dans *Don Juan*, lorsque Leporello engage à souper la statue du Commandeur, et dans *Così fan tutte* ; c'est justement aussi souvent que Rossini a été mélancolique. » Ce qui nous étonne, aujourd'hui, c'est moins la plus grande gravité concédée à Mozart, que la comparaison du *Barbier* et de *Don Juan* ; mais nous savons que de semblables confusions, dues en partie à un manque de perspective historique, sont fréquentes, presque habituelles chez Stendhal. Ne disait-il pas n'avoir « aimé avec passion en sa vie que Cimarosa, Mozart et Shakespeare » ! Il est manifeste que l'auteur de *La Chartreuse de Parme* ne voyait en Mozart que l'artiste facilement attiré par les séductions latines.

Cependant, la germanophilie de Mme de Staël n'a pas fait naître une vision beaucoup plus claire de l'œuvre mozartien : « De tous les musiciens peut-être, celui qui a montré le plus d'esprit dans le talent de marier la musique avec les paroles, c'est Mozart. Il fait sentir dans ses opéras, surtout dans le *Festin de pierre* toutes les gradations des scènes dramatiques ; le chant est plein de gaieté, tandis que l'accompagnement bizarre et fort semble indiquer le sujet fantasque et sombre de la pièce. » Il est à peine nécessaire d'insister sur ce que le musicien d'aujourd'hui peut penser de cette conception anecdotique de la fonction musicale, conception qui sévit encore, et avec une virulence toute particulière lorsqu'il s'agit de Mozart. Cette appréhension extra-musicale de l'œuvre de Mozart éclate de façon encore plus frappante dans le correctif que l'auteur de *De l'Allemagne* a apporté au jugement que nous venons d'évoquer : « Cette spirituelle alliance du musicien avec le poète donne aussi un genre de plaisir, mais un plaisir qui naît de la réflexion, et celui-là n'appartient pas à la sphère merveilleuse des arts. »

Cependant, de grands esprits ont été hantés par Mozart ; et parmi eux, le plus grand peut-être de ce début du XIXe siècle : Soeren Kierkegaard. Mais, chez Kierkegaard, il n'y a aucun semblant de jugement « objectif », à la façon de ces exégètes qui ont prétendu donner une existence au monde mozartien. Dans le long poème philosophique qu'il a consacré à « l'érotisme musical » de *Don Juan*, l'œuvre de Mozart joue le rôle d'un miroir par le truchement duquel l'auteur du *Traité du désespoir* se livre, ici encore, à « ce commentaire de soi-même » qui sous-tend toute son œuvre : « Immortel Mozart ! Toi à qui je suis redevable de tout ; toi, grâce à qui j'ai perdu mon esprit, senti mon âme frappée d'étonnement, éprouvé dans mon être le plus intime une épouvante ; toi, à qui je dois remerciements pour avoir rencontré dans la vie quelque chose qui réussit à me secouer ; toi, à qui je rends grâces, enfin, pour n'être pas mort sans avoir aimé — bien que mon amour ait été malheureux ! Qu'y a-t-il d'étonnant alors à ce que je sois plus jaloux de sa glorification que de l'instant le plus heureux de ma propre vie, plus jaloux de son immortalité que de ma propre existence ? Oui, s'il avait été enlevé, si son nom avait été effacé, cela aurait brisé le seul pilier qui a empêché jusqu'ici que tout s'écroulât pour moi dans un chaos infini, dans un affreux Rien. »

En faisant abstraction de ce lyrisme étreignant et splendide, on peut dans une certaine mesure rapprocher de l'hyper-subjectivisme de Kierkegaard certaines pages de style méditatif, parfois aux allures prophétiques, de l'étonnant E. T. A. Hoffmann, qui s'est penché en de nombreuses occasions sur les œuvres de Mozart, notamment dans les *Kreisleriana*. Ici, nous sommes au cœur du délire romantique : « C'est aux abîmes du royaume mystérieux que nous mène Mozart. La crainte nous saisit, mais une crainte sans tortures qui est plutôt le pressentiment de l'infini. L'amour et la mélancolie chantent dans les voix gracieuses des esprits ; la nuit s'envole dans un embrasement pourpre ; obéissant à un appel ineffable, nous nous élançons vers les apparitions qui flottent dans les nuages, à travers l'éternelle ronde des sphères et, par des signes amicaux, nous invitent à les rejoindre. » Pourtant, Hoffmann était aussi musicien ; même au plus fort de son délire, il avait de bien curieuses intuitions, spécifiquement musicales, comme peuvent en témoigner ses remarques sur la *Cinquième Symphonie* de Beethoven. Ses connaissances techniques lui ont permis, par exemple, d'avoir eu une étrange prémonition des conceptions bergiennes sur les rapports entre le langage musical et l'expression dramatique : « Dans *Don Juan,* la statue du Commandeur fait entendre, dans le ton fondamental de *mi,* son terrible “Oui !”, puis le compositeur reprend ce *mi* comme tierce d'*ut* majeur, ton dans lequel attaque Leporello. Nul profane ne saisira la structure technique de cette transition, mais chacun tremblera avec Leporello ; et le musicien parvenu au suprême degré de la culture ne songera pas davantage, en cet instant de commotion profonde, à cette structure : depuis longtemps, pour lui, tout cet échafaudage a disparu, et son sentiment rejoint celui du profane. »

Cette approche technique, pour n'être pas parfaitement exhaustive, témoigne d'une compréhension essentielle de l'œuvre, que l'on est loin de retrouver dans les élucubrations de tel poète mélomane, hélas beaucoup plus près de nous, qui appuie de références minutieuses à l'édition Eulenburg de *Don Juan* des notations qui se veulent analytiques, telles que : « un petit thème sardonique sur les cordes » ou « une polyphonie (dont) il apparaît que la substance soit en acier » [1], et que des considérations dramaturgiques mal comprises rendent aveugle à la faiblesse musicale de certains passages.

Chose affligeante, on rencontre des attitudes presque analogues chez des musiciens authentiques. Chopin ne cherchait-il pas à faire passer Mozart pour « l'anti-technicien » ? Et même Paul Dukas, remarquable pédagogue et technicien accompli, qui a si bien compris ce que certains mythes mozartiens peuvent avoir de spécieux, a eu une façon bien étrange « d'analyser » tel passage de *La Flûte enchantée*. « Et toujours, à chaque saillie du "joyeux oiseleur", Mozart trouve le trait musical correspondant, un trait de basson, un pizzicato de cordes, une broderie significative de hautbois ou de flûte, le détail est toujours amusant et le badinage spirituel. L'emploi du jeu de clochettes est du plus gracieux effet... » On ne voit guère en quoi Paul Dukas se montre intentionnellement plus musicien ici qu'André Gide, dont cette citation du *Journal* exprime d'une façon définitivement rédhibitoire cette évasion

1. Pierre-Jean Jouve : *Don Juan*. (*N.d.A.*)

dans une quiète rêverie, si pleine de pensées, que semble provoquer la musique du « divin » Mozart chez tant d'auditeurs : « La joie de Mozart est faite de sérénité ; et la phrase de sa musique est comme une tranquille pensée, sa simplicité n'est que de la pureté ; c'est une chose cristalline ; toutes les émotions s'y jouent, mais comme déjà célestement transposées. "La modération consiste à être ému 'comme les anges' ", a dit Joubert. Il faut penser à Mozart pour bien comprendre cela. » (Et Gide ne pouvait que conclure : « La pensée de la joie doit être ma préoccupation continuelle. »)

Pourquoi tant d'auditeurs, d'une sensibilité et d'une intelligence incontestables en tout autre domaine, sont-ils restés « en dehors » de la musique de Mozart ? Pourquoi demeurent-ils toujours, eux qui se disent et sont peut-être préoccupés de musique, au niveau de la définition très facétieuse de Flaubert : « Musique : Fait penser à un tas de choses » ? Faut-il donc que la musique fasse penser à autre chose qu'à elle-même ? Paul Dukas a tenté d'expliquer, de façon assez pertinente, ce phénomène de transfert. A ses yeux, Mozart, avant tout, est musicien : « Mozart, et c'est en quoi il apparaîtrait parmi les compositeurs comme un prodige unique si Bach n'existait pas, n'est jamais sorti de l'expression musicale. Tout ce qu'il éprouvait se transformait naturellement en musique sans que jamais on ressente, à l'entendre, l'impression qu'il ait cherché, d'un sentiment quelconque, une "traduction" pour l'énoncé de laquelle il ait dû faire subir à sa musique la plus légère déformation. »

Par ce mot de traduction, fort bien choisi, Paul Dukas désigne explicitement un certain niveau d'aperception — ou de non-perception — musicale qui est celui de l'auditeur moyen. Incapable et peu soucieux de s'intégrer véritablement et uniquement à un langage, cet auditeur-là « traduit » sa sensation en termes psychologiques et artistiques, pour lui reconnaissables. En fin de compte, on se demande si Mozart n'a pas été le parapet des non — ou des anti — musiciens. A vrai dire, il apparaît que l'engouement qu'il a suscité et qu'il suscite est assez suspect.

Néanmoins, les grands musiciens n'ont jamais manqué l'occasion de témoigner leur attachement à Mozart. Beethoven, malgré sa réprobation puritaine des sujets licencieux que Mozart se serait abaissé à traiter dans certains de ses opéras, a toujours protesté de son admiration envers l'auteur de *La Flûte enchantée*[1]. Wagner rendit compte (pour d'autres raisons d'ailleurs, et dont nous verrons plus loin les ramifications) de la dépendance dans laquelle il croyait être vis-à-vis du maître de Salzbourg.

Il est toutefois curieux de noter que Mozart n'a

1. Sur le plan anecdotique, l'on dit même qu'il recopia de sa propre main un des passages de *Don Giovanni* (le trio qui suit la mort du Commandeur), lequel aurait fourni le matériau du premier mouvement de la sonate *Au clair de lune*. (*N.d.A.*)

pas été l'objet d'une constante préoccupation chez les grands musiciens contemporains. Entre autres, ni Debussy ni les trois maîtres viennois ne lui ont accordé une attention exclusive. Il semble également que la musique post-webernienne ne se soit guère référée à son œuvre. Les témoignages concrets, les écrits significatifs, manquent ; la présence de Mozart a été sous-jacente. Un seul musicien éminent a dirigé sur Mozart l'essentiel de son enseignement : c'est Olivier Messiaen, qui, sous la forme orale de son célèbre cours d'analyse musicale, a, le premier, souligné l'importance qu'il convient d'attacher à l'accentuation dans l'œuvre de Mozart. Nous verrons en quoi ce terrain de recherche dénote intuitivement la véritable situation mozartienne à notre époque.

Un musicien : ainsi Mozart se regardait-il ; ainsi voulait-il qu'on le regarde. Une lettre de juillet 1778 en témoigne : « Je suis pour ainsi dire totalement immergé dans la musique ; elle me hante toute la journée » ; et cette autre : « Composer est mon unique joie, ma seule passion. » (octobre 1777). Ce musicien, toutefois, était un homme à la psychologie complexe, où l'on pourrait relever bien des conflits. C'est cet être au caractère doux et conciliant, au tempérament équilibré (légende que les ouvrages de vulgarisation n'ont pas laissé passer une occasion de nous rappeler) qui écrivait (juin 1781) : « C'est le cœur qui ennoblit l'homme (...) valet ou comte, du moment qu'il m'insulte, c'est une canaille !... Lorsque quelqu'un m'offense, il faut que je me venge. » C'est le calme Mozart qui s'exprime ainsi : « D'entendre seulement parler d'un opéra, d'être seulement au théâtre, et d'entendre chanter, me met hors de moi ! » (octobre 1777) ; et encore : « Je suis jaloux de tous ceux qui écrivent des opéras. Je pleurerais quand j'entends un air d'opéra... » (février 1778). C'est le joyeux Mozart que l'on voit quotidiennement obsédé par l'idée de la mort. Cette présence de la mort à son chevet n'eût-elle pas déclenché, dans un autre contexte, disons un siècle plus tard, quelque phénomène morbide ?

Ces quelques notations suffiraient à nous montrer un Mozart un peu moins équilibré que celui que nous veulent imposer les manuels d'histoire. Allons-nous trouver dans sa musique quelque trace de ces conflits intérieurs ?

Les inégalités d'ordre esthétique que l'on peut relever dans l'œuvre de Mozart s'expliquent davantage, croyons-nous, par des considérations d'ordre sociologique. Il serait injuste de reprocher à Mozart sa précocité ; il convient d'écarter, par souci d'équité, ses œuvres d'extrême jeunesse. Il est déjà plus délicat de faire le départ entre les œuvres véritablement représentatives et d'autres pages, nombreuses, qu'il écrivit sous la pression des circonstances ; car *La Flûte* elle-même ne fut-elle pas une œuvre de commande ? Cependant, le jugement des musiciens s'accorde assez bien sur un nombre relativement restreint — eu égard aux dimensions du catalogue Koechel — de partitions incontestablement majeures.

L'époque tout entière nous semble être responsable des petites pages mozartiennes : lorsque Mozart se vante d'être capable d'écrire dans n'importe quel style, français, italien ou allemand, c'est le goût du temps qu'il met en évidence ; mais des caprices de la mode, nous savons qu'il souffrait : n'écrivait-il pas, au moment de mourir : « Il faut partir, maintenant que je pourrais vivre tranquille ! Quitter mon art, maintenant que, n'étant plus esclave de la mode, n'étant plus enchaîné par des spéculateurs, je pourrais suivre les impulsions de mes inspirations, et écrire avec indépendance ce que me dicte mon cœur. »

Plus grave apparaît l'usage qu'il a dû faire de certains livrets dont les qualités dramatiques sont pourtant indéniables. Ceux-ci et l'influence des idées de son temps l'ont en effet porté à assumer toutes les situations, fût-ce les plus triviales, et tous les personnages, fussent-ils les plus grossiers. Nous n'y verrions aucune objection si ces situations et ces personnages ne l'entraînaient souvent — et cette mésaventure est commune à presque tous les compositeurs d'opéras, du Moussorgsky de la chanson du « Canard bleu », dans *Boris*, au Berg de la marche militaire, dans *Wozzeck* — à écrire des pages esthétiquement faibles.

Le jugement moralisateur de Beethoven sur *Don Juan*, qui, certes, prête à sourire au premier abord — comme bien des déclarations naïves de créateurs plus aptes à ressentir la complexité d'une situation qu'à l'exprimer en termes décents — cache une intuition très juste des problèmes qu'il recouvre. Si Beethoven déclare avec humeur qu'il ne pourrait choisir pour un opéra un sujet aussi léger que celui de *Don Juan* ou de *Figaro*, c'est peut-être qu'il pressent quelles contingences pèsent sur celui qui accepte ce genre de défi : il ne veut pas que la convention théâtrale lui fasse endosser la livrée de Leporello.

Or, ces contraintes dramatiques que lui imposaient les conventions en usage, Mozart s'en est quelquefois affranchi ou les a oubliées ; et c'est toujours alors qu'il a élevé le drame — et la musique — à un niveau supérieur. Nous pouvons citer le trio qui s'achève par la mort du Commandeur, au cours duquel Don Juan, loin de se moquer de sa victime, participe à la scène de déploration (de même que Leporello, dont le texte musical, par sa noblesse, dément ici la teneur du livret). De ce fait, l'ensemble vocal prend le caractère d'un commentaire marginal où les rôles individuels disparaissent pour faire place, sur le plan musical, à un « personnage unique » qui n'est pas sans évoquer le chœur de la tragédie antique. Mozart, qui, si souvent, accepte son temps, au point d'inclure dans *La Flûte enchantée* ces vocalises de la reine de la Nuit qui vont à l'encontre de ce que nous pensons être la véritable densité poétique de l'œuvre, y échappe comme en cachette lorsque Leporello, toujours faible dans les solos (son premier air, en *fa* majeur, est même franchement inacceptable sur le plan musical), quitte, dans ces ensembles-là où sa partie cesse d'être au premier plan, le caractère « comique » qu'on lui assigne ailleurs et rejoint les personnages « tragiques » pour concourir à la plus grande beauté musicale de l'œuvre.

C'est là peut-être qu'il faut situer le plus grand Mozart, celui qui, très confusément sans doute, cherche à dépasser son don naturel — alors qu'il fut peut-être le plus doué de tous les musiciens. A-t-il compris cette nécessité, qui allait surgir devant le créateur à venir et que, le premier, Beethoven assuma et ressentit pleinement ? « A cette époque-là, je ne savais pas composer ; maintenant, je sais » : lorsque le Beethoven de la pleine maturité s'exprime ainsi, il mesure le chemin parcouru depuis le *Septuor* (œuvre évidemment fort bien « composée ») et juge les acquisitions voulues, et les destructions accomplies, dans la perspective grandiose des dernières œuvres. Ce sentiment prémonitoire de notre sensibilité contemporaine n'a jamais été mieux exprimé que par Nietzsche, qui fait dire à Zarathoustra : « Il faudra que tu saches grimper sur ta propre tête ; comment voudrais-tu faire autrement pour monter plus haut... Maintenant, ta chose la plus douce va devenir la plus dure. »

Mozart a-t-il accordé une confiance excessive à cette « chose la plus douce » — le don — au point d'accepter les trop séduisantes tentations de la facilité ? Nous sommes parfois sur le point de le penser[1]. Quelquefois, de merveilleuses réussites d'écriture avoisinent des passages qui nous paraissent presque relâchés (on en trouve des exemples aussi bien dans le *Requiem* que dans les messes, voire dans *La Flûte enchantée*) ; d'autres fois, il nous semble que certains traits mozartiens, tels que l'éblouissante virtuosité contrapuntique du finale de la symphonie *Jupiter* (où se déploie sans réserve la maîtrise technique de Mozart), peuvent apparaître aujourd'hui, en raison même de leur extrême fluidité d'audition, comme une facilité sur le plan poétique.

Pour Richard Wagner, Mozart, considéré en tant que symphoniste, « ne se distingue que par la beauté de ses thèmes ; mais quant à leur emploi et à leur élaboration, il n'excelle que dans l'habile maniement du contrepoint ».

Que veut dire Wagner ? Dénie-t-il à Mozart tout sens de la forme ? Et ne voit-il dans le contrepoint qu'un jeu anachronique, un divertissement accessoire ? Sans doute le processus créateur beethovénien dans lequel, comme l'a remarqué Wagner, les idées s'accouchent d'elles-mêmes, pour ainsi dire sous nos yeux — phénomène que nous appelons germinatif — le concerne-t-il davantage : c'est peut-être pourquoi, lui qui a fait preuve

1. Nous ne voulons pas dire que Mozart n'a pas pris soin de développer ses facultés innées. N'a-t-il pas précisé lui-même : « Personne plus que moi n'a pris autant de peine pour étudier la composition ; on ne trouverait pas facilement un maître célèbre de la musique que je n'aie étudié sérieusement, et souvent plusieurs fois. » (*N.d.A.*)

d'une appréciable perspicacité envers Beethoven, est quelque peu passé à côté de Mozart. Certes, il voit en Mozart l'un de ses principaux précurseurs : Mozart est le premier auteur d'opéra allemand, Mozart « a porté à un pouvoir d'expression insoupçonné la musique dramatique », quoique la tragédie lui soit « restée étrangère », si ce n'est dans « quelques traits sublimes — la Donna Anna et la Statue de pierre — » où elle lui a « révélé son visage ». Mais, sur le plan technique, qu'en a-t-il retenu ? Que Mozart « est grand presque uniquement par le caractère chantant de ses thèmes ».

« Le caractère chantant... » : ainsi en revient-on toujours, par quelque chemin que ce soit, au génie mélodique de Mozart. C'est bien par là, en effet, que Mozart s'affirme le plus essentiel : techniquement, poétiquement et historiquement. Il ne sert à rien de répéter cela si l'on n'y ajoute ce correctif : que la mélodie mozartienne est un phénomène complexe où interviennent non seulement les hauteurs, mais aussi les notions de rythme et de dynamique, pour former un ensemble auquel on a donné le nom d'« accentuation » — phénomène historique dont l'art de Mozart constitue une synthèse si parfaite que d'éminents commentateurs n'ont pas hésité, bien qu'il s'agisse là d'un trait commun à toute la musique tonale, à utiliser la dénomination générale d'« accentuation mozartienne ». Les origines du phénomène de l'accentuation mozartienne remontent au plain-chant, et sans doute au-delà ; mais, de même que le plain-chant a exprimé la plastique d'une conception modale et monodique de la musique, de même l'accentuation mozartienne représente le moment idéal d'une conception fondée sur la tonalité et la prédominance d'une mélodie principale au sein de la polyphonie.

Tout en respectant la carrure et l'unité de mesure, la mélodie mozartienne, par la place souvent exceptionnelle qu'y occupe l'accent dramatique, expressif ou tonique, la longueur relative et parfois contraire des anacrouses et des désinences, parvient à créer un sentiment d'asymétrie que renforcent encore les subtiles relations de l'accentuation et de la structure harmonique. Des airs tels que celui de Pamina dans *La Flûte*, ou le récitatif avec orchestre de Donna Elvira, admirables sur le plan mélodique, le sont encore plus par les rapports qu'entretiennent, à travers le jeu complexe de l'accentuation, la mélodie et l'harmonie. Cette écriture pourrait être une prémonition de l'art harmonique schumannien ; toutefois, chez Schumann, le phénomène harmonique doit être pris en tant que tel, comme langage qui a fonction d'agent moteur, tandis que chez Mozart, ces notes de passage qui n'aboutissent pas, ces tensions résultant de fausses relations d'octaves, sont bien plus nées d'un besoin de nature mélodique. Il n'est pas jusqu'à l'orchestration, d'une justesse toujours irréprochable, qui ne concoure à donner à la mélodie l'exacte densité qu'elle appelle. C'est peut-être pourquoi un air tel que le second air de Sarastro (en *mi* majeur) [dans *La Flûte enchantée*] atteint à une beauté que l'on ne saurait retrouver dans les pages les mieux venues des sonates pour clavier, où l'accentuation n'est pas soutenue par une écriture instrumentale aussi probante.

Non seulement Mozart a porté la mélodie à son niveau le plus élevé, mais encore on peut dire qu'avec lui elle a atteint à un aboutissement classique, à une expression historique définitive, dont le dépassement, après lui, a été ressenti comme une chose irréalisable. C'est, au contraire, vers une destruction de l'ordre mélodique tonal que l'on devait lentement se diriger ; évidence déchirante qui n'apparut pas d'emblée, mais que Beethoven, dont la préoccupation essentielle était la forme, devait sans doute pressentir : l'écriture hachée, discontinue, hypertendue, de certaines pages de la *Missa Solemnis*, l'écriture chorale de la *Neuvième Symphonie*, les sauts de registres de la *Sonate op. 106* et de la *Grande Fugue* — tout ce qui, chez Beethoven, perturbait l'entendement de ses contemporains — préfigurent une conception musicale d'où tout repère mélodique immédiatement assimilable par l'auditeur et enregistrable par sa mémoire, a disparu.

Néanmoins, pendant tout ce siècle où, très progressivement, les musiciens modifièrent la façon d'entendre, de grands compositeurs (qui participèrent incidemment à cette évolution) eurent la même forme de génie mélodique que Mozart. Schubert, Schumann, Chopin, loin des problèmes formels qu'impliquait définitivement l'œuvre de Beethoven, ont précisément connu leurs plus merveilleuses réussites dans des domaines (le lied, la pièce pour piano) où la prépondérance mélodique impose des restrictions morphologiques et formelles. Beaucoup plus directement concerné par cette question de la forme, Debussy orienta son génie mélodique vers une intégration : chez lui, la mélodie est un événement musical lié aux autres. Cette intégration se fait au prix d'une prise de distance par rapport à cette mélodie d'approche immédiate qui caractérise encore l'art d'un Brahms.

En résumé, et avec le recul de l'Histoire, nous apercevons qu'immédiatement après Mozart s'est déclenché le mouvement irréversible au terme duquel il est devenu impossible de concevoir un type de beauté mélodique et une forme d'accentuation liés l'un et l'autre au phénomène tonal. La rupture webernienne et post-webernienne a définitivement rejeté l'ancienne forme mélodique du côté de la chanson populaire (ce que l'on siffle dans la rue ou ce que fredonne l'enfant). Rien que ce petit fait marque de façon très subjective la distance qui s'est établie de la manière la plus angoissante entre le créateur et ceux auxquels, à un certain moment, l'art a été destiné.

Cette situation est sans aucun doute intolérable pour ceux qui ont la volonté d'assumer dans sa totalité la vie créatrice de leur temps. Parfois, ne sommes-nous pas tentés de nous retourner vers la beauté mozartienne, comme dans une nostalgie dont nous savons bien qu'elle n'est rien d'autre qu'un attendrissement sur nous-mêmes ?

Voilà donc bien la dureté et le paradoxe de ce monde contemporain qui, pour nous musiciens, appelle et voudrait refuser en même temps la beauté du monde de Mozart.

Car si, dans la vie de l'esprit du créateur d'aujourd'hui la dureté se transforme en cruauté, n'est-il cependant pas normal que nous ressentions quelque malaise envers cette beauté puisque, dans l'héritage que les créateurs se lèguent d'eux-mêmes à eux-mêmes, nous ne pourrions plus que « voler » cette beauté, alors que, dans la filiation mozartienne, nous n'apercevons pas les stigmates de ce qui crée notre horreur.

Oui, Mozart, avec sa divinité, sa suavité, nous a donné sa beauté ; mais, dans notre monde contemporain, dans notre déchirement, qu'avons-nous à faire de cette beauté ? En échange de quoi, cette beauté ? En quoi nous est-elle utile et pourquoi ne lui redemandons-nous pas, d'une façon rétrospective, notre cruauté ? Ce serait un échange d'une honnêteté, sur le plan historique, tout à fait décente. Cette beauté, nous n'en avons que faire ; notre cruauté, qu'il ne connaissait pas, il n'en avait que faire.

Peut-être ne sommes-nous que « partis », « engourdis dans la Terre comme des larves ou des taupes » ; peut-être, effectivement, « un jour... dans dix mille ans » [1], les deux conflits, les deux erreurs, les deux impossibilités, ou plutôt les deux possibles, pourront-ils s'unir pour un même

1. Jean Genet : *Les Nègres*. (*N.d.A.*)

chant qui sera peut-être le dernier... ou peut-être le premier... ou peut-être celui de toujours. Ou bien le Commandeur nous a-t-il engloutis dans l'abîme avec Don Juan pour l'éternité ?

Qu'avons-nous à faire de l'honnêteté, de la morale, où tout s'échange, où l'un donne à l'autre ce qu'il a pris à un troisième, où le créateur, héritier d'une beauté, crée une autre beauté pour la donner à un autre ou aux autres, qui n'ont guère à s'en soucier ? Aucune morale ne reste, aucune possibilité de fraternisation, de communication avec autrui ; seule cette beauté immanente — que représente l'œuvre de Mozart —, irrépressible presque, irrationnelle surtout, est donnée dans une sorte de sens de l'éternité.

Pourquoi n'aurait-on pas le courage, la volonté, la rigueur, d'insulter la beauté, quand on ne sait plus la créer... ni même l'imaginer... puisque nous savons — ne l'avons-nous pas voulu ainsi ? — que le créateur est à la fois le voleur et le délateur, et que l'aventure esthétique n'est avant tout qu'ésotérisme et hermétisme.

Dossier

Repères chronologiques
Œuvres majeures
et choix discographiques
Bibliographie sélective
Filmographie sélective

Repères chronologiques

1756

27 janvier : naissance, à Salzbourg, de Johannes Chrysostomus Wolfwangus Theophilus (latin : Amadeus) Mozart (septième d'une famille de sept enfants dont deux ont survécu) ; fils de Johann Georg Leopold Mozart et de sa femme Anna Maria (née Pertl) ; frère cadet de Maria-Anna, surnommée « Nannerl » (1751-1829).

Début de la guerre de sept ans.

1757

Mort de Domenico Scarlatti et de Johann Stamitz.

1759

Haydn : première symphonie. Voltaire : Candide. *Mort de Georg Friedrich Haendel.*

1760

Naissance de Luigi Cherubini.

1761

Première composition : menuet et trio pour clavecin (K. 1).

Haydn : maître de chapelle du prince hongrois Esterhazy (jusqu'en 1790). Rousseau : La Nouvelle Héloïse.

1762

Leopold part avec ses deux enfants pour les faire entendre à Munich. Puis toute la famille se rend à Vienne.

Rousseau : L'Emile *et* Le Contrat social. *Catherine II : grande impératrice de Russie.*

1763

La famille Mozart parcourt l'Europe pendant cinq mois : Allemagne, Belgique puis Paris (18 novembre). Agé de quatorze ans, Goethe assiste à un concert des enfants Mozart à Francfort. Premières sonates pour piano et violon.

Fin de la guerre de sept ans.

1764

Départ pour Londres. Mozart écrit sa première symphonie.

Mort de Jean-Philippe Rameau.

1765

Compositions pour piano à quatre mains et pour orchestre. La famille Mozart réside cinq mois aux Pays-Bas. Le frère et la sœur sont atteints du typhus.

Joseph II devient empereur (jusqu'en 1790).

1766

Nouveau passage à Paris. Séjour à Versailles début juin. La famille retourne à Salzbourg après un voyage de trois ans et demi.

1767

13 mai : *La Métamorphose de Hyacinthe,* comédie latine (K. 35), représentée à Salzbourg. Premiers concertos pour piano. Le frère et la sœur sont atteints de la variole.

Gluck : Alceste. *Rousseau :* Dictionnaire de la musique.

1768

Composition de *La Finta simplice,* opéra bouffe, et de *Bastien et Bastienne*, pièce de théâtre chanté *(Singspiel)*[1].

---

1. L'opéra bouffe est, sur le modèle italien, une succession d'airs et de récitatifs chantés. Le *Singspiel* alterne chant et dialogues parlés en allemand (genre bientôt repris par l'opéra français et, bien plus tard, par la comédie musicale américaine, chacun dans sa langue). *La Flûte enchantée*

1769

Mozart nommé troisième maître de chapelle (sans solde) de la cour de Salzbourg. Avec son père, il voyage en Italie.

Naissance de Napoléon Bonaparte.

1770

Avalanche, en Italie, de succès et de décorations. Réception par le pape. Etudes avec le père Martini, le plus éminent professeur de l'époque. Trois représentations à Milan de *Mitridate, Rè di Ponto* (K. 74). Le spectacle comprend trois ballets et dure six heures. Mozart dirige au clavecin.

Naissance de Ludwig van Beethoven.

1771

Voyages à Venise, Padoue, Milan. Première représentation de *Ascanio in Alba* (sérénade théâtrale en deux actes) pour le mariage de l'archiduc Ferdinand.

Haydn : Quatuors du soleil.

---

en sera, à cette époque, le fleuron. D'un style plus soutenu et plus archaïque, l'*opera seria*, chanté en italien, se réclame de la tragédie antique à thème mythologique. Un genre que Friedrich Haendel (1685-1759) a abondamment illustré.

1772

Le comte Hieronymus Colloredo devient prince-archevêque de Salzbourg. Mozart est nommé maître de concert appointé. 26 décembre : première représentation à Milan de l'*opera seria* en trois actes : *Lucio Silla* (K. 135).

Deuxième voyage autour du monde de Cook.

1773

17 janvier : motet *Exsultate jubilate* créé à Milan. 13 mars : arrivée à Salzbourg. Juillet-août : départ pour Vienne. Mozart et son père rencontrent le docteur Mesmer, sont reçus par l'impératrice et par l'archevêque. Retour à Salzbourg. Composition de quatuors, de divertissements, de symphonies. Décembre : symphonie en *sol* mineur (K. 173). Concerto pour piano en *ré* majeur (K. 175).

Goethe : Urfaust.

1774

Décembre : séjour du père et du fils à Munich.

Gluck est nommé compositeur de la cour impériale et royale à Vienne.

1775

13 janvier : première représentation à Munich de l'opéra bouffe *La Finta Giardiniera*, en pré-

sence du prince Maximilien III. Avril : représentation à Salzbourg de l'opéra *Il Rè Pastore*. Création de *Missa brevis* (K. 196). Septembre-décembre : concertos pour violon.

Beaumarchais : Le Barbier de Séville. *Naissance de William Turner.*

1776

Mozart a vingt ans. Premières « sonates d'église » pour formations instrumentales diverses. Sérénade *Haffner* (K. 248).

Indépendance des Etats-Unis. Naissance d'E.T.A. Hoffmann.

1777

Janvier : concerto pour piano *Jeune homme* (K. 271). 23 septembre : Mozart s'embarque avec sa mère pour un long périple européen. Etape ultime : Paris.

Naissance de Heinrich von Kleist.

1778

23 mars : arrivée à Paris. 18 juin : la symphonie *Paris* (K. 297) remporte un vif succès. 3 juillet : mort de la mère de Mozart, qui l'annonce à son père. Activité compositionnelle intense. Concertos pour flûte, concerto pour hautbois (K. 285), sonates pour piano et pour piano et violon. 26 septembre : Mozart quitte Paris et arrive le

25 décembre à Munich, où il est hébergé par la famille Weber[1].

Mort de Rousseau et de Voltaire.

1779

Janvier : Aloysia Weber rejette la demande en mariage de Mozart. Celui-ci réintègre son poste à Salzbourg (maître de concert et organiste). Mars : messe « du Couronnement » (K. 317). Composition du singspiel *Zaïde*.

1780

Août : symphonie en *do* majeur (K. 338). *Vêpres solennelles* (K. 339). Concerts à la cour de l'archevêque. Aloysia Weber épouse l'acteur Joseph Lange.

Mort de l'impératrice Marie-Thérèse d'Autriche : Joseph II devient seul maître de l'Empire.

1781

29 janvier : création à Munich d'*Idoménée Rè di Creta, opera seria* en trois actes. Convoqué à Vienne par l'archevêque Colloredo (mars),

1. Honnête musicien amateur, Franz Anton von Weber (1734-1812), qui accueille Mozart, est le père de Carl Maria von Weber (1786-1826) qui, avec le *Freischütz* (1821), « germanisera » définitivement l'opéra allemand. Mozart est tombé amoureux successivement de ses deux nièces : Aloysia, et Constance, qu'il épousera.

Mozart fait un dernier concert en sa présence avant de donner sa démission. Il est renvoyé par le comte Arco (8 juin). Il gagnera désormais sa vie en donnant des leçons et en travaillant, à la commande, pour l'aristocratie. Il loue une chambre à Vienne.

Kant : Critique de la raison pure.

1782

16 juillet : première représentation viennoise de *L'Enlèvement au sérail*, « singspiel comique en trois actes ». 4 août : mariage avec Constance Weber. Symphonie *Haffner* (K. 385).

Schiller : Les Brigands *(première représentation)*.

1783

17 juin : naissance d'un premier enfant ; il meurt du choléra le 19 août. Octobre : reçu à Linz avec sa femme, Mozart compose la symphonie *Linz* (K. 425).

Naissance de Stendhal.

1784

De retour à Vienne, le couple Mozart déménage plusieurs fois ; un second enfant meurt du choléra (19 août). Composition d'œuvres de musique de chambre majeures (quintette pour vents K. 452, quatuor *La Chasse* K. 458). Première rencontre avec Haydn. 14 décembre : Mozart s'affilie à la loge maçonnique « A la bienfaisance ».

Beaumarchais : Le Mariage de Figaro. *Mort de Diderot.*

1785

Le père de Mozart s'affilie à la même loge que son fils et quitte Vienne. 1er septembre : les six quatuors dédiés à Haydn sont imprimés.

1786

1er mai : création viennoise des *Noces de Figaro,* opéra bouffe en quatre actes (K. 492). Nombreux quatuors et concertos pour piano. 18 octobre : naissance d'un troisième enfant ; il meurt le 15 novembre. Automne : projet de voyage en Angleterre ; concerto pour piano en *ut* majeur (K. 503). Symphonie *Prague* (K. 504).

Naissance de Carl Maria von Weber. Mort de Frédéric le Grand.

1787

Janvier : le couple Mozart s'embarque pour Prague en vue de la création des *Noces de Figaro* (17 janvier). 4 avril : dernière lettre à son père. Celui-ci meurt à Salzbourg le 28 mai, âgé de soixante-huit ans. 4 juin : Mozart enterre son sansonnet. *Une plaisanterie musicale* (K. 522) ; *Petite musique de nuit* (K. 525). 29 octobre : première représentation à Prague de *Don Giovanni,* tragi-comédie en deux actes (K. 527). 27 décembre : naissance d'un quatrième enfant, Theresia ; elle meurt du choléra le 29 juin de l'année suivante.

Mort de Gluck.

1788

Février : achèvement du concerto pour piano « du Couronnement » (K. 537). 7 mai : *Don Giovanni* est donné à Vienne. Ultimes symphonies (K. 550 et 551, *Jupiter*).

Guerre de Turquie et crise du mécénat artistique à Vienne. Naissance de Shopenhauer.

1789

Première année d'errance : Prague, Dresde, Leipzig, Berlin, retour à Vienne. Première cure de Constance à Bade. Ennuis d'argent. Un cinquième enfant, Anna-Maria, meurt au bout d'une heure. Quintette avec clarinette (K. 581).

Début de la Révolution française.

1790

Les ennuis d'argent persistent. 26 janvier : première et dernière représentation viennoise de l'opéra bouffe *Cosi fan tutte* (K. 588). Mai : Mozart ne parvient pas à rembourser ses dettes. Ultimes quatuors. Voyage en Allemagne ; nombreux concerts ; *Figaro* en allemand à Mannheim

(24 octobre). 14 décembre : repas d'adieu avec Joseph Haydn avant son départ pour Londres.

1791

4 mars : dernière apparition de Mozart ; il joue son ultime concerto pour piano (K. 595). 4 juin : Constance repart à Bade avec son fils, Carl. 17 juin : composition de l'*Ave verum corpus* (K. 618). 26 juillet : naissance d'un sixième enfant, Franz, qui vivra jusqu'en 1844. Fin juillet : Mozart interrompt son travail en cours (la composition de *La Flûte enchantée*) pour répondre à une commande de Prague. Ce sera *La Clémence de Titus, opera seria* (K. 621) créé le 6 septembre en présence de l'empereur Léopold II. Mozart dirige. Septembre : retour à Vienne et création au Freihaus-Theater auf der Wieden de *La Flûte enchantée,* « opéra allemand » (K. 620). Mozart dirige. Enorme succès populaire. Octobre : Constance retourne à Bade. Concerto pour clarinette (K. 622) pour Anton Stadler. Début de la composition du *Requiem* que Mozart laissera inachevé. 17 octobre : toute la famille se retrouve à Vienne. 18 novembre : Mozart dirige sa *Petite Cantate maçonnique* (K. 623) pour l'inauguration du nouveau « temple » de sa loge. 20 novembre : malade, il s'alite. Décembre : des dons en argent affluent de mélomanes hongrois et hollandais. 5 décembre : Mozart meurt au milieu de la nuit d'une fièvre rhumatismale aiguë. Il est mis en bière dans

un manteau noir à capuche, selon le rituel maçonnique, pour être enterré le lendemain dans un « tombeau communautaire simple ». Ceci, conformément aux règles strictes à Vienne pour les bourgeois de catégorie moyenne. Ni sa famille ni ses proches ne se sont déplacés jusqu'au cimetière : celui-ci était très éloigné de la ville et les enterrements se faisaient après la tombée de la nuit. Contrairement à la légende, il n'y eut pas de tempête de neige.

A. R.

Œuvres majeures et choix discographiques

Sur commandes officielles venues de l'étranger ; par nécessité financière ; parce que ses mécènes viennois ou l'archevêque de Salzbourg les lui demandent ; parce qu'il parcourt l'Europe aristocratique et doit fournir aux cours qui l'accueillent matière à divertissement ; par amour ou admiration pour des interprètes qu'il veut servir au mieux ; par conviction maçonnique, par orgueil et provocation ou, plus simplement, sous la poussée de l'inspiration, Mozart compose durant sa courte période créatrice (trente ans, tout au plus) une quantité d'œuvres au-delà de l'imagination. L'ultime *Requiem* est inscrit au numéro 626 du catalogue Köchel. Reste à retrouver la trace des œuvres de la prime jeunesse, jamais imprimées ; celle des improvisations (mission impossible), celle enfin des partitions que Mozart a écrites sous le nom de ses amis ou commanditaires : si Mozart n'était pas mort avant son achèvement, le *Requiem* ne lui aurait pas été attribué.

Au total, « il a touché un nombre infini de

genres : sérénades, divertimentos, danses, concertos pour piano, musique de chambre pour cordes et vents, pour instruments à vents seuls, de nombreuses messes, musique de chambre avec piano, œuvres pour piano seul, à deux pianos, à quatre mains, variations, fantaisies, pages religieuses diverses, opéras, airs de concert, etc., etc. Mais au milieu de cette variété immense se dégagent quelques massifs bien constitués (jusqu'aux prochaines découvertes) : six quintettes à cordes, dix-sept sonates pour piano, vingt-trois quatuors à cordes, vingt-trois œuvres pour la scène, vingt-sept concertos pour piano et orchestre, quarante et une symphonies, trente-sept (le nombre prête encore à discussion) sonates pour violon et piano... »

Corpus gigantesque. Qui ne resta accessible, avant l'apparition du disque et surtout du microsillon, qu'à ceux capables de jouer ou de lire ses partitions. Puis la (re)découverte de Mozart vient. Situons-la, pour les Français privés de concerts et d'opéras, au début des années 1950. Cette année-là, Herbert von Karajan enregistre pour EMI et publie sur microsillons (le miracle du 33 tours, dont on n'a plus idée !) une *Flûte enchantée* avec Anton Dermota (Tamino) et Irmgard Sieefried (Pamina), portés par la Philharmonie de Vienne (réédition en 2 CD, enregistrement en mono). Alors, le « petit » Mozart n'avait pas écrit que des sonates pour débutants, aux formules convenues ? Alors, il était génial ? Remarquons qu'aujourd'hui nul ne se pose plus la question. Il *est* l'incarnation du génie.

La liste des œuvres et des enregistrements qui suit tente d'associer les œuvres les plus magistrales à des enregistrements qui leur soient dignes. Liste éminemment discutable (d'autant que le catalogue mozartien reste encore en partie inexploré) ; choix discographiques d'une subjectivité assumée.

Opéras

— *La Clémence de Titus*, orchestre de Convent Garden, direction Colin Davis, Philips, 1976.

— *Cosi fan tutte*, orchestre Philharmonia, direction Karl Boehm, EMI, 1962.

— *Don Giovanni*, chœurs et orchestre de l'Opéra de Vienne, direction Wilhelm Furtwängler, EMI, 1954.

— *Idoménéo*, chœurs et orchestre de l'Opéra de Vienne, direction Sir John Pritchard (Luciano Pavarotti dans le rôle-titre : une curiosité), Decca, 1988.

— *La Flûte enchantée*, orchestre philharmonique de Vienne, direction Herbert von Karajan, EMI, 1950.

— *Les Noces de Figaro*, orchestre philharmonique de Vienne, direction Herbert von Karajan, EMI, 1950.

Dernières symphonies

— Symphonies n°s 21 à 41, orchestre du Concertgebouw d'Amsterdam, direction Joseph Krips, Philips Classics productions, 1972-1990.

— Les mêmes symphonies, sur instruments d'époque : orchestre du XVIIIe siècle, direction Frans Brüggen, Philips, fin des années 1980, début des années 1990.

Concertos pour piano

— Intrégrale Daniel Barenboïm, au clavier et à la direction de l'Orchestre de chambre anglais, EMI, 1967-1974.

— Concertos 23 (en *la* majeur) et 26 (« du Couronnement ») : Friedrich Gulda, orchestre du Concertgebouw d'Amsterdam, direction Nikolaus Harnoncourt, TELDEC, 1993.

Concertos pour violon

— Itzhak Perlman, orchestre philharmonique de Vienne, direction James Levine, D. G.

Concertos pour cor

— Dennis Brain, orchestre Philharmonia, direction Herbert von Karajan, EMI, 1953.

Concerto pour clarinette

— Eric Hoeprich (clarinette de basset), orchestre du XVIIIe siècle, direction Frans Brüggen, Philips, 1985.

Œuvres pour piano solo

— Paul Badura-Skoda, Eurodisc, 1978-1979.

Quatuors à cordes

— Les six quatuors dédiés à Haydn, sur instruments d'époque, Quatuor mosaïque, Astrée/Auvidis, 1995.

Quintette avec clarinette

— Sabine Mayer et le Philharmonia quartet de Berlin, Denon.

Sonate pour deux pianos

— Murray Perahia, Radu Lupu, enregistrement *live*, CBS (avec la *Fantaisie* à quatre mains de Schubert).

Requiem

— Chœur et orchestre de l'Opéra de Vienne, direction Carlo Maria Giulini, EMI, 1978.

A. R.

Bibliographie sélective

HILDESHEIMER Wolfgang, *Mozart*, Pocket, coll. « Agora », 1990.

— HOCQUARD Jean-Victor, *Mozart*, Le Seuil, coll. « Solfèges », 1994.

— HOCQUARD Jean-Victor, *Ecrits et propos sur Mozart*, Séguier, 1988.

— MASSIN Jean et Brigitte, *Wolfgang Amadeus Mozart*, Fayard, coll. « Les Indispensables de la musique », 1990.

— MOZART Wolfgang Amadeus, *Correspondance*, Flammarion, coll. « Harmoniques », 7 volumes, 2006.

— OULIBICHEFF Alexandre, *Mozart*, Séguier, 1991.

— PAROUTY Michel, *Mozart aimé des dieux*, Gallimard, coll. « Découvertes », 1988.

— ROBBINS LANDON Howard Chandler (sous la direction de), *Dictionnaire Mozart*, J.-C. Lattès, coll. « Musiques et musiciens », 1990.

— ROBBINS LANDON Howard Chandler, *Mozart : l'âge d'or de la musique à Vienne, 1781-1791*, J.-C. Lattès, coll. « Musiques et musiciens », 1989.

— ROBBINS LANDON Howard Chandler, *Mozart et les francs-maçons*, Thames & Hudson, 1991.

— SOLLERS Philippe, *Mystérieux Mozart*, Gallimard, coll. « Folio », 2003.

— TUBEUF André, *Le Festival de Salzbourg*, Sand, coll. « Les Hauts Lieux de l'opéra », 1989.

— WYZEWA Théodore de, et SAINT-FOIX Georges de, *Wolfgang Amadeus Mozart : sa vie musicale et son œuvre*, Robert Laffont, coll. « Bouquins », 2 volumes, 1986.

Et puis (non publié), mémoire de maîtrise d'Albert Gilles Bencimon : *De Mozart à Amadeus, les vicissitudes d'une légende*, université de la Sorbonne-Nouvelle Paris III, juin 1999.

A. R.

Filmographie sélective

Les longs métrages

— *Don Juan*, Walter Kolm Veltée, 1956.
— *La Flûte enchantée*, Igmar Bergman, 1974.
— *Don Giovanni*, Joseph Losey, 1979.
— *Amadeus*, Milos Forman, 1983.
— *Le Barbier de Séville*, Jean-Pierre Ponnelle, 1986.

Un téléfilm

— *Mozart*, Marcel Bluwal, 1981 (six épisodes, neuf heures de film ; une version engagée et controversée, avec Michel Bouquet dans le rôle du père de Mozart, Léopold).

Les captations

Elles sont très nombreuses puisqu'elles sont le fruit d'une entente entre un organisme producteur (tel ou tel opéra) et une entreprise de distribution travaillant sur le support de son choix.

Acquérir en priorité, s'il est encore possible de

le trouver, le *Don Giovanni* dirigé par Furtwängler, avec une distribution de légende (1955).

Puiser sa manne dans la collection « Les Chefs-d'œuvre de l'opéra », Polygram Vidéo. Filmées en grande partie à l'Opéra de Drottingholm, le Salzbourg suédois, ces « captations » des grands ou moins grands opéras de Mozart réunissent pour la plupart des distributions jeunes et remarquables.

Sur DVD, retenir *La Clémence de Titus* captée à Glyndebourne (Arthaus Musik) ; toujours sous le même label, et enregistrées sous l'égide du même festival, *Les Noces de Figaro*. Pour *La Flûte enchantée*, choisir une valeur sûre : la production pour Salzbourg de Jean-Pierre Ponnelle (TDK).

L'apparition du DVD a totalement bouleversé le marché discographique. Des captations, jadis introuvables, sont disponibles par achat en ligne, notamment sur le site de la Fnac. D'un catalogue mozartien d'une vingtaine de titres plus qu'honorables émergent, véritables curiosités, deux spectacles des marionnettes de Salzbourg : *L'Enlèvement au sérail*, dirigé par Ferenc Fricsay, et *La Flûte enchantée*, même direction, avec la voix de Peter Ustinov. A signaler encore, *Les Noces de Figaro* dirigé par Bernard Haitink au festival de Glyndebourne en 1994 et, filmé l'année suivante sur la scène du même théâtre anglais, un *Don Giovanni* dirigé par Gilles Cachemaille.

A. R.

Composé par Nord Compo, Villeneuve-d'Ascq, Nord
Imprimé par Normandie Roto Impression s.a.s.,
61250 Lonrai, France
en mars 2006 - n° d'impression : 06-0834
pour Omnibus, 12, avenue d'Italie, 75013 Paris
http://www.omnibus.tm.fr